R을 이용한 중·고급 데이터 분석의 바이블

빅데이터 활용서 Ⅱ

개정3판2쇄　발행일 2020년 6월 5일
개정3판2쇄　인쇄일 2020년 3월 31일
초판인쇄일　2015년 2월 23일

발 행 인　박영일
책 임 편 집　이해욱

지 은 이　김경태 · 안정국 · 김동현
편 집 진 행　윤승일 · 이 웅 · 민한슬 · 전다해
표지디자인　이미애
본문디자인　안시영

공 급 처　(주)시대고시기획
발 행 처　시대인
출 판 등 록　제10-1521호
주　　　소　서울시 마포구 큰우물로 75[도화동 538번지 성지B/D] 9F
대 표 전 화　1600-3600
팩　　　스　02-701-8823
홈 페 이 지　www.sidaegosi.com

I S B N　979-11-254-5628-5 (13000)

R을 이용한 중·고급 데이터 분석의 바이블

Big Data
빅데이터 활용서 II

R을 이용한 중·고급 데이터 분석의 바이블

지금까지 저자가 발간한 책들은 항상 말하듯 "Quick and Dirty"하게 접근하는 방법이다. 통계학을 전공하지 않았어도 DBA나 Java programmer 또는 기획만 하던 사람일지라도 단기간에 빅데이터 분석이 무엇인지를 파악하여 경험할 수 있도록 한 내용위주로 구성하였다. 그래서 늘 통계적인 내용을 언급하는 사람들이나 탐색적 분석을 알게 되는 경우보다 깊이 있는 내용들을 주문받았는데 이제 시간을 좀 내서 깊이 있게 다루고자 한다.

어떤 측면에서 보면 단순하고 별것 아닌 것 같은 언급사항들이 실전에서는 뼈저리게 느껴지는 내용들이 많다. 따라서 미리 상황을 파악해본다면, 대용량 데이터로 복잡한 분석을 많이 해보지 않은 사람들에게 시행착오를 피할 수 있는 좋은 가이드가 될 것으로 판단된다.

혹자는 모델링에 이슈가 있는 분들이 있을 것이다. 완벽한 모델을 제시하는 것이 주목적이 아니라 모델링 접근을 보여주는 내용이다. 가능성이 있는 분야를 제시하는 것이지 완벽한 모델을 delivery하는 내용이 아님을 명확하게 말하고 있다. 모델 하나를 상업적으로 특급인력이 전달하면 그건 한 달에 대형 SI가 받는 금액보다 MM이 엄청 높아 3개월이면 매우 큰 금액을 청구하게 된다. 여러분이 그러한 모델이 5개 정도 들어간 것을 이 책에서 바란다면 무리라고 생각된다.

특히 사운드나 이미지 분야는 깊게 들어가면 기존 정형데이터나 텍스트 비정형 분야보다 더 광범위하고 연구가 덜 이루어진 분야일 수 있다. 특히 국내에서는 그렇다고 볼 수 있다고 생각하며, Data Scientist라면 광범위하게 어떻게 데이터화해서 접근과 응용을 할 수 있는지를 보여주는 데 초점을 맞추었다.

본 내용을 작성하면서 reference에 사용한 package명을 하나하나 citation을 통해 추가하다 보니 역시 명시적으로 사용하는 패키지는 30개 이내인 것 같다. 이들 패키지를 만들 사람의 사상과 기능을 사용하려니 당연하게 그 예제를 참조해야 하고, 때에 따라 예제가 너무 기계적으로 단순하다면 수정을 하여 제시하였다. R을 사용했는데 R 패키지 코드와 유사하지 않을 수 없으며 이를 비난한다면 Open Source 정신을 이해하지 못한 것이라 개인적으로 생각한다.

그러나 여기에 수록한 내용들은 R 패키지와는 별개로 저자가 1991년부터 지금까지 수행한 프로젝트 경험에서 얻은 내용들을 중심으로 작성하였다. 사실 분석 도구들은 SAS, SPSS, KXEN, R 모두를 사용해봤지만 도구 자체가 중요한 것은 아니라 어떻게 바라보고 접근하는지가 더 중요하다는 점을 강조하고 싶다.

마지막으로, 이 책을 쓰게 된 시점이 복잡한 일들이 좀 정리되는 시점이라 집중해서 집필하는 데 도움이 되어 감회가 새롭다. 그래서 더욱 R logo 사용을 흔쾌히 허락해준 R logo 디자인을 한 Tobias Wolf씨에게 감사의 말을 전하고 싶고, 저자의 스크립트와 유사할 수밖에 없는 Yanchang Zhao가 본인의 스크립트 사용을 이전 저서에 사용하는 데 허락해준 것에도 다시 한 번 감사의 말을 전하고 싶다. 그리고 복잡한 마음을 정리하게 해준 이혜원님, 옆에서 응원해준 민수정님에게도 감사를 드린다. 이렇게 주변 사람들에게 감사의 말을 전할 수 있는 것이 저자로서의 큰 기쁨이다.

저자 김경태

저자 김경태에 대해서

본인은 경영과학을 전공했고 논문에서 컴퓨터 시뮬레이션을 이용한 제조사의 Capacity Planning을 다루었다. 이를 배경으로 제조사의 Dynimic Scheduling, Optimization 등을 다루다가 90년대 국내 상황상 이런 것을 계속적으로 할 수 있는 상황이 되지 못하여 3GL, 4GL programmer로 다양한 시스템을 대기업 전산실에서 근무하며 개발하였다. 그러나 분석적 프로그램을 개발하는 단계에서 DBA나 System Administrator들의 이해 부족으로 많은 난관을 거치면서 DBA가 되고, System Administrator까지 하는 과정을 거치고 현대정보기술에서 IT Planning, DBA를 하다가 Oracle DW/CRM 팀에서 전문 컨설턴트로 활동했다.

이후 분석기반의 비즈니스 컨설팅에 대한 갈망을 충족하기 위해 Accenture, Valtech, Ernst & Young 등에서 경력을 쌓다가 2010년에 ECG를 창업하게 되었고 2014년 9월부터 한양대 산업공학과 겸임교수로 MIS를 강의하고 있다. 1991년도부터 일을 해왔으니 25년은 분석분야와 IT에서 일해 온 것으로 각각 비중으로 따지면 40:60 정도가 된다고 생각된다.

분석에서 시작해서 IT로 갔다가 다시 분석으로 돌아온 경우로 IT를 한 경험이 분석을 하는 데 큰 도움이 되었고 분석을 위해 IT의 협조를 얻는 데는 너무나 좋은 경력이 되었다. 그래서 IT에서 분석을 갈망하는 사람들을 보다 더 잘 이해하는 것 같다. 그리고 분석은 86년도부터 SAS, SPSS를 다루어오다 보니 다양한 경험을 하였는데 중요한 것은 도구보다 도구의 사상과 접근방법이라고 생각된다.

지금은 주로 Bigdata Analytics를 전문으로 교육과 출판을 하고 있다. 아직 시장이 성숙되지 않았고 변화를 주도하기 위해서는 교육과 출판이 중요하다고 생각된다. 언제 다시 분석 컨설팅을 하게 될지는 모르겠으나 지금까지 쌓아온 지식과 경험을 공유하여 보다 과학적이고 체계적인 접근이 한국 내에 뿌리를 내려 경쟁력을 갖춘 나라가 될 수 있었으면 하는 바람이다.

P / R / O / L / O / G / U / E

빅데이터의 많은 비중을 차지하는 다양한 비정형 데이터 활용사례를 다루었고,

주가분석에 대한 Open Source R과 Python에 대한 이용방법을 통해 다양한

고객층의 니즈를 충족시키고자 하였다. 이 책에서 다룬 내용은 단순 흥미를 위한 것이 아닌

기업들이 주로 다루고 있는 현재 진행형 사례들이다.

목차

i 이론

i

이론

--

1장

분석시장 동향 및 산업특성

분석시장 동향 및 산업특성

2014년 말이 되니 불과 몇 달 사이에 시장 움직임은 많은 변화를 보이고 있다. 2012년에는 빅데이터 열풍이 시작되어 혼란스러운 기간이었고, 2013년은 분석과 하둡에 대한 과잉 현상이 일 만큼 너도나도 인프라 구축을 위한 PoC(Proof of Concept)나 섣부른 인프라 투자가 많았다. 일단 하둡시스템을 구축해 데이터를 쌓아놓고 보자는 분위기였다. 그러나 이런 과정을 통해 기존 데이터나 로그성 데이터를 단순히 누적시키는 것으로는 해결할 수 있는 일들이 없다는 결론들을 얻었다. 대부분이 영양가 없는 결과를 도출하는 데 그쳤기 때문이다.

2014년 초반에는 두서없는 시범사업으로 우려를 낳기도 했으나 수준이 조금은 발전하여 데이터를 시각적으로 보겠다는 시도들이 있었고, Line Graph, Pie Chart, Heatmap 수준의 시각화로 그동안 보지 못했던 로그 데이터도 보기 시작했다. 또한 기존 로그 데이터의 범위에 추가적인 센서들을 부착해서 수집하고, 이를 위한 모듈을 개발해서 데이터 수집도 좀 더 광범위해지고 처리속도 및 프로세스 관리나 UI도 개선되었다. 일부는 T-Test, ANOVA, Regression Analysis, Correlation Analysis 수준의 분석과 간단한 수준의 Classification Modeling과 Association Analysis, Time Series Analysis를 수행했다. 이런 내용들이 2014년 하반기에 공유되면서 빅데이터 기술을 적용한 실시간 데이터 수집의 활용도가 늘어났고, 시각화나 간단한 분석이 가능하다는 것을 보여주기 시작한 것이다.

특히 공공분야와 제조업에서의 시도가 많이 부각되었다. 아주 짧은 기간이었지만 괄목할만한 성과들이 대기업과 중소기업에서 쏟아지기 시작한 것이다. 그러나 여전히 우려스러운 점이 있다면 수집한 데이터에 그동안은 접근하지 못했던 탐색적 분석을 수행할 수준까지는 도달했지만, 어떻게 분석을 해야 하는지에 대해서는 매우 기초적인 수준에 그쳐 '저렇게 분석하는 것이 아닌데'라는 생각이 들도록 하는 내용들이 많았다. 이 같은 문제의 원인은 분석이 철저한 비즈니스적인 관점에서 비롯된 것이 아니라, 뭐든 일단 해보자는 데서 출발했기 때문이다. 과거 통계분석을 해본 경험을 바탕으로 단지 데이터의 규모만 키운다는 개념으로 접근하거나, IT 전문가가 분석에 대한 개념 없이 데이터 마이닝 알고리즘을 Hadoop에 구현하겠다는 정도의 시도들이 많았다. 특히 도메인에 대한 지식이 연계되지 않다보니 90년대에 기술적으로 불가능했던 사항을 접근하는 수준에 그칠 수밖에 없었는데 이는 시장에 분석역량이 뛰어난 인력들이 충분히 공급되지 못했고, 인력 양성 기반이 꾸준하지 못했기 때문이다. 수요와 공급의 불일치로 인해 한국의 기업들은 이제 그 대가를 치루면서 방황하고 있다. 어찌 보면 이러한 결과는 자명한 일이며, 이와 유사한 경험이 쌓이면 분석분야를 더욱 공고히 발전시키게 될 발판이 되리라 본다.

■ ■ ■ ■ ■

통계학 분야에서는 빅데이터 분석과 관련하여 '심슨의 패러독스'를 자주 언급한다. 데이터 마이닝이 CRM에 적용되기 시작한 초기보다 최근 더 많이 언급되는 것 같은데 이는 분석에 대한 IT 및 통계비전공 일반인들의 참여가 많아졌기 때문이라고 판단된다. 심슨의 패러독스의 주된 내용은 평균에 대한 착각으로 인해 대푯값 숫자에 대한 맹신이 잘못된 판단을 유도하는 사례로, 데이터를 전체 평균이 아니라 쪼개서 바라봐야 한다는 점을 강조한다. 예를 들어 이승엽의 타율이 다른 타자보다 낮더라도 이는 얼마나 강한 투수를 상대했는지에 따라 왜곡될 수 있다는 말이다. 또한 아파트 평균가격이 하락했는데 고가와 저가아파트를 합쳐서 평가한 데이터라면 실제와 왜곡된 정보를 제공한다는 내용 등은 잠시만 검색해봐도 손쉽게 찾을 수 있다. 좀 더 구체적인 사례를 들자면 군대가 강을 건널 때 강의 깊이가 평균 140cm라는 보고를 듣고, 키가 160cm인 군인이 진격했다가 위험에 처했다는 이야기[1] 혹은 투수가 준비하고 던지는 시간을 단축시키면 유리하다는 상관관계와 인과관계에 대한 인식이 잘못된 이해로 비롯된 기

---

1) http://tvpot.daum.net/v/wZvjaAGC3xU$, 최제호

사도 있다.[2] 물론 기사에서는 상관관계와 인과관계를 구분지어서 설명하긴 했지만 실제로 이런 류의 기사가 많으며, 현장에서도 더러 잘못 적용되어 분석이 의미 없다고 주장하는 데 악용되기도 한다. 그러나 상관관계가 있다 해도 인과관계에 대해서는 더 깊게 생각을 해봐야 한다. 왜 그럴까? 어쩌면 결과론적으로 당연한 것이 아닌지 생각을 해봐야 한다. '여름에 덥고 겨울에 춥다'고 하거나 '여름에는 아이스크림이 잘 팔린다'고 말하는 것과 비슷하지만 생각을 해보면 상관관계를 이용해서 좋은 아이디어를 도출할 수도 있다.

평균에 대한 오류로는 참 좋은 예시지만 여기서도 한 가지 주의가 필요하다. 앞서 언급된 내용은 데이터를 바라보는 시각이 통계적 사고로 훈련되지 않은 경우의 위험성을 지적한다. 맞는 말이다. 그러나 데이터에 대한 분석적 접근 자체가 널리 적용되기도 전부터 이러한 우려들로 가로막힌다면 분석이 활성화될 수가 없다. 일단 활성화되고서 부족한 부분들을 보완해야 할 것이다.

분석은 데이터를 바라보는 시각이 훈련되어야 한다. 제대로 훈련되려면 최소 통계학 석사 이상은 되어야 하지만 모든 분석자들이 이런 경지의 역량을 갖추기란 현실적으로 힘들다. 그리고 통계적 훈련을 받은 사람도 한순간에 실수를 범할 수 있고, 다른 사람들과 토론을 하면서 사물과 데이터를 바라보는 시각을 조정하기도 한다. 이러한 부분이 현실적인 고민으로 와 닿기에는 조금 먼 이야기가 아닌가 싶다. 아직 분석은 걸음마 단계이기 때문이다. 분석에 대한 시도를 통해 기업들은 보다 좋은 의사결정을 하고 있다. 특히 빅데이터를 이용하면 이전보다 효율적인 결정 및 다방면의 활용이 가능해질 수 있어 그것만으로도 큰 성과가 될 것이다. 여기서 다루는 대부분의 분석은 사람의 목숨이 좌지우지되는 사항이나, 우주선을 발사하고 폭파될 가능성을 확인하는 분석처럼 민감한 부분을 다룰 것은 아니기 때문에 지나치게 걱정할 필요가 없다.

IT분야에서 데이터 수집 및 처리 기술에 집중하다가 분석을 접한 이들은 분석분야의 비즈니스 적용분야에 매료되어 '나도 할 수 있다'라는 생각을 쉽게 한다. 이는 좋으면서도 위험한 일이다. 일단은 추가적인 교육과 발전으로 확산되는 것이 우선이지 처음부터 경계하고 막는 것은 바람직하지 않은 것 같다. 아직 국내 시장은 통계적 훈

---

2) http://news.donga.com/3/all/20150108/68983478/1

련을 충분히 받은 인력이 턱없이 부족하다. 그렇기 때문에 누군가는 빅데이터 시장에서 수요를 충족시켜 주어야 한다. 당장은 실력이 부족하더라도 지속적인 교육을 통해 업그레이드를 시키면 된다. 단기간에 완벽한 데이터 사이언티스트가 되기란 어렵지만 현장에 곧장 투입될 수 있는 일정수준의 양성은 가능하다. 결론은 지속적인 교육의 기회를 제공하며 협력하여 나갈 파트너들을 양성해야 한다는 말이다. 물론 좀 더 많은 실전경험과 지식이 있는 인력들의 가이드가 밑받침되어야 할 것이다.

이와 같은 배경은 2014년 하반기에 가면서 무엇을 해야 하는지, 어떻게 접근해야 하는지, 분석을 어떻게 해서 응용해야 하는지에 대한 고민을 가중시켰다. 수천억 건에 달하는 조 단위 데이터를 시각화한다고 해도 얻을 수 있는 정보는 극히 일부분이며 이마저도 특정사례에서의 작은 성공들뿐이라 이를 광범위하게 적용하기에는 근거가 부족하다. 이는 과거 통계적 분석에서 방황하던 과정을 다시 겪고 있는 것이다. 단지 차이가 있다면 과거에는 작은 샘플 데이터였지만 이제는 대용량 데이터라는 점이다. 하지만 특정사례다 보니 이 또한 작은 데이터가 되고 만다. 결국 전체를 바라보지는 못하고 장님 코끼리 만지듯 특정 사례수준을 하나하나 더듬어 가고 있는 모습을 보이고 있다.

이는 기술적 갭은 다소 극복했지만 분석과 도메인에 대한 이해가 바탕이 된 창의적인 접근이 부족했기 때문이다. 당분간 이런 현상이 지속되겠지만 분석에 대한 교육과 훈련으로 분석에 접근하는 IT인력이나 현업 인력들의 수준이 향상된다면 아마도 2015년에는 제조나 공공부문에서 뭔가 의미 있는 빅데이터 사례가 나올 것 같다.

■ ■ ■ ■ ■

빅데이터는 워낙 다양한 산업에 적용되다보니 산업별 사례 요청이 자주 들어온다. 그러나 CRM이든 데이터 마이닝이든 빅데이터든 크게 보면 산업적 특성이라는 것이 없다. 유통에도 제조업에서의 생산흐름과 비슷한 물류가 있고, 카드사에서도 서비스 산업이나 통신산업의 서비스적 요소가 있으며, 통신사도 유통사의 특성이 섞여있다. 그러므로 다양한 특성을 만족시키기 위해서는 산업 전반에 걸친 이해와 사례들을 결합해서 자기 분야에 적용해야 한다. 물론 해당 산업에 대한 이해는 기본으로 하되, 자기 사례에만 집착하다보면 우물 안의 개구리가 되기 쉽다. 이미 CRM분야에서 이러한 벽은 깨졌다. 다양한 산업의 인력을 유치하려는 노력과 확산들이 그 증거라고 할 수 있다.

제조업에서의 주요 주제들만 본다면 너무나 정형적인 몇 개의 주제로 구성된다. 장치산업이다 보니 다양성이 부족하고 고정된 핵심주제들이 변하지 않았다. 90년대나 2010년대 중반이나 같은 주제를 갖지만 이번에는 누가 이 주제들을 다루는지가 다를 뿐이다. 따라서 자기산업이나 유사업종에서의 사례만을 찾는 실수를 하지 말고, 스스로 고민해서 좋은 방안을 만들 수 있어야 한다. 안전분야에서 안전 분야의 내용만 찾고, 제조에서 제조내용만 찾으면 기존에 활용되던 데이터나 접근방법에 큰 차이가 없다. 그러나 타 산업을 보면 자기 산업에 이런 것을 적용하면 좋겠다는 아이디어가 떠오르게 된다. 현장에 나가보면 50%는 타 산업 내용을 듣고 응용하려는 모습을 보이지만 50%는 무조건 자기 산업이야기만 하라고 한다. 그러나 누가 이야기 하나 그 내용이 그 수준이다. 동일분야를 20년 이상 해오는 업계가 없다보니 다들 시작한지 몇 년 되지 않아 내용의 깊이가 있을 수 없다. 거기에 또 똑같은 내용을 이야기 한들 무슨 발전이 있을까 생각된다. 새로운 기술을 좀 더 다르게 접근시키는 사고가 필요하다.

　마찬가지로 벤치마킹에 집착하다보면 늘 남을 따라가는데 급급하게 된다. 이미 다양한 시도를 하고 있는 기업들은 자기만의 상황과 인사이트를 갖고 시도를 한 것인데 그걸 쳐다본들 자신의 입장에서 크게 도움이 될 것은 없다. 따라가는 것만으로는 앞서 갈 수 없고, 계속 따라가기만 하게 되므로 나만의 사례를 만들려는 노력이 추종자에게는 하나의 본보기가 될 것이다. 2015년을 전환점으로 만들기 위해 한 템포 쉬어가는 움직임도 있다.

■■■■■

　그러면 정확하게 우리는 어디까지 왔나? 혼란스러운 상황에도 나름의 트렌드가 있었다. 잘 모르는 상태에서 hadoop이다 R이다 하면서 이리저리 휘둘리다 PoC를 하고, 언론 홍보에만 집착하다 교육도 시도하며 혼란에서 벗어나는 과도기다. 이제는 이런 혼란에 염증을 느낄 때도 됐고, 경영진에서도 전문가를 수장으로 영입하는 노력 등 성과가 가시적으로 보이고 있다. 여기까지가 우리의 현주소다. 앞으로는 해당분야에 이해도가 높고 유사경험을 한 임원급이 포진해 전체적인 방향을 설정해 이끌어 가야 한다. CRM에서 겪었던 방황보다 더 빠르게 진척되며 유사한 실수를 피하려 하고 있는데, 결국 각 기업의 빅데이터를 이끄는 임원급 수장들이 주도하는 빅데이터 시장이 될 것이다.

2장

분석적 사고 및 모델링

분석적 사고 및 모델링

　분석에서 가장 중요한 것은 무엇일까? 원천 데이터의 품질, 모델링에 사용되는 기법, 모델링 내에서도 사용되는 알고리즘에 대한 이해 및 수준 등 몇 가지 항목이 언급되곤 있지만 원천 데이터가 웬만큼 잘못되어 있을지라도 모델링을 할 수 없는 것은 아니다. 모델링 기법은 아주 초보가 아닌 이상, Optimization으로 풀어야 할 문제인지, Simulation으로 접근해야 되는지 Data Mining으로 접근해야 하는지 판단할 수 있다. 문제는 이 주요 3가지 기법을 모두 사용가능한 사람이 드물다는 것이다. 대학에 계신 교수님들이나 일반 분석업계에 이런 분들이 일부 계실뿐이다. 그래도 자신이 주로 사용하는 기법이 해당 문제에 적합한지 여부는 판단이 될 거라 생각하지만, 모델링 내에서 사용되는 알고리즘에 대한 이해수준은 논란의 여지가 있다.

　알고리즘은 입문단계에서나 공부하지 학자가 아닌 이상 깊이 있는 이해도를 유지하기란 어렵다. 모델링을 한다는 것과 알고리즘을 한다는 것은 분리되기 때문이다. 알고리즘을 알고, 이를 개선해서 접근하는 사람도 있을 것이다. 그러나 일반 기업 사람들은 알고리즘을 깊게 연구하며 업무를 수행하기 힘들다. 따라서 데이터를 제대로 만들어서 어느 알고리즘이든지 잘 활용될 수 있도록 접근하는 것이 도메인에 대한 이해와 더불어 모델링 성과도 높일 수 있는 좋은 접근방법이다. 대부분의 문제들은 알고리즘을 활용하지 않고 ad hoc query 수준으로 분석을 한 경우에 문제가 되지, 알고리즘 수준에서 큰 변화가 벌어질 가능성은 거의 없다. 단위 프로젝트에서 한 개 주제에 대해 변수와 옵션을 변경해가며 모델을 만들어본 개수를 한 개로 취급하는 경우, 고민한다면 수백 개 정도의 모델링 개발시도를 할 수 있다. 이런 일들을 15년 이상 매년 몇 회씩 수행하다 보면 대부분의 일들이 알고리즘보다는 데이터 모델을 어떻게 만드는 것이 핵심이라는 것을 깨닫게 된다.

그래서 저자는 언제나 원천 데이터를 이용한 Summary Variables, Derived Variables 개발에 집중한다. 그것도 최소한의 개수 변수가 최대한 유의미하게 활용되어, 하나의 분석용 데이터 마트가 다양한 모델에 여러 번 사용될 수 있도록 설계하는 것이 핵심이다. 이렇게 하면 마트 생성 및 모델링 시간에 들이는 시간을 단축시켜 업무자체에 집중할 수 있다.

우선 Supervised Learning을 보면 당연히 분석마트가 필요하다. Unsupervised Learning인 Clustering 역시 분석마트가 필요하다. Association Analysis, Time Series, SNA를 제외하면 Text Mining도 결국은 분석마트가 필요한 것이나 다름없으니 40%는 이러한 분석마트를 잘 만드는 것이 중요하다. 이런 내용은 Simulation의 Input값에 활용될 수 있고, Optimization에도 Constraint에 사용할 수 있기 때문이다. 이렇듯 데이터 마트를 잘 만드는 분석적 사고방식의 훈련은 매우 유용하다.

알고리즘을 새로 만드는 데는 시간이 오래 걸린다. 거기에 만든다고 무조건 성공한다는 보장도 없고 다양한 문제에 일정수준의 성능을 보이기는 힘들 것이다. 알고리즘을 이해해서 거기에 아주 적합한 변수를 개발하려면, 다양한 알고리즘에 대해 제대로 비교해서 정리해 놓은 데이터를 먼저 확보해야 한다. 저자도 그런 자료를 찾아보았는데, 오래전 자료는 드물게 있었으나 최신 정보는 찾을 수 없었다.

자동차 판매점 위치 지정을 위한 데이터 수집방안

수입 자동차 매장을 설립하려고 한다. 어디에 하면 좋을까? 강원도나 경상북도에 설립할 수도 있고 중국대륙에 할 수도 있다. 여러분이라면 어디서 데이터를 획득해서 의사결정을 할 것인가? 이 질문은 저자가 교육을 하면서 수없이 딘진 질문이다.

대부분 백화점, 카지노 근처, 부자들이 사는 동네, 경쟁사 근처 등의 의견들이 나왔다. 좋은 생각이다. 그런데 서울만 하더라도 백화점 근처에 매장이 있지는 않은 것 같고, 부자들이 사는 동네가 하나 둘이 아닌데 부자들이 많이 사는 동네 중 하나를 선택한다고 해서 이것이 최적일까? 그건 마치 고급 화장품 판매를 하기 위해 압구정에 사는 사람들한테만 DM을 보낸다는 것과 동일한 느낌이다.

그럼 데이터를 대규모로 입수해서 과학적으로 결정하려면 어떻게 해야 할까? '통계청 데이터를 사용한다' 와 '부동산 데이터를 사용한다' 등 좀 더 구체적으로 발전된다. 그런데 통계청 데이터와 부동산 데이터는 수입차 구매자 비율이 높은 지역에 대한 정보가 있을까? 아마도 없을 것 같다. 그렇다고 특정지역에서 설문조사를 하려면 시간과 비용이 많이 들고, 응답자가 올바르지 않은 정보를 주었을 위험에는 대처할 수 없다.

카드사에 분석보고서를 요청하는 건 어떨까? 예를 들어 강원도 지역, 중국남부지역에 럭셔리 자동차 매장을 설립하고자 하면, 어느 장소가 제일 고객들과 가깝고 유동인구가 많은지 조사할 수 있다. 하려고만 하면 불과 몇 시간 안에도 끝낼 수 있는 분석이다. 하지만 카드사에 도움을 요청하는 게 용이하지 않은 사람들이 더 많을 것이다.

이럴 때 바로 소셜미디어(Social Media)의 정보를 활용하는 게 타인의 도움 없이 할 수 있는 방법이다. Open API는 데이터 입수가 용이하다. 트위터 같은 경우는 위경도 정보를 입수할 수도 있다. 이러면 우리는 수입차에 관심을 갖는 사람들이 주로 어느 지역에 분포하고 있는지, 그들이 구체적으로 어떤 관심을 표명하는지 알 수 있다.

SNS에서 그들의 표현방식이나 대화하는 내용을 보면 소득수준을 예측하거나 라이프 스타일을 파악할 수 있다. 이렇게 외부에서 입수된 정보만을 갖고도 기존 매스마케팅이 하던 일을 상당수 대체할 수 있어서인지 많은 광고기획사들이 빅데이터에 관심을 갖고 접근하려 시도하고 있다. 그러나 대부분 도구에 대한 파악 시도와 부분적인 접근에 그칠 뿐 아직 성숙된 수준은 아니다.

통화패턴을 이용한 관계 데이터 생성

전화통화데이터인 CDR(Call Detail Record)를 갖고서 분석해보자. A번호의 소유자가 B번호랑 통화를 했는데 저녁에 짧게 30초에서 1분 통화를 하였다. 둘은 어떤 관계일까?

회사동료, 부인, 남편, 노부모, 자녀 등 다양한 의견이 있을 것이다. 의사는 의사끼리 통화를 자주 할까? 아니면 환자와 더 많이 할까? 직업에서의 관계가 있는가? 가족 간 통화는 전체 통화대비 비중이 어느 정도 될까? 이렇게 통화 분석은 특정 상대와의 관계라는 특수성과 빈도, 비중을 따져볼 수 있다. 이와 같은 다양한 속성에 대한 비중을 통해 우리는 관계나 직업, 성, 연령대, 소득수준을 예측하는데 활용할 수 있다.

이러한 가설을 두고 통화데이터를 분석하다보면 다양한 지표들이 나온다. 특히 기지국 정보 또는 GPS정보를 활용하면 더욱 다양하고 정교한 데이터가 나올 수 있다.

변수명	설 명
통화다양성	얼마나 다양한 사람과 통화를 하는지 건수
통화집중도	특정인과의 통화비중
통화시간대 다양성	통화를 1시간 단위로 구분했을 때, 얼마나 다양한 시간대에 통화를 하는지 값 예 오후 2시, 오후 4시에만 통화를 했다면 다양성은 2
통화상대 성별 집중도	남성/여성하고의 통화시간 비율, 건수비율
통화상대 연령대 집중도	연령대를 미취학 아동/초등학생/중학생/고등학생/대학생, 성인일 경우 10대 단위로 구분했을 때 각각 대상별 집중도
통화상대 직업 집중도	무직/학생/군인/회사원/전문직/공무원 등으로 구분했을 때의 각 직업별 통화집중도
통화지역 다양성	전화를 발신한 장소의 다양성으로 동 단위, 구 단위, 시 단위의 다양성
통화관련 이동성	통화한 지역 간의 거리를 통해 이동이 많은 사람인지 아닌지를 구분하여 영업사원, 운전사 등을 식별
통화 로밍지수	1년 동안 로밍한 횟수 또는 국가수를 통한 정보로 직업을 예측
통화 평균/중앙값 시간	1회 통화 평균/중앙값 시간

만약 저녁에 짧게 통화하는 패턴들이 많다면 과연 상대는 누구일까? 결혼한 사람들은 잘 알고 있듯이 남자가 부인한테 늦게 들어간다고 먼저 자라는 내용을 전하는 통화이다. 이런 것을 통해 집 전화번호나 상대와의 관계 또는 가족 구성원에 대한 정보를 구성할 때 활용할 수 있다.

만약 상대가 27세 이하로 반복적 통화가 있다면 자녀, 연령대가 높으면서 반복적 통화가 있다면 부모일 가능성이 높다.

용량과 구매주기 간의 관계

동일 상품이라도 대용량으로 구매하는 사람이 있고, 일반용량을 구매하는 사람도 있다. 또는 일반가격의 상품과 고가 또는 고품질 상품으로 나와 있는 제품을 구매하는 고객들이 따로 있다. 이들은 각자 이유가 있기 때문에 그런 선택을 한 것이다. 오랫동안 보관할 수 있는 제품이 아니라면 결국 일정시간 내에 소비하기 때문에 필요한 만큼 정해진 구매주기로 구매를 하게 된다.

이 패턴을 이용하면 고객의 가족구성원이 몇 명인지 또는 라이프 스테이지(Life Stage : 태어나서 죽을 때까지 경험하는 생물학적 · 사회적 발달단계)가 어떻게 되는지, 해당 상품 구매고객들은 보통 어느 주기로 구매하는지를 파악할 수 있다.

그런데 용량과 관련해서는 특이한 속성이 있다. 용량이 많다고 해서 반드시 오랫동안 사용하리라는 법은 없다. 도리어 용량이 작기 때문에 상대적으로 오래 사용할 수도 있는데 그 이유는 여러 가지가 있다. 예를 들면 작은 용기에 든 치약이 구멍이 작아서 오래 사용하게 된다. 화장품을 평소에 많이 바르는 사람은 자주 쓰지 않는 사람보다 큰 용량을 구매할 가능성이 높다. 그리고 제품이 마음에 들면 더 빈번하게 사용하기 때문에 상대적으로 용량대비 기간은 짧아진다. 결국 용량에 따른 사용기간의 차이가 매우 작아져서 거의 차이가 없거나 용량에 비례한다고 볼 수는 없다.

대신 이 같은 점을 이용해서 대용량 제품을 보다 많이 판매하거나 대용량 선호고객들 대상으로 구매유도를 할 수 있고, 제품에 대한 구매시점을 예측해서 캠페인에 활용할 수 있다. 대표적인 제품이 우유 등의 음료수와 화장품 중 매일 사용하는 세면용품 등일 것이다.

결국 여러 번에 걸쳐 구매할 것인지, 한 번에 몰아서 구매하게 할 것인지 판매를 유도하는데 드는 비용과 수익은 어떠한지를 고려해서 최적화된 용량계획을 상품군별로 수립해야 한다. 무조건 한 번에 대용량을 구매하도록 하는 건 적합하지 않고, 고객이 체감할 수 있는 제품군에 대해 소비를 촉진시킬 수 있도록 유도하는 게 좋을 것이다.

결국 이렇게 하려면 고객을 1 to 1으로 최적화할 수 있도록 접근할 수 있는 전략과 이를 지원할 수 있는 인프라, 기반이 되는 제품 개발과 진열 및 공급에 대한 일관된 기획 및 운영이 필요하다. 전체적인 틀 안에서 완결되지 않는다면 어디선가에서 장애가 생겨 효과가 상쇄될 것이다.

실시간 Event 활용

최근 CEP(Complex Event Processing) 관련 내용들이 많이 언급된다. 빠르게 발생하는 데이터들을 수집해서 특정상황에 대응하는 데 활용할 수 있다. 예를 들어 RFID나 기타 센서들에서 발생하는 데이터, 통신으로 자주 발생하는 의료, 환경, 안전, 제조, 통신, 카드 사용데이터, 은행에서의 거래 등을 언급할 수 있다. 물론 데이터를 발생시키는 주체를 기준으로 보면 발생되는 주기가 길수도 있다. 이런 대용량의 데이터들을 필터링하고 연관관계나 패턴을 분석해서 특정 상황이 도래했음을 의미 있는 사건 정보로 변환 및 전달하여 응용해서 인지할 수 있다면 보다 빠르고 실시간으로 대응할 수 있고, 일부는 방지를 할 수 있는 수준까지 응용할 수 있다.

예를 들어 물리적이고 대용량인 데이터를 의미 있는 정보로 변환하는 과정이 기존 BI에서처럼 배치(Batch)로 이루어지지 않고 실시간으로 변환되어, 온도의 변화 값들이 "정상"이라는 값에서 "정상-변동증가" 이런 식으로 패턴으로 변환되어 의미 있는 정보가 되어야 된다. 그리고 이러한 데이터에서 정보를 도출하는 도구는 Java수준의 프로그래밍이 아닌 SQL 수준의 query가 되어서 대용량 스트리밍 데이터에 대한 실시간 처리가 가능해야 한다.

특히 의료, 안전, 환경 분야처럼 IT와 분석에 대한 적용이 미흡했던 분야는 개선할 수 있는 주제들이 많을 것이다. 의료분야의 경우 다음과 같은 사례에 적용되어 의료사고나 과잉진료를 줄이는데 활용될 수도 있다. 이런 데이터는 일반 조회를 늘 할 수 없기 때문에 실시간으로 탐지해서 알람을 주어야 한다.

1 일정분량 3개월 평균 이상 처방되어서는 안 되는 약의 경우 또는 최근 4시간 동안 처방약이나 주사가 최근 3년간의 처방과 패턴이 다른 경우 경고를 보낸다든지 하는 내용

2 목디스크 환자인데 X-Ray는 허리중심으로 촬영한 경우

3 백내장 수술을 결정했는데 항목별로 보니 입력된 값들이 정상치를 넘어서 잘못 기입된 경우

증권시장에서 주식의 거래가격이나 거래량이 복잡하게 대량 발생되는 데이터는 주체의 문제가 아니라 해당 종목의 문제이므로 대용량 데이터로 매우 **빠르게** 발생한다. 이런 경우 가격이 급락하고 일정 거래량과 하락폭이 특정 수준을 넘는 경우 계속 하락할 것이라고 판단되면 자동으로 사건을 탐지해서 해당 종목을 일정비율 매도하는 행동을 할 수 있다. 시스템 트레이딩은 물론 개인투자자들이 보다 복잡한 조건을 입력하여 처리할 수 있도록 지원함으로써 증권시장에 대한 만족도를 높일 수 있다. 매번 조회를 해가며 복잡한 상황을 판단하여 매수 및 매도를 결정할 수는 없기 때문이다.

유통에서는 신제품 매출이나 기존 상품의 매출패턴이 변경되는 경우 공급선상에 반영해서 보다 **빠르게** 대응할 수 있다. 그리고 고객이 구매하는 정보를 수집해서 주단위나 월단위로 대응하기보다는 구매각각에 대한 거래단계별로 관리함으로써 얻게 되는 이득도 있다. 예를 들어 월간 구매금액이 동일하게 50만원인 고객이 있다. A와 B고객은 C, D, E 제품을 구입했는데 순서가 C, D, E인 경우와 E, C, D인 경우가 있을 때 그들의 행동패턴이 다르다면 이런 것을 빨리 파악해서 새로운 가치를 증대시킬 수 있도록 유도하거나 이런 것을 응용한 서비스나 비즈니스를 새로 구현할 수 있어야 된다.

Part 2-5

Luxury 지수

유통, 신용카드 분야에서는 럭셔리 고객에 대한 관심이 많다. 공동 마케팅을 하는 등 다양한 경우에 활용성이 높기 때문이다. 카드사의 다양한 데이터를 이용해서 럭셔리 고객을 알아내고 싶다면 어떻게 하면 좋을까? 우선 구글링을 통해 "럭셔리 고객"을 검색해서 사람들이 어떤 생각을 갖는지 찾아본다. 시대별로

국가별로 그 정의가 다를 것이다. 이러한 곳에서 보다 넓은 관점을 갖고 아이디어를 얻을 수 있다. 그리고 다양한 가맹점 유형에서 사용하는 카드사용 패턴을 이용한다. 럭셔리 고객이 사용할만한 가맹점 유형과 그렇지 않은 가맹점 유형을 구분한다. 가맹점 중에는 어느 곳에도 해당되지 않는 유형이 있을 것이다. 예를 들어 10%의 럭셔리 고객사용 가맹점 유형과 10%의 논-럭셔리 고객이 사용할 가맹점 유형을 구분하면 충분할 것이다. 대표적인 럭셔리 관련 가맹점 유형은 호텔, 정유사, 통신사, 유통사, 여행사, 자동차 대리점이 될 것이다.

이후 럭셔리의 경우 해당 고객들의 구매행동을 좀 더 구체적으로 정의한다. 예를 들어 호텔은 국내 특급호텔 중 신라호텔, W호텔, 파크하이야트, 반얀트리 서울을 이용한 고객으로 해당 호텔을 2번 이상 이용했고 한 번에 100만원 이상 지불한 경험이 있는 고객으로 정의한다.

정유사는 휘발유를 한 번에 15만원 이상 구매한 적이 있고 고급휘발유를 2회 이상 구매한 경우를 조건으로 할 수 있다. 그러면 고급휘발유를 한 번밖에 구매하지 않은 고급 외제 승용차 고객도 선별할 수 있을 것이다.

통신사는 럭셔리한 호텔에 전화를 한 적이 있고 해외 유명 럭셔리 휴양지로 로밍한 적이 있는 고객으로 한다. 예를 들어 몰디브, 발리 등을 예로 들 수 있다.

유통사는 갤러리아 명품점을 이용한 횟수가 2번 이상이고 구매금액이 연간 1천만원 이상인 고객으로 하며, 갤러리아 수원점이나 갤러리아 일반점 구매경험은 제외한다. 그리고 면세점에서 한 번에 구매한 금액이 100만원 이상으로 세금에 구애받지 않는 고객으로 제주면세점은 제외한다.

여행사나 항공사 이용금액이 한 번에 500만원 이상인 고객으로 비즈니스 클래스나 퍼스트 클래스 이용고객이 추정한 기준에 해당하며 법인 카드로 결제하지 않는 고객이다. 또는 크루즈 여행 등 500만원 이상의 고가여행상품을 구매한 고객으로 공통적인 기준은 한 번에 결제할 때 500만원 이상이면 된다.

자동차 대리점은 한성자동차 등 수입차 판매법인에서 결제한 경험이 있는 고객으로 자동차 구매를 위한 계약금이나 대금지급, 수리나 정기점검을 위한 비용을 지불한 경험이 있는 고객으로 결제경험이 있으면 대상으로 하면 된다.

이러한 지표들을 결합해서 입력변수들로 만들고 럭셔리 고객으로 지정한 고객들로 사람들이 럭셔리하다고 평가하는 사람들을 '1'로 타깃값을 만들어 학습을 하면 지표들에 대한 조건이 나올 수 있다. 만약 이렇게 모델링을 하지 않더라도 지표들의 합산값을 이용해서 변수화하여 럭셔리 고객을 선별하는 조건으로 사용할 수 있다. 또는 이와는 반대속성의 지수를 만들어 사용할 수 있다. 논-럭셔리 지수로 지하철, 버스 등의 교통카드로 이용한 적이 있거나 김밥천국 등 저렴한 음식점에서 결제한 적이 많거나 편의점에서 결제한 비중이 백화점에서 결재한 비중보다 평균을 기준으로 볼 때 높은 성향의 사람을 논-럭셔리로 정할 수 있다. 이런 지수는 5점 또는 10점 척도로 구매회수로 지수화할 수 있다.

Ferrari 지수

Luxury지수와 유사하지만 특정상품군에 대한 고객의 프로파일을 추정하는 데 사용한다는 측면에서 좀 다르다. 명확한 타깃과 목적성이 있다. 이러한 고객들에 대한 정보가 있다면 Clustering을 통해 프로파일링이 가능할 것이다. 그러나 데이터가 없는 경우 이들을 추론해서 변수를 만들어야 한다. 여러 조건을 결합해서 각각의 조건에 가중치를 임의로 주고 이를 5분위나 10분위로 만들어서 점수화한다. 10분위로 만드는 것은 상대적 값의 크기를 평가할 수 있도록 하기 위해서다.

우선 남자와 여자인지를 생각해보면 남자일 가능성이 높다. 그렇다면 남자에게 10점 여자에게 0점을 준다. 연령대가 30대 이하일 가능성이 극히 낮으므로 30대 이하는 0점, 40대 이하는 5점, 40대 이상은 10점을 준다. 그리고 소득수준이 2억 이하는 0점, 5억 이하는 5점, 10억 이하는 7점, 10억 이상은 10점을 준다. 외국계나 국내 대기업 임원이면 5점, 자영업자 대표이면 10점을 준다. 기존에 수입차를 구매해서 갖고 있으면 10점, 이런 식으로 지수를 만들면 Ferrari 구매 고객의 프로필이 예상한 것과 거의 맞을 확률이 높아진다.

제조업에서의 활용

1. 설비고장 예측

가장 단순한 전통적 관리방법은 MTBF(Mean Time Between Failure)를 분포로 파악해서 설비별로 PM(Prevenative Maintenance) 계획을 관리하는 것이다. 그래서 설비에 대한 사전보수를 통해 고장을 방지하는 방법인데 이를 엄격히 하게 되면 당연히 PM이 발생되고, 생산량과 생산성을 중요시하는 공장에서의 문화에 상충되는 요인이 된다. 그러나 이는 교체(Setup)와 생산계획 및 Due Date 만족도, 수익극대화를 놓고 분석해보면 PM을 제대로 하는 것이 대부분의 경우 수익극대화에 도움이 되는데 생산량과 매출중심의 기업에서는 받아들여지기 힘들다.

결국 설비고장이라는 주제 하나만을 놓고 바라봐야 하는 경우가 생기는데 이를 해결하는 방법은 생각보다 어렵지는 않다. 즉 개선이 충분히 가능하다는 것이다. 대부분 설비고장에 대한 정보가 제대로 관리되지 않는 경우와 고장원인 및 필요조치에 대한 정보가 제대로 관리되지 않아 데이터를 수집해도 명확하게 보이지 않는다.

가장 기초적으로 필요한 정보는 아래와 같다.

변수명	필요성
공정명	모델링을 할때는 공정별로 모델링을 해야 한다. 특성이 다를 수 있기 때문이다.
설비종류	공정 전체를 한 번에 모델링하지만 고장관련 설비종류별로 패턴이 다를 수 있다.
설비기종	설비종류 내에서도 어느 제조사 제품인지가 영향이 있다.
설비도입 연/월	동일한 제조사 제품도 도입시점이 다른 과정과 영향을 받는다.
최근 1년/6개월/3개월/1개월/1주 전의 생산량/고장시간/수리시간/평균 가동률/교체 종류별 회수 및 시간	설비별로 고장 주기가 다르기 때문에 다양한 시간주기별 통계값을 구해야 한다. 설비가 갖는 부하, 영향요소로 생산을 얼만큼 많이 하고 있는 설비인지, 그동안 고장이 얼마나 많이 발생한 설비인지, 수리시간이 긴 설비였는지, 생산능력이 좋아 생산량은 많았지만 실제 가동률은 적을 수도 있다. 그리고 교체항목이 많으면 복잡성이 많아 생산계획에 영향을 받을 수 있다.

생산제품별 작업시간 점유율	생산계획에 영향을 받는 요소로 제품군별 비중이 영향을 줄 수 있다. 같은 공정에서도 호기별로 할당규칙이 달라서 특정 호기가 특정 생산제품을 생산하는 경우 유사 제품을 생산하는 호기들이 비슷한 패턴일 수 있다. 특히 생산제품의 작업기준도 반영된 내용이므로 중요한 요소인데 어느 수준의 제품분류를 변수화할지는 생산제품 특성에 따라 조절한다. 분포가 너무 차이가 나거나 작은 값이 나오지 않도록 조절해야 한다.
고장직전 작업자/숙련도/규격	완전자동화 장비이면 사람의 영향이 적지만 사람이 각 작업 단계에 일부 개입하여 수작업을 한다면 숙련도에 영향을 받는다. 그래서 고장 직전 또는 이전의 작업자들의 숙련도나 규격에 대한 특성, 평균값, 표준편차, 규격이 구체적으로 무엇인지, 다양성은 어떠했는지 등에 대해 데이터화해야 된다.
고장시 작업자/숙련도/규격	고장 시 작업자가 누구인지에 따라 영향을 받을 수 있다. 특정사람이 고의적으로 또는 습관적으로 문제를 발생시키는 패턴이 있을 수도 있다. 또는 숙련도가 낮은 사람이 특정조건을 만족시키는 경우 본인 의도와는 다르게 고장을 발생시킬 수 있다. 특정 규격이 이전 규격이나 작업상황과 연관이 있을 수 있다.
연속가동시간	대부분 일정시간이 소요되면 고장이 날 수 있는데 연속가동시간에 영향을 받는다. 연속가동이 짧아도 또는 길어도 발생할 수 있다. 선형적인 관계가 성립하지 않는다.
PM 후 고장시간	PM을 하는 데 소요된 시간도 영향을 받는다. 대체로 PM을 수행한지 오래된 경우에 고장이 발생할 가능성이 높다.
고장간격 최소, 평균, 중앙값, 최댓값, 사분위수 정보	호기별 특성을 가장 나타내기 쉬운 정보가 고장간격과 관련된 다양한 통계값이다.
고장원인별 수리시간/비중값	고장원인별 데이터가 해당 호기의 특성을 설명할 수 있고 추가적인 변수를 개발하는 데 도움이 된다. 그리고 고장원인이 여러 변수에 골고루 분포된 경우는 해당 원인들에 해당하는 설명변수들을 각각 추가해야 된다. 만약 고장원인이 전기고장이 대부분이라면 해당 호기의 고장예측에는 전기관련 정보가 추가된 경우 설명력이 높아진다. 그러나 이러한 일들이 호기별로 다르므로 공통적으로 이러한 원인들에 대해 정보를 제공해야 한다. 따라서 공통적인 원인이 높은 경우 해당 원인에 대한 레벨을 좀 더 상세하게 해서 통계값을 변수로 추가한다.
전기, 온도, 습도, 진동, 소음	기간별 변화추이

위에서 언급한 100개 정도의 요약 데이터를 생성해서, 설비고장이 대부분 1개월에 한 번 발생한다면, 월별 고장 여부에 따라 요약데이터를 윈도잉해서 준비한다. 그리고 이를 Classification Model로 예측을 하면 다음 달에 고장날 설비를 '1', '0'으로 구분하여 예측할 수 있다. 이때 초기에 개발하는 모델은 고장원인별 고장예측보다는 원인과는 상관없이 고장이 날 설비를 예측하는 방법으

로 추진하다가, 모델의 성과가 높고 안정적이면 대분류 원인 또는 조치방안별로 예측을 하는 식으로 정교화시킨다.

모델링을 했을 때 정확도가 80% 정도면 매우 양호한 결과값이며, 검출률이 50% 이상이면 설득력이 있고, Precision이 대략 30~60%가 나오면 적용성에 문제가 없는 수준이다. 여기서 PM으로 인한 기회비용과 탐지에 실패한 경우의 기회비용을 비용으로, PM을 통해 줄어든 수리시간을 공헌이익으로 산출해서 최적의 탐지와 정밀도를 산출해서 적용하면 된다. 어떤 근거에 의해 이런 계산이 합리화될까? 특정 공정에 설비가 100대 있다고 가정했을 때 평상시 이 중 20대가 1개월 내에 고장이 나면 고장률은 20%이다. 그런데, 예측을 통해 PM을 실시한 이후로 1~2개월 내에 평균 10대가 고장이 난다면 설비의 고장률을 예측을 통해서 10% 줄였다고 생각할 수 있다. 물론 전제조건은 예측 이전이나 이후에 동일한 대수를 해당기간에 PM을 한 경우이다. 고장 대수로 평가할 수도, 고장시간, 가동률로 효과를 이전과 이후로 평가할 수 있다. 그리고 그 효과는 시간당 공헌이익으로 산출해서 1년으로 환산하면 엄청난 금액의 매출과 수익에 영향을 미칠 것이다. 그리고 최종적으로는 PM대상 설비를 좀 더 줄이거나 PM일정계획을 최적화할 수도 있다.

2. 불량예측 및 원인분석

불량예측은 불량이 발생한 시점에서 최대한 빨리 동일작업에 대해 조정하거나 중단할 수 있는 것을 말한다. 전통적인 SPC(Statistical Processing Control) 환경은 불량이 발생한 결과를 단변량 지표를 갖고 불량품을 확인하여 제외하는 수준으로, 데이터 입수와 분석 및 적용에 많은 시간이 소요되었다. 그러나 MES (Manufacturing Execution System)와 빅데이터 기술의 발전에 따라 데이터 수집과 처리시간이 단축됨에 따라 기존 불량과 관련된 Classification기법을 통해 개발된 예측모델을 통해 불량이 발생하기 시작한 초기나 이전에 문제상황을 탐지해서 대응할 수 있다.

정리하면 불량에 대한 예측 대응이 과거에 어려운 이유는 아래와 같았다.

1 다양한 데이터가 빨리 수집되지 않아 공정에 대한 대응이 지연되어 적용이 어렵다.
2 변수에 대한 복합적인 분석이 안 되는 SPC를 통해 관리하는 것은 유의미한 결과를 주기 힘들다.

3 복잡한 공정과 설비와 제품에 대한 불량예측 모델이 없이 수작업 또는 단순규칙으로는 대응이 불가능하다.

4 개별공장과 제품에 대한 모델이 있어도 수작업으로는 유지보수가 불가능하다.

5 중소기업은 데이터 수집도 어렵다.

2000년대 초반에 대기업 제조업체에서도 공정관련 데이터가 즉시에 정보시스템에 충분히 반영되지 않았다. 단순한 화면을 볼 수 있는 것이지 조회나 탐색을 할 수 있는 상황도 아니었고, 데이터도 현장에서 관리되는 데이터와 정보시스템에서 관리되는 데이터의 수준이 달랐다. 결국 상세정보를 알기 위해서는 현장 작업일지를 다음 날 입수해서 따로 입력처리하거나 확인해야 되는 상황이었다. 특히 입력처리한다고 해도 정보시스템에서 유연하게 입력받기 힘들어 엑셀로 별도 관리되는 상황이라 통합은 불가능했다. 특히 매출 1조원이 안 되는 중소기업은 세후 순이익이 10~100억 수준인 상황에서 IT에 투자할 수 있는 예산은 1~10억 원이므로 불량예측을 위한 인프라와 기술 및 인력에 투자할 여력을 갖추기에는 현실적으로 불가능하다.

또한 불량은 이전 공정에서의 생산과 규격에 영향을 받는 구조이므로 생산 Lot에 대한 추적이 안 되는 경우에는 인과관계 설명이 어렵다. 따라서 WIP(Work In Process) 관리가 안 되는 상황에서는 공정 간의 데이터를 연계해서 분석할 수 없다. 그리고 WIP관리가 된다고 하는 경우도 실제로 ID가 붙어서 관리가 되기보다는 추정값으로 데이터 관리하는 경우가 있어서 실제로 이 데이터가 맞는 것인지는 매우 불확실한 경우가 많아 분석을 하더라도 인과관계 확인이 어렵다.

그러면 현재 이러한 상황에서 어떻게 대응해야 할 것인가? 각 제조사별 상황에 맞게 대응을 하는데 WIP관리가 안 되는 곳에서는 공정 간의 반제품의 연결고리를 끊어서 분석해야 한다. 즉 자기자신 공정만의 데이터로 분석을 해야 한다. 그래도 이전 공정의 내용을 최대한 반영하고 싶다면 제품별 평균불량률 추이값을 지수로 처리해서 데이터로 활용한다. 추적관리가 된다면 이전 공정들의 누적된 데이터 값을 모두 반영해서 현 공정의 데이터와 결합하여 예측모델링을 하고, 이를 결과로 실제 상황에서 불량을 근 실시간(near real-time)으로 대응하면 된다. 여기서 근 실시간은 단위 생산에 대한 cycle time을 고려해서 해당

cycle time의 10배 또는 30배 정도로 10개 정도에서 동일한 패턴이 나와 불량이 예상된다면 공정을 멈추거나 기준값을 조정해서 대응해야 한다. 10배수 시간이 필요한 이유는 발생된 데이터에는 잡음(noise)이 있고, 연속(serial)통신으로 데이터가 오는 경우 이를 분리해서 처리해야 하는데 완벽한 정형구조가 아니므로 데이터 값을 보고 해석한 후 분리해야 되는 경우도 있기 때문이다. 작업시간이 연속으로 오는데 여러 단계를 거친, 예를 들어 5단계를 거쳐야 1개를 생산한 것으로 판단하는 경우, 일부는 잘못된 신호가 한 번 더 올 수 있고 일부는 화장실을 간 간격이 포함되거나 고장이나 교체시간이 들어갈 수 있는 등 다양한 상황이 있기 때문이다. 그래서 단 한번의 신호로 판단할 수 없다.

예를 들어 타이어 공장의 핵심공정인 성형(building)과 가류(curing)공정의 경우 불량예측을 위해 아래와 같은 데이터가 필요하다. 전체 리스트가 아닌 일부 예시적인 내용이다.

번 호	변 수	변수명
1	mixing_lot_quality	정련공정 로트품질 상/중/하
2	mixing_temp_avg	정련공정 작업중의 온도평균
3	mixing_temp_stdev	정련공정 작업중의 온도편차
4	extruding_lot_quality	압출공정의 로트품질 상/중/하
5	extruding_temp_avg	압출공정 작업중의 온도평균
6	extruding_temp_stdev	압출공정 작업중의 온도편차
7	cutting_lot_quality	재단공정 로트품질 상/중/하
8	cutting_cycle_time	재단공정 작업속도 평균
9	cutting_break	재단공정 작업직전 중단여부
10	building_experience	성형공정 작업자 숙련도
11	building_defect	성형공정 불량여부
12	curing_temp_avg	가류공정 온도평균
13	curing_humidity_avg	가류공정 습도평균
14	curing_experience	가류공정 작업자 숙련도
15	curing_defect	가류공정 불량여부

위와 같이 설명변수와 11, 15와 같은 목표변수로 데이터를 구성하여 분류를 수행하면 성형공정에서만 해도 입력변수가 최소 20개 이상이 나오므로 충분히 모델개발이 가능하다. 따라서 잘못된 성형물이 시간이 오래 걸리는 가류공정에 투입되는 것을 방지할 수 있다.

또 다른 방법으로는 연관성 분석(Association Analysis)을 통해 생산관련 event log를 해당 생산공정 작업에 맞게 구성하여 각각 연관성 분석을 실행함으로서 어떤 데이터가 발생한 경우 불량이 발생하는지를 장바구니 분석(Market Basket Analysis)이나 시차분석(Sequence Analysis)을 수행하는 방법이다. 그러나 이러한 경우 데이터 구조를 연관성 분석하기 적합한 구조로 만드는 데 어려움이 있을 것으로 판단된다.

3. 수율개선

수율은 전체 공정을 거쳐서 나온 결과가 투입된 원재료 대비 비율이다. 중량으로 산출할 수 있다. 수율계산의 가장 핵심은 생산실적과 BOM 관련 데이터가 얼마나 정확하게 관리되는지에 따라 결정이 되는데 잘못되면 Input은 100이 들어갔는데 Output이 110이 나오는 수율산출상의 웃지 못할 결과가 나오는 경우가 있다. 이런 경우 보정계수를 이용해서 작위적으로 조정을 하는 일들이 불과 10여 년 전에만 해도 있었다.

이유는 BOM 관리가 당연하게 이루어져야 되는데 이것조차도 제대로 관리가 안 되는 제조산업이 많고, 생산 관련 트랙킹이 제대로 이루어지지 않기 때문에 발생한다. 또한 생산 시방서와 실제 적용되는 정보가 실시간 100% 일치하게 관리가 되어야 되는데 그렇지 못한 경우가 있어서다. 그러나 이러한 일들은 ERP가 도입되면서 많이 해결이 되었으나 생산 관련 시스템은 아직도 Legacy를 사용하는 경우가 많으므로 동일한 문제가 있을 가능성이 높다.

또한, 생산량을 측정하는 Sensor가 노후화되면 주기별로 교체를 해야 하는데 이것이 이루어지지 않으면 오차가 커지게 된다. 예를 들어 생산길이를 측정하는 센서가 물리적으로 마모되면 생산길이가 과대 측정되고 사용된 원재료는 동일한데 생산량은 증가하게 된다. 따라서 중량으로 수율을 관리하려면 원재료와 반제품의 중량이 생산 Lot 단위로 측정·관리되어야 하고, 측정 센서의 정확도가 보장되어야 한다. 이는 택시에서 주행거리를 측정하는데 타이어가 마모되거나 타이어 공기압이 낮아지면 주행거리가 더 늘어나는 것과 동일한 현상이다.

앞에서 언급한 두 가지 사항만으로도 공정별 또는 전체 공정에서의 수율은 매우 큰 변화를 보이고 정확도가 낮아져 수율측정 자체가 신뢰할 수 없기 때문에 개선을 위한 분석은 의미가 없게 되는 경우가 많다. 특히 수율은 이런 데이터 신뢰도가 우선 확보되지 않으면 관리 및 개선이 어렵다. 이를 보완할 수 있는 기술이 IoT이며, 이를 통해 우리는 제대로 된 데이터를 현장에서 직접 받을 수 있게된다. 따라서 현장에 IoT 관련 기술을 적용하여 제대로 된 데이터를 획득할 수 있으면 수율개선을 위한 방안을 도출할 수 있게 된다.

4. 생산량 및 생산성 향상

결국 앞에서 언급한 품질과 수율이 결과적으로 생산계획을 통해 영향을 받아 생산량을 결정하게 되고 투입된 인원과 노동시간에 따라 다양한 생산성 지표가 산출된다. 그러나 여기서 생산량과 생산성이 수익률과 제대로 연계되려면 생산계획이 영업계획에 따라 제대로 이루어져야 하고, 영업계획은 수요예측이 제대로 이루어져 목표달성이 되어야 한다. 결국 공장에서의 생산량과 생산성 향상은 수요예측과 생산계획과 같은 외부 요건을 가장 최적으로 달성시키는 전제조건 하에 관리가 되어야 하는데 이런 것들이 제대로 지켜지지 않고 단순하게 생산량과 생산성만을 높이려 하면 수익률은 낮아지게 된다.

결국 생산량과 생산성 향상을 위해서는 수요예측을 통해 생산계획을 최적화하는 방법이 필요하다. 이를 위해서는 각 공정의 생산실적 데이터와 설비변동에 대한 데이터를 결합해서 최적의 생산규칙을 과거 데이터를 통해 파악하고 개선하는 작업을 해야 하는데 이를 위해서는 지금까지 생성해보지 않았던 형태의 복잡한 생산이력 데이터를 만들어야 한다. 이런 측면에 데이터의 복잡성이 매우 높아 기존 레거시(Legacy)들의 데이터를 결합해서 생성하기 때문에 빅데이터라고 말할 수 있다.

우선 수요예측은 최대 10% MAPE(Mean absolute percentage error)로 예측이 가능할 것이다. 그러면 현재 생산규칙을 파악하는 작업은 과거 생산실적과 설비관련 데이터를 결합하는 방법으로 기초적인 생산계획 규칙을 파악한다. 그리고 이러한 생산규칙을 시뮬레이션 모델에 반영해서 수요가 다양하게 변하는 구조에서 생산량과 생산성을 높일 수 있는 규칙을 만든다. 이러한 작업은 다수의 시뮬레이션에 대한 복제를 통해 안정적인 결과로 규칙에 대한 평가가 가능해지고 규칙에 대한 대안을 선택할 수 있다. 보다 상세하게 모델링 단계까지 살펴본다면 아래와 같다.

1 월간 생산계획이 정해진 경우 설비별로 특정 규격을 생산 중일 때 어떤 규격을 우선 할당해야 할까? 이러한 근거는 과거 생산실적을 보면 알 수 있다.

2 공정별 교체를 하면 시간이 천차만별로 소요된다. 그 시간은 정확하게 교체요인을 계산하면 되겠지만 그것도 과거 데이터를 통해 알 수 있다. A → B규격으로 특정 호기에서 교체가 이루어진 경우 교체시간에 대한 통계는 10년간의 자료를 보면 알 수 있다.

3 공정별 특정규격에 대해 특정호기에서의 생산시간은 어떠한가? 작업자가 결정되지 않은 상태에서 어떻게 알 수 있을까? 이 또한 과거 사이클 통계를 이용해서 확률분포를 만들어 투입하면 시뮬레이션 모델을 만들 수 있다.

이렇게 이루어진 모델을 실험을 통해서 최적의 생산계획 수립원칙을 수립하고, 개선을 위한 규칙을 만들어서 시뮬레이션을 통해 예측 및 검증할 수 있다. 과거 90년대 후반에는 수많은 로그 데이터 처리가 어려워 3개월 수준의 핵심공정에 대한 데이터 확보도 어려웠다. 그러나 이제는 최소 1년 치의 상세 데이터의 확보가 가능하고 그 이상도 가능해졌다. 과거에 백업해 놓은 로그 데이터를 빅데이터 플랫폼에 투입해서 활용할 수 있는 것이다.

최적화된 생산계획(Optimized Shopfloor Scheduling)은 생산량을 20%까지는 개선할 수 있고, 예상치 못한(Unexpected Circumstances) 긴급오더나 고장 등에 대응하여 동적 스케줄링(Dynamic Scheduling)이 가능하다. 이러한 방법은 과거에도 가능했지만 데이터 지원이 부족했던 사항이 극복되고 시스템 성능의 급격한 증가로 이제는 현실적으로 적용이 용이하게 되었다.

5. 전기에너지관리

전기에너지관리는 일반 주택 및 빌딩, 공장 등 다양한 분야에서 이슈가 되고 있다. 특히 전기를 많이 사용하는 공장의 경우 전기사용량 계획에 따른 금액이 결정되어 있어서 일정 범위 안에서는 전기를 추가비용이 거의 없이 사용할 수 있다. 따라서 전기에너지에 대한 사용은 제약조건이 거의 없는 상태에서 관리가 이루어지고 있다.

그렇다면 전기에너지를 제조현장에서 어떻게 통제할 수 있을까? 어떻게 통제하는 것이 수익증대에, 절대적인 에너지 절감에 활용할 수 있을까? 결론은 전기에너지에 대한 비용을 보다 높게 책정해서 운영방안 개선을 시도해야 한다는 것이다. 그 뜻은 현재 사용하고 있는 에너지 양보다 더 절대적으로 적은 에너지로 운영할 수 있는 방안을 도출하는 것이지, 에너지 사용 개선을 시도하는 방향으로 가서는 현실적인 적용이 불가능하다. 예를 들어 설비별 에너지 사용을 보니 동일 설비인데 특정 설비가 에너지를 10~20% 더 사용한다고 가정하겠다. 이런 것은 흔하게 볼 수 있는 현상이다. 그렇다고 PLC 등처럼 복잡하게 의존성이 있는 생산설비를 마음대로 개선할 수는 없다. 결론은 유동성 있게 조정할 수 있는 생산계획을 조절해서 최적화하는 방안이나 자체적인 역량으로 개선할 수 있는 생산기술을 개발하는 방법이 있다. Setup을 최소화하면서 에너지 소비가 일정 조건을 만족하는 생산계획을 적용하고, 에너지 사용이 불필요한 시점에도 교체 비용을 줄이기 위해 에너지를 사용할 때의 비용에 대해 가중값을 더해서 조절해야 에너지 사용이 절대적으로 줄어들게 된다. 흔히 열이 생산작업에 중요한 조건이 되는 경우 사전예열을 함으로써 생산이 없어도 에너지를 사용한다. 이런 일을 없애야 하는 것이다.

유통사

2000년대 초반부터 유통사에서 고객정보와 거래정보를 제대로 관리하기 시작했다. 그 당시 6개월에서 2년 정도의 데이터가 있었는데 이제는 10년이 되었으니 전반적인 고객들의 행동패턴이나 구매패턴의 변화와 반복되는 내용들을 충분히 분석할 수 있을 정도가 되었다. 특히 당시에는 1년분 데이터도 처리하기 버거운 상황이었지만 10년간의 데이터가 빅데이터 인프라에서는 적정 사이즈로 처리하기 쉽게 되었다.

10년간의 누적된 데이터로 가전 등 구매주기가 긴 상품에 대해서도 분석이 가능해지고, CRM 시스템에서의 캠페인에 대한 고객의 반응도 충분히 누적되었다고 할 수 있다. 특히 IoT 관련 시도가 점진적으로 이루어지고 있어서 고객의 동선과 구매행태에 대해 더 쉽게 파악될 것이다. 그리고 CCTV 정보를 통해 고객들이 매장을 그냥 지나가는지 아니면 몇 명이, 남자 또는 여성이, 어느 연령대의 사람들이 방문을 하는지 파악할 수 있다. 그리고 이런 데이터를 거래정보와 결합하면 매장들이 어떤 고객들을 놓치고 있는지, 왜 그런지를 추가적인 서베이나 조사를 통해 결합하여 해석할 수 있을 것이다. 이미 CCTV를 통해 고객의 시선상의 초점이나 관심 등을 파악하는 기술은 수년전에 검증되었다. 여기에 IoT만 잘 연계해서 활용한다면 상호보완적으로 고객의 동선 및 매장 배치 및 구매유도 실패에 대해 파악할 수 있을 것이다. 고객 하나하나에 대한 CRM 자체보다도 전반적인 매장관리 및 매장운영에 대한 정책적 의사결정을 수립할 수 있기 때문에 백화점과 할인점 같은 곳에서는 매우 용이한 수단이 될 것이다.

최근 많은 시도가 이루어지고 있는 애플의 비콘(Beacon)과 관련된 내용으로는 사용자가 유통사 앱을 설치하면 해당 앱이 비콘을 통해 신호를 확인하여 해당 건물에 들어온 경우 인지를 하게 되고 모바일 결제도 가능하게 된다. 애플의 iBeacon은 위치에 대한 상세정보가 가능하여 이동경로를 추적하고, 해당위치 근처 고객의 구매이력과 이동경로를 기반으로 상품을 추천하고 할인쿠폰 등을 보내주기 때문에 제품정보 제공, 신규상품에 대한 개인화된 추천정보를 통해 구매를 위한 정보제공으로 효과가 매우 높다. 관련된 내용으로는 http://youtu.be/sUIqfjpInxY에서 Estimote라는 회사의 사례를 보면 이해하기 쉽다.

오래전에도 RFID, NFC를 이용한 다양한 방법으로 이러한 시도들이 있었으나 기술적으로 장애요소가 많았고 지금의 스마트폰과 같은 기능이 부족한 시대였다. 하지만 이제는 이러한 기술들이 많이 나와서 다양한 방법으로 시도할 수 있다. 애플에서도 이러한 기술을 제공하고, 국내에서는 일부 사운드를 이용한 위치탐색 등 다양한 시도가 이루어지고 있다. 특히 통신사와 카드사가 결합한 경우 고객의 선호도에 대한 정보 및 위치정보에 대한 처리가 매우 용이하기 때문에 적용성이 높아진다.

<Part 2-9>

카드사

카드사의 경우 국내에서는 주로 10년 이상의 데이터를 고객과 가맹점 레벨에서 상세분석한 사례위주로 많이 언급을 하고 있다. 그러나 보다 더 활용가치가 높은 내용은 다양한 산업과의 제휴를 통한 마케팅일 것이다. 카드사 입장에서는 제한된 고객들의 지가 점유율(wallet-share : 한 기업에 할당된 소비자 한 명의 가처분 소득 비율)에 따라 수수료를 가져가는 게 기본 모델이다. 그러나 대부분 2개 이상의 카드를 갖고 있는 상태에서 더 추가적인 수익을 가져가는 데는 한계가 있다. 그리고 지금까지는 특정 기업을 지원할 필요가 없었지만 시장을 확대하려면 동일 산업의 경쟁사들을 모두 포함해서 적극적인 제휴관계를 통한 마케팅을 해서 차별화해야 한다. 즉, 누가 먼저 제휴사를 선택해서 만족스러운 서비스를 하는지에 따라 단순 수수료가 아닌 추가 수익에 대한 이익 분배 모델로 가게 될 것이다.

이러한 비즈니스 모델이 적합한 이유는 이제 시장에서 카드 수수료로는 한계가 있어서 대안이 필요하기 때문이다. 그리고 10년간의 빅데이터와 소셜미디어에서의 고객들의 동향을 분석해서 신규 사업이나 마케팅을 하기에 카드사만큼 유리한 위치가 없기 때문이다. 따라서 단순 카드 수수료 모델에 멈춘 기업은 퇴보하게 되고, 시장에 적극적으로 개입을 잘하는 카드사가 성공하게 될 것이다. 이러한 측면에서 카드사 빅데이터 활용은 직접적인 신규비즈니스 개발이나 제휴를 통한 확대에 적용될 수 있다.

Part 2-10
통신사

통신사 데이터를 이용한 "올빼미 버스" 사례가 많이 언급된다. 그런데 이를 택시에 적용해보면 어떨까? 예를 들어 저녁 12시이고, 현위치와 집의 위치가 서울시와 경기도 지역으로 택시로 이동이 가능한 경우에 원격지 택시들한테 정보를 보내주는 앱을 제공하면 어떨까 생각된다. 서울에서 경기도행 차를 찾거나 경기도에서 서울행 차를 찾는 것은 쉽지 않다. 특히, 분당 같은 외곽지역에서 서울택시를 좀 더 쉽게 찾는 방법이 있다면 좋을 것이다.

이를 위해서는 통신사 CDR(Call Detail Record)과 GPS 위치정보를 기반으로 이런 고객들이 어디에 많이 있는지를 파악해서 정보를 제공하고, 원하는 고객은 앱에서 택시를 요청하는 버튼을 누르면 택시와 승객이 연계되도록 하는 서비스를 개발할 수 있다. 이런 서비스가 계속 누적이 되면 지역별로 기상상태나 시점별로 실시간 정보는 물론 예측정보를 통해 기사들이 대기하는 위치를 정할 수 있을 것이다. 더욱 좋은 방법은 앱을 통해 기사들이 수요가 있는 곳에 정차하고 대기하면 이를 승객들이 확인하고 신청을 하는 데 도움을 줄 수도 있다.

이러한 정보를 기반으로 데이터를 분석하면 시외택시 이동에 대한 대기시간이 얼마나 줄어들었는지를 확인할 수 있고, 택시의 평상시 분당매출액 기반으로 매출이 얼마나 증가했는지 서비스를 받은 택시들을 통해 효과산출이 가능해진다. 그러면 최근 논란이 되고 있는 우버 택시에 대응하는 경쟁력 있는 택시 서비스가 가능해질 것이다.

Part 2-11

인사관리

다양한 분야에서 데이터화를 통한 분석이 진행되고 있지만 늦게나마 조명받게 된 분야가 인사관리 측면에서의 빅데이터이다. 인사관련 데이터는 전통적으로 데이터가 서류로 관리되는 분야가 많고, 시스템으로 관리되는 분야는 상대적으로 취약하다. 이런 비정형 데이터가 많은 인사 시스템에서의 특성이 빅데이터 분야의 발전으로 큰 도움을 얻게 되었다.

인사관리 Life Cycle을 보면 아래와 같은 단계를 거치게 되면서 다양한 데이터가 수집되고 발생된다.

1 필요인력 정의
2 이력서 및 데이터 입수
3 채용결정
4 검증(Probation)
5 운영(Time & Expense)
6 인사평가(Performance Evaluation)
7 해 고

필요인력의 경우 갑자기 인원이 필요하다고 채용할 수는 없다. 연간계획도 있고, 시장동향도 있으며, 시장에서의 인력이 가용해야 한다. 가용한 인력이 있어도 이직의사가 있을만한 시장에서의 상황도 필요하다. 따라서 연간계획에 의한 부서별 필요인력에 따른 인력계획 데이터와 시장에서 존재하는 분야별 인력의 구성 데이터, 이직이 발생할 가능성이 높은 기업과 인력들에 대한 데이터가 있어야 보다 효율적이고 효과적으로 인력채용이 가능하다. 이러한 일들을 헤드헌터가 대신 만족스럽게 해줄 수 있을까? 전문적인 헤드헌터가 일정수준 대행이 가능하겠지만 자사의 HR이 보다 더 많은 정보를 갖고 요구해야 헤드헌터가 잘 수행할 수 있고, 적합한 헤드헌터를 선별할 수 있다. 이러한 정보들은 어디에 있을까? 특히 외부정보는 인터넷과 링크드인(LinkedIn)에 정보가 있다. 외부 기업들의 채용동향 및 링크드인에서의 이직현황 및 인력 프로파일 변화정보를 입수해서 활용할 수 있어야 된다. 경우에 따라서는 경쟁사가 어떤 인력을 채용하려고 하는지 방향성과 규모를 파악해야 된다.

이력서 및 데이터 입수는 상대적으로 쉽지만, 관리 및 활용이 어려운 분야이다. 경우에 따라서는 인적성검사가 있을 수 있고 이러한 데이터를 활용할 수도 있다. 여기서 이런 데이터가 의미 없다고 말하는 사람들도 있으나 이를 의미 있게 활용하는 것 자체가 목표이고 의미가 없다면 수집항목이나 처리가 잘못된 것이다. 의미 없는 것을 왜 하는가? 인적성검사 결과가 있는 직급별 인력 중 업무에 대한 성과가 좋은 사람들은 어떤 성향이 있는 것일까를 모델링해보는 것은 흥미로운 일일 것이다. 그들의 성향이 현 조직의 방향성과 문화에 적합하다는 것이라면 이러한 성향의 사람을 채용하는 게 조직을 위해 좋을 것이다. 모델링을 위한 속성으로는 아래와 같은 내용들이 후보가 될수 있다. 데이터에는 기존 지원했던 인력 중 합격이 되어서 근무했던 인력들에 대한 정보이고, 타깃 값은 근속년수가 3년 이상이고 인사고과가 중상 이상인 경우를 '1'로 정의하고 그렇지 않은 경우를 '0'으로 정의한다. 이렇게 데이터를 구성해서 Classification Modeling을 수행하여 만족스러운 성과를 낸 직원의 패턴을 파악하여 신규입사자에게 모델을 적용하면 타깃 값에 대한 분류예측 결과가 나온다.

속 성	값
ID	A12013
성	남 자
연 령	40
현 거주지 지역	경기도
군필여부	미 필
처음 직장 지역	지 방
처음 직장 최종직급	사 원
처음 직장 근속연수	2
처음 직장 유형	중소기업
이전직장 수	3
이전 평균근속연수	2.5
이전 최대근속연수	3.0
희망 직급	대 리

희망 연봉	5,000만원
인적성검사 결과	중 상
MBTI 유형	ISTJ
지원서 접수후 최종결정 시점 경과일수	30일
이력서 정보 충실도	상
인터뷰 만족도	중
접촉시도시 반응수준	중
연락처 이메일 직장여부	직 장
지원서 제출시간대	근무시간
Reference Check 여부	없 음
타 깃	0

　　수습기간을 성공적으로 보내지 못하는 사람들도 있을 것이다. 그들은 선정과 정에서 우리가 놓친 것이 있는 것이다. 그런 요소를 식별해서 보완한다면 우리 는 보다 빠르고 정확하게 우리가 필요로 하는 인력을 실패하지 않고 선발할 수 있다.

　　시간과 비용은 지속적인 데이터를 발생시킨다. 아주 간단한 정보이지만 직무 성과와도 연계해서 분석할 데이터를 제공한다. 시간과 비용을 어떻게 할당해서 사용하는 사람이 좋은 성과를 내는지 파악할 수 있고 인사팀은 이를 지원하고 통제할 수 있게 된다. 성과는 평가시점에만 측정가능한 것이 아니다. 늘 측정하 고 예측할 수 있어야 된다. 만약 성과가 낮아질 징후를 미리 파악한다면 우리는 주목해서 그 원인을 찾고 해결할 수 있도록 관리자에게 정보를 제공해야 된다.

　　해고는 기업에서 어려운 과제이다. 이것은 한 인력에 대한 문제가 아니라 기 업에서의 인력관리에 관한 문제이다. 기업은 필요한 인력을 늘 충원할 수 있고 조정할 수 있어야 한다. 이직을 하게 되는 경우가 본인이 이직을 결정한 경우와 회사에서 해고를 하는 경우가 있을 것이다. 이런 경우 현재 직원이 어떤 경우에 해당하게 될지를 미리 예측해서 관리할 수 있다. 이런 경우 모델개발을 위한 데 이터 속성은 아래와 같은데 타깃값은 '0'은 현재근무, '1' 이직, '2' 해고 이런 식으로 정의하여 예측모델을 만들 수 있다. 이정도 수준의 데이터를 구성해서 모델링을 하면 Accuracy는 80% 수준이 가능해서 적용에 무리가 없을 것이다. 매월 해당 모델을 실행하고 모델에 대한 리모델링을 통해서 최근 패턴을 반영할 수 있도록 하고, 추가될 수 있는 정보에 대해 반영되도록 한다.

속 성	값
ID	A12013
성	남 자
연령	40
현 거주지 지역	경기도
군필여부	미 필
처음 직장 지역	지 방
처음 직장 최종직급	사 원
처음 직장 근속연수	2
처음 직장 유형	중소기업
이전직장 수	3
이전 평균근속연수	2.5
이전 최대근속연수	3.0
희망 직급	대 리
희망 연봉	5,000만원
인적성검사 결과	중 상
MBTI 유형	ISTJ
지원서 접수 후 최종결정 시점 경과일수	30일
이력서 정보 충실도	상
인터뷰 만족도	중
접촉시도시 반응수준	중
연락처 이메일 직장여부	직 장
지원서 제출시간대	근무시간
Reference Check 여부	없 음
연차 사용일수	2
연차 소진율	90%
월차 사용률	100%
지각비율	5%
결근비율	2%
야근비율	30%
휴일근무비율	30%
최근 1개월 업무량 증가여부	N
최근 1개월 이메일 증가여부	Y
최근 1개월 웹서핑 증가율	30%
최근 1개월 컴퓨터 사용량 증가율	30%
최근 1개월 USB 사용 증가율	30%
최근 1개월 프린트량 증가율	40%
동일분야 연속근무 개월 수	36
자사 부서	마케팅
자사 직급	대 리

자사 근속연수	2
면담횟수	3
업무평가 개선여부	하 락
업무평가	중 상
타 깃	1

이 모델을 통해 이직이나 해고로 예측된 직원에 대해서는 별도의 관리를 통해 이직/해직 사태가 발생하기 전에 개선할 수 있는 여지가 있는지, 빠른 조치가 필요한지를 결정해야 한다.

우리나라의 고용체계는 유연하지 못하다. 두 자리 숫자의 성장을 보이는 기업들은 늘 필요한 인력과 조정해야 될 인력들을 계획하고 실행에 옮긴다. 한번 직장이 영원한 직장이 아닌 것은 개인이나 기업에서 마찬가지이다. 이러한 환경이 조성될 때까지는 시간이 걸리겠지만 장기적으로 변화를 해야 한다. 그러기 위해서는 필요인력의 프로파일이 어떠한지, 수요와 공급은 어떻게 해야 하는지 늘 측정하고 대비해야 한다. 개인적인 측면에서도 관심을 갖고 노력해야 하는 부분이다. 영원할 것 같았던 ERP 시장도 10년이 넘은 시점에 하락을 예상했지만 지속되었다. 그러나 결국 20년이 된 시점에서 시장판도는 달라졌고 수많은 ERP 인력들이 시장에 나와서 방황하고 있다. 그들이 ERP에서 빅데이터 시장으로 기존 경험을 갖고 이미 이동했더라면 충격이 덜했을 것이고 빅데이터 시장의 성장도 빨랐을 것이다. 이런 부분에 대해 인사부문은 자체적인 교육과 훈련으로 인력을 변경하고 할당하거나 조정이 보다 빨리 이루어져야 했지만 그렇지 못했다. 최근 ERP 업체들이 빅데이터 시장에 관심을 갖고 변화하고 있는 것은 조금은 늦었지만 긍정적인 현상이다.

Part 2-12

빅데이터 교육 및 조직관리

빅데이터 교육과 조직을 어떻게 끌어갈 것인지에 대해 질문이 쏟아진다. 교육들은 산발적으로 증가하고 있지만 아직은 체계적이지 못하다. 저자가 빅데이터 교육을 시작한 2012년부터 벌써 약 8년이 되어가고 있지만 아직도 개념과 방향성, Java, 통계학, 프로그래밍, 시각화 교육에 집중하고 있는 현상은 여전하다. 기간도 길어야 3일 수준이고 단발성 교육이거나 여전히 기업들이 진행하는 홍보성 내용이다. 지역 역시 서울 중심이고 전국적 규모는 지원되지 못하고 있으며 업체 이익중심이다. 더구나 기존 분석시장에서 활동하던 사람들도 아니다. 그럼 어떻게 해야 할 것인가? 대기업 기준으로 살펴보겠다.

1 단기보다는 최소 5년을 생각하고 기획해야 한다.
2 빅데이터 팀을 만든다.
3 작은 인프라에서 시작해서 성공사례를 만든다.
4 부서별 빅데이터 담당자를 선임해서 확산시킨다.
5 인프라를 완성하고 운영모드로 전환한다.

지금처럼 단기적으로 호기심이나 시류에 맞추어 대응하기보다는 빅데이터를 자사의 전략적 도구, 운영 프로세스에 내재화시킬 것인지를 명확히 판단하기 위해 노력을 집중해야 한다. 기존인력과 신규인력을 혼합해서 1개월 코스의 체계적인 교육을 1년간 집중 운영한다. 기수로는 12기수 정도가 될 것이고 교육을 수료한 인원은 300명이 될 것이다.

이들은 각 부문에서 자발적인 인력과 적합한 인력들을 선별해서 우선 추진한다. 그중에서도 가장 열정적이고 창의적인 인력 25명을 한 팀으로 만들어 빅데이터 팀을 만들고 나머지는 부서별 담당자로 선정한다. 이들은 교육과정에서 workshop을 통해 자기부서의 문제를 데이터를 통해 해결하는 경험을 하게 되고, 전사적인 인프라와 방향성에 대해서는 이 과정을 통해 내부적으로 도출되게 된다. 여기에 소수의 뛰어난 컨설턴트가 필요하다. 그들은 교육과정을 리딩하고 방향성을 도출하고 실행에 옮기게 지원한다. 직접해주는 것이 아니라 도와주고 리딩하는 역할을 한다. Lead/Help를 하는 것이다. 결국 조직에 돌아가서는 이를 기반으로 기존 업무를 개선하면서 중앙의 서포터를 계속 받게 된다. 이런 Lead/Help/Support를 하는 선순환 과정이 교육과정에 녹아야 된다.

여기서 우리는 과제들을 도출하고 우선순위를 평가하여 Quick-Win과제를 통해 성공사례를 경험하게 한다. 여기가 제일 어려운 부분이다. 여기서 성공사례를 확산하기 위해 도출된 내용들을 일관되게 추진하고 업무 프로세스에 내재화시키며 지속적인 성과를 내도록 관심과 지원을 해야 된다. 이 과정을 통해 CRM이든, 빅데이터라고 불리는 것이든 분석론이 비즈니스에 프로세스의 우월함을 갖게 하고 기업은 큰 경쟁력을 가질 수 있다. 그러나 신뢰가 부족해서 대부분 성공사례를 겨우 하나 만들고 무너진다. 조직의 문화는 살아있는 유기체와 같아서 계속 관심을 갖고 키워줘야 한다. 그리고 그것을 근간으로 성장을 도모해야 한다. 그렇지 않으면 다들 일회성으로 대충하게 되고 비용과 시간만 낭비할 뿐이다. 빅데이터를 기존 업무와 연계해서 지속적으로 2년 이상 추진하면 특별히 신경 쓰지 않아도 유기체처럼 스스로 성장하게 된다.

이렇게 프로세스가 안정화되어가는 과정에는 제대로 된 인프라가 필요하다. 인프라는 결국 실제 일하는 구체적이고 눈으로 볼 수 있는 산출물이다. 인프라에 대한 구체적인 요건이 도출되기 전에 거창한 하둡(Hadoop) 시스템이나 애플리케이션을 도입하는 것은 불필요한 투자이다. 얼마든지 수백 GB RAM에 수십 TB 디스크를 갖춘 천만원대 시스템을 부서별로 도입해서 사용할 수 있다. 이런 것들이 안정화된 후 통합 인프라를 고민해도 충분하다. 분석도구도 반드시 R일 필요는 없다. 있는 도구를 사용하는데 비용이 문제가 되거나 R을 사용할 인력이 있다면 비용대비 효과를 보고 선택하면 된다. 도구는 그냥 도구일 뿐이지 절대적 기준이 아니다.

그러나 일단 교육이 시작되고 확산이 진행되는 과정에는 기업내부에 지원센터가 있어야 한다. 개별사에 힘들면 그룹차원에서, 또는 전문 지원센터의 도움을 지속적으로 받을 수 있도록 서비스를 받아야 된다. 이런 지원센터들이 아직은 국내에 없지만 전문화되고 기업화될 필요가 있다. 모든 것을 내부에서 다 갖추려면 어렵지만 이런 지원센터가 활용되고 확산됨에 따라 분석분야의 기반이 더 좋아지고, 기업들은 효과를 보게 될 것이다. 따라서 기업들이 공동 투자한 지원센터도 생각해볼 만한 일이다.

3장

현업지식과 예측 우수성 비교방법

현업지식과 예측 우수성
비교방법

    교육이나 실제 분석 프로젝트를 수행하는 경우 빈번하게 발생하는 일이 있다. 현업의 지식과 경험이 더 정확하다고 믿는 미신이 존재한다는 것이다. 과연 그들이 말하는 원칙이 빅데이터 분석(데이터 마이닝/머신러닝 등)보다 정확하거나 신뢰할 수 있을까? 대표적인 현업 담당자들의 언급은 "예측할 필요가 없다.", "값이 거의 일정하다.", "엑셀로 공식을 만들어서 처리하면 된다.", "우리가 그 정도의 접근으로 하려면 프로젝트를 안하죠."라는 식의 주장이다. 현업 담당자를 처음 접하는 이들은 매우 당황하게 되고, 분석에 대한 경험이 많은 사람들은 현업 담당자의 이런 주장이 매우 위험하다는 것을 알고 있다. 현업 담당자가 처음부터 알아서 할 수 있으면 경영진에서 고가의 프로젝트를 외부 전문가들에게 요청하지 않았을 것이다. 이런 주장은 변화에 대한 저항과 자신들의 가치를 인정받으려는 잘못된 접근에서 비롯된다. 보통 70% 정도는 이런 상황이 발생한다. 30%는 자신들이 잘 모르고, 문제를 해결해 달라는 자세로 대한다.

    현업 담당자의 지식과 경험이 정확한지, 분석모델이 얼마나 기여할 수 있는지를 확인하려면 초기에 교육을 통해서 빠르게 확인시켜야 하는데 이때 사용할 수 있는 방법을 제시한다. 우선 Open Source R에서 대표적인 data인 iris와 AdultUCI가 유용하다. AdultUCI는 arules package에 포함되어 있으므로 별로도 패키지를 설치하고 준비해야 한다. 우선 이들에게 해당 데이터를 csv로 만들어서 제공하거나 SQL을 사용할 줄 아는 사람들에게는 sqldf package를 이용해서 분석하도록 유도한다.

그럼 실제 현업 데이터를 사용하지 않는 이유는 무엇일까? 첫째 데이터가 당장 또는 외부에서 비교하기 위해 제공될 수 없는 경우가 많다. 둘째 사람과 분석 모델의 비교를 위해서 동일 조건으로 비교하기 위함이다. 예를 들어 사람에게 20분 정도 시간을 주고, 분석 모델에게 타이핑하는 1분 미만을 시간을 주어서 결과를 비교한다면 이견이 없을 것이다. 만약 현업 담당자가 익숙한 데이터로 비교하는 경우 그 성과수준을 평가하고 비교하면 된다. 실제 이런 사례는 점수로 비교했을 때 모델이 3주에 99점, IT가 6개월에 70점, 30년 경험 담당자의 수준이 98점이었다. 단 결과값을 산출하는데, 모델은 초단위로 완료되었고 현업 담당자는 8시간이 소요되었다.

다시 본론으로 돌아가면, iris는 150건에 5개의 변수로 구성되어 있는데 Species 값 3가지 유형을 찾아내는 방법을 만들라고 제시한다. 예를 들어 setosa가 150건 중에 50건이 있는데 setosa를 찾아내는 원칙이나 sql을 만들어서 본인들이 예측한 건수가 30개인 경우, 10건이 setosa이면 precision은 33%, detection은 20%라고 할 수 있다. 무작위한 랜덤한 성능이 setosa에 대해 33%이므로 33% precision은 랜덤한 것으로 누구나 할 수 있는 성능이다.

실제 이런 과정을 거쳐 setosa를 예측을 사람이 잘할 수 있는 수준은 precision이 60%까지는 나올 수 있어도 detection은 50%가 안 되는 수준이다.

```
> library(party)
> dim(iris)
[1] 150    6
> table(iris$Species)

    setosa versicolor  virginica
        50         50         50
> ind <- sample(2,nrow(iris),replace=TRUE,prob=c(0.6,0.4))
> tr <- iris[ind==1,]
> ts <- iris[ind==2,]
```

```
> party <- ctree(Species~.,data=tr)
> table(predict(party,newdata=ts),ts$Species)

            setosa versicolor virginica
  setosa       19          0          0
  versicolor    0         23          0
  virginica     0          0         17
>
```

그럼 모델은 어느 정도 수준일까? 실행에 0.1초도 소요되지 않은 상태에서 precision은 항상 90%를 넘고, detection rate도 90%를 넘는다. 위 경우는 각각 100%를 보여준다.

너무 간단하다고 생각하고 현업의 성능이 운좋게 매우 높다면 AdultUCI를 활용하겠다.

```
> library(arules)
> library(rpart)
> library(sqldf)
>
> data(AdultUCI)
> dim(AdultUCI)
[1] 48842    15
> colnames(AdultUCI)
 [1] "age"            "workclass"      "fnlwgt"         "education"
 [5] "education-num"  "marital-status" "occupation"     "relationship"
 [9] "race"           "sex"            "capital-gain"   "capital-loss"
[13] "hours-per-week" "native-country" "income"
> str(AdultUCI)
'data.frame':   48842 obs. of  15 variables:
 $ age           : int  39 50 38 53 28 37 49 52 31 42 ...
 $ workclass     : Factor w/ 8 levels "Federal-gov",..: 7 6 4 4 4 4 4 6 4 4
...
```

```
 $ fnlwgt        : int  77516 83311 215646 234721 338409 284582 160187 209642
45781 159449 ...
 $ education     : Ord.factor w/ 16 levels "Preschool"<"1st-4th"<..: 14 14 9 7
14 15 5 9 15 14 ...
 $ education-num : int  13 13 9 7 13 14 5 9 14 13 ...
 $ marital-status: Factor w/ 7 levels "Divorced","Married-AF-spouse",..: 5 3 1
3 3 3 4 3 5 3 ...
 $ occupation    : Factor w/ 14 levels "Adm-clerical",..: 1 4 6 6 10 4 8 4 10
4 ...
 $ relationship  : Factor w/ 6 levels "Husband","Not-in-family",..: 2 1 2 1 6 6
2 1 2 1 ...
 $ race          : Factor w/ 5 levels "Amer-Indian-Eskimo",..: 5 5 5 3 3 5 3 5
5 5 ...
 $ sex           : Factor w/ 2 levels "Female","Male": 2 2 2 2 1 1 1 2 1 2 ...
 $ capital-gain  : int  2174 0 0 0 0 0 0 0 14084 5178 ...
 $ capital-loss  : int  0 0 0 0 0 0 0 0 0 0 ...
 $ hours-per-week: int  40 13 40 40 40 40 16 45 50 40 ...
 $ native-country: Factor w/ 41 levels "Cambodia","Canada",..: 39 39 39 39 5 39
23 39 39 39 ...
 $ income        : Ord.factor w/ 2 levels "small"<"large": 1 1 1 1 1 1 1 2 2 2
...
> head(AdultUCI)
  age        workclass fnlwgt education education-num     marital-status
1  39        State-gov  77516 Bachelors          13       Never-married
2  50 Self-emp-not-inc  83311 Bachelors          13 Married-civ-spouse
3  38          Private 215646   HS-grad           9            Divorced
4  53          Private 234721      11th           7 Married-civ-spouse
5  28          Private 338409 Bachelors          13 Married-civ-spouse
6  37          Private 284582   Masters          14 Married-civ-spouse
          occupation   relationship  race  sex capital-gain capital-loss
1       Adm-clerical Not-in-family White Male         2174            0
2    Exec-managerial       Husband White Male            0            0
3 Handlers-cleaners Not-in-family White Male            0            0
```

```
4 Handlers-cleaners       Husband Black   Male            0            0

5    Prof-specialty          Wife Black Female            0            0

6   Exec-managerial          Wife White Female            0            0

  hours-per-week native-country income

1             40  United-States  small

2             13  United-States  small

3             40  United-States  small

4             40  United-States  small

5             40          Cuba   small

6             40  United-States  small

>

> table(AdultUCI$occupation)


       Adm-clerical       Armed-Forces       Craft-repair    Exec-managerial
               5611                 15               6112               6086
    Farming-fishing Handlers-cleaners Machine-op-inspct      Other-service
               1490               2072               3022               4923
     Priv-house-serv      Prof-specialty   Protective-serv              Sales
                242               6172                983               5504
        Tech-support  Transport-moving
               1446               2355
> table(AdultUCI$income)


small large
24720  7841
> prop.table(table(AdultUCI$income))


    small      large
0.7591904 0.2408096
> summary(AdultUCI)
      age                 workclass           fnlwgt              education
 Min.   :17.00    Private        :33906   Min.   :  12285   HS-grad      :15784

 1st Qu.:28.00    Self-emp-not-inc: 3862   1st Qu.: 117550   Some-college:10878
```

```
Median :37.00   Local-gov    : 3136   Median : 178144   Bachelors  : 8025
Mean   :38.64   State-gov    : 1981   Mean   : 189664   Masters    : 2657
3rd Qu.:48.00   Self-emp-inc : 1695   3rd Qu.: 237642   Assoc-voc  : 2061
Max.   :90.00   (Other)      : 1463   Max.   :1490400   11th       : 1812
                NA's         : 2799                     (Other)    : 7625
 education-num          marital-status            occupation
 Min.   : 1.00   Divorced          : 6633   Prof-specialty : 6172
 1st Qu.: 9.00   Married-AF-spouse :   37   Craft-repair   : 6112
 Median :10.00   Married-civ-spouse:22379   Exec-managerial: 6086
 Mean   :10.08   Married-spouse-absent: 628 Adm-clerical   : 5611
 3rd Qu.:12.00   Never-married     :16117   Sales          : 5504
 Max.   :16.00   Separated         : 1530   (Other)        :16548
                 Widowed           : 1518   NA's           : 2809
        relationship              race           sex        capital-gain
 Husband        :19716   Amer-Indian-Eskimo:  470   Female:16192   Min.   :     0
 Not-in-family :12583   Asian-Pac-Islander: 1519   Male  :32650   1st Qu.:     0
 Other-relative: 1506   Black             : 4685                  Median :     0
 Own-child     : 7581   Other             :  406                  Mean   :  1079
 Unmarried     : 5125   White             :41762                  3rd Qu.:     0
 Wife          : 2331                                             Max.   : 99999

  capital-loss     hours-per-week    native-country        income
 Min.   :  0.0   Min.   : 1.00   United-States:43832   small:24720
 1st Qu.:  0.0   1st Qu.:40.00   Mexico       :  951   large: 7841
 Median :  0.0   Median :40.00   Philippines  :  295   NA's :16281
 Mean   : 87.5   Mean   :40.42   Germany      :  206
```

```
3rd Qu.:    0.0   3rd Qu.:45.00   Puerto-Rico :  184
Max.   :4356.0   Max.    :99.00   (Other)     : 2517
                                  NA's        :  857

> sqldf("select income, count(*) from AdultUCI where income is not null group
by income ")
  income count(*)
1 large     7841
2 small    24720
> 7841/(7841+24720) # 24% precision
[1] 0.2408096
```

대략 위에서 파악한 내용으로 간단하게 sql을 이용해서 예측을 해보면 아래와
같이 81% 수준의 precision과 5%의 detection이 가능하다. 대부분 precision
은 이보다 낮고 detection은 높을 수 있으나 별 차이는 없을 것이다.

```
> sqldf("select income, count(*) from AdultUCI where income is not null and
occupation in ('Exec-managerial','Prof-specilty') and [capital-gain] > 0 group
by income ")
  income count(*)
1 large      451
2 small      102
> 451/(451+102) # 81% precision
[1] 0.8155515
> 451/7841 # 5% detection
[1] 0.05751817
```

반면 아래와 같은 모델링으로 해보면 train/test로 데이터를 분리한 경우
test에서 75% precision과 52% 수준의 detection이 나온다. 아무리 sql로 잘
파악한다 해도 train에서 만든 sql의 성능이 test에서 이정도 나오기는 불가능
하다.

```
> ind <- sample(2,nrow(AdultUCI),replace=TRUE,prob=c(0.6,0.4))

> tr <- AdultUCI[ind==1,]

> ts <- AdultUCI[ind==2,]

> rpart1 <- rpart(income~.,data=tr)

> table(predict(rpart1,type="class",newdata=ts),ts$income)


        small large
  small  9441  1503
  large   505  1605
> 1661/(1661+527) # 75% precision

[1] 0.7591408

> 1661/(1661+1531) # 52% detection

[1] 0.5203634
```

　이런 시도를 시켜보면 사람들은 수긍하기 시작한다. 그래도 못 믿겠다고 하면 하루 시간을 주어도 마찬가지일 것이다. 분석모델을 이용한 경우와 성능이 유사한 데이터를 주어도 1초 만에 해결은 불가능하고 script를 타이핑 치는 시간동안 파악하는 건 더더욱 불가능하다. 그렇다면 결론은 분석모델이 더 효율적이고 효과적이라는 결론이 나온다.

　실제 기업에서 현업이 나름의 규칙이나 프로그래밍을 해서 만든 사례도 이와 비슷하다. 문서상에는 과학적인 접근이 있어보이나, 실제 운영상태를 보면 원칙대로 운영되지 못하고 사람이 대충 운영하고 있다. 이런 일은 27년간 분석을 통해 다양한 산업을 접근해본 경험을 바탕으로 한 믿을 수 있는 결과라고 말하겠다. 이렇게 분석모델의 가치를 보여주고 설득하지 않는 상태에서는, 아무리 분석모델을 잘 만들어도 우리가 하던 것과 다름이 없다고 주장한다. 비록 현업의 자존심이 좀 상하는 일이 있더라도 As-Is와 To-Be가 다르게 된다는 것을 확인시켜주어야 한다. 이 과정이 없으면 초반에는 서로 좋게 지내겠지만 고생해서 만든 분석모델이 폄하되기 쉽다.

github 예제파일 다운로드 방법

1. 아래 사이트에 접속
   https://github.com/The-ECG/ADP_Rscript

2. ADP-script.zip 클릭

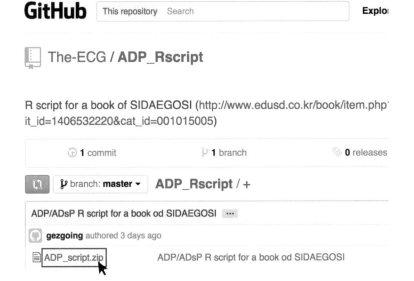

3. View Raw를 클릭하면 다운로드 폴더에 저장 완료

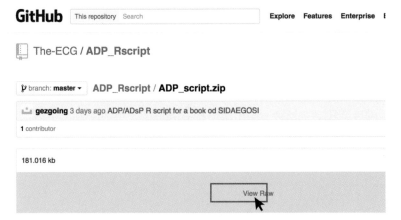

※ ADP 교재 안 예제파일을 MAC, Chrome 환경에서 다운로드 받는 예시로, 활용서 예제도
   https://github.com/The-ECG에서 꾸준히 업로드 될 예정입니다.

4장

탐색적 분석

탐색적 분석

많은 이들이 어떤 주제로 분석을 하려고 하면 어렵다는 말부터 한다. 그러나 저자는 이런 이야기를 들으면 거부감을 느낀다. 세상에 어렵지 않은 일이 어디 있으며, 하다보면 쉬워지고 익숙해져서 다른 분야에도 쉽게 응용되기 마련이다. 어렵다는 말과 왜 어려운가에 대해 일일이 나열하다 보면 많은 이들의 공감을 살 순 있겠지만, 결국 그런 조직은 문제를 해결하지 못한다. 도리어 그거 한 번 해보자고 덤비면 안 될 일도 해낼 수 있게 된다. 우리가 겪는 문제의 대다수는 연구하다 보면 가능한 길이 존재한다. 인류는 그렇게 진화해왔기 때문이다.

문제에 접근할 때는 긍정적으로 해결방법을 모색하는 자세가 필요하다. 그러므로 깊이 있는 분석이나 모델을 하기 전에, 많은 분들이 흔히 질문하는 부분인 데이터를 처음 입수한 시점부터 어떻게 접근해야 하는지 살펴보겠다.

데이터는 미리 주어지는 경우보다는 요청에 의해 입수해야 하는 경우가 대부분이다. 데이터 입수를 위해서는 정의 및 협의를 잘해야 한다. 모든 데이터는 기간이나 분석의 대상이 되는 객체의 기준이 있다. 연/월/일/시간 또는 고객번호 등이 바로 그것이다. 따라서 분석목적이 정해지면 그것에 적합한 데이터를 찾아야 하는데 '빅데이터'라고 해서 전체 데이터를 모두 입수하라는 법은 없다. 단지, 내가 갖고 있는 가용한 자원에서 적합하게 처리가능한 수준이면 된다.

데이터 소스의 규모는 PB, TB이지만 분석하는 목적에 맞는 데이터는 언제나 TB, GB로 대폭 줄어든다. 목적 없이 전체를 대상으로 분석한다면 당연히 PB, TB가 될 것이다. 그러나 목적이 명확하다면 필요한 데이터만 지정할 수 있다. 예를 들어 가용한 10년 분량 데이터에 수천만 고객의 데이터를 활용할 수 있다 해도 실시간 로그성 데이터를 10년치 분량이나 사용할 필요는 전혀 없다. 실시간 데이터라 쳐도 넉넉잡아 2년 분량이면 충분하기 때문이다. 그리고 데이터 수집주기가 10ms일지라도 매 10ms마다 데이터가 발생되는 것도 아니며, 분석을 위해 10ms단위로 하나하나 식별해가면서 데이터를 살필 필요는 더더욱 없다. 분석을 하는 과정에서 데이터는 언제나 마트 형식으로 축약될 가능성이 높다. 만약 이 말이 이해가 안 간다면 Supervised Learning에서의 데이터 마트, 데이터셋에 대한 개념을 먼저 확인하고 넘어가기를 권한다. 일반적으로 대형산업의 경우를 제외하고는 TB 가능성이 낮고, 웬만한 기업이면 분석목적에 맞는 데이터는 10~100GB 수준일 것이다. 거기에서 마트로 만들면 5~50GB 수준으로 줄어들게 된다. 그러면 64bit 환경에서 128GB RAM에 12cores 정도(500~1천만 원 투자한 장비)면 충분히 분석이 가능하다. 당연히 개인의 경우 이 정도를 투자해야만 할 일은 없을 것이다. 주가 데이터를 봐도 일단위로 5년 분량의 사이즈가 수십 GB규모로 나오지는 않는다.

만약 동일한 데이터로 마트 속성을 많이 만들어야 된다면, 이를 분리해 여러 개의 속성으로 만들어서 cbind()로 merge를 하면 된다. 그러면 동시에 많은 양의 소스 데이터와 마트 데이터가 동시에 메모리에 있을 필요가 없다. 무조건 한 번에 크게 처리하는 게 중요한 게 아니라 목적을 달성하기 위해 어떻게 하는 것이 합리적인지를 생각하고 접근해야 한다. 작업방식을 바꾸면 쉬운 일을 무리하게 물리적 자원 탓을 할 필요가 없다.

■ ■ ■ ■ ■ ■

분석을 위해 필요한 데이터를 요청해서 받거나, 주어진 데이터를 통해 업무를 수행해야 되는 첫 순간 누구나 막막할 수 있다. 특히 분석이라는 분야는 요건이 명확하지 않거나, 이슈라고 제시됐을지라도 진행하다 보면 예상하지 못한 새로운 요건이 등장해 변경해야 되는 사례가 빈번하기 때문이다. 그러므로 초반부터 데이터에 대해 명확하게 파악하는 게 중요한데 이러한 과정에는 탐색적 분석이 필수적이다. 그렇다고 탐색적 분석에 지나치게 시간을 할애한다면 전체 흐름은 알지만, 핵심으로 들어가지 못하는 경우가 생길 수 있으므로 제한적인 시간 내에 계획적으로 수행해야 한다.

특히 빅데이터의 경우 규모가 크고 복잡하기 때문에 탐색적 분석을 보다 효율적으로 수행해야 한다. 경험담을 이야기 하자면, 트위터에 원하는 데이터가 있을 것으로 판단했으나 국가별 사용률 차이가 컸고, 알맞은 데이터가 기대보다 적었던 관계로 할 수 없이 처음 계획과 달리 블로그 등으로 확대한 적이 있었다. 또한 유튜브(youtube)에서 사운드 데이터를 획득하려고 계획했으나 freesound (www.freesound.org)에서 더 잘 정리된 자료를 찾은 경우 등 외부 데이터를 사용하는 경우에는 더 체계적이고 효율적인 곳을 찾아 접근해야 한다.

Part 4-1

탐색적 분석에 대한 정의

주어진 데이터에 대해 있는 그대로 특성을 파악하는 방법으로 특정 기법이나 이론에 얽매이지 않고 수행하는 작업을 탐색적 분석이라고 한다. 주로 descriptive statistics, frequency, cross table 등(여기서 언급한 기법도 불필요한 제약일 수 있음)을 통해 수행하고 이를 시각적으로 표현해서 쉽게 이해할 수 있도록 한다. 이를 통해 전체적인 데이터의 품질(기록률, 표준화 여부, 이상치) 등을 파악하고 데이터의 특정 집단에서의 분포차이 등을 통해 인사이트를 얻기도 하고, 향후 분석방향을 결정하거나 가설을 수립해서 접근방법을 결정할 때 도움이 된다.

Statistical Analysis 도구는 다양한 통계값을 제공하기 때문에 EDA(Exploratory data analysis : 탐색적 분석)를 수행할 때 유리하다. 반면 SQL을 이용하면 다양한 조건의 데이터를 필터링해서 한 번에 통계값을 산출하는 데는 유용하다. 하지만 kurtosis 등 전문적인 통계값이 해당 SQL에서 지원이 안 되는 경우, 다른 도구를 이용하거나 별도 함수를 만들어야 하는 불편함이 있다. 이런 점에서 다양한 통계값을 제공하는 전문 패키지와 SQL이 가능한 Open Source R이 큰 장점이 된다.

1. 모집단 데이터 사용

(1) 트랜젝션 데이터(transaction data)

트랜젝션 데이터 또는 발생된 데이터 기준으로 탐색적 분석을 해야 하는 경우가 있을 수 있다. 그러나 이런 데이터 자체로 탐색적 분석을 하는 경우는 드물다. 대부분 고객, 상품, 점포 등의 기준으로 분석을 수행하기 때문에 데이터 마트 형식으로 만든 다음에 고객들의 행동패턴 정보기준 혹은 상품기준으로 해당 데이터를 EDA 하게 된다. 즉, A고객, B고객 등 1천만 고객들의 요약된 정보를 EDA 하는 것이 의미가 있다는 것이다. 그러나 이런 마트성 데이터 이전의 원천 데이터에 대한 정확도를 알기 위한 EDA도 있을 수 있으나, 품질확인과 이상치에 대한 간단한 점검 수준에 그친다는 한계가 있다.

```
library(sqldf)

# setwd 위치는 본인의 파일 위치로 변경해야 된다.
setwd("~/Dropbox/2. Consulting/2A00. EDU/2A60. 빅데이터 활용서 2")
load("stock.rdata")

# 1:4를 지정해서 한 페이지에 다 안 나오는 것을 방지했을 뿐이며 실제 작업 시에는 굳이
그럴 필요가 없다.
summary(stock[,1:4])
     date               Open            High            Low
 Length:441091     Min.   :     33   Min.   :     40   Min.   :     26
 Class :character  1st Qu.:   2535   1st Qu.:   2585   1st Qu.:   2480
 Mode  :character  Median :   5620   Median :   5720   Median :   5500
                   Mean   :  25694   Mean   :  26070   Mean   :  25327
                   3rd Qu.:  15000   3rd Qu.:  15250   3rd Qu.:  14700
                   Max.   :2338000   Max.   :2388000   Max.   :2268000
summary(stock[,-c(1:4)])


     Close            Volume            code              name
 Min.   :     26   Min.   :       0   Length:441091     Length:441091
```

```
1st Qu.:    2530   1st Qu.:     16204   Class :character   Class :character
Median :    5600   Median :     66082   Mode  :character   Mode  :character
Mean   :   25706   Mean   :    324124
3rd Qu.:   15000   3rd Qu.:    218692
Max.   : 2320000   Max.   : 136541155
```

이렇게 주가 종목별 일자별 데이터는 이른바 트랜젝션 데이터 수준이다. 이렇게 보면 Open(시가), High(고가), Low(저가), Close(종가) 금액이 어떠한지, 거래량은 어떠한지 알 수 있다. 그런데 시가만 해도 33원이 최솟값이고 최대가 233만원 수준으로 큰 차이가 나서 아마도 종목(code, name)별로 차이가 크다는 것과, 33원, 233만원이 정상적인 가격인지 확인할 필요가 있다는 것 외에는 제공되는 정보가 없을 것이다.

그래도 33원 수준이나 200만원이 넘는 종목이 있는지를 확인하기 위해 어떤 종목인지, 특정일 하루만 잘못된 데이터가 왔는지 확인해보겠다.

```
sqldf("select code,name, count(*),count(distinct date),avg(Open) from stock
where Open < 50 or Open > 2000000 group by code,name")
```

	code	name	count(*)	count(distinct date)	avg(Open)
1	004990	롯데제과(주)	34	34	2.168147e+06
2	005300	롯데칠성음료(주)	23	23	2.102087e+06
3	013340	(주)에이제이에스	2	2	3.650000e+01
4	032420	(주)터보테크	26	26	4.115385e+01
5	090430	(주)아모레퍼시픽	18	18	2.149222e+06
6	110500	(주)유니드코리아	2	2	4.600000e+01

```
sqldf("select * from stock where code='032420' and Open < 50")
```

	date	Open	High	Low	Close	Volume	code	name
1	2014-04-22	49	49	45	47	5304865	032420	(주)터보테크
2	2014-04-23	47	48	46	47	2901389	032420	(주)터보테크
3	2014-04-24	46	46	45	46	5093020	032420	(주)터보테크
4	2014-04-25	46	46	42	42	6129789	032420	(주)터보테크

```
5   2014-04-28   42   42   40      40 5224036 032420 (주)터보테크
6   2014-04-29   40   40   40      40       0 032420 (주)터보테크
7   2014-04-30   40   40   40      40       0 032420 (주)터보테크
8   2014-05-02   40   40   40      40       0 032420 (주)터보테크
9   2014-05-07   40   40   40      40       0 032420 (주)터보테크
10  2014-05-08   40   40   40      40       0 032420 (주)터보테크
...생략
```

```
sqldf("select * from stock where code='004990' and Open > 2200000")
           date    Open    High     Low   Close Volume   code          name
1    2014-08-26 2298000 2302000 2268000 2280000    947 004990 롯데제과(주)
2    2014-08-25 2293000 2326000 2254000 2284000    992 004990 롯데제과(주)
3    2014-08-22 2256000 2303000 2256000 2292000   1092 004990 롯데제과(주)
4    2014-08-21 2272000 2295000 2262000 2280000   1684 004990 롯데제과(주)
5    2014-08-20 2320000 2388000 2242000 2257000   1859 004990 롯데제과(주)
6    2014-08-29 2220000 2230000 2170000 2170000   2458 004990 롯데제과(주)
7    2014-08-28 2261000 2278000 2162000 2220000   1647 004990 롯데제과(주)
8    2014-08-27 2295000 2317000 2260000 2277000    942 004990 롯데제과(주)
9    2014-09-12 2263000 2263000 2217000 2261000   1030 004990 롯데제과(주)
10   2014-09-11 2235000 2279000 2234000 2234000   1518 004990 롯데제과(주)
11   2014-09-05 2230000 2257000 2219000 2234000   1562 004990 롯데제과(주)
12   2014-09-04 2229000 2256000 2188000 2250000   1533 004990 롯데제과(주)
13   2014-09-02 2236000 2267000 2180000 2185000   2855 004990 롯데제과(주)
```

이 내용을 보면 실제로 그러한 데이터들이 있다는 것을 알 수 있고, 정상적이라는 것을 확인할 수 있다. 그런데 터보테크는 다소 이상하다. 인터넷을 검색을 해보니 '거래중지' 중이었다. 따라서 이런 데이터가 있는 것은 문제가 없다고 개략적으로 판단할 수 있다. 그렇다고 종목별 및 종목에 대한 일별 데이터 이상 유무 수준을 평가할 수는 없다. 이를 위해서는 종목별 라인 그래프를 일별로 작성해보는 등의 작업이 필요하다. 코스닥 및 코스피의 종목은 1,800개는 되니 1,800개 모두 일일이 그려서 눈으로 확인하는 작업은 매우 시간소모적이다. 이런 경우에는 분석용 데이터 마트를 이용해서 기초통계량을 보고 판단하면 된다.

(2) 대용량 데이터 읽어 들이기

20GB 수준의 데이터나 그 이상의 데이터를 읽어들이려면 어떻게 해야 하느냐는 우리가 일상적으로 겪는 상황이다. 우선 분석환경과 데이터에 대한 특성을 생각해야 한다. 분석환경이 64bit에 8GB RAM이라면, 당연히 한 번에 읽을 수 있는 데이터는 4GB 수준이 될 것이다. 그런데 20GB 데이터라면? 혹은 RAM이 64GB인데 데이터는 200GB라면? 128GB RAM환경에서 한 개의 데이터 파일이 1TB라면 어떻게 해야 하는가?

의사결정 기준은 간단하다. DBMS에서 처리할 수 있는 환경이 된다면 DBMS에서 1차로 처리해서 R로 읽어 들인다. DBMS는 Oracle이 될 수도 Hadoop 환경의 Hive가 될 수도 있다. 시간과 비용으로 결정하면 된다. 시간이 오래 걸리거나 지원이 불가능하면 R 환경의 메모리를 데이터 처리가 가능하게 증설한다. 그러나 RAM을 1TB까지 증설할 수 없으면 첫 번째 Cloud환경에서 RAM을 일시적으로 충분히 할당받아 처리한다. 그것도 불가능하면 data file을 분리해서 R에서 읽고서 aggregation을 해서 처리한다.

세상 어디에나 제약조건이 있다. 이는 R의 기능이 부족해서도, 기술이 부족해서도 아니다. 무엇보다 제약조건을 만족시키는 방법으로 문제를 해결하는 게 더 중요한 일이고, 이러한 일은 언제든지 발생한다.

```
install.packages("data.table")
library(data.table)
# Real data example (Airline data)
#http://stat-computing.org/dataexpo/2009/the-data.htmlhttp://stat-computing.
org/dataexpo/2009/the-data.html
```

좋은 샘플이 있는 소스다.

```
download.file("http://stat-computing.org/dataexpo/2009/2008.csv.bz2",
destfile="2008.csv.bz2")
# 109MB (compressed)
```

```
system("bunzip2 2008.csv.bz2")
# 658MB (7,009,728 rows x 29 columns)


colClasses = sapply(read.csv("2008.csv",nrows=100),class)
# 4 character, 24 integer, 1 logical. Incorrect.


colClasses = sapply(read.csv("2008.csv",nrows=200),class)
# 5 character, 24 integer. Correct. Might have missed data only using 100 rows
# since read.table assumes colClasses is correct.


system.time(DF <- read.table("2008.csv", header=TRUE, sep=",", quote="",
stringsAsFactors=FALSE,comment.char="",nrows=7009730,
colClasses=colClasses)) # 360 secs
```

압축된 데이터 109MB를 압축해제하면 600MB수준이 되는데 이를 단순하게 읽어 들이면 360초가 소요된다.

```
system.time(DT <- fread("2008.csv")) #  40 secs
head(DT)
```

그러나 읽을 때 data.table package의 fread를 이용하면 소요시간은 불과 40초 정도로, 10배 가까이 빨라진다. 이것은 RAM 16GB일 때의 성능인데, 20GB라면 24분이 소요될 일이 획기적으로 2분 만에 처리된다는 말이다. 만약 RAM이 부족하면 UNIX에서는 swapping이 발생되면서 매우 느려진다.

```
system.time(DT1 <- fread("2008.csv",nrows=1000000,skip=0)) #  1.6 secs
head(DT1)
```

이러한 방식으로 처리하는데 RAM이 부족하다면, 위에서와 마찬가지로 데이터를 나누어서 읽어 들인다. 데이터를 물리적으로 분리할 필요도 없다. 단지 나누어서 읽기만 해도 속도는 더 빨라진다.

```
head(DT[1000000:1000005,])
system.time(DT2 <- fread("2008.csv",nrows=1000000,skip=1000000)) # 1.5 secs
head(DT2)
```

이렇게 전체 데이터를 읽어 들이고, 원본 데이터와 비교를 해보면 일치하는 것을 확인할 수 있다.

그리고 업무적인 특성을 보면 전체 데이터를 한 번에 읽어서 하나하나 탐색적 분석을 할 필요가 없다. 이런 경우는 aggregation을 해서 저장하고 메모리에 있는 내용을 rm()을 이용해서 지운 다음 gc()로 gargage collection을 한 다음에 다시 다른 데이터를 처리하는 방식으로 한다.

앞에서 설명한 방식으로 처리하면 물리적인 제약과 시간적 제약을 효율적으로 처리할 수 있다. 만약 1PB면 어떠할까? 마찬가지로 물리적 제약이 존재한다. 이걸 기술적으로만 간단히 처리하려고 하면 언제나 어려움에 봉착하게 된다. 접근 방법을 개선해서 접근해야 한다.

2. 기초통계량 수집

기초통계량을 산출하기 위해서는 Supervised Learning이나 Clustering을 위해 분석용 데이터 마트를 생성해야 한다. 변수 하나하나 SQL로 작성하면 1개의 데이터에 대해 다양한 변수가 분석대상별, 기간별로 많이 나오게 되는데, 이를 쉽게 표준화된 데이터에서 작업하는 게 유리하다. 이를 위해서는 reshape 패키지를 이용해서 melt(), cast()를 수행해서 cbind하는 게 매우 효율적인 접근으로, 3개월 걸릴 마트 생성이 1주 내에 충분히 작업이 가능하다.

```
library(reshape)
system.time(stock_melt <- melt(stock,id=c("code","name","date"),na.rm=TRUE))
system.time(st1 <- cast(stock_melt,name ~ variable,mean,subset=variable=
='Close'))
summary(st1)

    name            Close
```

```
   Length:1782        Min.   :     202.4
   Class :character    1st Qu.:    2574.0
   Mode  :character    Median :    5716.0
                       Mean   :   26102.3
                       3rd Qu.:   15337.6
                       Max.   :1851161.2
head(st1)
```

```
           name       Close
1      (주)가비아   5511.198
2       (주)가희    8839.091
3    (주)강원랜드   31494.628
4      (주)게임빌   69500.413
5       (주)경농    4716.529
6  (주)경동나비엔   21770.041
```

위와 같은 방식으로 다양한 함수를 한 번에 실행하면 여러 변수가 한 번에 자동으로 네이밍 되어서 생성이 되고, 원하는 경우 본인이 정의한 함수에 의해 값을 생성하는 파생변수도 작업이 가능하다.

```
system.time(st2 <- cast(stock_melt,name ~ variable,function(x) quantile(x,c
(0.25,0.5,0.75)),subset=variable=='Close'))
summary(st2)
     name           Close_X25.         Close_X50.         Close_X75.
 Length:1782     Min.   :    129.5   Min.   :    178.5   Min.   :    230
 Class :character 1st Qu.:   2284.1   1st Qu.:   2548.1   1st Qu.:   2889
 Mode  :character Median :   4995.6   Median :   5665.0   Median :   6348
                 Mean   :  23510.3   Mean   :  25509.6   Mean   :  28425
                 3rd Qu.:  13250.0   3rd Qu.:  15006.2   3rd Qu.:  16928
                 Max.   :1754750.0   Max.   :1812000.0   Max.   :1874750
head(st2)
           name Close_X25. Close_X50. Close_X75.
1      (주)가비아     5122.5       5415     5957.5
```

	name			
2	(주)가희	8415.0	8820	9150.0
3	(주)강원랜드	29762.5	31300	32975.0
4	(주)게임빌	47925.0	64900	73475.0
5	(주)경농	3780.0	4540	5630.0
6	(주)경동나비엔	18562.5	19950	24337.5

```
system.time(st3 <- cast(stock_melt,name ~ variable,fun.aggregate=c(min,max,
mean,var),subset=variable=='Close'))
summary(st3)
```

name	Close_min	Close_max	Close_var
Length:1782	Min. : 26	Min. : 230	Min. :0.000e+00
Class :character	1st Qu.: 1965	1st Qu.: 3531	1st Qu.:7.608e+04
Mode :character	Median : 4352	Median : 7840	Median :5.932e+05
	Mean : 20738	Mean : 34072	Mean :2.355e+08
	3rd Qu.: 11575	3rd Qu.: 21350	3rd Qu.:4.425e+06
	Max. :1622000	Max. :2320000	Max. :1.376e+11

```
head(st3)
```

	name	Close_min	Close_max	Close_var
1	(주)가비아	4270	6990	354279.3
2	(주)가희	8010	10300	215803.3
3	(주)강원랜드	28000	36500	3978311.3
4	(주)게임빌	38350	142000	707681306.9
5	(주)경농	3445	6380	922139.6
6	(주)경동나비엔	16850	32400	16598756.4

위 내용을 보면 우리는 종목별로 1년간 주가의 최소, 최대, 분산이 어느 정도 인지 파악할 수 있다. 만약 변수를 Close로 한정하지 않았으면 High, Low, Open 모두에 대해 min, max, median, mean, var, sd 등을 한 번에 구할 수 있고, 이정도 기초통계를 입수하면 우리는 기본적인 특성 및 종목들에 대해 클 러스터링(Clustering)도 실행이 가능해서 전반적으로 주가들의 특성이 어떻게 구분되는지도 알 수 있다. 보다 더 잘 파악을 하고 싶으면 kurtosis, skewness 도 분포를 파악하는 데 도움이 될 것이다.

3. 빈도 및 교차분석

빈도나 교차분석을 수행하면 전체적인 분포의 특성을 쉽게 파악할 수 있다, 예를 들어 5만원 이하 주식, 5~10만원, 10~50만원, 50~100만원, 100만원 이상 주식이 몇 개정도 있는지, 이들의 가격변동은 어떠한 패턴이 있는지를 알 수 있다. 이를 위해서는 연속형 값을 구간화하는 일이 필요하다. 이런 경우 cut()을 이용한다.

```
mymart <- cbind(st1,st2)
mymart <- cbind(mymart,st3)
str(mymart)
mymart <- mymart[,-c(3,7)]
colnames(mymart)[2] <- 'Close_mean'
mymart[["close_c"]] <- NULL
mymart[[ "close_c"]] <- ordered(cut(mymart[["Close_mean"]], c(0,3000,10000,
50000,100000,10000000)),labels = c("below0.3", "0.3to1", "1to5","5to10",
"above10"))
summary(mymart)
    name            Close_mean        Close_X25.        Close_X50.
Length:1782     Min.  :    202.4   Min.  :   129.5   Min.  :   178.5
Class :character 1st Qu.:   2574.0  1st Qu.:  2284.1  1st Qu.:  2548.1
Mode  :character Median :   5716.0  Median :  4995.6  Median :  5665.0
                 Mean   :  26102.3  Mean   : 23510.3  Mean   : 25509.6
                 3rd Qu.:  15337.6  3rd Qu.: 13250.0  3rd Qu.: 15006.2
                 Max.   :1851161.2  Max.   :1754750.0 Max.   :1812000.0

   Close_X75.        Close_min         Close_max         Close_var
Min.  :    230   Min.  :     26   Min.  :    230   Min.  :0.000e+00
1st Qu.:   2889  1st Qu.:   1965  1st Qu.:   3531  1st Qu.:7.608e+04
Median :   6348  Median :   4352  Median :   7840  Median :5.932e+05
Mean   :  28425  Mean   :  20738  Mean   :  34072  Mean   :2.355e+08
3rd Qu.:  16928  3rd Qu.:  11575  3rd Qu.:  21350  3rd Qu.:4.425e+06
Max.   :1874750  Max.   :1622000  Max.   :2320000  Max.   :1.376e+11

    close_c
below0.3:520
```

```
0.3to1   :640
1to5     :454
5to10    : 91
above10 : 77
```

여기서 구간을 나눌 때 Close_mean의 최소, Q1, Median, Q3, Max를 고려하면서 자신의 목적에 맞게 구간을 정할 수 있다. 예를 들어 Q1을 참조해서 0~3천원 구간을 하나로 만들고 Q3를 고려해서 그 이상의 값에 대해 구간을 더 상세하게 나누어 바라본다든지 할 수 있다. 여기에 절대적인 원칙은 없다. 단, 구간을 정할 때는 분포 모양이 다봉(multimodal)이 되지 않도록 하는 게 좋다. 위 내용을 보면 3천원 이하가 대부분이고, 3천원에서 1만원 사이도 꽤 많으며 5만원 넘는 주식은 상대적으로 적음을 알 수 있다.

삼성 관련 종목의 종가와 구간변환을 확인하면 아래와 같으며, 제대로 구간이 설정되었음을 확인할 수 있다.

```
sqldf("select name,Close_mean, close_c from mymart where close_c='above10' and
name like '%삼성%'")
              name Close_mean close_c
1      삼성생명보험(주)    101866.1 above10
2        삼성전자(주)   1357487.6 above10
3 삼성화재해상보험(주)     252566.1 above10
4        삼성SDI(주)    161659.1 above10
```

4. 상관관계 분석

예를 들어 다른 주가와의 관계를 알아보는 방법으로 주가의 변화가 0.4 이상의 correlation을 보이고 p값이 0.05보다 작으면 유의미한 상관관계가 있다고 볼 수 있다. 하지만 그렇다고해서 꼭 인과관계가 있다고 결론내릴 수는 없다. 삼성전자와 삼성SDI의 경우 상관관계가 높다. 이런 경우 예측모델에 변수를 투입할 때 굳이 삼성전자와 삼성SDI를 동시에 투입할 필요가 없다. 그러나 삼성전자와 LG전자의 correlation을 보면 −0.06으로 주가가 같이 움직이지 않는다는 것을 알 수 있다.

```
sec <- sqldf("select date,Open/10 from stock where name like '%삼성전자%'")
sdi <- sqldf("select date,Open from stock where name like '%SDI%'")
cor(sec[,2],sdi[,2])


[1] 0.627108


lge <- sqldf("select date,Open from stock where name like '%LG전자%'")
cor(sdi[,2],lge[,2])


[1] 0.187414
```

5. 시각화 및 공간분석

category data에 대한 heat map, category 및 numeric data에 대한 2중축 그래프 또는 단순하게 그래프를 통한 상관관계에 대한 확인 방법 등이 있다.

```
library(ggplot2)
check_corr <- rbind(data.frame(date=sec$date,type="sec",open=sec$Open),data.
frame(date=sdi$date,type="sdi",open=sdi$Open),data.frame(date=lge$date,type="l
ge",open=lge$Open))
ggplot(subset(check_corr,check_corr$type %in% c('sec','sdi')),aes(x=date,y=
open)) + geom_point(aes(colour=type))
```

```
ggplot(subset(check_corr,check_corr$type %in% c('sdi','lge')),aes(x=date,
y=open)) + geom_point(aes(colour=type))
```

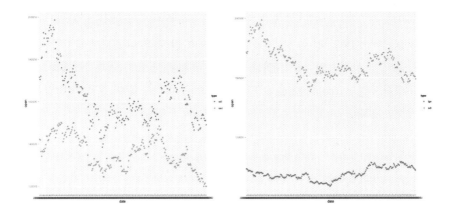

6. 분포(Distribution)

분포는 전체적인 구조를 살펴볼 수 있는 좋은 방법이다. 간단한 방법으로는
hist(sec$Open)를 이용하면 histogram을 볼 수 있다.

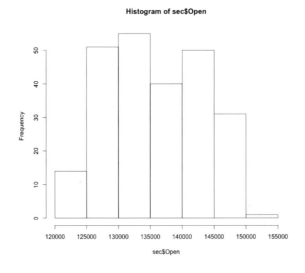

7. t-test, ANOVA, Chisquare Test 등

작은 건수의 데이터에 대해서 샘플 데이터인 경우 t-test, ANOVA의 이용이 필요하겠지만, 대부분의 빅데이터의 경우 모수나 충분히 큰 분량의 데이터로 샘플링을 했기 때문에 굳이 통계적으로 검증이 필요하지 않고 평균값의 비교만으로도 충분하다. 따라서 이 부분에 대해서는 상세히 다루지 않겠다.

프로젝트에서의 사례

1990년대 후반부터 2000년대 중반까지 분석 및 전략 프로젝트에서의 다양한 EDA 사례들을 살펴보면, 컨설턴트로 통계학 박사급의 특급인력이 투입되건, 학부수준이건 인력의 품질에 상관없이 EDA에 1개월 이상 시간을 소모하는 경우가 대부분이었다. 원인은 기업이나 컨설턴트 모두 고객기준의 CRM이 확대됨에 따른 고객의 행동특성 등에 대한 이해가 부족해 이러한 EDA를 철저하게 하고자 했던 것과 분석도구들의 Automatic Reporting Generation 기능이 부족해서 수작업으로 분석 스크립트를 실행하고 Excel로 복사·붙여넣기를 한 다음 이를 ppt로 옮겨서 작업하는 바람에 큰 부하가 일어났기 때문이다. 특히 이러한 EDA 내용이 반복적으로 볼 내용이 아님에도 보고서 형식으로 만들다보니 평균 분석 프로젝트 기간인 3개월 중에 너무 많은 시간을 쏟아 부었다.

이와 같은 일들을 반복하면서 함께 일하는 외부 컨설턴트와 고객을 설득하고 계속 개선하며 나아간 결과 불필요한 일들을 대폭 줄이고, 핵심적인 EDA를 수행할 수 있게 되었다.

1. J사 사례

시뮬레이션 모델링을 위해 생산계획 및 실적, 표준시간 데이터를 획득하여 EDA를 수행하려 했으나, DBA와 System Admin의 반대에 부딪혀 메인 프레임에 접속해서 데이터를 조회할 수도 없어 프로젝트기간 1개월 이상을 낭비하였다. 결국 IT의 지원과 DB 및 System에 대한 지식이 있는 사람을 강력하게 설득할 수 있는 능력이 있어야 한다는 점을 알게 된 사례로 이후 저자가 분석을 위해 DBA, System Admin까지 된 배경이 되었다.

2. I사 사례

스케줄링을 위해 최적화(Optimization)기법을 적용하기 위한 생산계획 정보를 수집하려 했으나, 메인 프레임에 있는 데이터를 받는데 정치적 이유로 인한 반대를 겪은 사례이다. 다운 사이징된 서버들에 대해 모든 권한이 있어도 레거시(Legacy) 데이터가 있으면 어려운 경우였다. 결국 파일럿 프로젝트 후반에 가서야 데이터 획득이 가능했지만, 초반에는 생산계획일지 출력물을 이용해서 일일이 눈으로 EDA를 해야 하는 상황이었고, 일부는 수작업으로 입력해서 EDA를 수행하여 성공적으로 마무리 했다.

3. S사 사례

CRM 초창기 프로젝트들 사례라고 할 수 있다. 데이터 획득은 고객사 DBA가 Oracle Certification을 취득하려고 고생하던 시점이라 OCP자격을 갖고 있던 저자가 손쉽게 데이터 지원을 전폭적으로 받았던 사례이다.

그러나 데이터를 어떻게 분석해야 하는지 개념적인 방법론은 알아도 제대로 적용해본 적은 없고, EDA는 알고 있는데 이를 모델링으로 연결이 어떻게 될지를 모르는 상태에서 통계학 석박사, IT 컨설턴트들이 뒤섞여서 고민했다. 목적이 명확하지 않은 채 어차피 거쳐야 되는 과정이니 일단 EDA를 해보자는 식으로 접근을 했으며, 분석용 데이터 수집과 EDA 대상을 결정하는 일도 쉽지가 않았다. 도메인에 대한 지식이 있어야 데이터 요건정의를 해서 어떠한 데이터를 달라고 요청할 수 있지만 당시에는 분석가들에게 도메인 전문가라는 개념이 없었다.

그래서 결국 모든 데이터를 달라고 해서 어렵게 수백 GB급의 데이터를 받아서 분석을 하게 되었다. 그 시절 그 정도 규모면 빅데이터 수준이었고, 관련된 attribute의 개수만 해도 수백 개를 넘었지만 table definition, code definition, master code 조차 없어 속성 하나하나를 이해하며 진행하기 어려운 상황이었다. 거기에 분석도구까지 사용하려니 디스크 공간이 부족했고, 처리시간도 너무 오래 걸렸으며, 동시에 여러 명이 각자 EDA를 시도하다 보니 툭하면 시스템이 장애를 발생시켰다. 그래서 결국 SQL로 simple sampling을 해서 분석을 했다. 그러나 디스크 공간부족과 EDA하는 방식에 대한 의견조율이 되지 않아 따로 진행하여 진도는 제자리 걸음인 채 시스템만 탓하는 상황이 수개월 지속되었다. 또한 분석도구를 통계도구와 SQL을 혼합해서 사용하고 각자 데이터를 복사해서 작업했기 때문에 일관된 결과가 도출되지 않았고, 디스크 공간의 낭비가 심했다. 결국 매우 낮은 비율의 샘플링을 가지고 통계분석 도구로 EDA를 하였고, 모델링을 수행하는 데는 거의 시간을 쓰지 못하게 되었다. EDA 결과의 품질을 나중에 본다면 대부분 의미 없는 작업이었으며, 도메인 지식과 가설 없이 만든 100개 이상의 변수 중 30개 정도만 유의미하게 사용된, EDA를 제대로 하지 못해 불필요하게 큰 데이터를 만들어 모델링하게 된 사례이다.

지금은 시간이 많이 흘렀고, 다양한 산업을 분석해봤다거나 특정 산업에 대해 지식과 경험이 깊은 전문가들이 등장했다. 특히 산업전문가인 프로세스 컨설턴트의 경험이 축적되면서 해당 산업을 분석하는데 많은 도움이 되었다. 프로세스 컨설턴트는 산업의 특성, 프로세스에서 발생되는 데이터와 연결고리들을 잘 이해하고 있고, 성과지표에 대해서도 이해하기 때문에 이들은 분석 자체보다 분석에 대한 기획을 하는 단계에 필요하다.

4. P사 사례

구 시스템을 버리고 신규 시스템으로 이전하는 단계에서 분석을 하고, 신 시스템을 설계해서 분석시스템과 운영시스템을 동시에 오픈해야 하는 상황이었다. 이런 프로젝트가 몇 번 있었는데 구 시스템에서의 데이터 분석 없이 To-Be를 IT전문가들이 새로 설계하고 구현하는 상황으로 EDA를 수행하고 분석한 결과를 적용하기에 시간이 절대적으로 부족했다. 결국 EDA를 하면서 To-Be 분석용 Mart를 설계하고 구현해서 EDA와 모델링을 1개월 안에 완료하고, To-Be DW를 설계한 사례이다.

여기서는 SQL을 이용해 DBMS dictionary와 DBMS에 내장된 analytical function을 활용해 자동 EDA script를 작성해서 단기간에 기초통계와 빈도분석을 수행하였다. 이 과정을 통해 거래정보에 지점 간 데이터 이동이 가명의 고객의 거래정보로 처리되어 그대로 분석한 경우 왜곡된 결과를 도출할 수도 있는 사항을 발견하여 To-Be 시스템으로의 데이터 이관 및 설계에 반영함과 동시에 분석기준을 새로 설정하는데 도움이 되었다. 따라서 IT시스템 내부의 logic이

data에 반영되어 있는지를 고려하여 순수하게 data model만 보고서 EDA를 수행할 수 있는지 확인해야 된다는 교훈을 얻었다.

5. B사 사례

도메인 전문가가 있었으나 전형적인 통계분석 방식의 단순반복적인 EDA를 통계도구를 이용해서 단위 스크립트별로 수행하면서 Excel에 붙여넣기하고 다시 ppt로 복사해서 가공하여 보고서를 작성하는 작업을 수행하였다. EDA를 수행하는데 다수의 인원이 1개월 이상의 시간을 사용했고 고객사 또한 모든 변수에 대한 EDA를 요구하여 프로젝트 기간이 부족해지는 상황이 발생하였다. 전체 분석 대상이 너무 많아 샘플링을 시도하였으나 샘플링 방법을 결정하는 데만 1개월이 소요되었고, 데이터 처리가 잘못된 것을 모델링 완료보고서를 작성하던 중 발견하여 EDA에서부터 모델링까지 2주간 철야를 하면서 다시 하게 되었다. 1회성으로 수행한 EDA결과 보고서를 수작업으로 작성하는 과정은 매우 비효율적이었고 해당 보고서는 1회성으로 사용되고 재활용되지 않았다. 단, 이후 동일한 분석을 통해 EDA를 다시 수행할 필요는 없어졌지만 수작업으로 스크립트를 생성해서 EDA를 하는 작업은 분명히 비효율적인 내용이었고, 분석에 실질적인 도움은 되지 않았다. 이유는 모델링을 통해 분석하고자 했던 경우에 따라 다수의 변수가 결합된 특정 집단에서의 변수의 유의성이 있으므로, 단일 변수 혹은 2개의 변수 조합에 따른 EDA는 별 도움이 되지 않았고, Classification Modeling에서 발견된 중요한 변수를 사전에 파악하는 데는 제한적인 도움이 되었다.

6. O사 사례

EDA를 수행하기 전에 Data Cleansing작업이 현업과 IT의 도움 없이 자의적으로 수행된 상태에서 EDA를 수행한 결과 전략적 방향을 도출하는데 왜곡된 정보를 제공하였다. 이후 다시 Data Cleansing을 제대로 하여 분석한 결과 전략적 방향이 완전히 변경되는 인사이트를 제공해서 프로젝트가 다시 수행되었다. Data Cleansing이 얼마나 중요한지를 보여주는 사례이다.

POS 정보에 대한 잘못된 이해로 데이터 마트를 잘못 만들었다. 이로 인해 고객의 매출정보가 잘못 파악되고 고객정보 통합이 잘못되어 대부분의 고객이 일회성 고객으로 인식되어 CRM추진이 의미 없다고 판단되었던 사례이다. POS

시스템에 대한 이해가 잘못된 경우 흔하게 발생하는 실수로 IT의 도움을 받아 제대로 해야 하는 일을 단독으로 처리한 경우의 대표적인 사례이다. 이후 신규 구축한 POS에서 과거 데이터를 통합하고 정상적으로 데이터를 평가할 수 있는 상태에서는 전혀 다른 고객행동 패턴이 나왔다.

7. K사 사례

EDA 없이 트위터를 데이터 소스로 제한하였다가 방향을 선회했던 사례이다. 흔히 소셜미디어의 사용이 전 세계적이라는 데서 잘못 접근하게 되는 문제로 트위터의 사용패턴이 국가적으로 매우 다르고 특히 대륙별로 다르기 때문에 초반에 시행착오가 컸던 사례이다. 대표적인 대륙별 국가에 대한 데이터 수집 또는 전 세계적인 리서치 보고서를 우선 파악하고 추진했으면 시행착오가 없었을 수 있었던 내용이다.

결국 대륙별 주요 국가를 선정해서 동일한 방법으로 해당언어에 대한 트위터 데이터를 수집하여 분석하고, 트위터 활용이 활발한 호주, 캐나다, 미국에 대해서는 트위터를 사용하기로 결정하고 다른 국가에 대해서는 일반 온라인 커뮤니티를 최대한 활용하게 된 배경이 되었다. 결국 트위터보다 일반 온라인 사이트에서 더 많은 정보가 발견되어 접근방법 자체를 1개월 만에 변경하게 되었다. 특히 온라인 사이트들의 경우 원하는 데이터가 있는 사이트가 다양하고, 계속 변하기 때문에 단순하게 일회성으로 수집된 사이트들의 특성은 의미가 없고 언제나 해당시점에서 소스 사이트를 별도로 발굴하거나 전체 데이터를 가용해야 판단할 수 있다는 인사이트를 주었던 경우이다.

8. U사 사례

자동화된 EDA 및 모델링을 수행했던 사례이다. 유사형태의 산업들에 대한 지식이 누적됨에 따라 팀에서 표준화된 EDA방법을 이용해서 데이터 마트 및 EDA를 집중적으로 수행해서 산출하고, 모델링도 프로토 타입으로 자동생성해서 관련된 유의미한 변수에 대해 집중적인 EDA를 해서 프로젝트 기간을 대폭 단축시켰다. 또한 문서화도 가설과 일치했던 유의미한 내용 및 가설과 일치하지 않았던 일부만을 ppt로 전환하여 문서화 및 보고서 작성 작업을 단순화해서 전체적으로 투입인력의 공수를 단축시켰다.

9. L사 사례

데이터 정의서의 명확하지 않은 내용을 정확히 확인하지 않아 재작업을 했던 사례이다. 전문가 두 명이 각자 테이블 정의서와 SQL을 입수해서 데이터 마트를 만들어서 작업을 했는데 서로 다르게 데이터 구조를 파악하고 작업을 했으며, 중간에 문제점을 인지했으나 명확하게 정의하지 않아 결국 한명은 1달간 데이터 마트를 구축하고 EDA를 수행했던 내용을 모두 다시 하게 되었던 사례이다. 특히 분석용 서버의 성능이 매우 낮은 상태였기 때문에 치명적이었던 경우이다. 따라서 EDA를 할 때는 고객이 직접 마트를 생성하거나 명확한 정의를 서로 합의하고 진행해야 한다.

10. M사 사례

EDA를 할 데이터가 없는 상황에서 시뮬레이션 모델링을 해야 했던 사례이다. 그러나 이러한 경우 접근할 수 있는 방법은 모델링을 통해 통계를 산출하고 이를 EDA를 해서 실 시스템과 유사한지 파악한 후 유사하다면 시뮬레이션 모델에서 산출되는 다양한 통계값으로 EDA를 수행할 수 있는 점에 착안할 수 있다. 실제로 시뮬레이션 기법이 예측뿐만 아니라 현실세계를 모델링해서 수집이 불가능한 데이터를 추가적으로 획득할 수 있는 장점이 있다.

Part 4-3

분석방향 및 가설수립

가설수립은 크게 4군데 시점에서 수립이 가능하다. 도메인 지식을 획득하는 시점, 데이터를 입수하고 브라우징하면서 간단히 파악하는 시점, EDA를 완료한 시점, 프로토 타입 모델링을 통해 변수 중요도를 확인한 시점이다. 각 단계를 거치면서 가설은 계속 검증되면서 의미없는 내용들이 제거되고 일부 새로운 가설들이 추가되는 일련의 과정을 통해 최종 분석모델 개발을 위한 가설이 수립되고, 이를 기반으로 분석요건 및 시나리오를 수립하게 된다. SOW, WBS는 이런 내용을 기반으로 결정되고 조정된다.

그런데 프로젝트 초반에 WBS를 일차 수립해야 되는데 데이터 입수하고 EDA를 해봐야 명확한 가설이 나오게 되는 모순은 어떻게 해결해야 할까? 바로 선험적 지식을 기반으로 가설을 데이터 분석하지 않고도 수립할 수 있어야 된다. 가설은 가설이지 Fact가 아니기 때문이다. 우리는 가설수립을 유연하고 효율적으로 수립해서 분석업무의 시간을 단축하고 보다 정교한 모델링을 만들 수 있게 된다.

1. 가설수립 원칙

(1) 남들이나 스스로 당연하다고 생각하는 것을 믿지 말고 의심하라.

데이터 분석을 하면 넓게 바라보게 되고 전체적인 패턴을 알 수 있다. 그러나 사람들의 경험은 제한적이라 그것만을 맹신하는 경우가 많다. 특히 준거집단의 정보에 제한되는 일이 많아 당연한게 실제로 보면 당연하지 않은 경우가 매우 많다. 제조공장처럼 오래된 산업뿐만 아니라 카드 산업에서도 경력이 20년 이상 누적된 분들은 특정이야기를 한다. 그러나 아주 특정사례에 국한된 내용으로 전체적인 Fact는 되지 않는 경우가 많다.

한 예로, 반자동화 타이어 제조공장에서 생산량이 낮에 많을까 아니면 심야에 많을까? 낮에 많다고 하는 사람들은 낮이라 생활리듬이 맞고 보다 활동적일 것이라고 주장하고, 밤에 많다고 하는 사람들은 조용한 분위기나 중간에 간섭이 없어서 더 생산적일 것이라는 이야기가 있다. 공장에서 20~30년 된 분들이 나를 놀리면서 질문한 것이다. 저자 생각에도 밤에 더 집중해서 많이 생산할 것 같았고 데이터를 보아도 심야조가 더 생산량이 많았다. 결론은 거짓이었다. 낮에 더 만들어 놓은 다음에 실적에 반영시키지 않고 조작해 밤에 일한 사람이 야근수당을 더 챙기거나 4조 3교대로 작업하는 상황에서 밤에 일하는 사람이 대충 일하고 생산량은 더 많게 한 다음에 노조에서 더 많은 수당을 받기 위한 방법이었다. 이런 관행이 수십 년간 지속된 것이었다. 현장에 가보면 공장이 생산으로 바빠야 되는데 1시간을 기다려도 작업자가 보이지 않는 경우가 많다.

(2) 근본적으로 안 될 것 같은 것에는 역발상이 필요하다.

EDA는 목적성이 있다. 목적 없이 단순히 데이터에 대해 탐색하는 것은 데이터 품질평가에서나 필요한 일이다. 남성용품의 신규출시에 따라 여성용 상품기업에서 EDA를 수행하는 경우 남성 고객에 대한 EDA를 중점적으로 하는 것은 별 효과가 없다. 도리어 여성고객 중 남성고객의 구매에 영향을 미칠수 있는 또는 남성고객을 위해 구매를 할 여성이 누구인지를 EDA를 통해 발굴해내는 것이 필요하다. 그러기 위해서는 초점을 여성고객, 여성고객 중 남성과 관련성을 맺을 수 있는 요소를 파악하여 이에 대한 변수를 생성해서 EDA 및 전화조사를 결합한 확인을 통해 데이터 분석결과를 확장할 수 있도록 한다. 대표적인 예가 남성패션상품 또는 남성용 화장품 출시의 경우이다. 이런 경우 여성 중에서 패션이나 화장품에 대한 관심이 많은 고객들, 즉 다양한 상품군을 구매하는 여성고객이 남성고객에게 구매를 유도하거나 구매를 대행할 것이다. 이런 가설은 최종적으로 테스트 마케팅을 통해 집단을 분리해서 어느 집단이 더 성과가 좋은지 가설을 검증할 수 있다.

(3) 리서치를 통해 해당분야 및 타 분야에 대한 전반적인 지식을 넓혀라.

럭셔리선호고객은 유통 및 카드사에서 관심 있어 하는 주제이다. 럭셔리 고객은 산업별로 활용 가능한 데이터가 다양하고 다양한 특성을 갖고 있어서 일반적인 고가선호고객과 차이가 있다. 이를 위해서는 구글링 및 리서치 보고서를 많이 활용해서 최근 동향이 무엇인지, 국가별 럭셔리에 대한 개념차이가 무엇인지 확인하고 접근해야 한다. 특히 카드사의 경우 매우 많은 데이터를 가용하지만 너무 많은 정보가 도리어 어려운 요소가 된다. 수많은 정보가 오히려 명확한 집단의 소비패턴을 정의하기 어렵게 만들기 때문이다. 따라서 정교한 조건을 잘 정의해야 한다. 예를 들어 항공사 비즈니스 클래스를 이용하는 고객을 하나의 조건으로 취급할 때 비즈니스, 퍼스트 클래스 거래고객이 얼마를 항공사 또는 여행사에 결재하는지를 파악할 수 있어야 된다. 그리고 명품을 주로 구매하는 고객도 취향이 계속 변하고 일회성 구매고객들과 지속적으로 구매하는 고객의 경우에 주로 거래하는 매장의 차이도 있다. 예를 들어 갤러리아 명품관에서 거래를 하지 일반 백화점이나 갤러리아 수원점에서 거래하는 비중이 높지 않다.

(4) 잘 모르면 다양한 계층의 주변 사람들의 의견을 청취해서 참고해라.

군인을 식별해야 하는 경우가 있다. 이런 경우 누구나 군인은 잘 알고 있지만 군과 관련된 세부사항에 대한 정보를 모르는 경우가 있다. 카드사의 경우 PX에서 거래하는 사람이 군인이라고 생각할 수 있지만 가맹점명은 PX

또는 피엑스라고 검색하는 경우 나오지 않는다. 충성마트 또는 몇 개의 별도 이름이 있다. 이런 내용은 최근 군 생활을 해본 사람들이 알 수 있으므로 그들에게 물어봐야 한다.

(5) 몰래 현장에 직접 가보면 의외의 일들이 벌어지고 있을 것이다.

데이터를 보고 상상하는 것보다 한번 현장에 가보면 드디어 데이터를 통해 현장을 상상할 수 있는 능력이 키워진다. 초보시절에는 이런 과정이 필요하다. 가능하다면 본인의 데이터를 직접 보는 게 제일 좋다. 설비고장도 전산에 입력된 내용이 아니라 작업일지나 설비고장 일지에 적나라하게 적혀있는 내용들을 읽어보면 그 복잡할 것 같던 내용이 사실은 매우 단순하게 보이기 시작할 것이다. 90년대 일이지만 실제 상황의 이야기다. "4조 3교대하는 반자동화 공장에서 낮에 생산량이 많을까요? 아니면 밤에 생산량이 많을까요?" 다수가 밤에 간섭도 없고 조용해서 생산량이 많을 것이라고 대답했다. 생산실적을 봐도 생산성을 봐도 심야가 더 좋다. 데이터를 확인한 결과로 대답을 했을 때 현장에서 오랜 시간을 보낸 분은 웃으면서 대답을 했다. 그게 전산 데이터만을 보고 잘못 판단한 사례라며, "수율을 분석하면 100%가 넘는데 어떻게 생각하느냐"라는 질문을 던진다. 수율이 어떻게 100%를 넘을 수 있을까? 그리고 그런 보고서가 나올 수 있을까? 결론은 4조 3교대를 하면 낮에 일하다 언젠가는 심야에 일하게 된다. 그러나 누구도 심야에 일하는 걸 좋아하지도 생산성도 나오지 않는다. 그래서 평상시에 주간에 생산을 더 해서 야간에 그 생산량을 사용한다. 이런 우리나라의 상부상조하는 아름다운(?) 정신이 결국 공정 간의 재고량이 일치하지 않고 부족현상이 발생하게 만드는 잘못된 관행이다. 그리고 수율이 100%를 넘는 이유는 측량기계가 노후되어 회전율이 높아짐에 따라 생산된 길이가 과대평가되기 때문이다. 타이어의 바람이 빠지면 운행거리가 길어지는 것과 마찬가지다. 이런 상황을 파악할 수 있는 도메인 지식이 있어야 제대로 된 분석을 할 수 있다. 그러나 왜곡된 정보로도 충분히 문제에 접근할 수 있으니 걱정할 필요는 없다. 지금도 왜곡된 정보로 일정수준 운영되기 때문에 그것을 기준으로 개선할 수도 있다.

(6) 현업이나 IT, 경험이 많은 사람들이 하는 말을 그대로 믿지 마라.

여기서 믿지 말라는 것은 단순하게 그대로 받아들이지 말라는 뜻이다. 현장 Domain전문가들은 전체적인 관점으로 사물을 바라보기 힘들다. 기업에 그런 역할을 하는 사람이 드물기 때문이다. 대부분 기능적으로 조직이 구성되어 전체적인 프로세스나 성과적 측면에서 바라보는 사람들이 적고, 있다고 해도 전문성이 떨어질 수 있다. 그러다 보니 추상적인 소문을 많이 듣게 되고 그것을 사실 또는 대표하는 내용으로 파악하고 있을 가능성이 있다. 경영진은 계속 질문을 하고 그에 대한 답변을 분석을 통해 할 수 없다 보니 그럴 듯한 내용이 보고가 되고 그것이 기정사실화 되는 경우가 많다. 이런 점에서 외부 컨설턴트들은 전체적인 프로세스 중심으로 Fact를 기반으로 접근하기 때문에 많은 내용을 현장에 의지하지만 검증된 숫자를 기준으로 파악한 결과가 기존 조직의 아픈 곳을 건드리게 된다. 조직원들은 어렴풋이 알고 있지만 명확하게 말할 수 없었던 것들이 언급되니 당연히 자존심도 상하고 반감도 생기게 된다. 그러나 이를 계기로 기업에서 잘못 통용되던 사실들이 드러나고 보다 전사적 관점에서 크게 바라볼 수 있는 기회가 생긴다는 점에 더 가치를 두어야 한다. 많은 조직원들은 부분적인 경험을 하게 되고 부분적인 정보를 갖고 있다. 그리고 기억에 남는 것들은 특정 사례로 전체를 대변할 수 있는 내용들은 기억되기 어렵다. 이런 지표들을 제대로 도출하려면 데이터를 기능적 조직의 관점이 아닌 전사적 관점에서 프로세스를 연결해서 살펴보면 도움이 된다. 예를 들어 병원에서 투약 자동분류기가 부족하다고 판단될 수 있으나 살펴보면 업무수행 프로세스가 효율적이지 않기 때문에 가동률은 낮은데 특정시점에 모든 일을 처리해야 되기 때문에 병목현상이 발생되는 일이 있다. 이렇듯 우리는 전체적인 시각에서 바라보는 연습을 해야 한다.

(7) 이해당사자들의 말은 믿을 수 없으므로 기록해서 상호검증하라.

AS/RS(Automatic Storage and Retrieval System)는 자동창고로 물건을 자동으로 보관하고 출고할 수 있는 시스템이다. 빌딩규모로 수많은 종류의 제품을 위치를 기억하며 보관했다가 수요에 따라 부분출고도 할 수 있는 시스템으로, 재고관리를 용이하게 하고, 제품품질을 유지할 수 있게 한다. 이런 시스템이 초창기에는 문제가 많아서 제대로 된 성능을 보이지 못해 천덕꾸러기 신세로 가동률이 40% 수준임에도 불구하고 경영진에는 99%의 가동을 보이고 있다고 허위 보고되는 등 최고경영진과 현장과의 괴리가 있었다. AGV(Automatic Guided Vehicle)도 초창기에는 신호가 장애물이나 기상상태에 따라 장애를 발생시켜 제대로 작동되지 않는 경우가 많았으나 실제로는 사용되지 않으면서도 운영되는 것처럼 보고되기도 했다. 이런 사태들이 기업에는 수없이 많다. 특히 거대한 공장의 경우 모든 것을 하나하나 확인하고 제대로 운영되게 하기는 어려운 요소가 있어서 서류상의 정보만으로는 사실을 확인할 수 없다. 이를 위해서는 실제 현장검증을 다양한 시점에 해보거나 서류상의 일관성을 확인해서 진실인지 알아야 한다. 결국 서류상 수치들 간의 일관되지 않는 현상들과 현장에서의 상황이 일치하지 않아 이를 확인하게 되었고, 이를 개선해서 향후 5년 후 제품품질 및 재고 수용능력이 크게 도움이 된 적이 있다. 의심하고 사실을 확인하는 연습이 필요하다.

(8) 역발상이나 창의적인 사고를 너무 과하게 하는 오버는 하지 마라.

가설수립을 위해 창의적인 사고가 필요하지만 너무 지나치면 실수하기 마련이다. 간단한 구글링으로도 피할 수 있었는데 실수했던 사례다. 창의적 접근으로 좋은 가설들을 만들다가 한번은 사전조사를 하지 않았던 경우가 있었다. 크루즈여행 관련 활성화를 위한 방안 도출이었는데 내륙지방의 고객들이나 해변가 부두가 있는 지역 사람들이 크루즈여행을 보다 많이 갈 거라는 가설을 세웠다. 내륙지방 사람들은 여행을 가도 배를 이용한 바다 경험이 적을 것이고 부두근처는 접근성이 좋아 인천, 부산 등지의 사람들이 크루즈 여행을 갈 확률이 높을 것이라는 생각이었다. 그러나 너무 오버한 탓에 대부분의 고객들이 서울 사람들이고 강남에 존재한다는 사실을 간과했다. 지금은 좀 더 확산되고 다양한 상품이 나와서 달라졌을 수 있으나 초창기에는 제한된 집단이 주로 사용했었다. 창의적 접근도 너무 지나치면 실수한다.

(9) 반드시 데이터를 봐야지 가설수립할 수 있다는 선입관을 버려라.

분석에 대한 경험이 부족한 초반에는 반드시 데이터를 봐야지만 가설을 어느 정도 수립할 수 있다. 경험도 부족하고 해당 도메인 지식도 부족한 상태에서 다양한 가설을 수립한다는 게 제한적일 수밖에 없다. 그러나 데이터를 분석해야지만 가설을 수립할 수 있다면 데이터를 입수할 때까지 아무것도 할 수 없다. 따라서 데이터가 준비되지 않은 경우에도, 새로운 분야일지라도 최대한 다른 분야에서의 경험으로, 기존 보고서나 인터뷰를 간단히 하고 가설을 충분히 수립할 수 있어야 한다. 마치 그림카드 몇 장을 물어보고 상상했던 그림을 맞추는 것과 마찬가지로 몇 가지 가설을 통해 핵심을 파악할 수 있도록 접근할 수 있어야 한다.

(10) 가설도 자주 수립하다보면 점쟁이가 된다.

평상시 다양한 사물을 보고 가설을 수립하고 확인하는 습관을 갖는다. 가설 수립의 경우 처음 했을 때는 어색하고 스스로 생각해도 가설이 맞을 가능성이 낮다고 생각하게 되며, 가설들을 만드는데 소요되는 시간이 길다. 경우에 따라서는 가설과 관련된 PPT 장표 하나를 만드는 1시간에 1장도 만들지 못한다. 그러나 경험이 누적되게 되면 자신의 생각을 정리한 장표를 만드는데 10분에 1장을 만들 수도 있고 다양한 가설들 중 결론적으로 의미 있는 가설의 비중이 점점 늘어난다. 그리고 이러한 가설의 실제 데이터를 EDA를 통해서라도 검증을 많이 하다보면 정확도가 크게 향상된다. 이런 과정은 다양한 프로젝트를 하면서, 관련된 주제가 아닐지라도 여력이 되면 많이 시도해 보는 것이 좋은 훈련이 된다.

효율적인 수행원칙

원칙은 한 번 사용한 것을 재활용할 수 있도록 한다. 그래서 EDA과정의 스크립트를 마트 생성할 때 조금만 고쳐서 사용할 수 있도록 한다. 또한 마트 생성에 필요한 내용이라면 미리 정의해서 EDA에 가능한 많이 포함시켜서 사용한다. 원칙과 프로세스는 유사한 경우가 있으나 여기서는 반드시 지켜야 되는 원칙에 집중하고 프로세스는 흐름을 중시해서 제시하겠다.

(1) 비즈니스 프로세스 파악 후 데이터 접근

우선 업무내용이 비즈니스 프로세스적 측면에서 Data Flow가 어떻게 이루어지는지 알아야 한다. 여기서 사용자 화면을 통해 확인을 거치고 업무측면에서 코드관리가 어떻게 이루어지는지 입수하고 IT에서의 내용과 비교해 본다. 산출물은 어떤 데이터를 중심으로 보아야 되는지 1차 결정을 할 수 있고, 값의 크기가 어떠하고 변화가 어떠한지를 파악해서 실제 데이터를 접근했을 때 비교검증을 할수 있어야 된다. 그리고 참조용으로 정기적 보고서를 입수해서 비즈니스적 이슈나 대푯값에 대한 기준을 인지해야 한다. 월 매출액의 평균이 얼마인지 월별로 어느 정도 차이가 있는지, 건수는 몇건인지, 주문과 취소가 있다면 취소 비율은 대략 얼마가 되는지 인지하고 진행해야 한다.

(2) IT program level의 담당자 인터뷰 후에 분석

비즈니스적 파악이 완료된 상태에서 해당 프로그램과 데이터를 담당한 IT 담당자와 모든 가정을 확인한다. 특히 파악해야 할 데이터가 여러 단계를 거쳐 최종 테이블에 저장되는 경우 최종 테이블만을 볼 것인지 중간과정을 볼 필요가 있는지 판단해야 한다. 그리고 중간단계 파일에서 프로세스 상 변경관리가 발생한 이력이 관리되는지, 업데이트만 되는지도 조심해서 파악해서 IT담당자의 확인이 필요하다. 중간 테이블, 업데이트 관리가 있는 경우 EDA대상에서 수행하는 방법이 마트를 만들어서 중간과정과 변경과정, 최종값을 각각 변수로 만들어서 EDA를 수행해야 한다. 즉, 매출과 취소가 한 테이블에 있는 변경이력정보가 있는 거래정보를 그대로 EDA해서는 안 된다. 여기서 비즈니스적인 내용과 IT내용이 일치하는지 보면 큰 위험을 피하게 된다. 그러나 문서화가 덜 되어 있거나 담당자가 많이 변경된 경우는 조심해야 한다. 특히 시스템 변화나 migration 역사가 있는 시점은 반드시 미리 숙지하고 있어야 한다.

(3) 해당 소스가 맞는지 확인하고 분석

비즈니스와 IT를 모두 파악하고 비교하면 수행해야 할 관심 테이블이 결정된다. 그럼 반드시 해당내용을 Architecture, DFD Conceptual Diagram, Table Description, Code Master Description을 입수해서 사전에 해당내용이 최신정보인지 실제 DBMS에 접속해서 확인해야 한다. 여기서 OLAP을 이용하는 것이 조심스러운 경우는 가공된 데이터로 분석을 하고 나중에 원천데이터를 받아서 사용하는 경우 불일치하므로 조심해야 한다. 사전에 모든 내용을 확실히 전처리해서 마트 형식이나 transaction으로 받을 수 있다면 좋겠지만 이런 경우는 30% 수준이다. 왜냐하면 여러분이 무엇이 필요한지 그들은 이해하지 못하고 그것을 설명하고 이해시키고 완벽하게 처리하기에는 힘들기 때문에 분석자가 그 부담을 가져갈 수밖에 없다. 그렇지 않으면 나중에 데이터 전처리를 해준 담당자를 탓하는 시간낭비를 겪게 될 것이다. 반드시 데이터를 그냥 봐도 되는지 IT적인 where조건문을 특정형식으로 적용해서 봐야 되는지 확인해야 한다.

해당 소스 테이블에 접근하면 우선 시간의 흐름에 따라 월단위 또는 주단위로 데이터의 합이나 건수가 정상적인지 확인하고 일정수준으로 변화가 있는지 확인한다. 월단위는 일치하는데 주단위에서는 엉뚱한 경우가 가끔 있다. 일단 합과 건수가 70% 수준으로 일치하면 최소한의 EDA는 수행이 가능하다. 100% 정확하기를 기대하기는 힘들고 100% 일치할 때까지 데이터 정합성을 맞추는 일을 병행해서 작업해야 한다. 한 예로 데이터가 완벽하다는 조건에서 프로젝트를 시작했는데 3개월 기간 중 약 2.5개월을 데이터 정합성을 맞추는 데 시간을 소비한 적이 있다.

(4) 분석기간에 데이터가 변경되지 않도록 관리하고 주기적으로 데이터 추가

분석용 데이터의 경우 일단위로 가져오거나 월단위로 프로젝트 업무 수행을 하기 전에 일정기간에 대해 데이터를 가져오게 된다. 특히 매출정보 같은 경우 주문 및 반품이 있어서 데이터가 지속적으로 변경된다. 따라서 데이터 획득 및 마감주기에 대해 조심하면서 최근 데이터를 주기적으로 어떻게 가져올 것인가를 결정하고, 예상치 못한 데이터 변경을 조심해야 한다. 한 예로 프로젝트 초반에 2년 분량 일단위 데이터를 월단위로 입수하기로 했는데, IT에서 친절하게 일단위로 업데이트되는 내용을 복제된 시스템에 업데이트를 해주었다. IT입장에서는 친절한 조치였으나 분석자는 EDA를 반복수행할 때 마다 데이터가 크게 흔들리는 것을 알았다. 팀 내에서 데이터에 대한 불신과 갈등이 심해졌는데 1개월 만에 확인된 것은 주문과 취소, 반품데이터가 일단위로 업데이트돼서 늘 데이터가 고객단위로 30%가 변경이 되었던 것이었다. 이런 일을 방지하고 최신 정보를 받기 위해 데이터 추가주기를 명시하고 EDA는 수행시점 입수 데이터 기준으로 수행하도록 한다. 그렇지 않으면 반복적인 작업으로 진도를 나갈 수 없다. EDA가 최종목표가 아니라 모델링을 통한 분석 및 Action이 산출물이기 때문이다.

(5) 샘플 데이터 사용 분석

EDA를 위한 데이터가 결정되었다면 우선 샘플링을 한다. 10~20% 정도면 무난하고 이를 기반으로 다수의 인력이 EDA를 위한 스크립트 작업을 수행한다. 만약 전수 데이터로 여러 명이 스크립트 생성작업을 하면서 테스트로 실행하는데 초단위로 완료된다면 굳이 샘플링을 할 필요가 없다. 그러나 한 단위 EDA가 1분 이상 소요된다면 샘플링을 해서 스크립트를 완성하고 최종적으로 전수 데이터에 적용하는 게 필요하다. 이런 경우 전수 데이터에 대한 스크립트 실행을 하는 경우 전체 작업이 몇 시간씩 소요된다면 샘플링을 하는 게 적합하다. 특히 전수 데이터에 대한 EDA가 하루를 넘어가는 작업인 경우 EDA 최종작업도 샘플을 이용해서 수행하는 게 적합하다. 만약 EDA를 최종적으로 잘못했는데 또다시 하루 이상 자원을 풀로 사용하면서 실행한다면 모든 업무가 마비될 것이고 나머지 인력은 할 일이 없어진다.

(6) 현업담당자의 리뷰를 통한 불필요한 분석방지

테이블별 변수에 대해 Excel로 템플릿을 만들어 현업담당자 2~3명과 컨설턴트들이 각자 필요변수를 선정하고 필수적인 변수는 별도로 표시하도록 한다. 이를 최종 취합해서 필수항목과 시도하는 게 적합한 변수를 선별해서 단계별로 하는데 한번에 RDBMS에서 읽어 들일 테이블에 변수가 많다면 테이블 전체를 EDA하는 방법도 성능을 위해 적합하다. 단 DBMS의 경우 어떤 DB를 사용하는지에 따라 의사결정기준은 달라진다. Oracle은 전체, Sybase는 최소한의 변수선정으로 모두 기준이 다르다. 리뷰를 통해 변수를 50% 이상은 스크리밍하는 게 적합하다. 그러나 의심가는 변수는 꼭 포함시켜서 처리한다. 필수변수는 모두 포함, 2명 이상이 선택한 변수는 상위 20% 정도를 포함시키는 방법도 하나의 방법이다. 그래서 최종 전체 변수 중 30~50% 정도가 EDA 대상으로 하면 된다.

(7) 사전정의가 가능한 요약변수에 대해서는 미리 생성하여 분석목적을 갖고 수행

단일 변수, 2개 변수의 교차분석 등을 통해 EDA를 실시하는데, 3개 이상의 변수에 대한 교차분석은 읽고 해석하기도 불편하다. 따라서 이런 경우는 지양하고 차라리 마트에서 모델링에 사용될 요약변수나 파생변수를 미리 만들어서 EDA를 하는 게 더 유용하다. 이러한 요약, 파생변수는 마트 생성에 그대로 사용하면 된다. 단, 이러한 변수들은 선정 및 추가 변수 개발은 명확한 목적과 가설을 갖고 수행해야 한다. 따라서 실제 데이터를 자세히 보기 전에 데이터에 대해 다양하고 의미 있는 가설을 수립하는 연습이 항상 필요하다. 단, 억지 가설을 과하게 만들 필요는 없으나 EDA도 생각을 하면서 진행해야 된다.

(8) 자동화 스크립트로 작업으로 반복 · 재실행

변수명 스크립트 이름, 코딩 스타일을 표준화하고 작업한다. 그래서 팀원들이 모두 공유하고 합쳐서 작업할 때 효율적일 수 있게 해야 한다. 이런 경우 스크립트를 통합해서 분석순서나 자동화가 용이해진다. 그리고 이후 다시 실행해야 하는 경우에 빠르게 재실행이 가능해지고 최신 EDA를 통해 변화를 감지할 수도 있다.

(9) Batch로 서버에서 병렬처리 수행하여 유휴시간 자원활용 및 중복작업 방지

EDA는 단순작업이라 병렬처리가 가능해서 코어를 최대한 활용할 수 있어야 된다. Single thread를 이용하는 작업은 자원을 낭비하는 것으로 반드시 병렬처리로 처리속도를 3배 이상 증대시켜야 한다. 시간이 부족하면 당연히 보다 많은 코어를 할당해서 12시간 걸릴 작업을 1시간에 완료시킬 수 있도록 한다. 병렬처리 시에는 메모리도 더 많이 필요하므로 이에 대한 sizing을 샘플을 이용한 EDA에서 미리 파악해야 한다. 특히 특별한 사정이 있는 EDA가 아닌 이상 각자 EDA를 하는 것보다 중앙에서 한 사람이 모아서 처리하는 것이 효율적이므로 야간 또는 이른 오전에 배치(batch)로 처리하면 근무시간에 여유 있게 작업할 수 있다.

(10) 모집단 EDA 수행

최종적으로 전체 데이터를 EDA하는데 소요시간에 문제가 안 된다면 모집단 데이터를 이용해서 EDA를 수행한다. 또는 여러 테이블로 분리되는 경우 모집단, 샘플 데이터 EDA를 혼합해서 실행해도 효율적이다.

(11) 특정 조건을 추가한 수행결과 비교

전체 집단이나 특정집단에 대한 EDA를 수행해서 변수들의 특성을 파악해야 되는 경우가 있다. 예를 들어 CRM에서 전체 고객이 아닌 재구매고객의 행동이나 우수고객의 행동에 대해 분석하기 위해 특정 집단에 대한 마트를 이용해서 EDA를 수행할 수 있다.

(12) Excel, PDF 생성을 통한 배포

EDA결과를 복사 + 붙여넣기로 여러 단계로 작업해서 모두 ppt로 만드는 일은 지양해야 한다. 그래서 스크립트를 실행해서 스크립트와 결과를 모두 PDF나 Excel로 자동작성되게 하는 방식을 취하고, 의미가 있거나 예상과는 달리 의미가 없었던 내용에 대해 일부를 별도 ppt작업을 수작업으로 수행하도록 한다.

(13) 로그성 데이터

생산 관련 소요시간이나 전기나 사운드 관련 정보 등 로그성 데이터에 접근하는 경우 특히 고려해야 할 사항이 있다. 일반적인 상황과 특이한 상황에 대해 분석을 구분해야 한다. 대부분 특이상황의 경우, 경우의 수가 적어서 단순 EDA보다는 조건부 EDA를 수행해야 한다. 따라서 전체 데이터를 EDA를 하는 경우는 의미가 저평가되거나 인과관계 파악이 어려울 수 있다.

(14) 외부 소셜미디어 데이터

외부 인터넷이나 소셜미디어에서의 데이터 수집은 언제 어느 시점의 데이터를 이용할지, 수집된 데이터는 전체 데이터인지, 특정 사이트의 데이터인지, 수집은 특정 키워드의 경우로 수집된 것인지를 고려해야 한다. 그리고 인터넷 사이트나 소셜미디어는 용도에 따라 수집대상이 달라질 수 있다. 이러한 점을 고려해서 데이터를 판단한 다음에 EDA를 수행해야 적합한 해석이 가능하다. 예를 들어 "감기에 걸렸다"를 국내 트위터에서 검색하면 결과가 별로 나오지 않으나 미국 캘리포니아를 대상으로 한 경우는 매우 많이 나온다. 즉 미디어와 국가, 언어에 따라 차이가 크다. 트위터는 국내에서도 많이 사용하지만 최근에는 사용이 급하락했고, 유럽은 거의 사용하지 않으며 미국은 많이 사용한다. 페이스북(facebook)도 국가별 사용률이 전체적으로 높지만 비율차이가 크고, 해당 주제에 따라 인터넷 사이트도 매우 상이하고 새롭게 생기고 없어지는 곳이 많기 때문에 이를 별도 목록으로 일정하게 관리하는 것은 어렵다.

탐색적 분석방법론

탐색적 분석방법론이 기존에 있을 수도 있으나, 지금까지 30개 넘는 대기업 및 Global기업들에서의 저자의 경험을 보면 아래와 같이 단순화 할 수 있다. 특히 빅데이터 프로젝트를 통한 경험을 반영하여 조정하였다. 그리고 EDA원칙에서 언급한 내용을 중복적으로 언급하지 않기 위해 수행할 업무만을 요약해서 제시했다.

1. 탐색적 분석방향수립

(1) 내부환경 분석

Ⅰ. 업무요건 파악 및 관련 문서자료 파악

Ⅱ. 시스템 아키텍쳐 파악

Ⅲ. 비즈니스 프로세스 파악

Ⅳ. IT 프로세스 파악 및 필요시 프로그램 코드 레벨 분석

Ⅴ. 데이터베이스 접속 및 데이터 검증

> 〈 필요 스킬 〉
> 1. 환경분석
> 2. IT 구조 및 코드 리딩 능력
> 3. SQL
>
> 〈 산출물 〉
> 1. 데이터 요청서
> 2. 가설 정의서
> 3. 비즈니스 이슈 정의서

(2) 외부환경 분석

Ⅰ. 외부 데이터 입수기준 점검

Ⅱ. 데이터 소스 확대 및 변경결정

Ⅲ. 데이터 분포파악 및 규모의 적합성 판단

〈 필요 스킬〉

1. 리서치 능력

2. 소셜미디어 및 인터넷 검색능력

〈 산출물 〉

1. 데이터 요청서

2. 가설 정의서

3. 비즈니스 이슈 정의서

(3) 데이터 요청 및 입수

Ⅰ. 데이터 요건정의

Ⅱ. 데이터 입수

Ⅲ. 데이터 검증

Ⅳ. 데이터 가공 및 추가 변수 생성

Ⅴ. 데이터 browsing 및 가설수립

〈 필요 스킬〉

1. IT DBMS 이해 및 SQL

2. ETL

3. 비즈니스 컨설팅

〈 산출물 〉

1. 데이터 요청서

2. 가설 정의서

3. 비즈니스 이슈 정의서

(4) 기초통계량 획득 스크립트 작성

Ⅰ. 단일변수 기초통계량

Ⅱ. 2개 변수 활용한 교차분석

Ⅲ. 연속형 변수 그룹핑을 통한 추가교차분석

> 〈 필요 스킬 〉
>
> 1. 통계학 지식
>
> 2. 분석용 스크립트 작성능력
>
> 3. 데이터 마이닝 능력
>
> 4. 다양한 분석기법에 대한 이해
>
> 〈 산출물 〉
>
> 1. 데이터 요청서
>
> 2. 가설 정의서
>
> 3. 비즈니스 이슈 정의서

2. 탐색적 분석실행

(1) 샘플링을 이용한 교차분석 스크립트 작성 및 실행

Ⅰ. 스크립트 실행 및 검증

Ⅱ. 샘플 데이터 EDA

Ⅲ. EDA 스크립트 완성

> 〈 필요 스킬 〉
>
> 1. 통계학 지식
>
> 2. 분석용 스크립트 작성능력
>
> 3. 프로젝트 관리능력
>
> 〈 산출물 〉
>
> 1. 데이터 요청서
>
> 2. 가설 정의서
>
> 3. 비즈니스 이슈 정의서

(2) 극단치, 결측치, 비표준화 데이터 처리방안 수립

Ⅰ. 극단치 제거방안 수립

Ⅱ. 결측치 처리방안 수립

Ⅲ. 비표준화 데이터 표준화 방안수립

> 〈 필요 스킬 〉
>
> 1. ETL능력
>
> 2. Data Cleansing능력
>
> 3. 통계학 지식

〈 산출물 〉

1. 데이터 요청서

2. 가설 정의서

3. 비즈니스 이슈 정의서

(3) 분석 스크립트 완성 및 모집단 데이터 분석

Ⅰ. 모집단 데이터 EDA

Ⅱ. 제한적 집단 규정 및 추가 EDA 시나리오 및 스크립트 작성

〈 필요 스킬 〉

1. 데이터마이닝 능력

2. IT 시스템관리 능력

3. 커뮤니케이션 능력

〈 산출물 〉

1. 데이터 요청서

2. 가설 정의서

3. 비즈니스 이슈 정의서

(4) 제한적인 데이터나 구간화된 데이터를 통한 분석

Ⅰ. EDA 수행

〈 필요 스킬 〉

1. 통계학 지식

2. 데이터 마이닝 능력

3. 프로젝트 관리능력

〈 산출물 〉

1. 데이터 요청서

2. 가설 정의서

3. 비즈니스 이슈 정의서

(5) Prototype Modeling

Ⅰ. Clustering

〈 필요 스킬 〉

데이터 마이닝 능력

〈 산출물 〉
1. 데이터 요청서
2. 가설 정의서
3. 비즈니스 이슈 정의서

Ⅱ. Classification Modeling

〈 필요 스킬 〉
1. 데이터 마이닝 능력
2. 비즈니스 컨설팅 능력

〈 산출물 〉
1. 데이터 요청서
2. 가설 정의서
3. 비즈니스 이슈 정의서

3. 마무리

(1) 가설확정 및 Insight 요약

(2) 리뷰 및 추가분석 결정

(3) 보완적 분석

(4) 마트설계 요건도출

(5) 보고서 작성 및 업무 추진방향 결정

〈 필요 스킬 〉
1. 프로젝트 관리능력
2. 커뮤니케이션 능력
3. 데이터 마이닝 능력

〈 산출물 〉
1. 데이터 요청서
2. 가설 정의서
3. 비즈니스 이슈 정의서

5장

마트 생성방법론

마트 생성방법론

마트 생성을 통한 분석을 하려면 여러 가지 고민이 생기게 된다. 예를 들면

1 데이터가 RAM용량보다 큰데 어떻게 처리하지?

2 데이터를 읽는데도 시간이 많이 걸리는데 마트를 만드는 건 더 오래 걸리지 않을까?

3 마트를 만드는데 코드가 길어지는데 언제 수십 개의 변수 또는 수백 개를 만든다고 하지?

4 이렇게 만드는 변수가 가치가 있을까? 산업별로 다르지 않을까?

5 현업 전문가의 도움이 반드시 필요하지 않을까?

Part 5-1

데이터 용량에 대한 문제

예를 들어 메모리는 8GB인데 데이터가 10GB이다. 이렇게 막연한 경우는 어떻게 해야 하나? 우선 입수한 데이터가 여러 개로 구성된 동일한 파일이라면 read.csv(), read.table()로 하나를 읽어서 맨 앞의 1백이나 1천 라인 정도 맨 위와 아래를 읽어본다. head(), tail()을 이용해서 head(mydata,1000) 이런 식으로 하면 1천 라인을 읽을 수 있다. 대부분 데이터에 여러 변수가 있는데 굳이 읽어 들여서 활용할 가치가 없는 변수가 있을 것이다. 이런 경우 읽어 들인 다음에 해당 변수만 저장하고 나머지는 버린다. 이런 식으로 각 파일을 처리하면 10GB 자료도 5GB 이하로 줄어들 것이다. 이유는 마트성이 아닌 경우 한 개의 거래정

보에 수십 개의 의미 있는 정보가 있을 가능성은 낮다. 그렇게 데이터를 처리하면 수집에 문제가 있기 때문이다. 따라서 여러 개 파일 포맷으로 여러 속성을 저장해서 제공되는 경우 예를 들어 온도, 습도 등의 정보가 수집될 때 다른 파일에 있을 가능성이 높다.

여러 개의 파일인데 날짜와 시간이 들어가 있어서 기간별로 파일이 분리되어 있는 경우일 수 있다. 이런 경우 전체 기간을 포함하는 100개의 파일이 아니라 50개 파일을 읽어서 분석을 먼저 해본다. 그러면 10GB가 5GB로 줄어들게 된다. 한 개의 파일로 되어 있는 경우는 read.table()의 옵션을 이용해서 분리해서 읽어 들인다. 한 개의 10GB를 읽어 들이는 것은 시간과 메모리, 오류가 난 경우 재작업 등의 불편함이 많다. 분리해 읽어서 앞에서처럼 필요한 내용만 선별하면 된다.

마트생성 속도 및 스크립트 복잡성

마트 생성의 가장 어려운 점은 스크립트가 복잡해지는 경우와 처리속도가 전체적으로 오래걸려서 문제가 되는 경우이다. 이런 경우 reshape package를 이용해서 스크립트를 단순화시키고, 필요한 경우에만 sqldf package를 이용해서 처리하면 스크립트가 간단해져서 실수하는 일이 없어진다. 그리고 속도문제가 생기면 반드시 parallel package와 foreach를 이용해서 병렬처리를 통해 시간을 단축시키면 quad core에서는 약 3배까지 속도를 향상시킬 수 있다.

가치 있는 변수 만들기

변수를 많이 만드는 것보다 의미 있을 가능성이 높은 변수를 빨리 만들어서 적용해보는 것이 중요하다. 130개 변수를 만들어서 20개 유의미한 변수를 도출하는 것보다는 30개 변수를 만들어서 10개의 유의미한 변수를 도출하는 게 더 시간을 절약하고 분석에 집중할 수 있게 한다. 이를 위해서는 산업별 다양한 경험을 통해 어떻게 변수를 만드는 게 일반적으로 유의미한 변수를 만들 수 있는지 파악해야 한다. 시간과 상품, 고객군별 요약변수를 만드는 게 가장 효과적인 방법으로 평균, 최소, 최대, 분산, 개수 등의 값이 좋은 성능을 보인다.

6장

탐색적 분석을 위한 R 사용

탐색적 분석을 위한 R 사용

R 기초문법을 자세히 다루면 중복적인 내용이 될 것이므로 해당 내용은 "데이터 분석 전문가/준전문가 단기완성(시대고시기획)"을 참조하기 바란다. 여기에서는 핵심 기능에 대해서만 간단하게 언급하고자 한다. 패키지를 찾는 것은 구글에서 "r function_name" 이런 식으로 검색하면 패키지를 찾을 수 있고 이를 이용해서 설치한 다음에 "? function_name"을 하면 해당 기능의 상세 내용이 예제와 함께 나온다. 중복적으로 책에 해당 예제를 추가하거나 "단기완성"책에 있는 내용을 추가하는 것은 비효율적이라 생각해서 중복적 내용을 넣지 않았다.

Part 6-1
주요 패키지 및 기능

기본 설치된 패키지들과 RHive, psych, e1071, MASS, plyr, reshape, ggplo2, googleViz, doParallel, doMC, party, caret, glm, twitteR, tm, KoNLP, wordcloud 등을 이용한다.

1. 데이터 읽기 및 쓰기

데이터가 text file로 된 경우 read.csv, read.table를 이용하고 Hive인 경우 rhive.connect()를 이용한 다음 rhive.load.table20를 이용하고, RDBMS인 경우는 ODBC 패키지 기능을 이용하여 읽어 들이면 된다. 주의해야 할 사항은 읽어 들일 데이터가 매우 큰 경우 데이터를 분리해서 병렬로 읽어 들이는 방법을 이용해야 빠르다. 그렇지 않은 경우 serial하게 읽어 들여서 시간이 매우 많이 소요된다. 이러한 방식을 구현한 것이 rhive.load.table2()이다.

읽어 들인 데이터를 저장하는 데는 save()를 이용해서 단일 또는 복수의 object를 rdata file로 저장하면 매우 빠르게 읽어 들일 수 있으며 data source 로부터 분리되어 빠르게 처리가 가능하다. 만약 작업영역에 있는 모든 object들을 동시에 저장하려면 save.image()를 이용하여 모든 object를 하나의 rdata file에 저장한다. 다시 원본 text file에 저장하려면 write.csv()를 이용한다.

2. Object 조회 및 삭제와 메모리 정리

읽어 들인 데이터가 제대로 완료되었는지는 메시지를 보면 알 수 있지만 확인을 위해서는 ls()를 이용할 수 있다. 그리고 이를 가공해서 데이터 처리를 하다가 메모리에서 삭제하고 싶으면 rm()을 이용해서 특정 또는 복수의 object를 지운다. 만약 큰 용량을 삭제한 경우 gc()로 garbage collection을 해주고, OS상에서 불필요하게 할당되어 있는 메모리를 release해준다. 그러면 꽤 큰 용량의 메모리가 더 가용해지는 것을 확인할 수 있다. gc()를 매번 할 필요는 없으나 주기적으로 해주면 된다.

3. 데이터 구조 파악

str()을 이용해서 str(데이터이름) 이런 식으로 데이터가 data.frame에 몇 개의 데이터 건수인지, 속성은 몇 개를 갖고 있는지, 각각의 속성은 어떤 데이터 type으로 되어 있는지를 예를 들면 int, numeric, character, factor 등을 확인한다.

names() 또는 colnames()를 이용해서 변수명들을 출력해서 내가 선택할 수 있는 데이터 항목들을 파악해서 EDA에 적용한다. 간혹 변수가 없다는 경우는 주로 typo로 변수명 확인이 필요하고 colnames는 tolower()를 이용해서 소문자로 통일을 하거나 변수명에 "."이 있는 경우 "_"로 일괄치환하는 등의 조치를 취해서 colnames(데이터셋)에 값을 할당한다.

levels()는 factor에 대한 level을 정하는 것으로,

```
> f <- factor(c("a","b"))
> f
[1] a b
Levels: a b
> levels(f)
[1] "a" "b"
> levels(f) <- list(C="C",A="a",B="b")
> f
[1] A B
Levels: C A B
```

와 같이 나타난다. 이 예제를 보면 factor()에 대한 이해도 될 것이다. factor()는 이른바 명목척도를 나타낸다.

as.numeric()과 as.character()은 숫자인데 문자로 되어 있거나 문자인데 숫자로 되어 있는 경우 데이터 타입을 변경하는 문장이다. 단, factor()에 대해서는 character()로 변환을 한 다음에 numeric()으로 변환해야지 직접 numeric()으로 변환하면 level순서가 표시된다.

4. 기초통계량 산출

summary()를 먼저 사용해서 전체적인 기초통계량을 산출하고 필요한 경우, 선택된 변수에 대해 mean(), sd(), kurtosis(), skewness()를 plyr package를 이용해서 산출한다. 이를 위해 apply()를 사용할 수 있다. 일부 stem()을 이용해서 파악하기도 한다.

5. 시각화

시각화 관련된 내용은 "데이터분석 단기완성"에 자세히 나와 있으므로 해당 도서를 보기 바란다.

par()는 그래픽 패러미터 설정을 통해 폰트나 그래프 출력을 한 페이지에 몇 개의 컬럼과 로우로 표시할 것인지 등을 설정하는데 사용되고, hist()는 단순한 히스토그램을 그리는 데 사용된다. 연속형변수에 대한 분포를 파악하여 구간화 하거나 극단값을 결정하는 데 도움이 된다. 유사한 내용으로 단순화시킨 기능은 boxplot()으로 박스 형식으로 통계값을 표시해주어 간단하게 파악하는 데 도움이 되나 구간설정에는 사용하기 어렵다. 대부분의 시각화는 ggplot2 패키지에 있는 qplot(), ggplot() 두가지를 통해 처리할 수 있다.

6. 공간분석을 통한 EDA

지도관련 내용도 "데이터분석 단기완성"에 자세히 나와 있으므로 해당 도서를 보기 바란다.

7. Text Mining을 통한 EDA

텍스트 마이닝 관련된 내용도 "데이터분석 단기완성"에 자세히 나와 있으므로 해당 도서를 보기 바란다.

twitteR, tm, KoNLP 패키지를 이용해서 텍스트마이닝을 위한 기본적인 작업을 할 수 있다. searchTwitter()를 이용해서 twitter의 자료를 가져오고, tm_map()으로 text mining에서 처리하는 텍스트 전처리를 수행할 수 있는데 한글의 경우 extractNoun()을 이용해서 명사를 추출해서 처리한 다음에 wordcloud()를 통한 시각화를 하거나 classification modeling에 Document Term Matrix로 전환된 내용을 이용해서 사용할 수 있다.

8. 마트 생성을 통한 EDA

마트 생성에 대한 내용도 "데이터분석 단기완성"에 자세히 나와 있으므로 해당 도서를 보기 바란다.

주요 패키지는 reshape가 사용되며, 일종의 pivoting기능을 통해 데이터 마트를 쉽게 만들 수 있다. melt()는 표준 데이터 포맷으로 변환시켜주고, cast()는 pivoting을 해준다. 이런 방식으로 데이터를 만들어 cbind를 이용해서 결합을 하면 간단히 마트를 만들어 EDA를 수행하거나 Modeling에 활용할 수 있다. 유사한 기능으로는 aggregate()를 이용하는 방법이 있다.

9. 통계를 통한 Insight 도출

t.test()는 두 집단 간에 평균의 차이가 있는지를 검증할 수 있고 두 집단을 구분하는 변수가 의미가 있는지를 전체 데이터를 처리하지 않고 효율적으로 검증할 수 있다. 집단 간 평균차이를 검증하기 위해 전체 모집단 데이터를 꼭 비교하고 싶다면 많은 시간과 자원을 들여 할 수 있겠지만 그것만큼 비효율적인 일은 없을 것이다. 흔히 통계에서 오차를 이야기하지만 큰 데이터를 잘못처리해서 극단값이나 오류값이 포함되어 잘못 처리하는 것보다는 적은 데이터로 확실하게 검증하는 게 더 효율적일 수 있다.

glm()을 이용해서 종속변수 Y와 독립변수간의 관계를 파악하고 영향도 및 설명력을 파악하는 것은 어떤 변수를 관리하거나 좀더 살펴봐야 하는지 파악하는 데 큰 도움이 된다. 인과관계를 떠나 한번 필터링하여 변수를 파악하는 데는 매우 효율적이다.

10. 데이터 마이닝을 통한 Insight 도출

데이터 마이닝 모델 개발 관련도 "데이터 분석 전문가/준전문가 단기완성"에 자세히 나와 있으므로 해당 도서를 보기 바란다.

party, rpart, caret 패키지 등을 이용해서 classification modeling을 통해 영향을 주는 유의변수들과 구조적인 특성을 이해해서 데이터를 선별하거나 EDA를 보다 상세하게 추진하는데도 활용할 수 있다. 특히 비선형적인 특성에 영향을 받지 않으므로 효율적이고 빠르게 작업할 수 있다. 모델 개발에는 ctree(), rpart(), train() 등을 통해 모델을 개발하고 결과를 plot()을 이용해서 확인할 수 있다. 특히 caret을 이용한 경우 병렬처리가 가능하므로 보다 안정적으로 변수를 평가할 수 있고 변수 중요도를 varImp()를 통해 산출할 수 있어서 방대한 마트 중에서 필요한 변수들에 대해 EDA를 수행하는데 도움을 줄 수 있다. 저자는 주로 데이터 마이닝 도구를 이용해서 직접 변수를 필터링하고 해석해서 EDA범위를 좁혀서 접근한다.

자동화 · 문서화 및 배포

markdown을 위한 패키지, pdf를 위해서는 grDevices의 pdf()를 이용하고, Excel로 처리하기 위한 writeXLS, gdata 등의 패키지를 이용하며, 필요시 반복적인 기초분석을 위한 내용을 shiny를 이용해서 쉽게 사용자가 인터엑티브하게 분석하고 조회할 수 있도록 한다.

```
pdf("파일이름",width=7, height=5)
...
dev.off ()
```

github 예제파일 다운로드 방법

1. 아래 사이트에 접속
   https://github.com/The-ECG/ADP_Rscript

2. ADP-script.zip 클릭

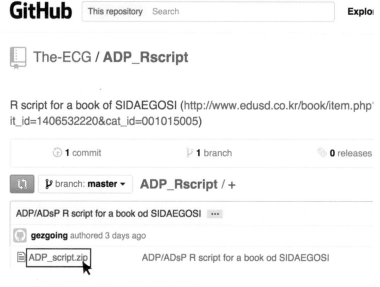

3. View Raw를 클릭하면 다운로드 폴더에 저장 완료

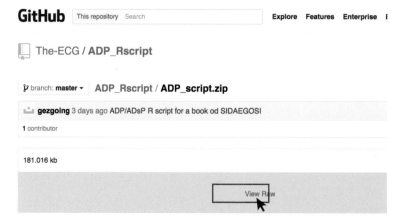

※ ADP 교재 안 예제파일을 MAC, Chrome 환경에서 다운로드 받는 예시로, 활용서 예제도
　https://github.com/The-ECG에서 꾸준히 업로드 될 예정입니다.

7장

주가 데이터처리 및 EDA

주가 데이터처리 및 EDA

주가 데이터를 EDA에 활용하고자 한 이유는 장기간에 걸친 일단위 데이터 획득이 용이하고, 다양한 종목이 있으면서 시계열에 따라 값이 변동되며, 다양한 분석주제가 있을 수 있으므로 가장 적합하다고 생각했기 때문이다. 실제 데이터를 갖고 하지 않은 EDA는 별 의미가 없고 샘플이나 랜덤 데이터는 실제 상황의 복잡성이 반영되지 않아 EDA를 통해 발견한 내용이 실습하는 사람에게 다가올 수 없기 때문이다.

물론 가장 좋은 데이터는 본인이 하고 있는 업무에 관한 데이터이다. 그러나 대부분 보안문제로 학습을 위해 획득하기 어려우므로 처음부터 시도하지 않는 것이 불필요한 오해를 피하는 데 좋다. 다만 회사 차원에서 분석조직을 위한 표준 샘플 데이터셋을 만들어 제공하는 것은 전사적인 학습조직 및 방안을 제공하는 측면에서 매우 좋은 방법이다. 이번 실습에서는 상한가 종목예측을 목표로 데이터 입수에서 EDA, Modeling까지 다루는데 EDA를 중심으로 살펴보겠다.

주가 데이터 입수방안 및 구성

주가 데이터는 R에서 기본적으로 획득이 가능한 패키지가 quandle, quantmod 등에 있어서 야후, 구글 등 다양한 종목과 기간을 지정하면 가져올 수 있다. 또는 국내 포털업체의 웹페이지에서 크롤링(crawling)을 통해 가져올 수도 있다. 모두 다 장·단점이 있으나 요즘은 크롤링을 많이 사용한다. API를 이용한 방식은 제약이 있고 속도가 크게 빠른 편은 아니다. 이 책에서는 일단 패키지의 API접속을 통해 가져오는 방식을 사용하도록 하겠다. 왜냐하면 crawling방식은 공개하게 되면 얼마 있지 않아서 패키지 구성방식을 바꾸어서 더 이상 사용하지 못하게 만들기 때문이다.

그리고 전체 종목을 가져올 것인지, 코스피나 코스닥 특정 그룹을 선택할 것인지, 상장 폐지된 기업들을 포함할 것인지를 결정해야 하고, 종목의 특성을 고려해서 모든 종목을 가져올 것인지 목적에 맞는 종목만 가져올 것인지를 결정해야 한다. 이런 선택을 위해 우선 google finance를 이용해서 screening을 하는 법과 종목을 우선 선택해 보겠다.

1. Google Finance

finance.google.com에 stock screener를 이용해서 주식에 대한 속성을 이용해 종목을 그래픽하게 선별할 수 있다. 이를 이용해서 주식의 가치나, 변동률 등을 이용해서 가치투자할 항목을 선별한다든지 등의 기준을 수립하고 종목을 선별하여 분석범위를 줄인다.

2. quantmod

quantmod는 "Quantitative Financial Modelling Framework"으로서 TTR(Technical Trading Rules) 패키지를 확장한 것이라 보면 된다. 모두 증권거래의 기술 분석을 하고자 만들어진 패키지이다. 기능위주로 보면 따분한 내용이므로 규모가 크고 변동률이 높은 금강공업 주가에 대해 파악해보면서 각 기능을 살펴보겠다. 금강공업은 2014년 6월 투자경고종목 지정해제가 된 이력이 있다.

```
library(quantmod)

kkk <- getSymbols("014280.KS",to="2015-01-03",auto.assign=FALSE)

colnames(kkk) <- c("Open","High","Low","Close","Volume","Adjusted")

plot(tail(kkk[,"Close"],200))
```

위에서처럼 데이터를 가져오려면 getSymbols를 이용하면 되고, 종목코드와 ".KS"를 결합해서 조회기간을 from, to로 지정하면 된다. 해당 종목의 이력을 보면 투자경고가 있었으며 이 시기에 급상승하다가 하락세를 보이다 다시 반등하고 있다. 투자방향을 어떻게 해야 할까?

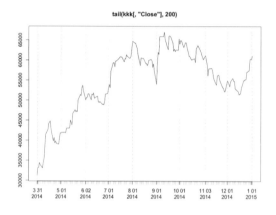

tail(kkk[, "Close"], 200)

(1) ROC ; Rate of Change/Momentum

n 기간 동안의 데이터 값에 대한 변화율을 의미한다. 0보다 크면 upward momentum이라고 판단할수 있고 0보다 작으면 매도압력으로 해석하면 된다. 예를 들어 가격은 상승하는데 ROC는 감소하는 방향이라면 미래에 가격하락을 예상할 수 있고, 가장 기본적인 변수로 많이 활용된다.

```
kkk.roc <- ROC(kkk[,"Close"])

plot(tail(kkk.roc,200),type="l")


Price

Price ROC
```

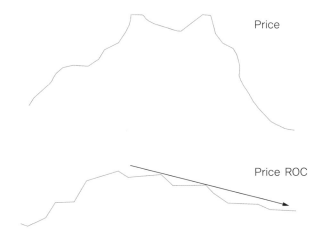

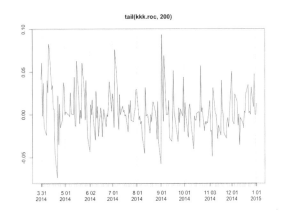

위 그래프를 보면 변화율이 조금씩 증가하고 있다.

(2) BBands ; Bollinger Bands

존 볼린저가 1980년대에 개발한 기술분석방법으로 많이 활용되는 변수 중하나이다. 특정종목에서는 아주 잘 맞기도 한다. 볼린저 밴드는 특정기간의 주가가 이동평균선에서 얼마나 떨어져서 분포되어 있는지를 확인할 수 있는데 밴드폭은 과거 주가들의 표준편차로 결정되기 때문에 참조할 수 있는 지표이다. 산출공식은 시점별 (고가+저가+종가)/3 한 값을 이용해서 단순이동평균값으로 밴드의 중앙선을 산출하고, 상위밴드 값은 중앙선에 표준편차의 배수를 더하고 하위밴드에는 차감하는 방식으로 산출한다. 이렇게 구한 밴드는 다양한 형태가 패턴으로 나오지만 응용하는 방법을 아래 그림으로 단순화한다면 해석패턴이 단순해지는데, 한 예로는 변동폭이 거의 고정된 형태로 하단에서 매수하고 상단에서 매도할 수 있으나 밴드 자체가 매수나 매도 신호를 뜻하는 게 아니라 overbought나 oversold 상황에 대한 지표일 뿐이다.

이런 형식으로 밴드의 상단·하단의 위치와 주가와의 변화모양을 갖고 판단하는 것인데 이 또한 하나만으로 절대적 설명이 되는 게 아니라 하나의 참고변수로 투입되어 해당 종목에 대해 이 패턴이 잘 맞으면 유의변수로 사용될 것이다. 즉, 종목별이나 ROC, BBands 등의 변수들이 주가의 변동을 설명하는 변수가 되는 것이지 절대적 하나의 기준으로 작동되지 않는다. 따라서 이런 변수들을 원하는 타깃변수의 설명변수의 하나로 취급해야 한다. 과거 이러한 변수로 절대적 해석을 하는 경우는 감에 의한 방식이다. 그러나 복잡하고 다양한 종목들이 서로 영향을 주고 움직이는 데는 단순한 설명변수일 뿐이다.

(3) SMI ; Stochastic Oscillator/Stochastic Momentum Index

```
stoch(HLC, nFastK = 14, nFastD = 3, nSlowD = 3, maType,
   bounded = TRUE, smooth = 1, ...)


SMI(HLC, n = 13, nFast = 2, nSlow = 25, nSig = 9, maType,
   bounded = TRUE, ...)
```

Stochastic Oscillator는 최근 n일간의 High/Low 구간에 대한 Close값의 상대적 위치를 0~100%의 값으로 알려주는 지수이고, SMI는 mid point를 알

려주는 지수이다. Stochastic Oscillator에는 %K와 %D 두 개의 라인이 있는데 20보다 작으면 Buy, 80보다 크면 Sell하라는 해석과 %K가 %D보다 크면 Sell, 반대의 경우는 Buy하라는 신호로 해석하기도 한다.

```
kkk.stoch <- stoch(kkk[,c("High","Low","Close")])
plot(tail(kkk.stoch$fastK,200),type="l")
plot(tail(kkk.stoch$fastD,200),type="l")
```

2014-8-1 이후 설정된 stoch$fastK 하위 20%를 넘는 지점에서 Buy해야 하는 것으로 하면 역시 이후 주가가 상승한 것을 알 수 있다. 이렇게 fastK에 대한 하나의 응용방식을 활용할 수 있다.

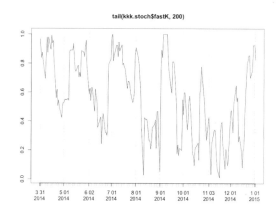

(4) MACD

MACD(Moving Average Convergence/Divergence)는 단변량에 사용할 수 있는 일반적인 기능으로 트렌드의 변화와 새로운 방향성을 알려준다. 높은 값은 overbought을, 낮은 값은 oversold를 나타낸다.

```
kkk.macd  <- MACD( kkk[,"Close"], nFast=12, nSlow=26, nSig=9 ,percent=TRUE)
plot(tail(kkk.macd[,1],200),type="l")
plot(tail(kkk.macd[,2],200),type="l")
```

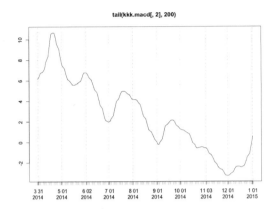
tail(kkk.macd[, 2], 200)

signal을 보면 계속 0 이상이었지만 0 이하로 내려가다가 다시 0 이상으로 올라가고 있어서 Buy가 확실한 것이다.

(5) ATR

ATR은 고가/저가/종가에 대한 변동성에 대한 정보를 제공하는데 전일종가와 당일고가, 전일종가와 당일저가 등의 절댓값이다. ATR이 높으면 변동성이 높다는 뜻이며, 방향성을 알려주지는 않는다.

```
ATR(HLC, n = 14, maType, ...)


tr - The true range of the series.
atr - The average (as specified by ma) true range of the series.
true.high - The true high of the series.
true.low - The true low of the series.



kkk.atr <- ATR(kkk[,c("High","Low","Close")],n=14)
head(kkk.atr)
plot(tail(kkk.atr[,"atr"],200),type="l")
```

아래를 보면 변동성이 높아지다가 감소하는 형태를 보인다.

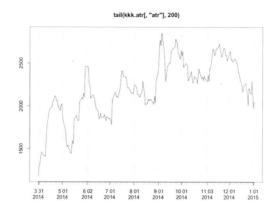

(6) Aroon

Aroon은 새로운 트렌드를 나타내는 지표로 up/down line으로 구성되어 있으며 highest high 또는 lowest low가 n기간 동안 지속되었는지를 나타낸다. AroonUp은 100*((n − Period Since Highest High)/n)으로 계산되며 AroonDown은 반대의 경우로 계산된다.

```
kkk.aroon <- aroon( kkk[,c("High", "Low")], n=20 )
plot(tail(kkk.aroon[,3],200),type="l")
```

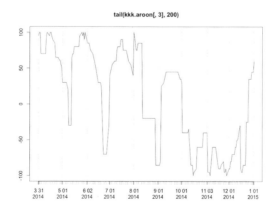

위 내용을 AroonUp과 AroonDown의 차이로 상승세를 계속유지하다 0 이하로 내려가서 하락세를 지속한 이후 다시 상승세가 시작되었음을 보인다.

(7) volatility

volatility 관련 다양한 지표를 제공한다. 형식 및 매개변수는 아래와 같으며, volatility는 최근 변화속도를 이용해서 앞으로의 변화가 얼마나 빠르게 진행될지를 나타낸다.

```
volatility(OHLC, n = 10, calc = "close", N = 260, ...)
```

OHLC - 시가/고가/저가/종가 xts나 matrix
n - Number of periods for the volatility estimate.
calc - The calculation (type) of estimator to use.
N - Number of periods per year.

calc에 들어가는 방식은 아래와 같다.

Close-to-Close Volatility (calc="close"):
http://www.sitmo.com/eq/172

OHLC Volatility: Garman Klass (calc="garman.klass"):
http://www.sitmo.com/eq/402

High-Low Volatility: Parkinson (calc="parkinson"):
http://www.sitmo.com/eq/173

OHLC Volatility: Rogers Satchell (calc="rogers.satchell"):
http://www.sitmo.com/eq/414

OHLC Volatility: Garman Klass - Yang Zhang (calc="gk.yz"):
http://www.sitmo.com/eq/409

OHLC Volatility: Yang Zhang (calc="yang.zhang"):
http://www.sitmo.com/eq/417

```
kkk.ohlc <- kkk[,c("Open","High","Low","Close")]
```

```
vClose <- volatility(kkk.ohlc, calc="close")
plot(tail(vClose,200),type="l")
```

아래 결과를 보면 종가 관련 변화속도가 증가와 감소를 반복하다 감소되어 있는 것을 알 수 있고 이를 통해 미래의 Risk를 예측할 수 있다.

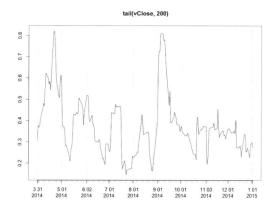

(8) EMA

SMA는 Simple Moving Average로 모든 과거 데이터가 동일한 가중치를 갖는 반면, EMA는 최근값에 더 가중치를 주어 평균을 구하는 방식으로 변화에 더 민감하다.

```
kkk.ema20 <-   EMA(kkk[,"Close"], 20)
plot(tail(kkk.ema20,200),type="l")
tail(kkk)
```

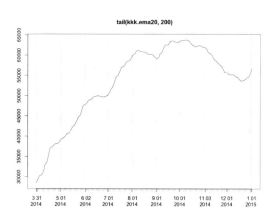

(9) CMO ; Chande Momentum Oscillator

CMO는 전체 변동 중 순변동에 대한 비율로 ([up − down] / [up + down]), RSI가 전체변동에서 up변동에 대한 비율인 것과 차이가 있다. CMO에 대한 해석은 다양한 방법이 있는데 값이 +/− 50 indicate overbought/oversold 상황을 나타내며, CMO가 높으면 강한 추세를 나타내고, CMO의 이동평균선을 교차하는 시점을 buy/sell signal로 취급한다.

```
kkk.cmo <- CMO(kkk[,"Close"])
plot(tail(kkk.cmo,200),type="l")
```

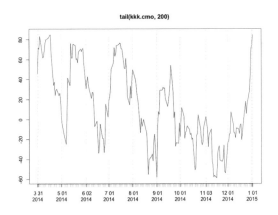

위 그래프를 보면 buy signal이 왔으며 강한추세를 나타낸다.

(10) DEMA ; Double Exponential Moving Averages

DEMA는 단순한 이동평균의 이동평균보다 복잡한 내용으로 2 * EMA(input) − EMA(EMA(input))으로 산출된다. 아래 산출결과를 보면 상승세인 것으로 보인다.

```
kkk.dema <- DEMA(kkk[,"Close"])
plot(tail(kkk.dema,200),type="l")
```

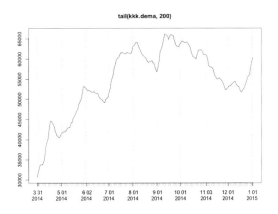

(11) RSI ; Relative Strength Index

0~100 사이의 숫자로 표현되는 모멘텀 지표 중의 하나이다. 보통 30과 70을 중심으로 over-sold와 over-bought로 나눈다. 물론 투자자에 따라 20과 80으로 설정하여도 된다. 그리고 시그널 생성을 위해 보통 14일간의 주가를 이용하는데 좀 더 빠르게 움직이는 지표를 생성하기 위해서는 10일과 같이 일자를 줄이면 된다. 가격이동에 대한 속도 및 변화를 나타내며 0에서 100까지의 값을 갖는다.

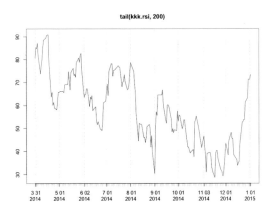

그래프를 보면 2014년 12월 중순 RSI가 30으로 oversold한 상황은 좋은 정보를 주었으며, 2015-1-3까지의 데이터로 봤을 때 RSI가 70을 넘어가고 있고, 2015-1-5일 기준 다소 꺾이고 있다. 50을 기준으로 상승장인지 하락장인지 구분이 가능하다. 대부분 50을 넘어서면 상승장이고, 50 아래에 있으면 하락장이다.

(12) ADX ; Welles Wilder's Directional Movement Index

```
kkk.adx <- ADX(kkk[,c("High","Low","Close")])

plot(tail(kkk.adx[,"ADX"],200),type="l")
```

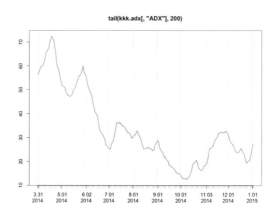

위 그래프를 보면 ADX가 최근 20을 넘기 시작했다. 이 뜻은 매수하라는 시그널로 해석하면 된다.

(13) CCI ; Commodity Channel Index

CCI는 추세의 시작과 종료를 나타내며 최근 n일 평균가격에 대한 현재가격과 관련된 값으로 대부분 −100에서 100 사이의 위치하며 100 이상일 때 매수하고 −100 이하에 매도한다. 그러나 CCI는 값에 제한이 없기 때문에 주의해야 하고 200이 넘어가면 overbought라고 생각할 필요가 있다. 변화의 시작은 0에서 100사이에 발생한다. 아래 그래프를 보면 200이 넘은 시점으로 overbought를 의심해야 한다. 참고로 overbought/oversold에 대한 CCI값은 해당주가의 과거 이력과 극단값에 대한 분석을 통해 종목별로 정하는 게 정확할 수 있을 것이다.

```
kkk.cci <- CCI(kkk[,c("High","Low","Close")])

plot(tail(kkk.cci,200),type="l")
```

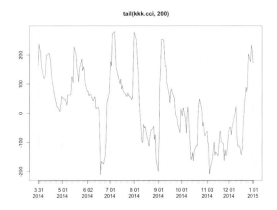

tail(kkk.cci, 200)

(14) TDI ; Trend Detection Index

　TDI는 추세의 시작과 끝을 알려주는 지표로 tdi와 di값을 돌려준다. +/-
TDI값은　trend/consolidation을 알려준다. +/-　direction indicator은
상승/하락 추세를 알려준다. 따라서 두 지표가 + 인 경우 매수하고 - 인 경
우 매도한다.

```
tdi - The Trend Detection Index.
di - The Direction Indicator.
```

```
kkk.tdi <- TDI(kkk[,"Close"], n=30)
plot(tail(kkk.tdi[,"tdi"],200),type="l")
plot(tail(kkk.tdi[,"di"],200),type="l")
```

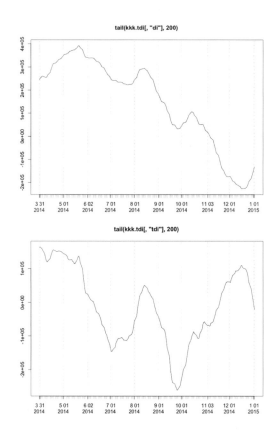

금강공업의 경우 모두 – 이므로 매도해야 하는 상황이다.

(15) VHF ; Vertical Horizontal Filter

VHF도 추세의 시작과 끝을 알려주는 지표이다. 추세가 있는 상태인지 congestion상태인지 알려준다. VHF가 떨어지면 congestion 상태로 들어감을 의미한다. 아래 그래프를 보면 명확한 판단을 하기는 힘들지만 0.5 이상으로 계속 올라간다면 Congestion에서 Trending 상태로 변환되는 시점이라고 판단해도 된다.

```
kkk.vhf <- VHF(kkk[,"Close"])
plot(tail(kkk.vhf,200),type="l")
```

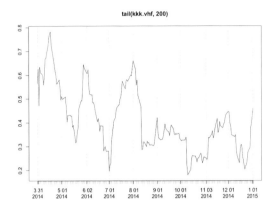

tail(kkk.vhf, 200)

(16) SAR ; Parabolic Stop-and-Reverse

SAR는 "stop and reverse"의 약자로 가격추이를 오랜 기간에 걸쳐 따라가는 지표로 가격상승인 경우는 가격 아래로 내려가고, 가격이 하락할 때는 가격 위로 올라간다.

```
rm(mydata1,mydata2,mydata)

kkk.sar <- SAR(kkk[,c("High","Low")])

mydata1 <- cbind(type="sar",as.data.frame(kkk.sar))

mydata1$date <- row.names(mydata1)

str(mydata1)

mydata2 <- cbind(type="close",as.data.frame(kkk[,"Close"]))

colnames(mydata2)[2] <- "V1"

mydata2$date <- row.names(mydata2)

str(mydata2)

tail(mydata2)

mydata <- rbind(mydata1,mydata2)

row.names(mydata) <- NULL

tail(mydata)


library(sqldf)

mydata3 <- sqldf("select * from mydata where date >='2014-05-01'")

library(ggplot2)
```

```
ggplot(mydata3,aes(x=factor(date),y=V1,group=type))                    +
geom_line(aes(linetype=type)) + scale_linetype_manual(values=c("solid","dotted
")) + theme_bw() + theme(plot.background=element_blank(),panel.grid.major=element
_blank())
```

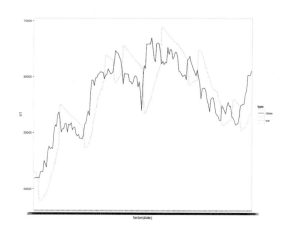

위 내용을 보면 금강공업은 가격이 상승할 것으로 판단된다.

(17) CLV ; Close Location Value

CLV는 거래기간대비 종가의 위치를 표시하는데 −1에서 +1 사이의 값을 갖
고 CLV가 +/−1에 가까우면 종가가 high/low에 위치하는 것이다. 만약
CLV가 0이면 고가와 저가사이에 있다는 뜻이다.

```
kkk.clv <- CLV(kkk[,c("High","Low","Close")])
plot(tail(kkk.clv,50),type="l")
```

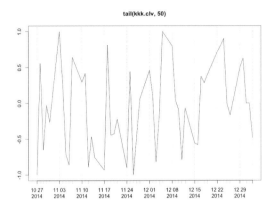

tail(kkk.clv, 50)

(18) CMF ; Chaikin Money Flow

0점을 기준으로 그 위는 매수세가 강한 것을 의미하며, 그 아래는 매도세가 강한 것을 의미한다. −1 ~ 1 사이의 값을 가진다. 그러나 1이 되기 위해서는 상한가를 20일 정도 연속해야 하므로 실제로는 1에 근접하는 경우는 거의 없다. −1도 마찬가지이다. 따라서 보통은 −0.5 ~ 0.5 사이이며, −0.5나 0.5도 도달하기 어려운 것이다.

보통은 −0.05 ~ 0.05 사이의 움직임은 무시하고, 이 선을 통과할 경우 매수 또는 매도하게 된다. 즉, 0.05를 상향통과하면 매수를 하게 되고, −0.05를 하향통과하게 되면 매도를 하는 것이 정책이다.

```
kkk.cmf <- CMF(kkk[,c("High","Low","Close")], kkk[,"Volume"])
plot(tail(kkk.cmf,200),type="l")
```

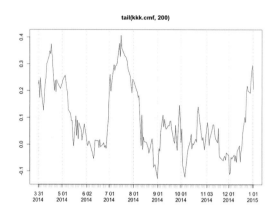

위 그래프에 의하면 0.05를 초과한 상황으로 매수시점인 것이다.

8장

Python 기초

Python 기초

Python이란?

파이썬(Python)[1]은 1991년 프로그래머인 귀도 반 로섬(Guido van Rossum)이 발표한 고급 프로그래밍 언어로, 플랫폼 독립적이며 인터프리터식, 객체지향적, 동적 타이핑(dynamically typed) 대화형 언어이다. 파이썬이라는 이름은 귀도가 좋아하는 코미디 〈Monty Python's Flying Circus〉에서 따온 것이다. 파이썬은 비영리의 파이썬 소프트웨어 재단이 관리하는 개방형, 공동체 기반 개발 모델을 가지고 있다. C언어로 구현된 C파이썬 구현이 사실상의 표준이다.

파이썬은 초보자부터 전문가까지 폭넓은 사용자층을 보유하고 있다. 동적 타이핑(dynamic typing) 범용 프로그래밍 언어로, 펄 및 루비와 자주 비교된다. 다양한 플랫폼에서 쓸 수 있고, 라이브러리(모듈)가 풍부하여, 대학을 비롯한 여러 교육기관, 연구기관 및 산업계에서 이용이 증가하고 있다. 또 파이썬은 순수한 프로그램 언어로서의 기능 외에도 다른 언어로 쓰인 모듈들을 연결하는 풀언어(glue language)로써 자주 이용된다. 실제 파이썬은 많은 상용 응용 프로그램에서 스크립트 언어로 채용되고 있다. 도움말 문서도 정리가 잘 되어 있으며, 유니코드 문자열을 지원해서 다양한 언어의 문자 처리에도 능하다.

---

1) http://ko.wikipedia.org/wiki/%ED%8C%8C%EC%9D%B4%EC%8D%AC 인용

파이썬은 기본적으로 해석기(인터프리터) 위에서 실행될 것을 염두에 두고 설계되었다.

• 주요 특징
1 동적 타이핑(dynamic typing) : 실행 시간에 자료형을 검사
2 객체의 멤버에 무제한으로 접근가능 : 속성이나 전용의 메서드 혹을 만들어 제한할 수는 있음
3 모듈, 클래스, 객체와 같은 언어의 요소가 내부에서 접근할 수 있고, 리플렉션을 이용한 기술을 쓸 수 있음

• 해석 프로그램의 종류
1 C파이썬 : C로 작성된 인터프리터
2 스택리스 파이썬 : C 스택을 사용하지 않는 인터프리터
3 Jython : 자바 가상 머신용 인터프리터. 과거에는 제이파이썬(JPython)이라고 함
4 IronPython : .NET 플랫폼용 인터프리터
5 PyPy : 파이썬으로 작성된 파이썬 인터프리터

현대의 파이썬은 여전히 인터프리터 언어처럼 동작하나 사용자가 모르는 사이에 스스로 파이썬 소스 코드를 컴파일하여 바이트 코드(Byte code)를 만들어 냄으로써 다음에 수행할 때에는 빠른 속도를 보여 준다. 파이썬의 이러한 특징으로 소스 코드의 유출 등의 보안 문제도 해결할 수 있다.

파이썬에서는 들여쓰기를 사용해서 블록을 구분하는 독특한 문법을 채용하고 있다. 이 문법은 파이썬에 익숙한 사용자나 기존 프로그래밍 언어에서 들여쓰기의 중요성을 높이 평가하는 사용자에게는 잘 받아들여지고 있지만, 다른 언어의 사용자에게서는 프로그래머의 코딩 스타일을 제한한다는 비판도 많다. 이 밖에도 네이티브 이진 파일(바이너리)을 만들어 주는 C/C++ 등의 언어에 비해 수행속도가 느리다는 단점이 있다. 그러나 사업 분야 등 일반적인 컴퓨터 응용 환경에서는 속도가 그리 중요하지 않고, 빠른 속도를 요하는 프로그램의 경우에도 프로토타이핑한 뒤 빠른 속도가 필요한 부분만 골라서 C 언어 등으로 모듈화할 수 있다(ctypes, SWIG, SIP 등 래퍼-wrapper-생성 프로그램들이 많이 있다). 또한 Pyrex, Psyco, NumPy 등을 이용하면 수치를 빠르게 연산할 수 있기 때문에 과학, 공학 분야에서도 많이 이용되고 있다. 점차적인 중요성의 강조로 대한민국에서도 점차 그 활용도가 커지고 있다.

Python 설치

파이썬 버전의 선택이 중요한 이슈이다.

파이썬은 3.X버전이 최신버전이다. 그 이전은 파이썬 2.7버전이 사용되었다. 파이썬 언어를 만든 귀도 반 로섬이 2.X의 버전에 대한 하위 호환성을 배제하고 3.X버전을 제작한 것이다.

파이썬 3.X버전을 사용하더라도, 기존에 사용 중인 라이브러리와의 종속성과 의존성으로 인한 문제가 발생할 가능성이 있다. 2.7 버전에 문제가 없는 것은 아니지만 여러 가지를 고려하여 이 버전으로 설치하는 것이 좋겠다. 아래의 패키지나 라이브러리들이 3.X버전에도 동작할 수 있도록 수정되고 있다고는 하나 그래도 아직 수정되지 않은 채 오류가 발생하는 사례도 있다고 한다.

파이썬 버전을 선택했으면 데이터 분석을 위한 환경을 구성요소를 파악해서 설치해야 한다.

파이썬에 기반한 데이터 마이닝, 기계학습에 사용되는 주요 구성요소는 파이썬 2.7과 NumPy, SciPy, Matplotlib, Pandas, SciKit-learn 등의 라이브러리와 IPython이다.

파이썬의 IDE는 Eclipse에서 Pydev, Visual Studio, PyCharm까지 다양하다. 각각에 대하여 간단하게 설명해 본다.

- Python 2.7.x
- IPython : 기본 파이썬 Shell의 한계를 극복하기 위해 만들어진 것이다. Notebook을 IDE로 사용하고 실행시켜 웹 기반의 분석과 시각화 기능을 제시한다. R에서의 R Studio 와 Shiny의 기능을 구현할 수 있는 환경이라고 보면 된다. 데이터분석을 위해 NumPy, SciPy패키지를 사용하는 기본 환경으로 활용된다.
- NumPy : 배열과 행렬의 기능을 활용하게 해준다. 과학계산용 패키지로 파이썬의 기본 자료구조 보다 효율적인 다차원 배열 객체를 제공한다. 배열을 다루는 수학계산 함수, 선형대수, 난수 발생, 퓨리에 변환 등의 수치연산을 제공한다.
- SciPy : NumPy의 배열처리를 기반으로 수치 미분과 적분, 상미분 방정식, 최적화 등 다양한 고급 수학 함수를 제공한다.

- Matplotlib : Visualization과 Graph를 표현하기 위한 라이브러리이다. IPython과 통합되어 편리하게 데이터를 살펴보면서 시각화 작업을 수행할 수 있다.
- Pandas : 파이썬에서 데이터 프로세싱을 하기 위한 패키지이다. iPython notebook을 anaconda 패키지 설치시 같이 인스톨된다. R의 sqldf와 유사하다고 보면 된다. 대량의 데이터를 고속으로 처리할 수 있고 Advanced Analytics를 위해 필수로 사용되어야 한다.
- SciKit-learn : 파이썬에서 기계학습을 손쉽게 할 수 있도록 지원해 주는 패키지이다. 분류, 회귀분석, SVM, 클러스터링 등이 포함되어 있다.

설치는 Anaconda를 사용하여 진행하기로 한다. Anaconda는 통합 패키지로서 무료이고 Windows, Mac OS, Linux를 모두 지원한다. 또한 위에서 언급한 모든 패키지를 포함하고 있어서 상당히 편리하게 개발환경을 설정할 수 있다.

(1) http://www.continuum.io의 다운로드 메뉴에서 Anaconda를 선택한다.

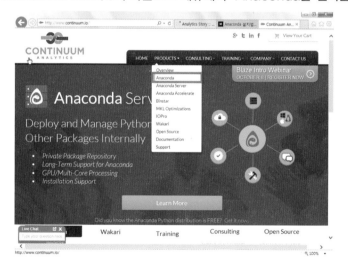

(2) 우측상단의 Download Anaconda 버튼을 클릭한다.

(3) e-mail address를 입력한다.

(4) 자신의 환경에 맞는 Anaconda 설치파일을 다운로드한다.

(5) 설치를 시작한다.

기본 설정대로 설치하면 큰 문제없이 진행할 수 있다. 설치 순서대로 좌 →
우, 상 → 하로 보면 된다.

(6) 설치된 내역을 다음과 같이 확인할 수 있다.

1 Anaconda command Prompt : Anoconda가 설
치된 기본 디렉토리에서 command 창을 구동

2 IPython(Py2.7) : IPython의 command line 콘솔
구동

3 IPython(Py2.7) Notebook : IPython의 웹 기반 에
디터 구동

위의 설치과정에서 보았듯이 환경변수에 파이썬의 경로가 설정되어 있기 때문에 다음과 같이 파이썬의 콘솔이 실행되었다.

Anaconda와 같은 통합 설치본이 없었더라면 개별적으로 Python을 설치하고, IPython 설치 후 NumPy, SciPY, Matplotlib와 같은 패키지를 별도로 설치해야 한다.

Anacodna 콘솔에서 "conda list"를 실행시켜 보면 설치된 패키지들이 나열된다. 살펴보면 위에서 언급했던 데이터 분석과정에서 사용하는 패키지들은 모두 포함하고 있다. 하지만 개발과정에서 추가적으로 필요한 패키지가 있다면 "conda install" 명령어를 사용해서 설치할 수 있다. ("conda" 명령어는 Anaconda의 환경과 패키지를 관리하는 도구이다)

```
C:\Users\Administrator\Anaconda>conda list
# packages in environment at C:\Users\Administrator\Anaconda:
#
_license                      1.1                   py27_0
anaconda                      2.0.1                 np18py27_0
argcomplete                   0.6.7                 py27_0
astropy                       0.3.2                 np18py27_0
atom                          0.3.7                 py27_0
backports.ssl-match-hostname 3.4.0.2                <pip>
beautiful-soup                4.3.1                 py27_0
beautifulsoup4                4.3.1                 <pip>
binstar                       0.5.3                 py27_0
bitarray                      0.8.1                 py27_1
blaze                         0.5.0                 np18py27_1
blz                           0.6.2                 np18py27_0
bokeh                         0.4.4                 np18py27_1
boto                          2.28.0                py27_0
casuarius                     1.1                   py27_0
cdecimal                      2.3                   py27_1
chaco                         4.4.1                 np18py27_0
colorama                      0.2.7                 py27_0
conda                         3.5.5                 py27_0
```

2 IPython(Py2.7) 구동

3 IPython(Py2.7) Notebook

위에서 설명한 바와 같이 Notebook은 웹에서 코딩하고 실행시키면서 그래프도 출력해볼 수 있는 도구이다. 아래와 같이 메뉴에서 실행시키는 방법도 있고 Anaconda command 콘솔에서 "ipython notebook"을 입력해주면 동일하게 동작한다.

일반적으로 사용자 환경에서 기본 웹 브라우져로 설정된 브라우저가 구동되는데, 다른 웹 브라우저 환경에서 작업하고 싶다면 웹 브라우저 url에 http://127.0.0.1:8888/ 입력하여 접속하면 된다.

파이썬 프로그래밍 기본

데이터 분석을 위하여 파이썬을 사용한다는 전제로 IPython의 Notebook에서 기본적인 프로그래밍 방법을 설명하고자 한다.

1. 파이썬 프로그래밍

파이썬에서 프로그래밍과 실행은 몇 가지 방식이 있다.

소스코드를 작성하고 python명령어로 실행시키는 방식이 있다. 과거엔 별도의 IDE가 없어서 일반 에디터로 코딩하여 파이썬 명령어로 실행시켰다. 다음의 사례는 크롬을 사용하여 트위터에서 다운로드한 HTML 파일을 파싱하여 필요한 내용만 추출하여 일반 텍스트 파일로 변환하는 코드를 실행시키는 것이다.

```
python batch_html.py
./batch_html.py( 리눅스의 경우 실행권한이 부여된 경우 )
```

다른 방법은 파이썬 콘솔에서 인터프리팅 방식으로 명령어를 한 줄 입력하고 엔터키를 치면서 한 줄 한 줄 실행시키는 방법이 있다.

여기서는 IPython Notebook을 이용하여 프로그래밍을 수행하고자 한다.

2. 기본 문법

파이썬은 변수에 타입을 지정하지 않지만 인터프리터가 데이터 값을 통해 알고 있으며, 대소문자를 구분하며, 객체지향 언어로 인터프리터 언어이다.

파이썬은 C언어나 Java와 같이 문장의 끝을 구분해줄 필요가 없으며, 코드블록은 {,}와 같은 Brace없이 Indentation으로 설정한다. 다만 클래스 선언, 함수선언, if else 등은 문장의 P에 ':' 을 붙인다.

기본적으로 주석은 '#' 이며 여러 라인에 걸친 주석은 """ 이부분은 주석입니다. """를 사용하면 된다.

변수에 값을 할당할 때는 '=' 을 사용하고 , 변수의 비교에는 '==' 를 사용한다.

C언어에서 처럼 '+=, -+'를 적용하여 변수 값에 대한 증가/감소를 명시할 수 있다.

3. 표준 데이터 타입

(1) Numbers : int, long, float, complex

- integer : 정수를 의미하는데 양의 정수, 음의 정수, 0이 포함된다. 사례) 2, 3, -333, 0
- long integer : 기본 integer의 범위를 벗어난 큰 정수가 필요할 때 사용하며 숫자뒤에 대문자 L을 붙인다. 사례) 9999999999999999L
- float : 실수 즉, 소수점이 포함된 숫자를 사용하고자 할 때 이용한다. 사례) 2.3, -3.13, 3.3e10, 3.3e-5
- complex : 복소수를 의미한다. 사례) 3+2j, 3+3J

```
inum = 2
print type(inum)

inum = 9999999999999999999L
print type(inum)

inum = 3.3e10
print type(inum)

inum = 3 + 2J
print type(inum)

<type 'int'>
<type 'long'>
<type 'float'>
<type 'complex'>
```

정수형과 실수형 변수를 가지고 산술연산을 수행할 경우 피연산자 가운데 하나라도 실수가 포함되어 있으면 결과가 실수값으로 반환된다는 점이다. 피연산자가 모두 정수인 경우엔 소수점이 제거되고 정수부분만 반환된다.

(2) String

문자열은 "빅데이터" 또는 '빅데이터'의 어떤 방식이든 사용이 가능하다. "Python's dynamic data handling"과 같이 사용할 수도 있다. 여러 줄에 걸친 문자열은 큰 따옴표 3개를 적용한다.

여러줄에 걸친 문자열(문장) 처리나 print나 파일에 쓰거나 읽을 때 이스케이프 문자를 통해 필요한 조정을 할 수 있다. C언어에서 많이 사용하는 \n, \t 등이 그것이다.

```
strA = u'빅데이터 분석'

# 문자열에 '를 포함하고 싶을 때
strB = u"중간 데이터 분석 '일반 기업' 대상 "

# 여러줄을 포함한 문자열을 만들 때
strC = u"""데이터 분석은
데이터 입수
데이터 전처리
데이터 분석
의사결정지원
시각화로 나눌 수 있다"""

print strA
print '\n'
print strB
print '\n'
print strC
```

```
빅데이터 분석

중간 데이터 분석 '일반 기업' 대상

데이터 분석은
데이터 입수
데이터 전처리
데이터 분석
의사결정지원
시각화로 나눌 수 있다
```

다양한 문자열 함수 가운데 많이 쓰는 것을 알아두면 좋다.

- str.find(val) : 문자열 str에서 val값이 처음 나온 위치를 반환, 없으면 -1
- str.count(val) : 문자열 str에서 val값의 개수를 반환
- str.lower() : 문자열 str의 대문자를 소문자로 변경
- str.strip(), str.lstrip(), str.rstrip() : 문자열 양쪽의 공백을 제거, 문자열 왼쪽의 공백을 제거, 문자열 오른쪽 공백을 제거
- str.replace(val, newval) : 문자열 str에서 val을 newval로 변경
- str.split(val) : 문자열 str에서 val을 구분자로 문자열을 나누어 리스트로 반환, 만약에 val이 지정되지 않으면 space를 구분자로 분리를 수행

```
strA = '    The Database has Many characters  '

print len(strA)   # 문자열의 길이

print strA.find('T') # T가 처음 발견된 위치 인덱스

print strA.count('a') # a의 개수

print strA.lower() # 소문자로 변경

print strA.strip() # 양쪽 공백을 제거

print strA.replace("Many","4 main") # Many 를 4 main으로 변경

print strA.split() # 공백을 구분자로 문자열을 분리하여 리스트로 반환
```

```
37
3
7
    the database has many characters
The Database has Many characters
    The Database has 4 main characters
[u'The', u'Database', u'has', u'Many', u'characters']
```

(3) List

다른 리스트도 포함할 수 있으며, 여러 개의 원소를 가질 수 있고 순서를 가지며, 수정이 가능하다. 자료구조 가운데 stack을 구현할 수도 있다. C언어의 배열이나 구조체와 유사하다고 보면 된다. 리스트는 Brakets([,]) 사이에 원소들이 콤마를 구분자로 구성된다.

다음과 같은 명령어로 리스트를 다룬다.

- list.append(값) : 리스트의 마지막에 해당 값을 추가
- list.insert(index,값) : 리스트의 지정된 인덱스에 해당 값이 추가
- list.remove(value) : 리스트에서 첫 번째로 발견되는 특정 값을 삭제
- list.pop() : 리스트의 마지막 값을 출력하고 리스트에서 제거
- list.sort() : 오름차순 정렬
- list.count(value) : 리스트에 value에 해당하는 값이 몇 개인지 반환
- list.extend(x) : 리스트에 리스트x를 확장시킴
- len(list) : 리스트의 원소 개수
- del list[a:b] : 리스트에서 인덱스 a~b-1까지를 삭제, del list[:]는 리스트의 모든 값을 삭제시킴

```
lstA = [ 1, 3, 5, 7, 9]
lstB = [ 2, 4, 6, 8 , 10]

print len(lstA), len(lstB)

lstA.append(0) # 리스트에 0 추가
print lstA

lstA.sort() # 오름차순 정렬
print lstA

lstA.insert(0, -1) # 첫번 째 인덱스 값에 -1을 추가
print lstA

lstA.remove(-1) # -1 삭제
print lstA

lstA.pop() # 마지막 값 삭제
print lstA

print lstB.count(8) # 8의 개수

lstA.extend(lstB) # lstA에 lstB를 추가
print lstA

del lstA[:] # lstA의 값 삭제
print lstA

5 5
[1, 3, 5, 7, 9, 0]
[0, 1, 3, 5, 7, 9]
[-1, 0, 1, 3, 5, 7, 9]
[0, 1, 3, 5, 7, 9]
[0, 1, 3, 5, 7]
1
[0, 1, 3, 5, 7, 2, 4, 6, 8, 10]
[]
```

(4) Tuple : 한 번 정의되면 변경할 수 없는 순서가 있는 배열

리스트와 유사하나 parentheses((,)) 사이에 원소들이 콤마를 구분자로 구성한다.

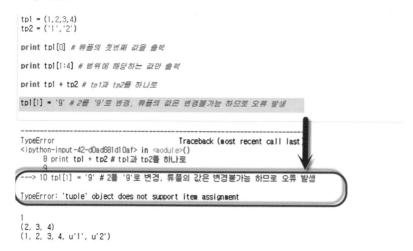

```
tp1 = (1,2,3,4)
tp2 = ('1','2')

print tp1[0] # 튜플의 첫번째 값을 출력

print tp1[1:4] # 범위에 해당하는 값만 출력

print tp1 + tp2 # tp1과 tp2를 하나로

tp1[1] = '9' # 2를 '9'로 변경, 튜플의 값은 변경불가능 하므로 오류 발생
```

```
TypeError                               Traceback (most recent call last)
<ipython-input-42-d0ad681d10af> in <module>()
      8 print tp1 + tp2 # tp1과 tp2를 하나로
---> 10 tp1[1] = '9' # 2를 '9'로 변경, 튜플의 값은 변경불가능 하므로 오류 발생

TypeError: 'tuple' object does not support item assignment
```

```
1
(2, 3, 4)
(1, 2, 3, 4, u'1', u'2')
```

(5) Dictionary : Key와 Value를 갖는 데이터 타입

자바 개발 경험이 있다면 HashMap과 유사하다고 보면된다. 또 펄에서의 Associative array와 유사하다. Hadoop의 기본요소인 Map Reduce에서 사용되는 자료구조가 Key, Value의 쌍인 것도 기억하자. Dictionary의 value는 문자열, 숫자, 튜플, 리스트, 딕셔너리 모두 가능하다.

기본적으로 { key1:value1, key2:value2, … keyN:valueN }으로 구성된다. 다음과 같이 Dictionary 함수가 있다.

- dict.keys() : 해당 딕셔너리의 Key값들만 리스트로 반환
- dict.values() : 해당 딕셔너리의 Values값들만 리스트 형식으로 반환
- dict.items() : 해당 딕셔너리의 (key, value)쌍을 튜플들을 리스트로 반환
- dict.clear() : 해당 딕셔너리의 모든 key:value쌍을 삭제
- dict.get(x) : 해당 딕셔너리의 Key가 x인 것의 value를 반환
- dict.has_key(x) : 해당 딕셔너리에 x라는 Key가 있는지 검사하여 결과를 참과 거짓으로 반환

```
dicAcomp = { 'ceo':'T C', 'compnaynm':'Apple', 'compid':315300 }
dicBcomp = { 'ceo':'M J', 'companynm':'Facebook', 'compid':323543 }

print len(dicAcomp)

print dicAcomp['ceo']

print dicAcomp.keys() # 키만 표시

print dicAcomp.values() # 값만 표시

print dicAcomp.items() # 튜플로 표시

print dicBcomp.get('companynm') # 키가 companynm 인 value 표시

print dicAcomp.has_key('companyName') # companyName 이란 키가 있는지 검사
```

```
3
T C
[u'ceo', u'compid', u'compnaynm']
[u'T C', 315300, u'Apple']
[(u'ceo', u'T C'), (u'compid', 315300), (u'compnaynm', u'Apple')]
Facebook
False
```

Dictionary를 사용할 때 주의할 것은 Key값을 중복시키지 말아야 한다는 것이다. 중복될 경우 하나를 제외한 나머지는 무시될 수 있다. 또 한가지는 Key값에 리스트를 사용할 수 없다.

list, tuple는 원소의 배열을 가정하고 사용할 수 있다. 다른 언어와 혼동하지 않기 바라는 점은 list와 tuple의 첫 번째 인덱스는 0이라는 점이다. 인덱스의 -1은 마지막 원소, -2는 마지막에서 2번째 원소를 의미한다. 이때 : 을 통해 인덱스의 구간을 지정할 수 있다. : 앞에 인덱스가 지정되지 않으면 0을, 뒤에 인덱스가 지정되지 않으면 배열의 길이를 의미한다.

4. 파이썬에서의 한글 문제

파이썬 2.7 버전의 설치시 기본 인코딩은 ASCII이다. 한글은 ASCII가 아닌 UNICODE로 사용해야 인식할 수 있다(파이썬 3.X에서는 해결되었다고 한다). 따라서 한글 데이터 핸들링 때문에 곤혹스러운 경우가 많다. 특히 콘솔뿐만 아니라 IPython NoteBook이나 pyCharm와 같은 개발환경에서도 한글이 깨져 보이는 문제가 발생한다.

유니코드는 전세계 언어의 통일된 문자체계이고, 문자열은 사용자 환경에서 확인할 수 있도록 변환된 것이다. 사용자의 환경이 다양하기 때문에 유니코드 문자를 환경에 맞는 문자열로 변환해야 한다. 이를 인코딩이라고 하며 반대로 문자열을 유니코드로 변환하는 작업을 디코딩이라 한다.

한글 처리의 다양한 방법

sitecustomize.py에서 sys.setdefaultencoding('utf-8')로 정의하면 유니코드 파일 입력시 기본 인코딩으로 사용할 수 있다고 한다.

소스 레벨에서는 첫 줄에 # -*- coding:utf-8 -*- 을 적용하면 소스코드 자체의 인코딩을 적용할 수 있는 것이다. IPython, NoteBook, PyCharm 등에서 적용할 수 있다. 특히 콘솔 출력에서 한글이 깨져 보일 때는 u '한글' 과 같이 문자열 앞에 u를 붙여준다.

5. 흐름제어

코딩할 때 조건문을 통해 흐름을 제어하게 된다. 파이썬에서는 if, for, while 등과 같은 제어문장을 사용할 수 있다.

조건문에는 비교연산자가 포함될 수 있다.

- 두변수의 크기 비교 : 〈 , 〉, 〈=, 〉=
- 두 변수가 같은지 비교 : ==, !=
- 논리연산자 : and (두 변수나 두 조건이 모두 만족할 때만 참)
            or (두 변수나 두 조건 가운데 하나만 만족해도 참)
            not(거짓인 경우 참)

```
a,b = 1,2
print a>b , a<b
print a>=b , a<b
print a==b,  a!=b
print a and b
print a or b
print not a
False True
False True
False True
2
1
False
```

파이썬 조건문에서 데이터 타입에 따른 거짓으로 분류되는 사례는 다음과 같다. 다시 말하면 다음의 경우를 제외하면 참이다.

- Numbers : 0
- String : ""
- List : [ ]
- Tuple : ( )
- Dictionary : { }

(1) if문의 다양한 구조

```
flag=1
if flag:
        print u"조건에 일치합니다"
else:
        print u"조건에 불일치합니다"
```

조건에 일치합니다

```
flag=0
if flag:
        print u"조건에 일치합니다"
        print u"그래서 알람을 시작합니다"
else:
        print u"조건에 불일치합니다"
        print u"다시 Poolng을 시작합니다"
```

조건에 불일치합니다
다시 Poolng을 시작합니다

```
flag=3
if flag==0:
        print u"조건에 일치합니다"
elif flag==1:
        print u"조건에 불일치합니다"
else:
        print u"알수 없는 값입니다"
```

알수 없는 값입니다

(2) for 문

" for 변수 in 리스트 또는 튜플 또는 문자열 또는 range: 문장1, 문장2 "

```
grades = [ 'A', 'B', 'C', 'D', 'E']

for grade in grades:
    if grade=='A': print u"매우 우수한 성적입니다"
    elif grade=='B' : print u"우수합니다"
    elif grade=='C' : print u"준수합니다"
    elif grade=='D' : print u"노력하세요"
    elif grade=='E' : print u"매우 노력하세요"
    else : break
```

매우 우수한 성적입니다
우수합니다
준수합니다
노력하세요
매우 노력하세요

```
x=9
for i in range(1,9):
    y = x*i
    print "%d" % y

9
18
27
36
45
54
63
72
```

(3) while문

```
checkFlag=0

while checkFlag < 5:
    checkFlag +=1
    print u"프로그램이 %d회 반복되었습니다." % checkFlag
    if checkFlag = 5:
        print u"반복작업이 완료되었습니다"
        break

프로그램이 1회 반복되었습니다.
프로그램이 2회 반복되었습니다.
프로그램이 3회 반복되었습니다.
프로그램이 4회 반복되었습니다.
프로그램이 5회 반복되었습니다.
반복작업이 완료되었습니다
```

while문은 참인 조건인 경우에만 계속해서 수행된다.

사례에서 조건문은 checkFlag<5로써 checkFlag가 5보다 작은 경우에만 while문의 내부 코드가 실행된다. while문에 종료조건이 없으면 무한루프에 빠지게 되므로 종료될 수 있는 조건을 사용해야 하며, 이때 break가 사용될 수 있다.

또한 continue는 특정조건에서 while 문을 빠져나가는 break와 달리 조건문으로 보내는 작업을 수행하게 된다.

```
checkFlag=0

while checkFlag < 5:
    checkFlag +=1
    if checkFlag % 2 ==1: continue
    print u"checkFlag=%d 입니다" % checkFlag
    if checkFlag = 5:
        print u"\n\n프로그램이 종료되었습니다"
        break

checkFlag=2 입니다
checkFlag=4 입니다
```

제어문장(if, for, while) 사용 시 반드시 :가 있어야 한다는 점이다. 가끔 누락시키는 실수를 범한다. 제어문장뿐 아니라, def, class에도 문장의 끝에 ':' 이 포함되어야 한다.

자바나 C언어에서는 if(조건){ ... }의 형식이지만 파이썬에서는 들여쓰기 방식으로 처리한다. 처음 접하는 프로그래머에게는 혼란스러울 수 있다.

6. 모 듈

파이썬에서 모듈은 자바의 패키지, R의 패키지와 유사하다고 보면 된다. 이미 작성된 특수 목적용 프로그램들을 불러다 사용할 수 있다. 모듈은 변수, 함수, 클래스들이 포함될 수 있다. 다음과 같이 사용하여 모듈을 불러 사용할 수 있게 된다.

- import : 모듈명
- from 모듈명 import 모듈의 함수이름 : 코딩시 모듈명을 입력 하지 않고 해당 모듈의 함수명만 사용할 수 있도록 편의성 제공
- reload(모듈명) : import된 모듈의 변경사항이 반영될 수 있도록 해당 모듈을 다시 부르는 경우 사용

```
# -*- coding: utf-8 -*-

from sklearn import svm, datasets
from sklearn.cross_validation import train_test_split
from sklearn.metrics import confusion_matrix

import pylab as pl
import matplotlib.font_manager as fm
```

7. 파일 입출력

대부분의 시스템에서는 파일을 만들어 자료를 저장하고 공유한다. 파이썬에서도 파일에 대한 입출력이 기본적인 스킬에 해당한다.

파이썬에서는 파일을 다룰 때 읽기모드, 쓰기모드, 기존 파일에 추가하는 모드 총 3가지 방식으로 처리할 수 있다.

```
In [71]:  f = open("C:/p_work/test.csv","r") # read mode로 열기

          lines = f.readlines()

          print len(lines) # 파일의 라인수

          for line in lines:
              print line

          f.close()

          f = open("C:/p_work/test1.csv",'w') # write mode로 열기

          for i in range(-10, 10):
              f.write("%d part \n" % i )

          f.close()

          f = open("C:/p_work/test1.csv",'a') # append mode로 열기

          for i in range(11,20):
              f.write("%d part \n" % i)

          f.close()

          f = open("C:/p_work/test1.csv","r") # read mode로 열기

          lines = f.read()

          print lines

          f.close()
```

```
12
username        time and date   tweettext

@inquirerdotnet 7:58 PM - 9 Jun 13      Music service, mobile software expected from Apple http://bit.ly/19erbO0?

@WSJpersonaltech        7:57 PM - 9 Jun 13     Apple Poised to Unveil Streaming Music http://on.wsj.com/12dpeOw?

@AFP    7:52 PM - 9 Jun 13      Apple expected to unveil streaming music service at annual conference on Monday http://bit.ly/11pCEBf? by @gchapman
```

```
                                                                                                                                                                                                                                                                                                                                                  


@ITworld        7:35 PM - 9 Jun 13      Here are some features #iOS 7 could really stand to include: http://ow.ly/1PafS? #wwdc #apple

@applenws       7:34 PM - 9 Jun 13      AT&T follows Verizon, lengthens device upgrade period to two years http://bit.ly/18kPeuY? #apple

@nickrp 7:32 PM - 9 Jun 13      WWDC prediction: Jony Ive introduces Subjective-D, Apple's new and very indecisive design language.
-10 part
-9 part
-8 part
-7 part
-6 part
```

```
14 part
15 part
16 part
17 part
18 part
19 part
```

8. 함 수

함수라는 것은 반복적으로 재사용할 수 있도록 명령어의 집합을 정의해 놓은
것을 말한다. 함수는 입력값, 반환값, 업무로직에서 사용하게 되는 데이터와 명
령어의 집합으로 구성된다. 이때, 경우에 따라서 입력값이나 반환값이 없을 수
도 있다. 반환값은 하나의 데이터 타입으로 사용되어야 한다.

```
def gugudan(dan):
    val = []
    for i in range(1,10):
        val.append(dan * i)          함수정의
    return val

ret = gugudan(3)
print ret

[3, 6, 9, 12, 15, 18, 21, 24, 27]
```

9. 클래스

클래스는 메소드와 속성의 집합이고, 객체를 구체적으로 정의해 놓은 템플릿 즉 껍데기이다. 클래스를 인스턴스화한 것이 객체라고 볼 수 있다. 객체지향 방법론에서는 클래스를 만들어 재사용하는 것은 기본이고, 상속이나 다형성을 적용하여 기존 클래스를 확장시킬 수도 있다.

함수를 만들어 활용하는 수준만 되어도 데이터분석은 크게 문제될 것은 없다. 클래스를 활용하는 객체지향 개발이 어려운 개념이라 판단되면 우선 다른 내용으로 넘겨도 무방하다. 여기서는 상속과 다형성은 다루지 않는다.

클래스의 정의와 클래스를 활용하는 부분으로 나눌 수 있다.

```
class classname:
        변수 ...                    # 클래스 멤버 변수 , 마치 c언어의 static변수

        def __init__(self, ... ):        # 생성자, 객체생성시 자동 수행됨
          ....

        def method1( 파라미터 ... ):
                수행 명령어 ...
                return 수행결과값

        def method2( 파라미터 ... ):
                수행 명령어 ...
                return 수행결과값


objectname = classname()
objectname.method1(파라미터 ... )
objectname.method2(파리미터 ... )
```

```
class ProcessMng:

    count = 0

    def __init__(self, name):
        self.name = name
        print "{} process start!".format(self.name)

        ProcessMng.count += 1

    def die(self):
        print "{} process is killed!".format(self.name)

        ProcessMng.count -= 1

        if ProcessMng.count == 0:
            print "{} was the last one.".format(self.name)
        else:
            print "There are still {:d} process running.".format(ProcessMng.count)

proc1 = ProcessMng("demon proc1")

proc2 = ProcessMng("demon proc2")

proc1.die()
proc2.die()
```

```
demon proc1 process start!
demon proc2 process start!
demon proc1 process is killed!
There are still 1 process running.
demon proc2 process is killed!
demon proc2 was the last one.
```

10. 예외처리

일반적으로 코딩할 때는 발생할 수 있는 예외상황에 대한 대처방법을 사전에 파악하여 대응할 수 있도록 구현한다. 예외처리가 되지 않은 상태에서 오류가 발생하면 실행이 중단된다. 하지만 예외처리를 함으로써 이러한 상황을 미연에 방지할 수 있다. 파이썬에서도 이러한 예외처리를 위해 try, except, finally 구문을 적용하면 가능하다.

try 블록에 수행시킬 기능을 포함시키고, 발생가능한 예외에 대한 처리를 담당할 except문을 만들고, finally문을 통해 반드시 수행되어야 하는 처리를 제시한다.

```
import sys
import time

f = None
try:
    f = open("C:/p_work/test2.csv")

    while True:
        line = f.readline()
        if len(line) == 0:
            break
        print line
except IOError:
    print "test2.csvnot exists"
finally:
    if f:
        f.close()
    print "file handeler is closed"

test2.csvnot exists
file handeler is closed
```

파이썬을 사용한 데이터 입수

1. 웹 사이트 URL로 스크래핑 하기

(1) urllib2 모듈을 이용하면 지정된 url의 html을 파일처럼 읽어올 수 있다. 다음 예제는 트위터 홈페이지에서 검색조건을 가지고 조회된 결과를 html 파일로 저장하는 사례이다.

```
import urllib2
import time

file="download_file.html"

url="http://twitter.com/search/realtime?q=qualcomm%20lang%3Aen%20%20since%3A2013-06-01%20until%3A2013-06-02&src=typd"
response = urllib2.urlopen(url)

fh = open(file,"w")

tmpl = response.read()

fh.write(tmpl)
fh.close()
```

download_file.html의 일부 발췌

```html
 </a>

        <small class="time">
        <a href="/MobileTheZone/status/340956941092270081" class="tweet-timestamp js-permalink js-nav js-tooltip" title="오후 3:24 -
    2013년 6월 1일" ><span class="_timestamp js-short-timestamp " data-time="1370125444" data-time-ms="1370125444000" data-long-
    form="true">2013년 6월 1일</span></a>
</small>

        </div>

        <p class="js-tweet-text tweet-text">The Galaxy S III is powered by <strong>Qualcomm</strong> MSM8960 Snapdragon 1.5GHz
    Dual-core Processor. It ... -&gt; <a href="http://t.co/6WL4VszWn2" rel="nofollow" dir="ltr" data-expanded-url="
    http://mobilethezone.com/cell-phones-mp3-players/samsung-galaxy-s-iiis3-gti9300-factory-unlocked-phone-international-
    version-pebble-blue-com/" class="twitter-timeline-link" target="_blank" title="http://mobilethezone.com/cell-phones-mp3-
    players/samsung-galaxy-s-iiis3-gti9300-factory-unlocked-phone-international-version-pebble-blue-com/" ><span class="tco-
    ellipsis"></span><span class="invisible">http://</span><span class="js-display-url">mobilethezone.com/cell-phones-mp</span
    ><span class="invisible">3-players/samsung-galaxy-s-iiis3-gti9300-factory-unlocked-phone-international-version-pebble-blue
    -com/</span><span class="tco-ellipsis"><span class="invisible"> </span>…</span></a></p>
```

(2) Yahoo Finance 이용하여 Apple 주가 데이터 다운로드 하기

```python
import requests
import pandas as pd
from StringIO import StringIO

url = 'http://real-chart.finance.yahoo.com/table.csv?s=AAPL&a=0&b=1&c=2013&d=11&e=31&f=2013&g=d'  # APPLE 주가 조회

r = requests.get(url)  # csv형식으로 다운로드

df = pd.read_csv(StringIO(r.content))

df.head()
```

	Date	Open	High	Low	Close	Volume	Adj Close
0	2013-12-31	554.17	561.28	554.00	561.02	55771100	78.83
1	2013-12-30	557.46	560.09	552.32	554.52	63407400	77.92
2	2013-12-27	563.82	564.41	559.50	560.09	56471100	78.70
3	2013-12-26	568.10	569.50	563.38	563.90	51002000	79.24
4	2013-12-24	569.89	571.88	566.03	567.67	41888700	79.77

2. csv file 읽고 쓰기

기본적으로 csv module을 이용하여 csv file을 읽거나 쓸 수 있다. numpy 패키지의 genfromtxt함수를 이용해도 읽어 들일 수 있다.

```
import csv

f = open("C:/p_work/test3.csv", "w")

cw = csv.writer(f , delimiter=b',', quotechar=b'|') # 구분자 , 지정
a_row = ('mj', 2, 3, 'retire', 'owner')
b_row = ('cb', 23, 43, 'retire', 'caster')
cw.writerow(a_row)
cw.writerow(b_row)
f.close()

print "write csv finished"

f = open("C:/p_work/test3.csv", "r")
cr = csv.reader(f)
for line in cr:
    print line
f.close()

print "read csv finished"

import numpy as np # numpy 이용하기
reader = np.genfromtxt("C:/p_work/admission.csv", dtype=None, delimiter=',',names=True)

print reader
```
```
write csv finished
['mj', '2', '3', 'retire', 'owner']
['cb', '23', '43', 'retire', 'caster']
read csv finished
[(2.96, 596, 'admit') (3.14, 473, 'admit') (3.22, 482, 'admit')
 (3.29, 527, 'admit') (3.69, 505, 'admit') (3.46, 693, 'admit')
 (3.03, 626, 'admit') (3.19, 663, 'admit') (3.63, 447, 'admit')
 (3.59, 588, 'admit') (3.3, 563, 'admit') (3.4, 553, 'admit')
 (3.5, 572, 'admit') (3.78, 591, 'admit') (3.44, 692, 'admit')
 (3.48, 528, 'admit') (3.47, 552, 'admit') (3.35, 520, 'admit')
 (3.39, 543, 'admit') (3.28, 523, 'admit') (3.21, 530, 'admit')
 (3.58, 564, 'admit') (3.33, 565, 'admit') (3.4, 431, 'admit')
 (3.38, 605, 'admit') (3.26, 664, 'admit') (3.6, 609, 'admit')
 (3.37, 559, 'admit') (3.8, 521, 'admit') (3.76, 646, 'admit')
 (3.24, 467, 'admit') (2.54, 446, 'notadmit') (2.43, 425, 'notadmit')
 (2.2, 474, 'notadmit') (2.36, 531, 'notadmit') (2.57, 542, 'notadmit')
 (2.35, 406, 'notadmit') (2.51, 412, 'notadmit') (2.51, 458, 'notadmit')
 (2.36, 399, 'notadmit') (2.36, 482, 'notadmit') (2.66, 420, 'notadmit')
```

3. json

json은 웹에서 데이터 교환용으로 설계된 경량의 텍스트 기반 개방형 표준으로 javaScript 객체 표기법을 의미한다. 웹을 통한 직렬화된 데이터의 송수신에 사용된다.

– json 파일 사례

```json
{
    "book": [
    {
        "id":"01",
        "language": "R",
        "edition": "second",
        "author": "maker"
    },
    {
        "id":"02",
        "language": "python",
        "edition": "third",
        "author": "maker serd"
    }]
}
```

```python
import json
from pprint import pprint

f = open("C:/p_work/book.json")

json_data = json.loads(f.read())

pprint(json_data)

f.close()
```

```
{u'book': [{u'author': u'maker',
            u'edition': u'second',
            u'id': u'01',
            u'language': u'R'},
           {u'author': u'maker serd',
            u'edition': u'third',
            u'id': u'02',
            u'language': u'python'}]}
```

Part 8-5

XML

파이썬에서 XML문서를 다루기 위한 라이브러리는 매우 많지만, 가장 많이 사용되는 것은 ElementTree이다. 아래의 예제에서는 xml파일을 읽어서 ElementTree로 파싱하여 데이터를 추출하고 있다.

```xml
<?xml version="1.0" encoding="UTF-8"?>
<catalog>
    <row>
        <id>90</id>
        <author>M F</author>
        <title>Python Data Processing</title>
        <type>Computer Programming</type>
        <price>10$</price>
    </row>
        <row>
        <id>99</id>
        <author>D W</author>
        <title>Big data infra</title>
        <type>Computer Architecture</type>
        <price>23$</price>
    </row>
        <row>
        <id>199</id>
        <author>B I</author>
        <title>R Visualization</title>
        <type>Big Data analysis</type>
        <price>30$</price>
    </row>
</catalog>
```

```python
from xml.etree import ElementTree

f = open("C:/p_work/book.xml")

parsed_doc = ElementTree.parse(f)

for node in parsed_doc.findall('row'):
    print "----------------------"
    print "id : " , node.find('id').text
    print "author : ", node.find('author').text
    print "title : ", node.find('title').text
    print "type : ", node.find('type').text
    print "price : ", node.find('price').text
```

```
----------------------
id :  90
author :  M F
title :  Python Data Processing
type :  Computer Programming
price :  10$
----------------------
id :  99
author :  D W
title :  Big data infra
type :  Computer Architecture
price :  23$
----------------------
id :  199
author :  B I
title :  R Visualization
type :  Big Data analysis
price :  30$
```

IPython과 R의 비교

R과 Python(이하 파이썬) 모두 훌륭한 분석용 기반을 제공한다. 빅데이터 분야에서 각광받고 있는 두 가지 플랫폼의 유사한 점과 차이점을 알아보자.

두 플랫폼의 유사한 점

구 분	설 명
함수형 프로그래밍 패러다임(Functional programming paradigm)을 제공한다.	• R에서 익명함수 사용 사례: sapply(1:10, function(x){return(x**2)}) • 파이썬에서 익명함수 사용사례(람다사용): map(lambda x: x**2,range(1,11))
• 객체지향 프로그래밍을 지원한다. • 오픈소스 소프트웨어이다.	
고수준의 언어로써 C, C++, Java등의 저수준에서 고수준의 언어와 쉽게 연동할 수 있다.	• R의 경우 rJava, Rcpp, rPython, RHIPE 등 • 파이썬의 경우 Jython, IPython, RPy2, PypeR 등

두 플랫폼의 차이점

파이썬은 범용 OOP인 반면 R은 통계계산에 특화한 functional OOP를 목적으로 하며 데이터 분석용 함수들의 집합이다.
파이썬에서는 코딩 시 indentation을 통해 문장과 함수 및 클래스의 시작과 끝을 알 수 있도록 강제해야 하지만, R에서는 문장이나 함수의 시작과 끝을 명시적으로 제시한다.
파이썬에서 함수는 선언하는 것이고, R에서는 할당하는 방식을 따른다. • 파이썬 사례 : def insertFun(): • R 사례 : make.Sentiment <- function(twittText){...}

파이썬에는 Dictionary type이라는 자료구조가 존재한다. 튜플(tuple)이나 리스트(list) 혹은 다른 dictionary 자료까지도 Key와 Value의 쌍으로 구성하여 유연하게 사용할 수 있다. R에도 이와 유사한 데이터 타입으로 List가 있는데 Key Value 쌍으로 자료구조를 만들어 사용할 수 있다. 차이점은 R은 key value쌍을 항상 Vector로 다룬다는 점이며, 이것은 R의 강력한 벡터화 처리를 가능하게 하는 원리이다.

R에서는 파이썬이 가진 범용 프로그래밍의 능력(NW통신, http, json, xml, rdbms연동 등)이 장착되고 있으며, 파이썬 진영에서는 R의 다양한 통계분석 기법 및 시각화 기법(Shiny, Rstudio, NumPy, SciPy ScikitLearn, Matplotlib, Pandas, Pandasq 등)을 사용할 수 있도록 발전하고 있다.

다음은 r-bloggers.com에 게재되었던 R과 Python을 이용한 빅데이터 분석 환경에 대한 마인드 맵이다. 2013년도 자료로써 최신정보가 일부 보이지 않지만, 빅데이터 분석이라는 숲을 보기에는 훌륭한 정보이다.

파이썬의 빅데이터 분석을 위한 패키지, 모듈[2]

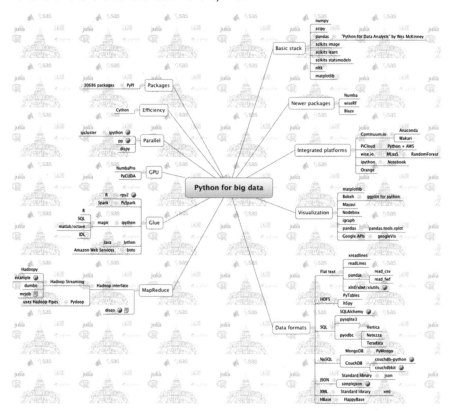

---

2) http://www.r-bloggers.com/stepping-up-to-big-data-with-r-and-python-a-mind-map-of-all-the-packages-you-will-ever-need/

R에서 빅데이터 분석을 위한 패키지, 모듈[3]

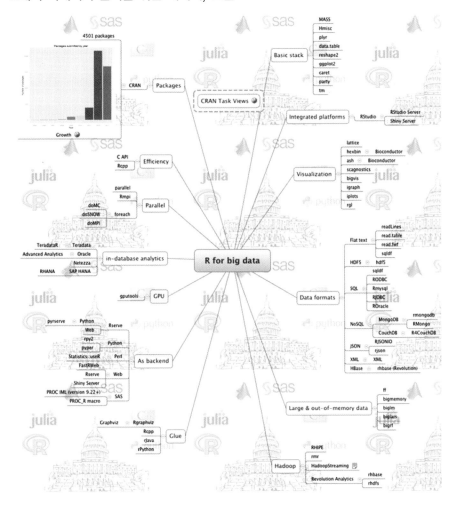

---

3) http://www.r-bloggers.com/stepping-up-to-big-data-with-r-and-python-a-mind-map-of-all-
the-packages-you-will-ever-need/

IPython과 R의 사용법 비교

　IPython에서는 Notebook이라는 웹 브라우저를 기본 분석환경으로 사용하고, R에서는 R Studio를 사용한다. 개인적으로 IPython에서 웹 브라우저를 통한 분석이 아직은 R Studio에 비해 불편하고 불안하다고 판단된다.

1 IPython Notebook에서는 http 프로토콜을 기반으로 사용하는데 강제로 연결이 종료되면 Notebook을 명시적으로 저장했어도 유실되는 경우가 발생한다. 언제나 백업이 되고 있는지 신경써야 한다.

2 IPython 콘솔에서 분석프로그램을 실행하는 것보다 느린데, 이는 Notebook과 IPython 간에 명령문과 실행결과를 http 프로토콜로 변환하는 과정이 송·수신 과정에 존재하기 때문일 것이다.

　다음은 일부 코딩 관점에서 두 언어의 사용법의 사례로서, IPython Notebook에서 PypeR 모듈로 R의 기능을 실행하면서 R과 파이썬의 코딩방법을 설명한 것이다.

코딩 관점에서 사용법

구 분	코 드
변수선언	```python\nimport pandas as pd\nimport numpy as np\nimport pyper as pr\nfrom ggplot import *\n\n# 변수 선언\nadjval=100 # 파이썬 변수 선언과 초기값 할당\n\nr = pr.R(use_pandas=True)\nr.assign('radjval' ,adjval)\n\n#R's iris data load and\nr(\"\"\"\ndata(iris)\nsumSW <- sum(iris$Sepal.Width) # R 변수 할당\nsumAdj<- sumSW + radjval\n\"\"\")```

	print r.get("sumSW") print r.get("sumAdj") df = pd.DataFrame(r.get("iris")) print df.columns
	``` 458.6 558.6 Index([u' Sepal.Length ', u' Sepal.Width ', u' Petal.Length ', u' Petal.Width ', u'Spec ies'], dtype='object') ```
Na검사	# R null, na check print r(""" is.na(iris) # NA를 검사 iris[!complete.cases(iris),] # 레코드 전체가 NA가 아닌 경우 """) # Python Pandas NaN 검사 print df.notnull().head()

	``
	try({
	+ is.na(iris) # NA를 검사
	+ iris[!complete.cases(iris),] # 레코드 전체가 NA가 아닌 경우
	+ })
	[1] Sepal.Length Sepal.Width Petal.Length Petal.Width Species
	<0 rows> (or 0-length row.names)
	
	   Sepal.Length Sepal.Width Petal.Length Petal.Width Species
	0 True True True True True
	1 True True True True True
	2 True True True True True
	3 True True True True True
	4 True True True True True
	``

난수생성	# R random number print r(""" set.seed(3) # seed 설정 rnorm(10,1,10) # 10개, 평균 1, 표준편차 10 """) # Python random number np.random.seed(3) # seed 설정 print np.random.randn(10)

	``
	try({
	+ set.seed(3) # seed 설정
	+ rnorm(10,1,10) # 10개, 평균 1, 표준편차 10
	+ })
	 [1] -8.619334 -1.925257 3.587882 -10.521319 2.957828 1.301239
	 [7] 1.854177 12.166102 -11.188574 13.673687
	
	[1.78862847 0.43650985 0.09649747 -1.8634927 -0.2773882 -0.35475898
	 -0.08274148 -0.62700068 -0.04381817 -0.47721803]
	``

문자열	```# R 문자열 처리
print r("""
library(stringr)
paste("a ","b ") # 문자열 연결
paste(rep('*', 10), collapse=' ') # 문자열 반복
regexpr("ea", "korean") # substring 문자열 인덱스
strsplit('abc,def,ghi',',') # 문자열 분리
str_trim(" String with trailing and leading white space\t") # Trim
sprintf("%-10s %3d", "Korean", 3) # pad
""")

Python 문자열 처리
print 'a ' + 'b '
print '*' *10
print 'korean'.index('ea')
print 'abc,def,ghi'.split(',')
print ' String with trailing and leading white space\t'.strip()
print "%-10s %3d" % ("Korean", 3)``` |
| | ```try({
+ library(stringr)
+ paste("a ","b ") # 문자열 연결
+ paste(rep('*', 10), collapse=' ') # 문자열 반복
+ regexpr("ea", "korean") # substring 문자열 인덱스
+ strsplit('abc,def,ghi',',') # 문자열 분리
+ str_trim(" String with trailing and leading white space   ") # Trim
+ sprintf("%-10s %3d", "Korean", 3) # pad
+ })
[1] "Korean   3"

a b
* * * * * * * * *
3
['abc', 'def', 'ghi']
String with trailing and leading white space
Korean   3``` |
| 정규식 | ```# R 정규식

print r("""
print(regexpr("^[a-z]+$", "korean") > 0) # 주어진 문자열이 알파벳으로 시작하는지 여부
print(regexpr('^\\S+$', "korean") > 0) # 주어진 문자열이 알파벳으로 시작하는지 여부
print(regexpr('korean', "Korean korean") > 0) # 주어진 문자열에 특정 문자열이 존재하는지 여부
print(sub('ko', 'KO', 'Korean korea corea')) # 주어진 문자열에서 ko를 KO로 한 번만 교체
print(gsub('ko', 'KO', 'Korean korea corea')) # 주어진 문자열에서 모든 ko를 KO로 교체
""")

# 파이썬 정규식
import re``` |

```
print re.search(r' ^[a-z]+$', 'korean').group()
print re.search(r' ^\S+$', 'korean').group()
print re.search(r' korean', 'Korean korean', re.I).group()

rx = re.compile(r' ko')
print rx.sub('KO', 'Korean korea corea', 1)
print rx.sub('KO', 'Korean korea corea')
```

```
try({
+ print(regexpr("^[a-z]+$", "korean") > 0) # 주어진 문자열이 알파벳으로 시작하는지 여부
+ print(regexpr('^\S+$', "korean") > 0) # 주어진 문자열이 알파벳으로 시작하는지 여부
+ print(regexpr('korean', "Korean korean") > 0) # 주어진 문자열에 특정 문자열이 존재하는지 여부
+ print(sub('ko', 'KO', 'Korean korea corea')) # 주어진 문자열에서 ko를 KO로 한 번만 교체
+ print(gsub('ko', 'KO', 'Korean korea corea')) # 주어진 문자열에서 모든 ko를 KO로 교체
+ })
[1] TRUE
[1] TRUE
[1] TRUE
[1] "Korean KOrea corea"
[1] "Korean KOrea corea"

korean
korean
Korean
Korean KOrea corea
Korean KOrea corea
```

| 날짜 시간 | ```# R 날짜 시간
print r("""
t = as.POSIXlt(Sys.time()) # 현재 시간
print(t)
print(t$year + 1900) # 올해
print(t$mon + 1)   # 이번달
print(t$mday)   # 며칠
print(t$hour)   # 시
print(t$min)   # 분
print(t$sec)   # 초
""")
# 파이썬 날짜 시간
import datetime
t = datetime.datetime.now()
print t
print t.year
print t.month
print t.day
print t.hour
print t.minute
print t.second``` |
|---|---|

| | ```
try({
+ t = as.POSIXlt(Sys.time()) # 현재 시간
+ print(t)
+ print(t$year + 1900) # 올해
+ print(t$mon + 1)      # 이번달
+ print(t$mday)         # 며칠
+ print(t$hour)         # 시
+ print(t$min)          # 분
+ print(t$sec)          # 초
+ })
[1] "2015-01-10 20:44:43 KST"
[1] 2015
[1] 1
[1] 10
[1] 20
[1] 44
[1] 43.8537

2015-01-10 20:44:43.858000
2015
1
10
20
44
43
``` |
| 배열처리 | # R 배열 연산
print r("""
arr <- c(1, 2, 2, 3, 3, 8)
print(unique(arr)) # 유일한 값
print(8 %in% arr) # 특정 값이 있는지
print(is.element(8, arr))
print(intersect(c(1, 2), c(2, 1, 3))) # 교집합
print(union(c(1, 2), c(2,1,3))) # 합집합
print(setdiff(c(1, 2, 3), c(2))) # 차집합
print(sapply(arr, function (x) { x * x})) # map
""")

# 파이썬 배열 연산
arr = [1, 2, 2, 3, 3, 8]
print 8 in arr # 특정값이 있는지
print {1, 2} & {2,1,3} # 교집합
print {1, 2} \| {2,1,3} # 합집합
print {1, 2, 3} - {2} # 차집합
print map(lambda x: x * x, arr) |
| | ```
try({
+ arr <- c(1, 2, 2, 3, 3, 8)
+ print( unique(arr) ) # 유일한 값
+ print( 8 %in% arr )  # 특정 값이 있는지
+ print( is.element(8, arr) )
+ print( intersect(c(1, 2), c(2, 1, 3))) # 교집합
+ print( union(c(1, 2), c(2,1,3))) # 합집합
+ print( setdiff(c(1, 2, 3), c(2))) # 차집합
+ print( sapply(arr, function (x) { x * x}) ) # map
+ })
[1] 1 2 3 8
[1] TRUE
[1] TRUE
[1] 1 2
[1] 1 2 3
[1] 1 3
[1]  1  4  4  9  9 64

True
set([1, 2])
set([1, 2, 3])
set([1, 3])
[1, 4, 4, 9, 9, 64]
``` |

행/열추가	# R rbind cbind
	print r("""
	arr1<- rbind(c(2, 3), c(5, 6)) # 행 추가
	print(arr1); print(length(arr1)); print(dim(arr1))
	arr2<- cbind(c(1, 4), c(2, 5), c(3, 6)) # 컬럼 추가
	print(arr2); print(length(arr2)); print(dim(arr2))
	""")
	
	# 파이썬에서 행 추가, 열 추가
	print vstack([[2,3],[5,6]]) # rbind
	print vstack([[1,4],[2,5],[3,6]]).T # cbind	

```
try({
+ arr1<- rbind(c(2, 3), c(5, 6))  # 행 추가
+ print(arr1); print( length(arr1) ); print(dim(arr1))
+ arr2<- cbind(c(1, 4), c(2, 5), c(3, 6))  # 컬럼 추가
+ print(arr2); print( length(arr2) ); print(dim(arr2))
+ })
     [,1] [,2]
[1,]    2    3
[2,]    5    6
[1] 4
[1] 2 2
     [,1] [,2] [,3]
[1,]    1    2    3
[2,]    4    5    6
[1] 6
[1] 2 3

[[2 3]
 [5 6]]
[[1 2 3]
 [4 5 6]]
```

작업 디렉토리 확인	# R working dir print r(""" print(getwd()) print(setwd("/tmp")) """) # 파이썬에서 working dir import os print os.path.abspath('.') os.chdir('c://tmp')	

```
try({
+ print( getwd() )
+ print( setwd("/tmp") )
+ })
[1] "C:/tmp"
[1] "C:/tmp"

c:\tmp
```

IPython에서 R을 연동하여 사용하기

IPython에서 R의 기능을 연동하여 사용할 수 있다. 반대로 R에서 Python 스크립트를 구동할 수도 있다. 파이썬에서 R과 연동을 가능하게 지원해주는 모듈로는 Rpy2, PypeR, PyRserve가 있다. 각 모듈을 비교해 보면 다음과 같다.

파이썬과 R의 연동방법 소개

RPy2	PypeR	pyRserve
• 가장 많이 알려진 IPython에서 RMagic의 근간이 되는 모듈이며 파이썬에 R을 Enbedding 하여 사용할 수 있도록 해준다. • 파이썬 코드가 종료될 때 까지 R 인스턴스가 유지되어야 한다. • 동일한 장비에 R과 파이썬이 모두 있어야 한다.	• Rpy2에 비해 직관적이고, 편하게 사용할 수 있다는 장점이 있다. • 파이프를 통해 R 세션과 인터렉티브하게 연결할 수 있다. • 동적으로 다른 R 인터프리터를 사용하거나 사용한 메모리를 반환하기 위해 삭제시킬 수 있다.	• RServe를 통해 R과 연결할 수 있다. • 네트워크에 연결된 remote의 Rserve에 연결하는 방식으로 연동되며 쉽게 병렬처리를 구현할 수도 있다.
윈도우에 설치가 까다롭다.	ggplot2 등 차트는 연계가 되지 않았다.	Remote서버가 설치된 환경에 적합하다.

앞 단락에서 IPython Notebook에서 PypeR을 통해 R의 명령문과 Python 명령문을 실행시키는 것을 보았다. PypeR은 설치와 사용이 가장 쉽기 때문에 R에 익숙한 독자에게 파이썬의 기능을 확인하는데 도움이 될 것이다.

PypeR 설치

– conda 명령어를 통해 PypeR을 검색해 보니 해당 모듈은 제공되지 않는다.

– pip를 통해 검색을 해보니 PypeR이 검색결과로 제시되어 설치를 진행한다.

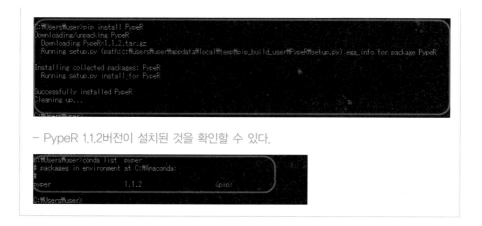

```
C:\Users\user>pip install PypeR
Downloading/unpacking PypeR
  Downloading PypeR-1.1.2.tar.gz
  Running setup.py (path:c:\users\user\appdata\local\temp\pip_build_user\PypeR\setup.py) egg_info for package PypeR

Installing collected packages: PypeR
  Running setup.py install for PypeR

Successfully installed PypeR
Cleaning up...
C:\Users\user>
```

– PypeR 1.1.2버전이 설치된 것을 확인할 수 있다.

```
C:\Users\user>conda list pyper
# packages in environment at C:\Anaconda:
#
pyper                     1.1.2                      <pip>

C:\Users\user>
```

"conda" 명령어와 "pip"명령어를 통해 필요한 패키지를 검색, 설치, 업데이트, 제거할 수 있다. 일부 패키지는 타 패키지와 의존관계가 설정되어 있기 때문에 주의하기 바란다. 흔히 말하는 꼬이는 현상이 발생하면 Anoconda를 재설치해야 하는 경우도 발생한다.

PypeR 적용사례

```python
import pandas as pd
import numpy as np
import pyper as pr
from ggplot import *  # 파이썬용 ggplot 패키지

r = pr.R(use_pandas=True)
#iris data load and
print r("data(iris); summary(iris)")  # R의 iris data set을 로딩하여 summay

# R ChickWegit data set summary, head
print r("data(ChickWeight); summary(ChickWeight); head(ChickWeight)")

# PypeR에서는 지원되지 않음
print r("library(ggplot2); ggplot(ChickWeight, aes(x=Time, y=weight,
colour=Diet, group=Chick)) + geom_line() ")
```

```
print r.get("""
library(ggplot2)
ggplot(ChickWeight, aes(x=Time, y=weight, colour=Diet, group=Chick)) +
geom_line()
""")
# R data frame --> Pandas DataFrame
df = {'weight':r.get("ChickWeight$weight"),'Time':r.get("ChickWeight$Time"),
      'Chick':r.get("ChickWeight$Chick"),'Diet':r.get("ChickWeight$Diet")}
pyCW = pd.DataFrame(df)
```

```
try({data(iris); summary(iris)})
  Sepal.Length    Sepal.Width     Petal.Length    Petal.Width
 Min.   :4.300   Min.   :2.000   Min.   :1.000   Min.   :0.100
 1st Qu.:5.100   1st Qu.:2.800   1st Qu.:1.600   1st Qu.:0.300
 Median :5.800   Median :3.000   Median :4.350   Median :1.300
 Mean   :5.843   Mean   :3.057   Mean   :3.758   Mean   :1.199
 3rd Qu.:6.400   3rd Qu.:3.300   3rd Qu.:5.100   3rd Qu.:1.800
 Max.   :7.900   Max.   :4.400   Max.   :6.900   Max.   :2.500
        Species
 setosa    :50
 versicolor:50
 virginica :50
```

```
try({data(ChickWeight); summary(ChickWeight); head(ChickWeight)})
  weight Time Chick Diet
1     42    0     1    1
2     51    2     1    1
3     59    4     1    1
4     64    6     1    1
5     76    8     1    1
6     93   10     1    1
```

```
try({library(ggplot2); ggplot(ChickWeight, aes(x=Time, y=weight, colour=Diet, group=Chick)) + geom_line() })
```

파이썬의 ggplot 패키지 사용

```
%matplotlib inline
```

```
ggplot(aes(x='Time',y='weight',colour='Diet',group='Chick'), data=pyCW) +
geom_point()
```

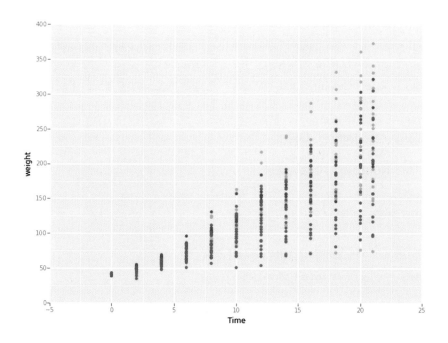

IPython NumPy, SciPy

앞서 소개한 바와 같이 파이썬의 기본 자료형은 List, Tuple, Dictionary, Set이다. 이러한 자료구조는 편리하게 사용할 수 있다는 장점이 있지만 성능상에 제약이 따른다. 그래서 생겨난 것이 NumPy의 ndarray 타입이다. NumPy는 과학과 수학계산 목적으로 사용되는 파이썬의 근간이 되는 핵심 패키지로써, N차원 배열을 기본으로 하여 브로드캐스팅(원소별 연산, R에서의 Vectorization)이 지원되며, 선형대수/미분/적분과 같은 수학연산과 C/C++/Fortran 등 고속처리를 가능하게 해주는 언어와의 인터페이스를 제공한다.

파이썬에서 가장 많이 사용되는 데이터 타입은 List와 Dictionary로써, 거의 모든 종류의 객체를 저장할 수 있다. 하지만 원소에 대한 연산은 반복문에 의한 처리로만 수행이 가능하기 때문에 연산성능이 저하되는 것이다. Numpy의 'ndarray' 데이터 타입을 사용해서 문제점을 해결할 수 있게 되었다.

Numpy에는 'matrix' 데이터 타입도 있는데 선형대수 연산에 활용할 수 있으며, matrix는 ndarray의 브로트캐스팅이 적용되지 않는다.

NumPy ndarray과 List의 비교

구 분	List	Numpy의 ndarray
장 점	여러 가지 데이터 타입 저장할 수 있음	브로드캐스팅, list대비 빠른 연산속도
단 점	처리성능이 ndarray에 비해 매우 낮음	모든 원소는 동일한 형식만 저장 가능

1. NumPy의 기본적인 사용법

List 대신 Numpy의 Array 활용

```
import numpy as np

# 정규분포 데이터 10개를 생성하여 Array에 할당
npdata = np.array(standard_normal(10))

# R의 벡터연산과 동일하게 처리됨(브로드캐스팅)
2*npdata
print npdata

# numpy에서 array 생성 방법
lst = [3,4,4,5]
np1 = np.array(lst) # 리스트를 array로 생성
print np1

print np.zeros(8).reshape(2,4) # 0으로 초기화된 1차원 배열을 만들어 2행 4열의 배
열로 변경
print np.zeros((2,4))
print np.ones(8).reshape(2,4) # 1으로 초기화된 1차원 배열을 만들어 2행 4열의 배열
생성
print np.ones((2,4))
print np.empty(8).reshape(4,2) # 초기화 되지 않은 1차원 배열을 만들어 2행4열 배열
생성
print np.empty((4,2))
print np.arange(100) # 0~99 를 가지는 배열 생성
```

```python
print np.linspace(1,3,10) # 1부터 3까지 10개의 값을 가지는 배열 생성

print np.arange(27).reshape(3,3,3) # 3차원 배열 생성
```

```
[-1.44195194 -0.56037332  0.45609205 -3.0467775   0.45685153 -1.03741357
 -0.23465499 -1.55161284  2.52005674 -0.34656114]
[3 4 4 5]
[[ 0.  0.  0.  0.]
 [ 0.  0.  0.  0.]]
[[ 0.  0.  0.  0.]
 [ 0.  0.  0.  0.]]
[[ 1.  1.  1.  1.]
 [ 1.  1.  1.  1.]]
[[ 1.  1.  1.  1.]
 [ 1.  1.  1.  1.]]
[[ 1.  1.]
 [ 1.  1.]
 [ 1.  1.]
 [ 1.  1.]]
[[ 1.  1.]
 [ 1.  1.]
 [ 1.  1.]
 [ 1.  1.]]
[ 0  1  2  3  4  5  6  7  8  9 10 11 12 13 14 15 16 17 18 19 20 21 22 23 24
 25 26 27 28 29 30 31 32 33 34 35 36 37 38 39 40 41 42 43 44 45 46 47 48 49
 50 51 52 53 54 55 56 57 58 59 60 61 62 63 64 65 66 67 68 69 70 71 72 73 74
 75 76 77 78 79 80 81 82 83 84 85 86 87 88 89 90 91 92 93 94 95 96 97 98 99]

[ 1.          1.22222222  1.44444444  1.66666667  1.88888889  2.11111111
  2.33333333  2.55555556  2.77777778  3.          ]
[[[ 0  1  2]
  [ 3  4  5]
  [ 6  7  8]]

 [[ 9 10 11]
  [12 13 14]
  [15 16 17]]

 [[18 19 20]
  [21 22 23]
  [24 25 26]]]
```

np.array는 동일 DATA Type만 사용(파이썬의 list와 다름)

```python
np1=np.array([10,20,100]) # 정수형 값을 가지는 array

#  upcasting: 배열 값이 하나라도 실수면 모두 실수 값으로 자동 변환
np2=np.array([10,20,100.1])

print np1
print np2
```

```
[ 10  20  100]
[ 10.    20.    100.1]
```

명시적인 데이터 타입 변경

```
# np.array의 값의 데이터 타입을 명시적으로 지정할 수 있음
np.a = np.array([standard_normal(5)],dtype=float64)
print np.a
```

```
[[ 0.0162401    0.35953126 -0.74488089 -0.63068084  0.3203149 ]]
```

2차원 배열과 전치, 행렬만들기

```
npa = np.array([[1,2,3],[9,8,7],[4,5,6.]])

print npa.shape # 2행 3열 .. 배열의 형태확인
print npa
print npa.T # Transpose

# np.matrix로 행렬 만들기
npm = np.matrix([[3,4],[5,7],[9,7]])
print npm.dtype # data type 파악
```

```
(3L, 3L)
[[ 1.  2.  3.]
 [ 9.  8.  7.]
 [ 4.  5.  6.]]
[[ 1.  9.  4.]
 [ 2.  8.  5.]
 [ 3.  7.  6.]]
int32
```

ndarray의 연산

```
print npa + npa
print npa - npa
```

```
print npa+2
print npa.T+2
print npa/npa

print np.dot(3,4)
print np.dot([[1,2],[3,4]], [[5,6],[7,8]]) # 행렬의 곱
```

```
[[  2.   4.   6.]
 [ 18.  16.  14.]
 [  8.  10.  12.]]
[[ 0.  0.  0.]
 [ 0.  0.  0.]
 [ 0.  0.  0.]]
[[  3.   4.   5.]
 [ 11.  10.   9.]
 [  6.   7.   8.]]
[[  3.  11.   6.]
 [  4.  10.   7.]
 [  5.   9.   8.]]
[[ 1.  1.  1.]
 [ 1.  1.  1.]
 [ 1.  1.  1.]]
12
[[19 22]
 [43 50]]
```

배열의 indexing, slicing

```
np2 = np.arange(10).reshape(2,5)
print np2

print np2[0,1] # 배열의 (0,1) 반환
print np2[:,1] # 모든 행의 1열 반환
print np2[1,:] # 1열의 모든 열 반환

print np2[np.where(np2<=3)] # 3이하의 값의 인덱스로 원하는 값을 반환

np2[np.where(np2<=3)]=10 # 3이하의 값을 가진 원소를 10으로 변환
print np2

np3 = np.arange(24).reshape(3,2,4) # 3차원
```

```
print "3차원:"

print np3

print np3[1,1,3] # (1,1,3)
```

```
[[0 1 2 3 4]
 [5 6 7 8 9]]
1
[1 6]
[5 6 7 8 9]
[0 1 2 3]
[[10 10 10 10  4]
 [ 5  6  7  8  9]]
3차원:
[[[ 0  1  2  3]
  [ 4  5  6  7]]

 [[ 8  9 10 11]
  [12 13 14 15]]

 [[16 17 18 19]
  [20 21 22 23]]]
15
```

NumPy의 기술통계 사례

```
np11 = np.random.rand(1000)

print np11.sum()

print np11.mean()

print np11.var()

print np11.std()

print (np11<0.1).sum() # 조건을 만족하는 True값의 개수 반환
```

```
518.632956448
0.518632956448
0.0807967436397
0.284247680096
81
```

2. SciPy

NumPy를 근간으로 하여 고차원의 다양한 과학 연산 처리 함수를 제공하는 패키지의 모음이다. NumPy는 주로 ndarray type의 배열에 대한 조작(생성, 인덱싱, 정렬, 변형 등)을 다루지만 다양한 수치함수도 제공한다. SciPy와 겹치

는 부분도 있지만 SciPy는 선형대수를 포함한 다양한 수치 알고리즘을 제공하고 있다.

SciPy패키지 주요 기능

- scipy.integrate : 수치적분 루틴과 미분방정식 해법기
- scipy.linalg : numpy.linalg 보다 확장된 선형대수 루틴과 매트릭스 분해
- scipy.optimize : 함수 최적화기와 방정식의 근을 구하는 알고리즘
- scipy.signal : 시그널 프로세싱 메소드 제공
- scipy.sparse : 희소 행렬과 희소 선형 시스템 풀이
- scipy.special : 다양한 수학 함수를 구현
- scipy.stats : 통계분포, 샘플링, 통계 테스트 등
- scipy.weave : 배열 계산을 빠르게 하기 위해 Inline C++ 코드를 사용

선형연립방정식풀이 사례

```
# x - 3y + z = 5
# 2x -y + 2z = 5
# 3x + 6y + 9z = 3


import scipy as sp
# 위의 1차식에 대한 행렬 생성
A = sp.array([[1,-3,1],[2,-1,2],[3,6,9]])


# 위의 1차식의 값(상수)을 행렬로 생성
b = sp.array([5,5,3])


# Scipy의 선형연립방정식 함수 사용
x=sp.linalg.solve(A,b)
print x
# 검산 : 0 이거나 0에 가까워야
sp.dot(A,x)-b


 [ 1.5 -1.   0.5]
 array([ 0.,  0.,  0.])
```

IPython의 Pandas

pandas는 In-memory 연산에 Focucing되어 데이터를 관리하고 분석할 수 있는 기능을 제공하는 라이브러리이다. 기본이 되는 클래스는 Series와 DataFrame 이고 R의 영향을 받아 만들어졌으며 NumPy를 기반으로 하여 대량의 데이터를 고속으로 처리가 가능하다.

pandas의 데이터 타입

구 분	설 명
Series	• 1차원 시계열 데이터와 인덱스를 가진다. • 날짜나 시간에 대한 인덱스를 핸들링할 수 있는 다양한 함수를 지원한다.
DataFrame	• R의 data.frame을 근간으로 하는 클래스이다. • 복수개의 Series와 계층적 인덱스를 다룰 수 있다. • 합, 평균, 최소, 최대, 상관계수, 공분산 등 기초 통계치를 계산할 수 있다.

• 두 클래스는 쉽게 차트를 그릴 수 있도록 메소드를 제공한다.
• plot과 hist이 기본이 된다.
• 내부적으로는 matplotlib를 이용한다.

NaN, 즉 missing value에 대한 처리는 R에서와 유사하다. Pandas의 기술 통계 연산에서는 기본적으로 제외되어 처리되나, 분석가의 경험이나 업무 요건에 따라 특정 값을 세팅해줄 수도 있다.

Missing Value처리

• dropna : missing value가 포함된 행이나 열을 삭제
• fillna : missing value에 특정 값을 세팅
• isnull/notnull : missing value 여부를 검사하여 참/거짓을 반환

pandas Series 사례

```
from pandas import Series, DataFrame
import pandas as pd
import numpy as np
# Series 유형데이터 생성
```

```
s1 = Series( np.random.randn(5), index=['a1', 'a2', 'a3', 'a4', 'a5'] )

print s1," : " ,s1.index

print s1[['a1','a3']] # 인덱스로 조회

print s1[s1<0] # 조건을 만족하는 경우만 조회

print s1.sum(), " : ", s1.mean() #  합과 평균 계산
```

```
a1    1.241362
a2    0.100812
a3    0.746953
a4    2.585703
a5   -1.015888
dtype: float64  :  Index([u'a1', u'a2', u'a3', u'a4', u'a5'], dtype='object')
a1    1.241362
a3    0.746953
dtype: float64
a5   -1.015888
dtype: float64
3.65894225525  :  0.731788451049
```

```
# Series에 날짜 인덱스 추가

no1 = np.random.randn(20)

idx = pd.date_range('01/01/2015', periods=len(no1))

sno1 = pd.Series(no1,index=idx)
```

```
print sno1
```

```
2015-01-01   -0.013629
2015-01-02    1.372127
2015-01-03    1.510416
2015-01-04    0.873011
2015-01-05    0.731772
2015-01-06    0.068001
2015-01-07    0.028535
2015-01-08    0.111705
2015-01-09    1.770469
2015-01-10    0.533364
2015-01-11    0.139810
2015-01-12   -0.245179
2015-01-13    0.031072
2015-01-14   -0.591152
2015-01-15    1.310532
2015-01-16    1.005437
2015-01-17   -0.355998
2015-01-18    1.485120
2015-01-19    0.838942
2015-01-20   -1.304536
Freq: D, dtype: float64
```

pandas DataFrame

```
# DataFrame 생성과 ploting
%matplotlib inline  # IPython Notebook에서 plot을 embedding하기 위한 magic
no1 = np.random.randn(20)
no2 = np.random.randn(20)
idx = pd.date_range('01/01/2015', periods=len(no1))

df1 = DataFrame({'x':no1, 'y':no2}, index=idx)
print df1.head()
df1.plot()
df1.hist()
```

```
                   x          y
2015-01-01  -0.394920  -0.610037
2015-01-02  -0.433715  -1.135972
2015-01-03   1.081332   1.125720
2015-01-04  -0.330479   0.453613
2015-01-05  -0.793492   0.629181
```

```
array([[<matplotlib.axes._subplots.AxesSubplot object at
        <matplotlib.axes._subplots.AxesSubplot object at
```

pandas의 데이터 타입 연산

```
# Pandas Series 연산
no1 = np.random.randn(10);idx1 = pd.date_range('01/01/2015', periods=len(no1))
no2 = np.random.randn(7);idx2 = pd.date_range('01/01/2015', periods=len(no2))
sno1 = pd.Series(no1,index=idx1)
sno2 = pd.Series(no2,index=idx2)
```

```
# 동일한 인덱스의 값끼리 연산, NaN이 포함된 연산은 NaN으로 제시됨

print sno1 + sno2
```

```
2015-01-01   -2.257192
2015-01-02    0.430750
2015-01-03   -0.935404
2015-01-04    2.395028
2015-01-05   -1.101920
2015-01-06    0.136536
2015-01-07    0.210558
2015-01-08         NaN
2015-01-09         NaN
2015-01-10         NaN
Freq: D, dtype: float64
```

```
# Pandas DataFrame의 연산

idx1=pd.date_range('01/01/2015', periods=10)

df1 = DataFrame({'x':np.random.randn(10), 'y':np.random.randn(10)}, index=idx1)


idx2=pd.date_range('01/01/2015', periods=7)

df2 = DataFrame({'x':np.random.randn(7), 'z':np.random.randn(7)}, index=idx2)


# 인덱스로 x끼리, Y끼리 합 NaN이 있으면 NaN으로

print df1 + df2
```

```
                   x    y    z
2015-01-01 -1.596722 NaN NaN
2015-01-02 -0.543096 NaN NaN
2015-01-03  0.405865 NaN NaN
2015-01-04 -1.894122 NaN NaN
2015-01-05 -1.367895 NaN NaN
2015-01-06 -1.836096 NaN NaN
2015-01-07  0.751539 NaN NaN
2015-01-08       NaN NaN NaN
2015-01-09       NaN NaN NaN
2015-01-10       NaN NaN NaN
```

pandas 정렬

```
print df1.sort_index() # 기본 오름차순


print df1.sort_index(ascending=False) # 인덱스 역순 정렬


print df1.sort_index(by='x') # 값으로 정렬
```

```
              x         y                      x         y                      x         y
2015-01-01 -1.042240 -0.523940      2015-01-01 -1.042240 -0.523940      2015-01-10  0.538732 -0.545047
2015-01-05 -1.011260 -0.630691      2015-01-02 -0.834672 -0.074686      2015-01-09 -0.707426  1.439929
2015-01-04 -0.868401 -0.199671      2015-01-03  0.244133  1.197584      2015-01-08  1.654058 -1.825647
2015-01-02 -0.834672 -0.074686      2015-01-04 -0.868401 -0.199671      2015-01-06 -0.020774 -1.377596
2015-01-09 -0.707426  1.439929      2015-01-05 -1.011260 -0.630691      2015-01-05 -1.011260 -0.630691
2015-01-06 -0.020774 -1.377596      2015-01-06 -0.020774 -1.377596      2015-01-04 -0.868401 -0.199671
2015-01-03  0.244133  1.197584      2015-01-07  0.984950 -1.488530      2015-01-03  0.244133  1.197584
2015-01-10  0.538732 -0.545047      2015-01-08  1.654058 -1.825647      2015-01-02 -0.834672 -0.074686
2015-01-07  0.984950 -1.488530      2015-01-09 -0.707426  1.439929      2015-01-01 -1.042240 -0.523940
2015-01-08  1.654058 -1.825647      2015-01-10  0.538732 -0.545047
```

pandas 기술통계

```
print df1.sum()

print df1.sum(axis=1) # axis=0: 행 단위, 1: 열단위

print df1.describe()

print df1.corr() # 상관분석에 의한 상관계수
```

```
x   -1.062901
y   -4.028295
dtype: float64
2015-01-01   -1.566179
2015-01-02   -0.909359
2015-01-03    1.441717
2015-01-04   -1.068072
2015-01-05   -1.641951
2015-01-06   -1.398370
2015-01-07   -0.503580
2015-01-08   -0.171589
2015-01-09    0.732504
2015-01-10   -0.006315
Freq: D, dtype: float64
              x          y
count  10.000000  10.000000
mean   -0.106290  -0.402830
std     0.943014   1.072182
min    -1.042240  -1.825647
25%    -0.859969  -1.190870
50%    -0.364100  -0.534493
75%     0.465082  -0.105932
max     1.654058   1.439929
          x         y
x  1.000000 -0.492949
v -0.492949  1.000000
```

Missing Value 처리

```
df3 = df1 + df2; print(df3)

print df3.fillna(df3.mean())   # NaN 값을 평균으로 대체
```

```
                 x    y   z
2015-01-01 -1.596722 NaN NaN
2015-01-02 -0.543096 NaN NaN
2015-01-03  0.405865 NaN NaN
2015-01-04 -1.894122 NaN NaN
2015-01-05 -1.367895 NaN NaN
2015-01-06 -1.836096 NaN NaN
2015-01-07  0.751539 NaN NaN
2015-01-08       NaN NaN NaN
2015-01-09       NaN NaN NaN
2015-01-10       NaN NaN NaN
                 x    y   z
2015-01-01 -1.596722 NaN NaN
2015-01-02 -0.543096 NaN NaN
2015-01-03  0.405865 NaN NaN
2015-01-04 -1.894122 NaN NaN
2015-01-05 -1.367895 NaN NaN
2015-01-06 -1.836096 NaN NaN
2015-01-07  0.751539 NaN NaN
2015-01-08 -0.868647 NaN NaN
2015-01-09 -0.868647 NaN NaN
2015-01-10 -0.868647 NaN NaN
```

1. pandasql

R의 sqldf패키지를 모방한 도구이다. pandas의 DataFrame 유형의 데이터를 마치 데이터베이스의 테이블처럼 SQL Query로 조작하는 기능을 제공한다. SQL문 작성이 가능한 독자는 DataFrame의 함수보다 편하게 조작할 수 있다.

pandasql의 사례

```python
from sklearn.datasets import load_iris
import pandas as pd
from pandasql import sqldf
import re


iris = load_iris()
iris_df = pd.DataFrame(iris.data, columns=iris.feature_names)
iris_df['species'] = pd.Categorical(iris.target, levels=iris.target_names)
iris_df.columns = [re.sub("[() ]", "", col) for col in iris_df.columns]
print iris_df.head()


print sqldf("select * from iris_df limit 10;", locals())
```

```python
print sqldf("select sepalwidthcm, species from iris_df limit 10;", locals())


q = """
    select species, avg(sepalwidthcm), min(sepalwidthcm), max(sepalwidthcm)
    from iris_df group by species;
"""

print sqldf(q, locals())


q = """
    select *  from iris_df
    where sepallengthcm > 7.7;
"""

print sqldf(q, locals())
```

```
   sepallengthcm sepalwidthcm petallengthcm petalwidthcm species
0            5.1          3.5           1.4          0.2     NaN
1            4.9          3.0           1.4          0.2     NaN
2            4.7          3.2           1.3          0.2     NaN
3            4.6          3.1           1.5          0.2     NaN
4            5.0          3.6           1.4          0.2     NaN
   sepallengthcm sepalwidthcm petallengthcm petalwidthcm species
0            5.1          3.5           1.4          0.2    None
1            4.9          3.0           1.4          0.2    None
2            4.7          3.2           1.3          0.2    None
3            4.6          3.1           1.5          0.2    None
4            5.0          3.6           1.4          0.2    None
5            5.4          3.9           1.7          0.4    None
6            4.6          3.4           1.4          0.3    None
7            5.0          3.4           1.5          0.2    None
8            4.4          2.9           1.4          0.2    None
9            4.9          3.1           1.5          0.1    None
   sepalwidthcm species
0          3.5    None
1          3.0    None
2          3.2    None
3          3.1    None
4          3.6    None
5          3.9    None
6          3.4    None
7          3.4    None
8          2.9    None
9          3.1    None
  species  avg(sepalwidthcm)  min(sepalwidthcm)  max(sepalwidthcm)
0    None              3.054                  2                4.4
Empty DataFrame
Columns: [sepallengthcm, sepalwidthcm, petallengthcm, petalwidthcm, species]
Index: []
   sepallengthcm sepalwidthcm petallengthcm petalwidthcm species
0            7.9          3.8           6.4            2    None
```

pandas.read_csv : csv 파일 읽기

```python
import pandas as pd
import numpy as np
```

```
from pandasql import sqldf

from ggplot import *


dfhf = pd.read_csv("C:/tmp/hflights.csv")


print dfhf.head()

print dfhf.columns
```

```
   Year  Month  DayofMonth  DayOfWeek  DepTime  ArrTime UniqueCarrier  \
0  2011      1           1          6     1400     1500            AA
1  2011      1           2          7     1401     1501            AA
2  2011      1           3          1     1352     1502            AA
3  2011      1           4          2     1403     1513            AA
4  2011      1           5          3     1405     1507            AA

   FlightNum TailNum  ActualElapsedTime  ...   ArrDelay  DepDelay Origin  \
0        428   N576AA                 60  ...       -10         0    IAH
1        428   N557AA                 60  ...        -9         1    IAH
2        428   N541AA                 70  ...        -8        -8    IAH
3        428   N403AA                 70  ...         3         3    IAH
4        428   N492AA                 62  ...        -3         5    IAH

  Dest  Distance  TaxiIn  TaxiOut  Cancelled  CancellationCode Diverted
0  DFW       224       7       13          0               NaN        0
1  DFW       224       6        9          0               NaN        0
2  DFW       224       5       17          0               NaN        0
3  DFW       224       9       22          0               NaN        0
4  DFW       224       9        9          0               NaN        0

[5 rows x 21 columns]
Index([u'Year', u'Month', u'DayofMonth', u'DayOfWeek', u'DepTime', u'ArrTime', u'UniqueCarrier', u'FlightNum', u'TailNum', u'ActualElapsedTime', u'AirT
ime', u'ArrDelay', u'DepDelay', u'Origin', u'Dest', u'Distance', u'TaxiIn', u'TaxiOut', u'Cancelled', u'CancellationCode', u'Diverted'], dtype='object'
)
```

pandasql로 DataFrame 핸들링 하기

```
print dfhf.columns
```


```
#1월 1일 자료 조회
print sqldf("select * from dfhf where Month=1 and DayofMonth=1 limit 10;",
locals())
```

```
# 1월, 2월 자료만 조회
print sqldf("select * from dfhf where Month in (1,2) limit 10;", locals())
```

```
Index([u'Year', u'Month', u'DayofMonth', u'DayOfWeek', u'DepTime', u'ArrTime', u'UniqueCarrier', u'FlightNum', u'TailNum', u'ActualElapsedTime', u'AirT
ime', u'ArrDelay', u'DepDelay', u'Origin', u'Dest', u'Distance', u'TaxiIn', u'TaxiOut', u'Cancelled', u'CancellationCode', u'Diverted'], dtype='object'
)
   Year  Month  DayofMonth  DayOfWeek  DepTime  ArrTime UniqueCarrier  ₩
0  2011      1           1          6     1400     1500            AA
1  2011      1           1          6      728      840            AA
2  2011      1           1          6     1631     1736            AA
3  2011      1           1          6     1756     2112            AA
4  2011      1           1          6     1012     1347            AA
5  2011      1           1          6     1211     1325            AA
6  2011      1           1          6      557      906            AA
7  2011      1           1          6     1824     2106            AS
8  2011      1           1          6      654     1124            B6
9  2011      1           1          6     1639     2110            B6

   FlightNum TailNum  ActualElapsedTime  ...  ArrDelay  DepDelay Origin  ₩
0        428  N576AA                 60  ...       -10         0    IAH
1        460  N520AA                 72  ...         5         8    IAH
2       1121  N4WVAA                 65  ...        -9         1    IAH
3       1294  N3DGAA                136  ...        -3         1    IAH
4       1700  N3DAAA                155  ...         7        -8    IAH
5       1820  N593AA                 74  ...        15         6    IAH
6       1994  N3BBAA                129  ...        -9        -3    IAH
7        731  N614AS                282  ...        -4        -1    IAH
8        620  N324JB                210  ...         5        -6    HOU
9        622  N324JB                211  ...        61        54    HOU

   Dest  Distance  TaxiIn  TaxiOut  Cancelled CancellationCode  Diverted
0  DFW        224       7       13          0             None         0
1  DFW        224       6       25          0             None         0
2  DFW        224      16       12          0             None         0
3  MIA        964       9       14          0             None         0
4  MIA        964      12       26          0             None         0
5  DFW        224       6       29          0             None         0
6  MIA        964       5       11          0             None         0
7  SEA       1874       7       20          0             None         0
8  JFK       1428       6       23          0             None         0
9  JFK       1428      12       11          0             None         0

[10 rows x 21 columns]
   Year  Month  DayofMonth  DayOfWeek  DepTime  ArrTime UniqueCarrier  ₩
0  2011      1           1          6     1400     1500            AA
1  2011      1           2          7     1401     1501            AA
2  2011      1           3          1     1352     1502            AA
3  2011      1           4          2     1403     1513            AA
4  2011      1           5          3     1405     1507            AA
5  2011      1           6          4     1359     1503            AA
6  2011      1           7          5     1359     1509            AA
7  2011      1           8          6     1355     1454            AA
8  2011      1           9          7     1443     1554            AA
9  2011      1          10          1     1443     1553            AA

   FlightNum TailNum  ActualElapsedTime  ...  ArrDelay  DepDelay Origin  ₩
0        428  N576AA                 60  ...       -10         0    IAH
1        428  N557AA                 60  ...        -9         1    IAH
2        428  N541AA                 70  ...        -8        -8    IAH
3        428  N403AA                 70  ...         3         3    IAH
4        428  N492AA                 62  ...        -3         5    IAH
5        428  N262AA                 64  ...        -7        -1    IAH
6        428  N493AA                 70  ...        -1        -1    IAH
7        428  N477AA                 59  ...       -16        -5    IAH
8        428  N476AA                 71  ...        44        43    IAH
9        428  N504AA                 70  ...        43        43    IAH

   Dest  Distance  TaxiIn  TaxiOut  Cancelled CancellationCode  Diverted
0  DFW        224       7       13          0             None         0
1  DFW        224       6        9          0             None         0
2  DFW        224       5       17          0             None         0
3  DFW        224       9       22          0             None         0
4  DFW        224       9        9          0             None         0
5  DFW        224       6       13          0             None         0
6  DFW        224      12       15          0             None         0
7  DFW        224       7       12          0             None         0
8  DFW        224       8       22          0             None         0
9  DFW        224       6       19          0             None         0

[10 rows x 21 columns]
```

```
# pandasql을 이용한 조회
# 필요한 컬럼(변수)만 ","로 나열
# order by 사용 , 역순 정렬시 desc
print sqldf("select Year, Month, ArrDelay from dfhf order by ArrDelay, Month
desc, Year limit 10;", locals())
```

```
   Year Month ArrDelay
0  2011   12    None
1  2011   12    None
2  2011   12    None
3  2011   12    None
4  2011   12    None
5  2011   12    None
6  2011   12    None
7  2011   12    None
8  2011   12    None
9  2011   12    None
```

```
# pandasql을 이용한 파생변수(컬럼) 추가
q = """
    select ArrDelay-DepDelay as gain ,
           (ArrDelay-DepDelay)/(ArrTime/60) as gain_per_hour
    from dfhf limit 10;
"""
```

```
print sqldf(q, locals())
```

```
   gain  gain_per_hour
0   -10     -0.400000
1   -10     -0.399734
2     0      0.000000
3     0      0.000000
4    -8     -0.318514
5    -6     -0.239521
6     0      0.000000
7   -11     -0.453920
8     1      0.038610
9     0      0.000000
```

```
# pandasql을 이용한 컬럼의 평균
# SQL에서는 기본적으로 null 을 제외하여 계산하게 됨
```

```
print sqldf("select avg(DepDelay) from dfhf limit 10;", locals())
```

```
    avg(DepDelay)
0      9.444951
```

pandasql 그룹
비행편수 20이상, 평균비행거리 2000마일 이상의 항공사별 평균연착시간

q = """
    select * from (select
     TailNum,
     count(ArrDelay) as n,
     avg(ArrDelay) as delay,
     avg(Distance) as dist
     from dfhf
     group by TailNum)
    where n>20 and dist<2000 ;
"""

dfdelay = sqldf(q, locals())

```
print dfdelay
    TailNum   n      delay          dist
0   N0EGMQ    37   1.918919   1095.250000
1   N10156   311   8.199357    801.719243
2   N10575    94  18.148936    631.531915
3   N11106   305  10.101639    774.980519
4   N11107   341   8.052786    768.113043
5   N11109   325  10.280000    772.453172
6   N11113   280   4.057143    772.829787
7   N11119   126   7.396825    790.238462
8   N11121   328   6.740854    774.801802
9   N11127   328   8.417683    792.860606
10  N11137   294   9.782313    770.770270
11  N11140   188  10.590426    789.432990
12  N11150   265   7.415094    799.507519
13  N11155   170  10.858824    740.575581
14  N11164   187   6.641711    776.686170
15  N11165   128   8.968750    760.246154
16  N11176   107   6.915888    749.706422
17  N11181   193  13.165803    784.045685
18  N11184   242   7.471074    782.885714
19  N11187   210   8.409524    771.258216
20  N11189   217   8.870968    788.331818
21  N11191   182   6.554945    771.407609
22  N11192   256   7.535156    762.595331
23  N11193   228  11.070175    769.851064
24  N11194   279   6.677419    785.925267
25  N11199   272   8.301471    771.061818
26  N11206   220   6.009091   1153.968182
27  N11535   282   8.148936    600.806897
28  N11536   142   9.302817    601.885906
29  N11539   279   9.369176    599.157895
```

DataFrame의 plotting

```
%matplotlib inline
```

```
## 파이썬의 ggplot 사용시 기능측면에서 R의 ggplot에서 제공되는 기능 중 일부가 제공
되고 있지 않다.
from ggplot import *
```

```
print dfdelay.head()
```

```
ggplot(aes(x='delay',y='dist'),data=dfdelay)+geom_point(aes(size='n'),
alpha=1/2)+geom_smooth()
```

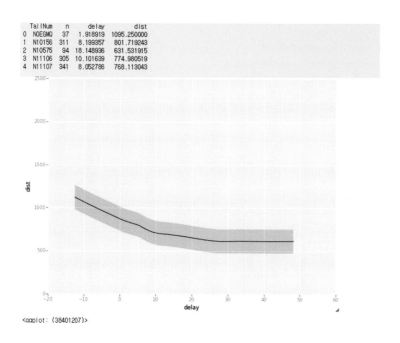

```
<ggplot: (38401207)>
```

```
# matplotlib를 이용한 차트
import matplotlib.pyplot as plt
```

```
plt.scatter(dfdelay.delay, dfdelay.dist, alpha=0.5)
plt.xlabel("delay")
```

```
plt.ylabel("distance")
plt.show()

# pandas가 제공하는 plot
dfdelay['delay'].hist(bins=100, alpha=0.4)
dfdelay.plot()
```

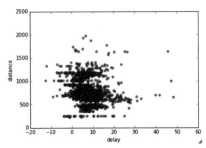

<matplotlib.axes._subplots.AxesSubplot at 0x1bb4ef60>

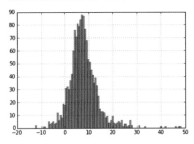

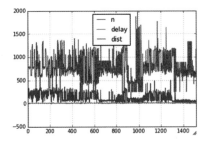

IPython의 Pandas를 이용한 데이터 수집 및 가공사례

데이터 수집과 가공 사례

- 사례1 : 소셜 미디어와 주가변동 분석용 마트 만들기 사례
- 작업순서 : 트위터 자료 입수

　　　　　주가정보 입수

　　　　　뉴스정보 입수
- 대상기업 : 바이두, 오라클, 퀄럼
- 수집기간 : 2014-12-01~2015-01-11
- 인증을 기반으로 한 search tweet api를 사용하지 않아서 모든 데이터가 조회되는 것은 아님

```
import urllib2
import time

url_qcom = "http://twitter.com/search/realtime?q=qualcomm%20lang%3Aen%20%20
since%3A2014-12-01%20until%3A2015-01-10&src=typd"
url_orcl = "http://twitter.com/search/realtime?q=oracle%20lang%3Aen%20%20
20since%3A2014-12-01%20until%3A2015-01-10&src=typd"
url_bidu = "http://twitter.com/search/realtime?q=baidu%20lang%3Aen%20%20
20since%3A2014-12-01%20until%3A2015-01-10&src=typd"

file="C:/tmp/QCOM_new.html"
fh = open(file,"w")

# URL기반으로 읽어서 쓰기
response = urllib2.urlopen(url_qcom)
tmp1 = response.read(); fh.write(tmp1); fh.close()

time.sleep(5)
file="C:/tmp/ORCL_new.html"
fh = open(file,"w")

response = urllib2.urlopen(url_orcl)
```

```
tmp1 = response.read(); fh.write(tmp1); fh.close()


time.sleep(5)
file="C:/tmp/BIDU_new.html"
fh = open(file,"w")


response = urllib2.urlopen(url_bidu)
tmp1 = response.read(); fh.write(tmp1); fh.close()


## 저장된 html문서를 파싱하기
## 파싱하여 기업, 등록자, 날짜, 트윗문장을 파일로 저장
## 첫 번째 작업: ORCL-NEW.csv, ORCL.htm, company='ORCL' 로 세팅
## 두 번째 작업: QCOM-NEW.csv, ORCL.htm, company='QCOM' 로 세팅
## 새 번째 작업: BIDU-NEW.csv, BIDU_new.htm, company='BIDU' 로 세팅


import glob
import csv
from bs4 import BeautifulSoup


f = csv.writer(open("C:/tmp/ORCL-NEW.csv", "w"), delimiter = '\t')
f.writerow(["company", "user", "time and date", "tweettext"])
FileList = glob.glob('C:/tmp/ORCL.htm')



for i in FileList:
    company='ORCL'
    filename='C:/tmp/ORCL.htm'
    soup = BeautifulSoup(open(filename))
      litop = soup.find_all("li", "js-stream-item stream-item stream-item
expanding-stream-item")

    for li in litop:
        for link in li.find_all('li', 'js-stream-item stream-item stream-item
expanding-stream-item'):
            link = li['id'][3]
```

```python
        divcont = li.find_all("div", "content")

        username = li.find("strong", "fullname js-action-profile-name
show-popup-with-id").get_text()

            timedate = li.find('a', "tweet-timestamp js-permalink js-nav js-
tooltip").attrs['title']

            tweettext = li.find("p", "js-tweet-text tweet-text").get_text().encode
('utf-8').replace('\n',"")



        print(username, timedate, tweettext)
        f.writerow([company, username, timedate, tweettext])
```

*ORCL

```
ORCL C:/tmp/ORCL.htm
(u'Oracle', u'₩uc624₩ud6c4 3:42 - 2015₩ub144 1₩uc6d4 9₩uc77c', '.@LandOLakesInc reduced response times by over 10x w/ #Oracle Exalogic and Oracle Exada
ta: http://bit.ly/1AxMSDX₩xc2₩xa0')
(u'Irshad Buchh', u'₩uc624₩ud6c4 2:35 - 2015₩ub144 1₩uc6d4 9₩uc77c', 'Excellent Middleware track #SOA12c #BPM12c #WebLogic12c at @OUGNorway conference
http://ougn.no/?page_id=111₩xc2₩xa0 register now! #soaCommunity @Oracle")
(u'Health Catalyst', u'₩uc624₩ud6c4 2:11 - 2015₩ub144 1₩uc6d4 9₩uc77c', 'Humbled @KLAS compares our products to those of fully-rated co₩xe2₩x80₩x99s li
ke @IBM, @McKesson, @Microsoft, @Oracle, @SAP http://bit.ly/1AwWhCh₩xc2₩xa0')
(u'+KingThomasDeLongeII', u'₩uc624₩ud6c4 2:06 - 2015₩ub144 1₩uc6d4 9₩uc77c', '@dos @Oracle @googlesites @earth @NASDAQ @iMedicAid @GalaXLayXOh @rachel.
ann.smith @google @finance @RXAXDXAXR @UKParliament @@Israel')
(u'SOA Community', u'₩uc624₩ud6c4 2:01 - 2015₩ub144 1₩uc6d4 9₩uc77c', 'Excellent Middleware track #SOA12c #BPM12c #WebLogic12c at @OUGNorway conference
http://ougn.no/?page_id=111₩xc2₩xa0 register now! #soaCommunity @Oracle')
(u'Daily Contracts', u'₩uc624₩ud6c4 1:33 - 2015₩ub144 1₩uc6d4 9₩uc77c', 'Real-Time feed of company contracts, original agreements and executive updates
from Oracle $ORCL @oracle http://lawinsider.com/company/1341439?js=subscribe₩xc2₩xa0₩xe2₩x80₩xa6')
(u'ASKIDA', u'₩uc624₩ud6c4 1:23 - 2015₩ub144 1₩uc6d4 9₩uc77c', 'We are proud to announce that we are now part of the Oracle ecosystem with our Oracle S
ilver Partnership. @Oracle http://www.askida.com/news₩xc2₩xa0')
(u'G.Karishma', u'₩uc624₩ud6c4 12:59 - 2015₩ub144 1₩uc6d4 9₩uc77c', '@Oracle @NoSQLDigest @dunnhumby Unrealistic #Database scalibility and performance
only by @infinitumdb powered by http://blobcity.com₩xc2₩xa0')
(u'IBM and Oracle', u'₩uc624₩ud6c4 12:45 - 2015₩ub144 1₩uc6d4 9₩uc77c', 'The @Oracle Value Chain Summit will be a great event. Looking forward to seein
g everybody! http://ibm.co/1zQOuFT₩xc2₩xa0 #OVCS')
(u'Oracle', u'₩uc624₩ud6c4 12:38 - 2015₩ub144 1₩uc6d4 9₩uc77c', 'How is #BigData and #Oracle Exadata helping @dunnhumby support their global customers?
http://bit.ly/1AxMFAt₩xc2₩xa0')
(u'AnnaSabryan', u'₩uc624₩ud6c4 12:35 - 2015₩ub144 1₩uc6d4 9₩uc77c', 'MT @OracleCX @Oracle's @MarkVHurd shares his thoughts on the evolving digital lan
dscape via @OracleProfit http://ora.cl/TZJ₩xc2₩xa0')
(u'Oracle Service Cloud', u'₩uc624₩ud6c4 12:32 - 2015₩ub144 1₩uc6d4 9₩uc77c', 'RT @Svalgoi: @Oracle's @MarkVHurd shares his thoughts on the evolving di
gital landscape via @OracleProfit http://ora.cl/TZJ₩xc2₩xa0')
(u'Oracle Service Cloud', u'₩uc624₩ud6c4 12:31 - 2015₩ub144 1₩uc6d4 9₩uc77c', 'MT @orclaccelerate Are you ready for the #Cloud? Modernize your business
with @Oracle.Attend #CloudWorld in NY-Jan 13 http://ora.cl/tay₩xc2₩xa0')
(u'Andrea Istrate', u'₩uc624₩ud6c4 12:25 - 2015₩ub144 1₩uc6d4 9₩uc77c', '@crmitsolutions publishes new @orcleaccelerate Sales Cloud solution for UK ba
sed on @oracle #modernbestpractice - http://buff.ly/1xXoDRA₩xc2₩xa0')
(u'Matthew Callis', u'₩uc624₩ud6c4 12:11 - 2015₩ub144 1₩uc6d4 9₩uc77c', '@GideonZhi @Oracle basically rewriting their page to work on a modern browser
so I can at least log in and find documentation.')
(u'Gideon Zhi', u'₩uc624₩ud6c4 12:10 - 2015₩ub144 1₩uc6d4 9₩uc77c', '"@superfamicom @Oracle Wait what. Seriously? That's... that's pathetic.")
(u'Matthew Callis', u'₩uc624₩ud6c4 12:08 - 2015₩ub144 1₩uc6d4 9₩uc77c', 'If you work at @Oracle on the RightNow product, you should be ashamed of your
self- no, go kill yourself. #IE6Required')
```

*QCOM

```
QCOM C:/tmp/QCOM.htm
(u'IvetteCh', u'₩uc624₩ud6c4 3:57 - 2015₩ub144 1₩uc6d4 9₩uc77c', '@Qualcomm @Motorola I need one because mine is too old #InventForBetter')
(u'Fortune Magazine', u'₩uc624₩ud6c4 3:57 - 2015₩ub144 1₩uc6d4 9₩uc77c', 'For Qualcomm, China settlement may be just the beginning')
(u'Chris Vilage', u'₩uc624₩ud6c4 3:55 - 2015₩ub144 1₩uc6d4 9₩uc77c', '@Qualcomm I would talk longer! #InventForBetter')
(u'Beemo', u'₩uc624₩ud6c4 3:54 - 2015₩ub144 1₩uc6d4 9₩uc77c', '@Qualcomm @amazon The #Snapdragon powered Amazon devices are a home run #InventForBetter
')
(u'Chris Allen', u'₩uc624₩ud6c4 3:53 - 2015₩ub144 1₩uc6d4 9₩uc77c', '@Qualcomm @amazon #InventForBetter would really love a tablet so I can watch TV in
bed while the wife is asleep :)')
(u'Sylvia Svihel', u'₩uc624₩ud6c4 3:52 - 2015₩ub144 1₩uc6d4 9₩uc77c', '#InventForBetter Tweet for a chance to win Snapdragon powered Amazon devices | Q
ualcomm https://www.qualcomm.com/news/snapdragon/2015/01/09/tweet-chance-win-snapdragon-powered-amazon-devices#.YLBpuX4FjYg.twitter₩xc2₩xa0₩xe2₩x80₩xa6
')
(u'Beemo', u'₩uc624₩ud6c4 3:52 - 2015₩ub144 1₩uc6d4 9₩uc77c', '@Qualcomm @Motorola #InventForBetter #DroidTurbo would let me power through the day with
ease')
(u'Tracy Iglesias', u'₩uc624₩ud6c4 3:52 - 2015₩ub144 1₩uc6d4 9₩uc77c', '@Qualcomm As a #Blogger on the go, a mobile device powered by a Qualcomm Snapdr
agon processor would be my mobile office #InventForBetter')
(u'Sylvia Svihel', u'₩uc624₩ud6c4 3:52 - 2015₩ub144 1₩uc6d4 9₩uc77c', 'Tweet for a chance to win Snapdragon powered Amazon devices | Qualcomm https://w
ww.qualcomm.com/news/snapdragon/2015/01/09/tweet-chance-win-snapdragon-powered-amazon-devices#.YLBppOqpfWk.twitter₩xc2₩xa0₩xe2₩x80₩xa6')
(u'M.G. magnificent guy', u'₩uc624₩ud6c4 3:51 - 2015₩ub144 1₩uc6d4 9₩uc77c', '@TheGlitzo @Qualcomm I kinda saw this is December.... but thanks for tagg
ing me')
(u'leticia hernandez', u'₩uc624₩ud6c4 3:47 - 2015₩ub144 1₩uc6d4 9₩uc77c', '@Qualcomm @amazon #InventForBetter Omg are you telling I can watch TV again?
My kiddos took over our TV lol')
(u'patricia', u'₩uc624₩ud6c4 3:46 - 2015₩ub144 1₩uc6d4 9₩uc77c', '@Qualcomm @amazon I would love some news so I have the latest and greatest toys aroun
d #InventForBetter')
(u'patricia', u'₩uc624₩ud6c4 3:46 - 2015₩ub144 1₩uc6d4 9₩uc77c', '@Qualcomm @Motorola id love to win a droid. i need a new phone #InventForBetter')
(u'John Yowan', u'₩uc624₩ud6c4 3:44 - 2015₩ub144 1₩uc6d4 9₩uc77c', '@Qualcomm puts a kill switch in the Snapdragon 810 chipset, SafeSwitch is now offici
al http://www.phonearena.com/news/Qualcomm-puts-a-kill-switch-in-the-Snapdragon-810-chipset-SafeSwitch-is-now-official_id64618₩xc2₩xa0₩xe2₩x80₩xa6')
(u'₩13deaini Farris', u'₩uc624₩ud6c4 3:44 - 2015₩ub144 1₩uc6d4 9₩uc77c', '@Qualcomm @ardenrain @amazon #InventForBetter that is all')
```

```
import pandas as pd

# 퀄컴, 오라클에 대한 트윗 파싱결과파일을 읽어서,

tw_qcom=pd.read_csv('C:/tmp/QCOM-NEW.csv',sep='\t')
tw_orcl=pd.read_csv('C:/tmp/ORCL-NEW.csv',sep='\t')


# 데이터 프레임으로 합치기
tweet=pd.concat([tw_qcom, tw_orcl], axis=0)


tweet
```

	company	user	time and date	tweettext
0	QCOM	IvetteCh	오후 3:57 - 2015년 1월 9일	@Qualcomm @Motorola I need one because mine is...
1	QCOM	Fortune Magazine	오후 3:57 - 2015년 1월 9일	For Qualcomm, China settlement may be just the...
2	QCOM	Chris Vilage	오후 3:55 - 2015년 1월 9일	@Qualcomm I would talk longer! #InventForBetter
3	QCOM	Beemo	오후 3:54 - 2015년 1월 9일	@Qualcomm @amazon The #Snapdragon powered Amaz...
4	QCOM	Chris Allen	오후 3:53 - 2015년 1월 9일	@Qualcomm @amazon #InventForBetter would reall...
5	QCOM	Sylvia Svihel	오후 3:52 - 2015년 1월 9일	#InventForBetter Tweet for a chance to win Sna...
6	QCOM	Beemo	오후 3:52 - 2015년 1월 9일	@Qualcomm @Motorola #InventForBetter #DroidTur...
7	QCOM	Tracy Iglesias	오후 3:52 - 2015년 1월 9일	@Qualcomm As a #Blogger on the go, a mobile de...
8	QCOM	Sylvia Svihel	오후 3:52 - 2015년 1월 9일	Tweet for a chance to win Snapdragon powered A...
9	QCOM	M.G. magnificent guy	오후 3:51 - 2015년 1월 9일	@TheGlitzo @Qualcomm I kinda saw this is Decem...
10	QCOM	leticia hernandez	오후 3:47 - 2015년 1월 9일	@Qualcomm @amazon #InventForBetter Omg are you...
11	QCOM	patricia	오후 3:46 - 2015년 1월 9일	@Qualcomm @amazon i would love some news so i ...
12	QCOM	patricia	오후 3:46 - 2015년 1월 9일	@Qualcomm @Motorola id love to win a droid. i...
13	QCOM	John Yowan	오후 3:44 - 2015년 1월 9일	Qualcomm puts a kill switch in the Snapdragon ...
0	ORCL	Oracle	오후 3:42 - 2015년 1월 9일	@LandOLakesInc reduced response times by over...
1	ORCL	Irshad Buchh	오후 2:35 - 2015년 1월 9일	Excellent Middleware track #SOA12c #BPM12c #We...
2	ORCL	Health Catalyst	오후 2:11 - 2015년 1월 9일	Humbled @KLAS compares our products to those o...
3	ORCL	*KingThomasDeLongeII	오후 2:06 - 2015년 1월 9일	@dos @Oracle @googlesites @earth @NASDAQ @iMed...
4	ORCL	SOA Community	오후 2:01 - 2015년 1월 9일	Excellent Middleware track #SOA12c #BPM12c #We...
5	ORCL	Daily Contracts	오후 1:33 - 2015년 1월 9일	Real-Time feed of company contracts, original ...
6	ORCL	ASKIDA	오후 1:23 - 2015년 1월 9일	We are proud to announce that we are now part ...
7	ORCL	G Karishma	오후 12:59 - 2015년 1월 9일	@Oracle @NoSQLDigest @dunnhumby Unrealistic #D...
8	ORCL	IBM and Oracle	오후 12:45 - 2015년 1월 9일	The @Oracle Value Chain Summit will be a great...

주가정보 읽어오기
대상 : 오라클, 퀄컴, 바이두
기간 : 20141220~2010111

```
import pandas as pd
from pandas.io.data import DataReader

# pandas의 DataReader 모듈을 이용
stk_qcom = DataReader('QCOM', 'yahoo', start='20141220', end='20150111')
stk_orcl = DataReader('ORCL', 'yahoo', start='20141220', end='20150111')
stk_bidu = DataReader('BIDU', 'yahoo', start='20141220', end='20150111')

# 기업명(company) 컬럼을 DataFrame별로 추가
stk_qcom['company']='QCOM'
stk_orcl['company']='ORCL'
stk_bidu['company']='BIDU'

# 기업별 DataFrame을 하나로
stock=pd.concat([stk_qcom, stk_orcl,stk_bidu], axis=0)
print stock


            Open    High    Low    Close    Volume  Adj Close company
Date
2014-12-22  73.58   74.66   73.45   74.56   9074200   74.56   QCOM
2014-12-23  74.61   75.12   74.48   74.60   6405800   74.60   QCOM
2014-12-24  74.69   75.15   74.64   74.66   3791900   74.66   QCOM
2014-12-26  75.09   75.72   75.00   75.62   4986700   75.62   QCOM
2014-12-29  75.00   75.60   74.83   74.99   5959800   74.99   QCOM
2014-12-30  74.75   75.37   74.70   75.02   6131700   75.02   QCOM
2014-12-31  75.21   75.41   74.31   74.33   7763500   74.33   QCOM
2015-01-02  74.51   74.87   73.75   74.28   6662700   74.28   QCOM
2015-01-05  73.71   74.50   73.63   73.93  12042800   73.93   QCOM
2015-01-06  73.86   74.61   72.74   72.88  11094000   72.88   QCOM
2015-01-07  73.37   74.47   72.96   73.73  10030700   73.73   QCOM
2015-01-08  74.30   75.30   74.14   74.51  10937200   74.51   QCOM
2015-01-09  74.57   74.87   73.64   74.42   9030900   74.42   QCOM
2014-12-22  45.57   46.05   45.41   45.65  21264400   45.53   ORCL
2014-12-23  45.53   46.50   45.46   46.01  14042400   45.89   ORCL
2014-12-24  46.36   46.71   46.15   46.23  10238200   46.10   ORCL
2014-12-26  46.19   46.50   46.07   46.10   6893500   45.98   ORCL
2014-12-29  46.02   46.09   45.60   45.61   9701400   45.49   ORCL
2014-12-30  45.55   45.66   45.29   45.34   9968400   45.22   ORCL
2014-12-31  45.45   45.56   44.97   44.97  13269200   44.85   ORCL
2015-01-02  45.02   45.19   43.97   44.33  15070200   44.21   ORCL
2015-01-05  44.16   44.25   43.58   43.59  18369400   43.59   ORCL
2015-01-06  44.06   44.18   42.99   43.14  19229500   43.14   ORCL
2015-01-07  43.33   43.52   43.01   43.15  13502200   43.15   ORCL
2015-01-08  43.63   43.94   43.38   43.41  17516900   43.41   ORCL
2015-01-09  43.98   44.10   43.26   43.39  15948100   43.39   ORCL
2014-12-22 235.47  236.98  233.90  234.60   1661700  234.60   BIDU
```

```
## 종목별 뉴스 수집
# Yahoo Finance의 rss feed를 이용
# 수집대상: 뉴스 타이틀, 작성일
# 활용모듈: stockretriever (파이썬 설치 디렉토리의 "lib"에 저장 필요함)
# [참조] https://github.com/gurch101/StockScraper/blob/master/stockretriever.py
# 주가이력정보, 뉴스 피드, 옵션 정보, 인덱스 정보 등을 제공받을 수 있음


import pandas as pd
import stockretriever

# 종목코드로 관련 뉴스의 타이틀을 검색
# 리턴 데이터 타입은 리스트이며, 사전형식의 뉴스로 구성된 자료구조임
news_qcom=stockretriever.get_news_feed("QCOM")
news_orcl=stockretriever.get_news_feed("ORCL")
news_bidu=stockretriever.get_news_feed("BIDU")

# 종목별 뉴스정보를 하나의 테이블로 구성
lst_title=[]
lst_pubdate=[]
lst_company=[]

for news in news_qcom:
    title=news['title']
    pubdate=news['pubDate']
    lst_company.append('QCCOM')
    lst_title.append(title)
    lst_pubdate.append(pubdate)

for news in news_orcl:
    title=news['title']
    pubdate=news['pubDate']
    lst_company.append('ORCL')
```

```
        lst_title.append(title)

        lst_pubdate.append(pubdate)


for news in news_bidu:

        title=news['title']

        pubdate=news['pubDate']

        lst_company.append('BIDU')

        lst_title.append(title)

        lst_pubdate.append(pubdate)
```

종목별 뉴스를 데이터 프레임으로 변경

```
news = pd.DataFrame({'company':lst_company,'title':lst_title, 'pubdate':lst
_pubdate})
```

news

2	QCCOM	Wed, 07 Jan 2015 23:51:13 GMT	Lightning Round: Cramer's most loved stock
3	QCCOM	Wed, 07 Jan 2015 21:45:00 GMT	Micron Had Fastest Growth Among Semiconductor ...
4	QCCOM	Tue, 06 Jan 2015 21:09:00 GMT	Micron's mixed Q1 earnings
5	QCCOM	Tue, 06 Jan 2015 17:00:45 GMT	Qualcomm committed to resolving China probe: CEO
6	QCCOM	Tue, 06 Jan 2015 16:53:00 GMT	Qualcomm CEO: Leveraging power of mobile
7	QCCOM	Tue, 06 Jan 2015 16:51:00 GMT	Qualcomm will be strong partner with China: CEO
8	QCCOM	Tue, 06 Jan 2015 15:33:00 GMT	Qualcomm AllPlay Gains Broader Audio Adoption ...
9	QCCOM	Tue, 06 Jan 2015 09:28:00 GMT	Indonesia in View Signals the Start of CASBAA'...
10	QCCOM	Tue, 06 Jan 2015 05:30:41 GMT	Qualcomm Extends Mobile Computing and Connecti...
11	QCCOM	Tue, 06 Jan 2015 02:44:39 GMT	Qualcomm flicks switch on Internet-connected l...
12	QCCOM	Mon, 05 Jan 2015 22:07:00 GMT	Chipmaker Qualcomm Is Increasingly Finding Its...
13	QCCOM	Mon, 05 Jan 2015 21:45:07 GMT	Qualcomm flicks switch on Internet-connected l...
14	QCCOM	Mon, 05 Jan 2015 21:45:07 GMT	Qualcomm flicks switch on Internet-connected l...
15	QCCOM	Mon, 05 Jan 2015 21:00:00 GMT	Qualcomm Announces New Hardware and Streaming ...
16	QCCOM	Mon, 05 Jan 2015 21:00:00 GMT	Qualcomm Extends Mobile Computing and Connecti...
17	QCCOM	Mon, 05 Jan 2015 21:00:00 GMT	Qualcomm and LIFX Collaborate to Deliver Turnk...
18	QCCOM	Mon, 05 Jan 2015 21:00:00 GMT	Qualcomm announces new connected health collab...
19	QCCOM	Mon, 05 Jan 2015 21:00:00 GMT	Qualcomm Sees Significant Traction in 802.11ac...
20	ORCL	Fri, 09 Jan 2015 22:48:41 GMT	Here are the top cloud computing companies her...

ii

활용사례

1장

상한가 종목 예측

상한가 종목 예측

    내일 3% 이상 주가가 오를 종목이나 주가금액 등은 매우 정교한 예측으로만 가능한데 반해 상한가 종목을 예측하는 것은 좀 더 수월할 수 있다. 여기에 상한가를 10% 또는 7% 수준으로 한다면 예측이 더 쉬워질 것이다. 결국 예측하고자 하는 것은 수익을 얻기 위한 것이므로 현실적으로 가능성이 높은 기준으로 접근해야 한다.

    우선 대표적으로 필요한 패키지들을 설치하고 로딩을 한다. 데이터 처리를 위해 sqldf, reshape가 필요하고 공통적으로 필요한 패키지인 tcltk가 없다면 명시적으로 설치한다. 그리고 모델링을 위해 rpart, party, caret을 설치한다. 주의할 사항은 caret에 사용되는 수많은 패키지를 사용할 때마다 하나하나 설치하면 번거로우므로 의존성 있는 것들은 한 번에 설치한다. 네트워크 상태가 나빠도 5분이면 설치가 완료되는데, 진도 나가는 것이 보일 정도이다. 주의할 것은 Windows에서는 doParallel 패키지를 설치하고 Mac에서는 doMC를 설치한다.

```
install.packages("sqldf")
install.packages("reshape")
install.packages("tcltk")
install.packages("rpart")
```

```
install.packages("party")
install.packages("caret",dependencies=TRUE)

library(sqldf)
library(reshape)
library(party)
library(rpart)
library(partykit)
library(ggplot2)
library(caret)
library(doParallel)
registerDoParallel(7)
```

저장된 데이터를 읽어 들이고 가공을 위해 데이터를 sise에서 stock으로 복사한 다음에 모든 변수명을 소문자로 변환한다. 그리고 high와 open의 차이를 gap_high로 지정하고 이러한 비율이 10% 이상되는 것을 target_high로 지정하는데, which 문장을 사용해 해당 row값을 얻어내고, 다시 index를 이용해 해당 값을 1로 채운다. 나머지는 기본적으로 0으로 설정한다. 1의 비율을 table로 카운트하고, 이를 다시 prop.table을 이용해 비율값을 산출한다. 이를 통해 우리가 예측하고자 하는 "1"이 어느 정도 비중인지를 봐서 5% 이하라면 예측이 쉽지는 않다는 것을 확인할 수 있다.

```
load("sise.rdata")
stock <- sise
colnames(stock) <- tolower(colnames(stock))
stock$gap_high <- stock$high - stock$open
stock$gap_low <- stock$open - stock$low
ind_high <- which(stock$gap_high/stock$open > 0.10)
ind_low <- which(stock$gap_low/stock$open > 0.10)
stock$target_high <- 0
stock[ind_high, "target_high"] <- 1
stock$target_low <- 0
stock[ind_low, "target_low"] <- 1
```

```
head(ind)
```

```
prop.table(table(stock$target_high))
```

```
        0          1
0.98170972 0.01829028
```

```
prop.table(table(stock$target_low))
```

```
        0          1
0.98170972 0.01829028
```

```
str(stock)
```

```
'data.frame':  848374 obs. of  14 variables:
$ date       : chr  "2012-10-16" "2012-10-17" "2012-10-18" "2012-10-19" ...
$ open       : num  6730 6600 6300 6420 6340 6470 6400 6500 6340 6150 ...
$ high       : num  6730 6610 6450 6440 6480 6590 6600 6560 6410 6400 ...
$ low        : num  6450 6210 6200 6120 6300 6400 6350 6300 6110 6060 ...
$ close      : num  6600 6250 6360 6430 6470 6500 6470 6340 6200 6270 ...
$ p_diff     : num  -70 -350 110 70 40 30 -30 -130 -140 70 ...
$ r_diff     : num  -1.05 -5.3 1.76 1.1 0.62 0.46 -0.46 -2.01 -2.21 1.13 ...
$ volume     : num  143842 249062 150705 86233 84600 ...
$ code       : chr  "000020" "000020" "000020" "000020" ...
$ name       : chr   "동화약품(주)" "동화약품(주)" "동화약품(주)" "동화약품(주)"
...
$ gap_high   : num  0 10 150 20 140 120 200 60 70 250 ...
$ gap_low    : num  280 390 100 300 40 70 50 200 230 90 ...
$ target_high: num  0 0 0 0 0 0 0 0 0 0 ...
$ target_low : num  0 0 0 0 0 0 0 0 0 0 ...
```

모든 일자에 타깃을 설정한 다음 설명변수들을 준비해야 한다. 타깃이 2014-09-01이므로 설명변수들은 2014-08-31 이전의 데이터를 사용해야 한다. 타깃과 설명변수의 기간이 중첩되면 스스로 정답을 포함해버려 모델의 성과가 잘못 나올 수밖에 없다. 이는 쉽게 할 수 있는 실수이므로 미리 설명변수와 목표변수들의 집합을 데이터로 만들어 놓는다.

stock_mart1에는 타깃일자에 대한 기준값들을 저장한다. 그리고 stock_1m과 이름이 유사한 3m, 5m 등의 변수에는 최근 1개월, 3개월, 5개월간의 통계값, 즉 고가, 저가, 시가에 대한 평균값, 상한가를 기록한 회수를 변수화해서 만든다.

그리고 test1, test2, test3에서 각각 변수를 통합하면서 cascade방식으로 test3에 최종 설명변수들이 종합되도록 하고, missing이 있는 row는 제외하기 위해 na.omit을 이용해서 데이터를 정리해준다.

```
# training data
stock_1m <- sqldf("select name, code, avg(high) as high_1m, avg(low) as
low_1m, avg(open) as open_1m, avg(close) as close_1m, sum(target_high) as
t_h_1m, sum(target_low) as t_l_1m from stock where date <= '2014-08-31' and
date >= '2014-08-01' group by code, name")

stock_mart1 <- sqldf("select stock.* from stock where date = '2014-09-01'")

stock_3m <- sqldf("select name, code, avg(high) as high_3m, avg(low) as
low_3m, avg(open) as open_3m, avg(close) as close_3m, sum(target_high) as
t_h_3m, sum(target_low) as t_l_3m from stock where date <= '2014-08-31' and
date >= '2014-06-02' group by code, name")

stock_5m <- sqldf("select name, code, avg(high) as high_5m, avg(low) as
low_5m, avg(open) as open_5m, avg(close) as close_5m, sum(target_high) as
t_h_5m, sum(target_low) as t_l_5m from stock where date <= '2014-08-31' and
date >= '2014-04-01' group by code, name")
```

```
test1 <- sqldf('select stock_3m.*,stock_1m.high_1m, stock_1m.low_1m,
stock_1m.open_1m, stock_1m.close_1m, stock_1m.t_h_1m, stock_1m.t_l_1m   from
stock_3m , stock_1m where stock_1m.name = stock_3m.name')

test2 <- sqldf('select test1.*, stock_5m.high_5m, stock_5m.low_5m,
stock_5m.open_5m, stock_5m.close_5m, stock_5m.t_h_5m, stock_5m.t_l_5m from
test1, stock_5m where test1.name = stock_5m.name')

test3 <- sqldf('select test2.*, stock_mart1.target_high, stock_mart1.volume
from test2, stock_mart1 where test2.name = stock_mart1.name')

test3$target_high <- factor(test3$target_high)
str(test3)
test4 <- na.omit(test3)
```

동일한 형식으로 타깃날짜를 2014-09-02로, 이전 데이터들을 설명변수로
해서 변수를 만들되, 유사한 데이터 이름의 끝에 "1"을 더 붙여서 구분하였다.
이 데이터는 학습된 데이터를 검증하기 위한 첫 번째 데이터로 성능이 유사한
지, 인정할 수 있는 성능을 보이는지를 확인한다.

```
# test data
stock_1m1 <- sqldf("select name, code, avg(high) as high_1m, avg(low) as
low_1m, avg(open) as open_1m, avg(close) as close_1m, sum(target_high) as
t_h_1m, sum(target_low) as t_l_1m from stock where date <= '2014-09-01' and
date >= '2014-08-02' group by code,name")

stock_mart21 <- sqldf("select stock.* from stock where date = '2014-09-02'")

stock_3m1 <- sqldf("select name, code, avg(high) as high_3m, avg(low) as
low_3m, avg(open) as open_3m, avg(close) as close_3m, sum(target_high) as
t_h_3m, sum(target_low) as t_l_3m from stock where date <= '2014-09-01' and
```

```
date >= '2014-06-03' group by code, name")

stock_5m1 <- sqldf("select name, code, avg(high) as high_5m, avg(low) as
low_5m, avg(open) as open_5m, avg(close) as close_5m, sum(target_high) as
t_h_5m, sum(target_low) as t_l_5m from stock where date <= '2014-09-01' and
date >= '2014-04-02' group by code, name")

test11 <- sqldf('select stock_3m1.*,stock_1m1.high_1m, stock_1m1.low_1m,
stock_1m1.open_1m, stock_1m1.close_1m, stock_1m1.t_h_1m, stock_1m1.t_l_1m
from stock_3m1 , stock_1m1 where stock_1m1.name = stock_3m1.name')

test21 <- sqldf('select test11.*, stock_5m1.high_5m, stock_5m1.low_5m,
stock_5m1.open_5m, stock_5m1.close_5m, stock_5m1.t_h_5m, stock_5m1.t_l_5m from
test11, stock_5m1 where test11.name = stock_5m1.name')

test31 <- sqldf('select test21.*, stock_mart2.target_high, stock_mart2.volume
from test21, stock_mart2 where test21.name = stock_mart2.name')

test31$target_high <- factor(test31$target_high)
colnames(test31) <- tolower(colnames(test31))
str(test31)
```

추가로 이후 일자에 대해 적용해서 모델의 성능이 어떠한지를 본다. 일반적으로 일자가 학습한 날짜로부터 멀어지면 성능이 저하되고, 편차는 커지는데 그 정도를 확인하기 위함이다.

```
# test other date
stock_1m2 <- sqldf("select name, code, avg(high) as high_1m, avg(low) as
low_1m, avg(open) as open_1m, avg(close) as close_1m, sum(target_high) as
t_h_1m, sum(target_low) as t_l_1m from stock where date <= '2014-09-02' and
date >= '2014-08-03' group by code,name")
```

```
stock_mart32 <- sqldf("select stock.* from stock where date = '2014-09-03'")

stock_3m2 <- sqldf("select name, code, avg(high) as high_3m, avg(low) as
low_3m, avg(open) as open_3m, avg(close) as close_3m, sum(target_high) as
t_h_3m, sum(target_low) as t_l_3m from stock where date <= '2014-09-02' and
date >= '2014-06-04' group by code, name")

stock_5m2 <- sqldf("select name, code, avg(high) as high_5m, avg(low) as
low_5m, avg(open) as open_5m, avg(close) as close_5m, sum(target_high) as
t_h_5m, sum(target_low) as t_l_5m from stock where date <= '2014-09-02' and
date >= '2014-04-03' group by code, name")

test12 <- sqldf('select stock_3m2.*,stock_1m2.high_1m, stock_1m2.low_1m,
stock_1m2.open_1m, stock_1m2.close_1m, stock_1m2.t_h_1m, stock_1m2.t_l_1m
from stock_3m2 , stock_1m2 where stock_1m2.name = stock_3m2.name')

test22 <- sqldf('select test12.*, stock_5m2.high_5m, stock_5m2.low_5m,
stock_5m2.open_5m, stock_5m2.close_5m, stock_5m2.t_h_5m, stock_5m2.t_l_5m from
test12, stock_5m2 where test12.name = stock_5m2.name')

test32 <- sqldf('select test22.*, stock_mart32.target_high, stock_mart32.
volume from test22, stock_mart32 where test22.name =stock_mart32.name')
test32$target_high <- factor(test32$target_high)
colnames(test32)
```

이제 데이터가 준비되었으므로 모델을 개발한다. name, code를 제거하고 모
델을 개발한 후에 confusion matrix를 산출해서 성과를 확인하였다. party에
서는 모델개발이 실패하였고 1을 예측하지 못했다.

```
# model

stock.ctree1 <- ctree(target_high ~., data=test3[,-c(1:2)])

table(predict(stock.ctree1),test3$target_high)


       0    1
 0  1796   38
 1     0    0
```

plot(stock.ctree1)

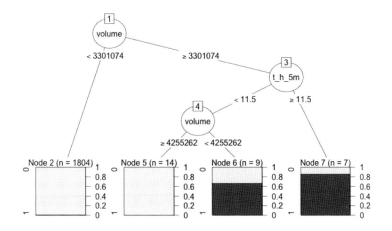

모델결과에 대한 내용이나 다른 일자에 대한 검증이나 모두 '1'을 예측하지 못했다. Tree는 나왔는데 party의 특성상 0.5 이상이 아니면 1로 취급하지 않기 때문이다.

```
table(predict(stock.ctree1),test3$target_high)


       0    1
 0  1796   38
 1     0    0
```

```
table(predict(stock.ctree1,newdata=test31),test31$target_high)
```

```
      0    1
 0  1795   39
 1     0    0
```

이번에는 rpart를 이용하여 옵션 없이 모델을 개발하고 결과를 party처럼 보기 위해 partykit을 이용해 Tree를 만들었는데 결과는 rpart와 동일하지만 '1'로 설정한 것은 알고리즘 특성상 틀려서 prediction한 결과는 다르다.

```
stock.rpart <- rpart(target_high ~., data=test3[,-c(1:2)])
stock1p <- as.party(stock.rpart)
plot(stock1p)
```

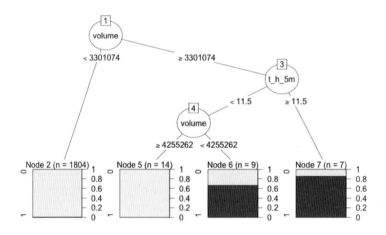

Prediction한 결과를 보면 party와는 다르게 '1'을 예측한 결과를 알 수 있다. Accuracy는 (12+1792) / (12+1792+4+26)으로 98%, 가장 중요한 Precision은 12/(4+12)로 75%, 가능하면 높으면 좋은 Detection Rate는 12/(12+26)으로 31%이다. 이 정도면 쓸만한 모델이다.

```
table(predict(stock1p, test3[,-c(1:2)]),test3$target_high)
```

```
      0    1
0  1792   26
1     4   12
```

실제 테스트 환경에서는 Precision은 60%로 좀 떨어지고, Detection Rate는 15%로 절반으로 줄었지만 Precision을 보면 수익이 날 정도로 좋은 성능이다. 만약 좀 더 기본적인 변수들을 더 추가하고 파생변수를 만든다면 매우 안정적인 성과를 학습과 테스트에서 보였을 것이다.

```
table(predict(stock1p, newdata=test31[,-c(1:2)]),test31$target_high)
```

```
      0    1
0  1791   33
1     4    6
```

이 모델이 2일 후를 예측하는 데는 어떠한지 보면, Precision이 25%, Detection Rate는 7%로 또다시 절반 수준으로 하락한다. 그러나 전일 학습한 내용으로 예측을 한다면 일반적인 상황에서 테스트의 성과가 나온다.

```
table(predict(stock1p, newdata=test32[,-c(1:2)]),test32$target_high)
```

```
      0    1
0  1770   48
1    12    4
```

다음은 어떤 종목을 예측했는지를 보는 방법이다.

```
indp <- which(predict(stock1p, newdata=test31[,-c(1:2)]) == 1)
ts_3[indp,c("name","code")]
```

	name	code
131	(주)오리엔트바이오	002630
227	써니전자(주)	004770
456	(주)키스톤글로벌	012170
487	보령메디앙스(주)	014100
921	(주)솔고바이오메디칼	043100
961	(주)파나진	046210
1089	(주)키이스트	054780
1180	(주)이루온	065440

상한가 예측을 위해 randomforest를 실행했는데 quad core 7 thread, 16GB RAM에서 4GB여유가 있는 상황에서 22초 소요되었다. 튜닝 옵션을 주지 않았기 때문에 시간이 많이 소요되지는 않았다.

```
system.time(model.rf <- train(target_high~.,data=test3[,-c(1:2)],method="rf"))
```

```
 사용자  시스템 elapsed
133.158   5.937  22.559
```

20개의 설명변수 중 일부만을 사용한 경우 Accuracy가 높은 것으로 나타났다.

```
plot(model.rf)
```

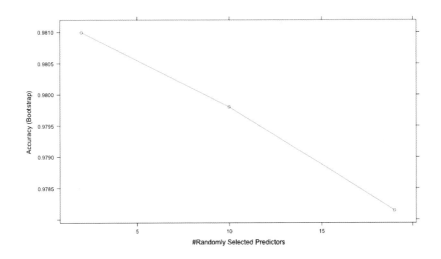

중요변수에 대한 통계를 보기 위해 varImp()를 이용해 그래프를 출력하면 거래량이 중요도가 제일 높고, 최근 3개월 고가평균과 최근 5개월 종가평균이 중요함을 알 수 있다.

```
plot(varImp(model.rf))
```

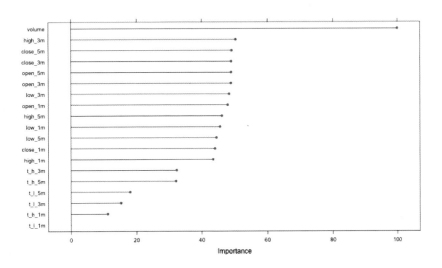

randomforest로 학습한 Precision은 30%로 나쁘지는 않았다.

```
table(predict(model.rf,type="raw",newdata=test31[,-c(1:2)]),test31$target_
high)
```

```
       0    1
0   1788   36
1      7    3
```

테스트용에서는 Precision이 50%로 도리어 개선되었다.

```
table(predict(model.rf,type="raw",newdata=test32[,-c(1:2)]),test32$target_
high)
```

```
       0    1
0   1779   49
1      3    3
```

이번에는 모델을 k-nearest neighbor를 이용해서 실행했다. Random forest보다 더 빠른 속도를 보였다.

```
system.time(model.knn <- train(target_high~.,data=test3[,-c(1:2)],method="knn"))
```

```
사용자   시스템 elapsed
25.142   1.909   2.104
```

곧장 테스트 데이터를 적용해 보니 Precision은 27%였다.

```
plot(model.knn)
table(predict(model.knn,type="raw",newdata=test31[,-c(1:2)]),test31$target_
high)
```

```
      0    1
0  1787   36
1     8    3
```

하루 이후의 값을 보니 21%로 거의 차이가 없었다. 안정적인 성과를 보이고
있다.

```
table(predict(model.knn,type="raw",newdata=test32[,-c(1:2)]),test32$target_
high)
```

```
      0    1
0  1771   49
1    11    3
```

그러나 nnet을 이용한 결과 모델은 '1' 을 예측하지 못했다.

```
model.nnet <- train(target_high~.,data=test3[,-c(1:2)],method="nnet")
plot(model.nnet)
plot(varImp(model.nnet))
table(predict(model.nnet,type="raw",newdata=test31[,-c(1:2)]),test31$target_
high)
table(predict(model.nnet,type="raw",newdata=test32[,-c(1:2)]),test32$target_
high)
```

지금까지 유효한 모델의 경우 Precision이 50~60%가 나오는 것을 확인했다. 보다 많은 유의미한 변수를 개발하면 더 정교하고 안정적인 모델이 나올 것이다. 이 정도 수준이 저자의 빅데이터 교육을 들은 수강생들이 만든 모델의 수준이다. 물론 프로토 타입을 제시하기는 했지만 스스로 유사한 접근방식으로 모델을 개선한 결과이다. 따라서 주식에 대해 좀 더 이해도가 있고 다양한 시도를 해본다면 매우 좋은 성과를 낼 수 있으리라 믿어 의심치 않는다.

참고로 지난 10월에 한 종목이 대단한 성과를 보일 것으로 주식전문가의 의견이 있었으나 해당시점에 지금 개발한 모델로 1개월 내에 상한가를 보일지 예측한 결과 전혀 그럴 가능성이 없어서 투자를 하지 않았다. 2개월이 지난 지금 해당 종목의 가격은 상당히 하락했고, 그때 매수한 많은 사람들이 손실을 보았다. 여기서 소문을 믿고 투자하는 것은 매우 위험하다는 인사이트를 얻을 수 있다. 주가란 어느 한 가지 요인으로 움직이는 것이 아니라 많은 사람들의 의사결정이 결합되어 움직이므로 과학적인 접근이 필요하다.

2장

주가 예측 모델링

주가 예측 모델링

주가 예측은 단기적인 기술분석부터 장기적인 가치투자에 이르기까지 오래 전부터 수많은 연구들이 이루어져 왔다. 이 중에서 단기적인 기술분석은 지표들이 많이 개발되어 있으며 이를 차트로 보여주는 것 또한 많이 퍼져 있다. 이를 이용한 모델링을 소개하고자 한다.

전체적인 흐름은 다음의 순서로 진행하겠다.

- 단일 주식에 대해 Quandl과 quantmod를 이용한 모델링과 손익 시뮬레이션
- 다수의 주식에 대해 portal에서의 data 획득과 모델링 및 손익 시뮬레이션
- 거래량 data를 이용한 분석

Part 2-1

단일 주식에 대해 Quandl과 quantmod를 이용한 모델링과 손익 시뮬레이션

이전 책인 「빅데이터 활용서 I」의 '6장 원/달러 환율 예측'에서 Quandl 패키지에 대해 자세히 소개한 바 있다. 이 패키지는 'quandl.com'에서 여러 data를 획득할 수 있는데, 한국거래소의 개별 주식의 일별 거래 data도 받을 수 있다. 이를 이용하여 주가 거래 data를 받는다.

그 다음 quantmod 패키지를 이용해 지표를 만들고, 손익 시뮬레이션을 구현해 보고자 한다.

전체 과정은 다음과 같다.

기초 data 획득 → 변수 생성 → classification 적용 → 손익 Simulation

1. 기초 data 획득

아래는 quandl 패키지를 이용해 아모레퍼시픽의 2011년부터 2014년 10월까지의 data를 가져오는 script이다.

```
install.packages("Quandl") # in case Quandl has not been installed
library(Quandl)
stck<-Quandl("GOOG/KRX_090430", trim_start="2011-01-02", trim_end="2014-10-31")
head(stck);tail(stck)
stck$Adjusted <- stck$Close
row.names(stck) <- stck[,"Date"] # preparation of transforming time series
```

세 번째 줄의 Quandl 함수 적용 시 발생하는 경고메시지는 Quandl 사이트에의 회원가입과 인증을 하지 않아 발생한다(이는 이전 책의 quandl 패키지 소개 부분을 확인하기 바란다). 참고로, Quandl을 이용해 입수하고자 하는 종목에 대해서 아래와 같은 형식으로 조회하면 된다.

```
Quandl(code, type = c("raw", "ts", "zoo", "xts"),
    start_date, end_date,
        transformation = c("", "diff", "rdiff", "normalize", "cumul",
"rdiff_from"),
    collapse = c("", "weekly", "monthly", "quarterly", "annual"),
    sort = c("desc", "asc"), meta = FALSE,
    authcode = Quandl.auth(), ...)
```

NYSE AMEX Oil Index를 갖고 오고 싶으면 다음과 같이 code를 지정한다.

```
Quandl("YAHOO/INDEX_XOI", trim_start="2009-08-26")
```

Rstudio의 Environment 부분에 아래와 같이 나오면 정상이다.

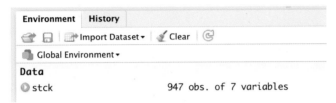

Consol에는 아래의 실행 결과가 나타나면 된다.

```
> head(stck);tail(stck)
        Date    Open    High     Low   Close Volume
1 2014-10-31 2351000 2369000 2274000 2300000  21505
2 2014-10-30 2372000 2375000 2262000 2346000  27066
3 2014-10-29 2431000 2443000 2346000 2375000  25437
4 2014-10-28 2466000 2539000 2417000 2424000  15699
5 2014-10-27 2478000 2504000 2434000 2447000  12409
6 2014-10-24 2493000 2520000 2396000 2430000  18306
          Date    Open    High     Low   Close Volume
942 2011-01-10 1150000 1196000 1150000 1196000   6590
943 2011-01-07 1144000 1174000 1130000 1167000  10465
944 2011-01-06 1118000 1144000 1115000 1144000   9261
945 2011-01-05 1125000 1139000 1109000 1117000   8579
946 2011-01-04 1125000 1133000 1121000 1130000   7527
947 2011-01-03 1134000 1146000 1114000 1122000   7975
```

간단히 data에 대해 설명을 하면, stck은 "Date", "Open", "High", "Low", "Close", "Volume" column을 가지는데, 이를 OHLC형태의 data라고 부른다. 즉, 날짜와 개시가(Open), 일중 최대가(High), 일중 최저가(Low), 종가(Close)의 앞 글자를 딴 것이다. 때로는 이 중 일부분만을 떼어내 "HLC" 등으로 사용하기도 한다. 기본적으로 증권 거래 데이터는 이러한 구조를 가지며, 여기에 Volume이 더해지고, 배당 등을 조정한 종가인 "Adjusted"를 포함하면 완전한 증권 거래 data가 되는 것이다.

2. 변수 생성

이제 quantmod를 이용해 변수를 생성해 보자. 우선 quantmod는 기본적으로 time series를 사용하므로 위의 data를 time series로 변경한다.

```
stock.data <- as.xts(stck[,-1],dateFormat="POSIXct")
head(stock.data)
```

(1) 기술분석 변수 생성

기술적 분석을 위해 많은 사람들이 OHLC를 이용해 지표를 만들어 사용하고 있다. 모든 변수가 각각의 특성을 가지고 있으며, 많은 변수가 있는 이유는 그 정확도가 항상 보장되는 것이 아니므로 다양한 시도를 해보는 것이라 보면 된다. 특히, 기술적 변수는 어닝시즌(earning season), 즉 손익이 발표되는 시점에서의 사용을 주의해야 한다. 각 상장사의 이익이 발표되는 시기에는 주가가 이익발표 결과에 따라 위아래로 크게 변동하므로 기술적인 분석이 적용될 수 없기 때문이다. 아래에 두 개의 지표에 대한 개요 설명이 있다. 인터넷에 해당 지표에 대해 자세히 설명하는 동영상이 많으므로 참고를 하게 되면 많은 도움이 될 것이다. 또한 증권 거래에 사용되는 지표들에 대해서는 차트를 통해 설명하는 국내의 책들도 많으므로 참고해도 좋을 것이다. 일단 지표와 차트에 대해 이해를 했다면, 이 책에 소개되는 방식으로 R에서 변수를 만들 수 있고, 모델링에 투입할 수 있다는 것을 이해하면 된다. 마지막으로, 주의할 것은 각 지표마다 가장 잘 맞는 경우를 소개하고 있으므로, 절대적인 것으로 판단하기보다는 하나의 지표로 봐야 한다.

1 ROC ; Rate of Change / Momentum

종가로서 전일과의 등락율, 2일전/3일전/5일전/10일전 종과와의 등락율과 3일간의 거래량 변동율을 생성하여 투입하고자 한다.

```
install.packages("quantmod") # in case quantmod has not been installed
library(quantmod)
x<-stock.data
res <- ROC(x[, "Close"], type="discrete", n=1)
```

```
res <- merge(res, ROC(x[, "Close"], type="discrete", n=2), all=FALSE)

res <- merge(res, ROC(x[, "Close"], type="discrete", n=3), all=FALSE)

res <- merge(res, ROC(x[, "Close"], type="discrete", n=5), all=FALSE)

res <- merge(res, ROC(x[, "Close"], type="discrete", n=10), all=FALSE)

res <- merge(res, ROC(x[, "Volume"], type="discrete", n=3), all=FALSE)

names(res)<-c("ROC1","ROC2","ROC3","ROC5","ROC10","ROC_VOL")
```

ROC에서 n을 지정하면 해당기간의 데이터로 변동률을 산출한다. 그리고 이들 데이터에 대해 2, 3, 5, 10 등으로 종가에 대해 변동률을 산출해서 merge로 데이터를 여러개의 변수로 데이터화시키고, 변수명을 읽기 쉽게 만든다. ROC_VOL같은 경우는 종가기준이 아니라 Volume에 대한 변동임을 표시한 것이다. 여기서 2, 3... 등으로 다양한 값을 지정하는 이유는 이론적인 내용부터 경험에 이르는 여러 가지 기준들이 종목별로 유의미한 경우가 다르기 때문에 이를 다양하게 변수화시키기 위함이다. 절대적으로 며칠 기준이 가장 정확하다는 것은 없고, 종목별·시점별로 유의미하거나 영향을 주는 패턴이 달라질 수 있기 때문에 변수 후보로 투입하는 것이다. 대부분 모델링을 해보면 유사한 기간의 변수들이 유의미하게 나오므로 실제 모형을 운영할 때 데이터에 대한 부하가 있다면 유의변수들의 합집합에 해당되는 데이터만을 관리하면 된다. 단, 주기적으로 시장변화에 따라 전체 변수를 투입해서 리모델링할 필요는 있다.

2 BBands ; Bollinger Bands

```
BBands(HLC, n = 20, maType, sd = 2, ...)
```

여기서 n은 이동평균기간을 설정하고, sd는 표준편차의 몇 배수를 적용할지를 결정한다. 보통 20과 2를 사용한다.

HLC를 투입하면 아래와 같은 Column을 가지는 object를 돌려주는데 이는 주가의 변동성을 보여주는 변수이다.

- dn: The lower Bollinger Band.
- mavg: The middle Moving Average.
- up: The upper Bollinger Band.

– pctB: The %B calculation.

```
res <- merge(res, BBands(HLC(x), n=10)[,4], all=FALSE)
n<-ncol(res); names(res)[n]<-"pctB"
```

위에서 BBands(HLC(x), n=10)[,4]는 BBands의 결과값의 4번째 Value인 pctB값만을 선택해서 res에 누적하는 결과를 만든다. 하위 0.2(상위 0.8)는 oversold(over bought)한 결과로 해석되고 overbought에서 oversold로 변환되는 시점을 매수 signal로 활용한다.

3 SMI : Stochastic Oscillator / Stochastic Momentum Index

```
res <- merge(res, SMI(x[, c("High","Low","Close")]), all=FALSE)
res <- merge(res, SMI(x[, c("High","Low","Close")], maType=list(list(SMA),
list(EMA, wilder=TRUE), list(SMA))), all=FALSE)
n<-ncol(res);names(res)[c(n-3,n)]<-c("SMI","SMI_sig","SMI3MA","SMI3MA_sig")
```

4 MACD : MACD Oscillator

```
res <- merge(res, MACD(Cl(x), nFast=6, nSlow=13, nSig=5), all=FALSE)
n<-ncol(res);names(res)[c(n-1,n)]<-c("MACD","MACD_sig")
```

stoch: Stochastic Oscillator / Stochastic Momentum Index

```
res <- merge(res, stoch(x[, c("High","Low","Close")], nFastK=7), all=FALSE)
res <- merge(res, stoch(HLC(x), maType=list(list(SMA), list(EMA, wilder=TRUE),
list(SMA)), nFastK=7)[,1], all=FALSE)
n<-ncol(res);names(res)[c((n-5):n)]<-c("Stoch_fastK7","Stoch_fastD7","Stoch
_slowD7","Stoch2MA_fastK","Stoch2MA_fastD","Stoch2MA_slowD")
```

5 ATR ; True Range / Average True Range

```
res <- merge(res, ATR(HLC(x))[,c(1,2)], all=FALSE)
n<-ncol(res);names(res)[c((n-3):n)]<-c("ATR_tr","ATR_atr","ATR_trueHigh",
"ATR_trueLow")
```

6 aroon

```
aroon(HL, n = 20)

aroonUp - The Aroon up indicator.
aroonDn - The Aroon down indicator.
oscillator - The Aroon oscillator (aroonUp - aroonDn).
res <- merge(res, aroon(x[, c("High", "Low")]), all=FALSE)
n<-ncol(res);names(res)[c((n-2):n)]<-c("Arron_Up","Arron_Dn","Arron_osc")
```

7 volatility

```
res <- merge(res, volatility(OHLC(x), n=5, calc="close"), all=FALSE)
n<-ncol(res);names(res)[n]<-"Volatile"
```

8 EMA ; Exponential Moving Averages

```
res <- merge(res, EMA(Cl(x),7), all=FALSE)
res <- merge(res, EMA(Cl(x),50), all=FALSE)
res <- merge(res, EMA(Cl(x),120), all=FALSE)
res <- merge(res, (EMA(Cl(x),7) - EMA(Cl(x),50)) / EMA(Cl(x),50), all=FALSE)
res <- merge(res, (EMA(Cl(x),7) - EMA(Cl(x),120)) / EMA(Cl(x),120), all=FALSE)
```

```
res <- merge(res, (EMA(Cl(x),50) - EMA(Cl(x),120)) / EMA(Cl(x),120),
all=FALSE)
n<-ncol(res);names(res)[c((n-5):n)]<-c("EMA7","EMA50","EMA120","EMA7to50",
"EMA7to120","EMA50to120")
```

9 SMA ; Moving Averages

```
res <- merge(res, SMA(Cl(x),7), all=FALSE)
res <- merge(res, SMA(Cl(x),50), all=FALSE)
res <- merge(res, SMA(Cl(x),120), all=FALSE)
res <- merge(res, (SMA(Cl(x),7) - SMA(Cl(x),50)) / SMA(Cl(x),50), all=FALSE)
res <- merge(res, (SMA(Cl(x),7) - SMA(Cl(x),120)) / SMA(Cl(x),120), all=FALSE)
res <- merge(res, (SMA(Cl(x),50) - SMA(Cl(x),120)) / SMA(Cl(x),120),
all=FALSE)
n<-ncol(res);names(res)[c((n-5):n)]<-c("SMA7","SMA50","SMA120","SMA7to50",
"SMA7to120","SMA50to120")
```

10 CMO ; Chande Momentum Oscillator

```
res <- merge(res, CMO(Cl(x),n=15), all=FALSE)
n<-ncol(res);names(res)[n]<-"CMO15"
```

11 DEMA ; Double Exponential Moving Averages

```
res <- merge(res, DEMA(Cl(x),20), all=FALSE)
n<-ncol(res);names(res)[n]<-"DEMA20"
```

(2) 그 외 지표들

앞의 변수 외에도 넣을 수 있는 다른 변수를 하나씩 설명하겠다. 여기에 빠진 변수에 대한 해설은 독자 여러분께 맡기고자 한다. 다음 설명들은 반드시 절대적인 것은 아니다. 상황에 따라 정확히 맞아떨어지는 것도 있지만, 그렇지 않을 수도 있으니 유의하기 바란다.

1 RSI ; Relative Strength Index

고저점을 찾기 위해 30과 80선을 사용하면, 아래와 같은 고점과 저점을 찾을 수 있다. 아래의 그림에서 RSI의 검은색 부분이 이상적인 보유기간이라 보면 된다. RSI의 저점 때마다 매수하고 고점에 도달했을 때는 매도하는 방법이다.

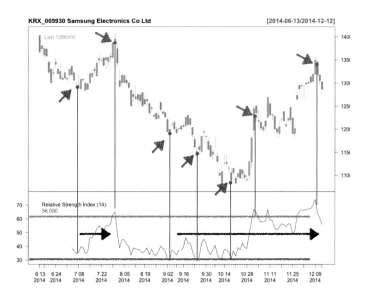

또한 RSI는 상승장이나 하락장의 전조를 알려주기도 한다. 다음은 상승장을 예고하는 것으로 30선을 통과한 후 올랐다가 다시 떨어지는데 30선 아래로 떨어지는 않는다. 이를 몇 차례 반복하면 50을 넘어 70선까지 가는 상승장이 펼쳐지기도 하는데 이때를 매수 시점으로 잡는 방법이 있다. 물론 그 반대도 나타나지만 이것은 절대적인 사항은 아니므로 주의하기 바란다.

이 외에도 RSI를 해석하는 방법은 많지만 본서에서는 여기까지만 설명하겠다. 참고로 앞의 그래프를 그리는 script는 다음과 같다.

```
library(quantmod)
library(Quandl)

stck_sec<-Quandl("GOOG/KRX_005930", trim_start="2014-06-13", trim_end= "2014-12-12")
head(stck_sec)
stck_sec$Adjusted <- stck_sec$Close
row.names(stck_sec) <- stck_sec[,"Date"]

stock.data_sec <- as.xts(stck_sec[,-1],dateFormat="POSIXct")

candleChart(stock.data_sec,TA=NULL, theme='white',name="KRX_005930 Samsung Electronics Co Ltd")
addRSI(n = 14)
```

2 ADX ; Welles Wilder's Directional Movement Index

ADX 지표가 20을 넘어서면 주가가 오른다고 생각하면 되는데 특히, 25를 넘어서면 강한 상승장으로 추적 매수를 고려할 필요가 있다. ADX가 낮아져도 주가가 상승할 수 있지만 그 상승추세는 약해진 것을 의미한다. 지표값이 20을 밑돌면 주가가 횡보하는 것을 의미한다. 그러나 이 지표 역시 주식종목에 따라 많은 영향을 받는다. 아래의 경우 삼성전자가 아닌 삼성화재를 사용하였는데, 절대적이지 않으므로 ADX가 어느 정도 맞는 것을 고른 것이다.

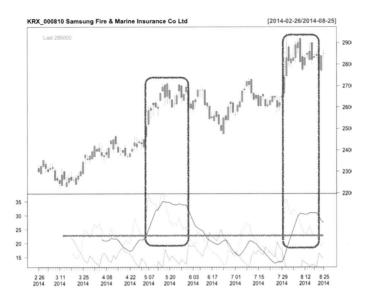

3 CCI ; Commodity Channel Index

먼저 설정에서 며칠간의 일자를 이용하여 index를 설정할 것인지를 선택할 수 있다. RSI와 같이 일자를 줄이면 많은 시그널이 나오고 일자를 늘리면 적은 수의 시그널이 나오는데 이는 투자성향에 따라 바꾸면 된다.

간단히 buy position을 취할 때와 sell position을 취할 때를 표시해 보겠다.

- buy position : (1) 하한선을 지나 가파르게 상향으로 변동되는 날카로운 점들과 (2) 이를 지나 하한선을 통과하는 점들, (3) 0의 선 위로부터 하락하다가 0의 선을 터치하며 반등하는 점들, (4) [흔치 않은 경우] 상한선을 상향 돌파하는 점들
- sell position: (1) 상한선을 지나 날카로운 정점을 찍고 하락하기 시작하는 지점들과 (2) 정점을 지났다 하더라도 상한선을 지나 하락하는 지점들

이러한 규칙을 따랐을 경우 아래와 같은 수익을 얻을 수 있다.

④ CMF : Chaikin Money Flow

0점을 기준으로 그 위는 매수세가 강한 것을, 그 아래는 매도세가 강한 것을 의미하며, −1~1 사이의 값을 가진다. 그러나 1이 되기 위해서는 상한가를 20일 정도 연속해야 하므로 실제로는 1에 근접하는 경우는 거의 없다. −1도 마찬가지이다. 따라서 보통은 −0.5~0.5 사이이며, −0.5나 0.5도 도달하기 어려운 것이다.

보통은 −0.05~0.05 사이의 움직임은 무시하고, 이 선을 통과할 경우 매수 또는 매도하게 된다. 즉, 0.05를 상향통과하면 매수를 하게 되고, −0.05를 하향통과하게 되면 매도를 하는 것이 정책이다.

아래 그림에서처럼 매수지점과 매도시점을 잡았으며, 상당한 이익을 얻은 것으로 보인다.

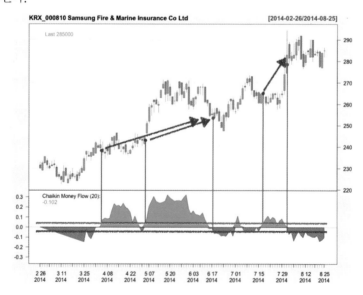

−100~100 사이의 지표로 나타낸다. −50 이하로 내려가면 oversold로 50 이상이면 overbought로 하여 매수세와 매도세를 나타내는 지표이다. RSI와 유사하게 생각하고 buy와 sell position을 잡으면 된다.

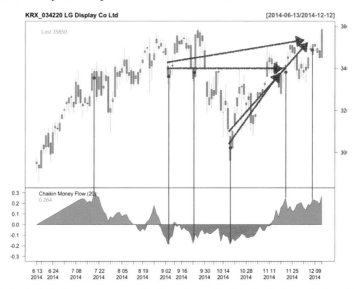

지금까지 간략하게 quantmod가 제공하는 지표들에 대해 보았다. 이들 변수들을 투입하는 것은 독자들에게 숙제로 남기고자 한다.

(3) 목표변수 생성

목표변수는 미래에 얼마나 오를지를 모아서 이를 목표변수를 만드는데 사용하였다. 미래 예상 수치기 때문에 이를 Train시에 투입 변수로 사용해서는 안 된다. 변수를 개발했다고 해서 모두 Train 변수로 쓰는 것은 아니므로 이에 주의해야 한다. 주식모델은 조금 복잡하여 목표변수를 만들면서도 변수를 몇 개 만들었다. 다음의 설명을 천천히 읽으면서 잘 이해해 보기 바란다.

1 z : 다음 5일간 일변동이 2% 이상인 날의 변동만을 합한 데이터의 생성

```
n.days<-5;tgt.margin<-0.02
r <- matrix(NA, ncol=n.days, nrow=nrow(x))
```

```
head(r)

for(i in 1:n.days) r[,i] <- Next(Delt(Cl(x), k=i), i)

z <- apply(r,1,function(x) 100 * sum(x[x > tgt.margin | x < -tgt.margin]))

if (is.xts(x)) z<-xts(z, time(x)) else z

head(z)
```

2 sig : 전일 대비 z값의 상승(1) 혹은 하락(-1) 값 생성

```
sig <- z

df.sig <- coredata(sig)

head(sig)

n <- nrow(sig)

for (i in 1:n) {

  if (!is.na(df.sig[i]) & !is.na(df.sig[i+1]) & df.sig[i] < df.sig[i+1]) {

    sig[i,] <- 1

  } else {

    sig[i,] <- -1

  }

}

head(sig)
```

이 sig 값이 1이면 익일의 향후 5일간의 수익률이 금일의 향후 5일간의 수익률보다 높은 것이고, 반대로 -1이면 낮은 것이다.

3 feature.data ; quantmod를 이용해 생성한 변수와 sig를 NEXTDAY로 바꾸어 결합

```
feature.data <- na.omit(merge(res, NEXTDAY=sig))

names(feature.data)

head(feature.data)
```

3. classification 적용

모델링 부분으로 분류분석을 사용하였다. party, rpart, support vector machine(svm), c5.0, knn, nnet 등 많은 알고리즘이 있는데, 지금까지 해온 모델링 결과 random Forest가 가장 안정적인 결과를 내기에 이를 예로 들어 적용하고자 한다.

다음은 randomForest를 적용하여 모델을 만들고, 정확도를 확인하는 스크립트다.

```
train.data<-as.data.frame(feature.data["2012-01-01/2014-08-31"])
train.data$NEXTDAY<-factor(train.data$NEXTDAY)
head(train.data);tail(train.data)

test.data<-as.data.frame(feature.data["2014-09-01/"])
test.data$NEXTDAY<-factor(test.data$NEXTDAY,levels=levels(train.data$NEXTDAY))
head(test.data);tail(test.data)

library(randomForest)
mdl_rf<-randomForest(NEXTDAY~.,data=train.data)
mat_tr<-table(predict(mdl_rf),train.data$NEXTDAY)
sum(diag(mat_tr))/sum(mat_tr)
mat_tr[2,2]/sum(mat_tr[2,])
```

정확도는 55% 정도 나왔으며, precision은 48%정도 나왔다.

```
> sum(diag(mat_tr))/sum(mat_tr)
[1] 0.5477997
> mat_tr[2,2]/sum(mat_tr[2,])
[1] 0.4811715
```

결과가 만족스럽지 않은가? 이 결과는 다음의 방식으로 개선을 시도할 수 있으니 직접 실행해보기 바란다.

- 다른 종목에 적용 (2.2 참조)
- 다른 변수의 투입
- target value를 달리 적용

4. 손익 Simulation

이번에는 위에 생성한 모델을 이용해 손익 시뮬레이션을 해 보겠다.

손익 Simulation은 위의 Predict에 따라 투자를 하였을 경우 지정된 수일간 수익이 얼마나 발생하는지, 비용은 얼마나 발생하는지, 이 둘의 차이인 이익은 얼마나 발생하는지를 보는 것이다. 참고로 비용은 매수시점의 가격이고, 수익은 매도시점의 가격이다. 상당히 복잡한 과정이므로 천천히 따라해보기 바란다.

(1) simulation 기간의 거래데이터와 모델에 의한 예측 값 생성

```
quotes<-stock.data["2014-09-01/"]
pred <- predict(mdl_rf, test.data)
```

(2) ind(Tind)와 sig(Tsig) 값 생성

ind는 향후 5일간의 2% 이상 상승/하락한 수익률의 합계이고, sig는 ind의 변동방향이다.

```
# sum of next 5-day margins that is more than 2% or less than -2% during
simulation period
r <- matrix(NA, ncol=n.days, nrow=nrow(quotes))
head(r)
for(i in 1:n.days) r[,i] <- Next(Delt(Cl(quotes), k=i), i)
ind <- apply(r,1,function(x) 100 * sum(x[x > tgt.margin | x < -tgt.margin]))
if (is.xts(quotes)) ind<-xts(ind, time(quotes)) else ind
head(ind)

# increasing or decreasing of ind with respect to the previous day's sum
during simulation period
sig <- ind
head(sig)
df.sig <- coredata(sig)
head(df.sig)
```

```
m <- nrow(sig)
for (i in 1:m) {
  if (!is.na(df.sig[i]) & !is.na(df.sig[i+1]) & df.sig[i] < df.sig[i+1]) {
    sig[i, ] <- 1
  } else {
    sig[i, ] <- -1
  }
}


head(sig)
```

(3) 손익 계산 및 data를 dataframe "r"에 통합

매수와 매도는 pred의 변화에 따라 집행한다. 즉, −1에서 1로 변할 때는 매수, 1에서 −1로 변할 때는 매도하게 된다. 변화가 없을 때는 매수, 매도를 하지 않는다.

```
n <- NROW(quotes)
df.quotes <- coredata(quotes)
cols <- c("Timestamp", "Open", "High", "Low", "Close", "Volume", "Adjusted",
"Predicted", "bucket", "Price", "Profit", "Tind", "Tsig")
r <- as.data.frame(matrix(NA, ncol=length(cols), nrow=n))
colnames(r) <- cols
head(r)

prev_sig <- -1
bucket <- 0
prev_price <- 0
price <- 0
gains <- 0
profit <- 0
for(i in 1:n) {
  if (bucket == 1) {
```

```
    price <- df.quotes[i,'Open']
  } else if (bucket == -1) {
    price <- df.quotes[i,'Open']
  } else if (bucket == 2) {
    price <- df.quotes[i,'Close']
  }
  gains <- ifelse(prev_price == 0, 0, 100 * (price - prev_price) / prev_price)
  profit <- ifelse(bucket == 1, profit, profit + gains)

  tind <- ifelse(is.na(round(ind[i], 3)), 0, round(ind[i], 3))
  tsig <- ifelse(is.na(sig[i]), 0, sig[i])
    r[i,] <- c(as.character(index(quotes[i,])),df.quotes[i,'Open'],
df.quotes[i,'High'], df.quotes[i,'Low'],df.quotes[i,'Close'], df.quotes[i,
'Volume'], df.quotes[i,'Adjusted'],pred[i], bucket, price, profit, tind, tsig)
  if (prev_sig == 1 & pred[i] == -1) {
    bucket <- -1
  } else if (prev_sig == -1 & pred[i] == 1) {
    bucket <- 1
  } else if (prev_sig == 1) {
    bucket <- 2
  } else bucket <- 0
  prev_sig <- pred[i]
  prev_price <- price
}
```

(4) 자료형 변환

모두 character형으로 되어 있는 것을 숫자 형식으로 바꾸고, time series
로 변환한다.

```
str(r)
for (i in 1:length(cols)) {
  if (i==1) {
```

```
    r[,i] <- as.factor(r[,i])
  } else {
    r[,i] <- as.numeric(r[,i])
  }
}
simul.results <-as.xts(r[, 2:length(cols)], order.by=as.POSIXct(r$Timestamp))
head(simul.results)
```

(5) 결과 시각화

손익 Simulation 결과를 익숙한 차트를 이용해 도식화한다.

```
candleChart(simul.results, TA=NULL, theme='white')
addClose <- newTA(FUN=Cl,col=1,legend='Close')
addClose(on=1)
addVo()
addBBands(n=10)

Predicted <- function(x) x[, "Predicted"]
Profit <- function(x) x[, "Profit"]
Tind <- function(x) x[, "Tind"]
Tsig <- function(x) x[, "Tsig"]

add.Predicted <- newTA(FUN=Predicted, col=6, legend='Predicted', type='b')
add.Predicted()
add.Profit <- newTA(FUN=Profit, col=6, legend='Profit', type='b')
add.Profit()
add.Tind <- newTA(FUN=Tind, col='red', legend='Tind', type='b')
add.Tind()
add.Tsig <- newTA(FUN=Tsig, col='red', legend='Tsig', type='b')
add.Tsig()
```

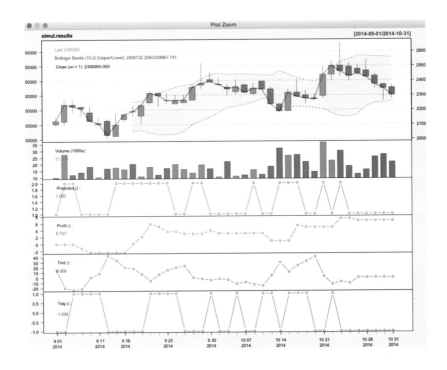

　결과를 보면, predicted()에서는 7번의 거래를 했음을 알 수 있으며, profit()
을 보면 그 동안 6.7%의 이익이 발생했음을 알 수 있다. 그 아래 2개의 차트는
목표변수를 만들기 위해 사용했던 Tind와 Tsig의 변화를 보여주고 있다.

　한 가지 주의할 점은 거래세와 수수료를 반영하지 않았다는 것이다. 실제 거
래에서는 1회 거래 시마다 거래세 0.03%와 증권사의 수수료로 대략 0.005%가
차감되어야 한다. 따라서 7회 거래에 따른 거래세와 수수료는 0.035% × 7 = 0.245%
정도 발생하게 되는데 그만큼 이익이 줄어들게 된다.

다수의 주식에 대해 portal에서의 data 획득과 모델링 및 손익 시뮬레이션

이번에는 앞의 모델을 다수의 주식에 적용하는 방안을 소개하고자 한다.
전체 과정은 다음과 같다.

• data 획득
• 함수 정의
• 모델링 및 손익 Simulation

1. data 획득

여기서는 유명포털 사이트에서 웹크롤링 방식을 통해 획득하는 과정을 소개하겠다. 웹크롤링 방식에서 중요한 점은 데이터 원천을 찾아내는 것이다. 아래 설명에서 어떻게 데이터 원천을 찾는지 눈여겨 보기 바란다.

(1) "다음" 사이트에 접속하여 상단 메뉴의 "증권"을 선택한다.

(2) 나타난 화면에서 오른쪽 하단의 "삼성전자"를 클릭한다.

(3) 삼성전자의 주가가 나타나는데, 아래쪽을 보면 탭 중에서 "현재가"가 있다. 이 부분을 클릭한다.

(4) "현재가"에서 하단으로 내려가 보면 일자별 주가가 있고, 오른쪽 위를 보면 "자세히" 버튼이 있다. 이를 클릭한다.

(5) 아래와 같이 30 거래일의 주가가 나오는 것을 확인할 수 있다. 이를 크롤링하고자 한다. 이제부터는 다소 기술적인 사항이므로 잘 따라하기 바란다.

(6) 위 화면의 테이블 부분에서 우클릭을 하여 "페이지 소스 보기"를 클릭한다.

(7) 나타나는 화면에서 "ctrl+f"를 클릭하여 "ifr"를 찾아 아래의 구문을 찾는다. 이를 클릭한다.

(8) 나타난 화면을 크롤링하고자 하는데, 주소에 페이지가 표시되어 있지 않아 다른 페이지를 크롤링하기가 쉽지 않다. 이는 하단에서 2페이지를 클릭하면 페이지가 포함된 주소를 얻을 수 있다.

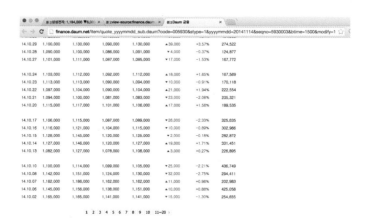

(9) 아래는 2페이지를 선택하여 페이지를 포함한 주소를 확인한 결과이다. 이 중 주소 부분을 선택하여 클립보드에 복사(ctrl+c)한다.

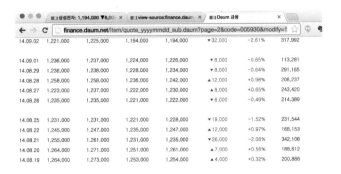

(10) 이를 아래의 R script에 대입하면 위의 결과를 R에서 얻을 수 있다.

```
library(XML)
theurl<-"http://finance.daum.net/item/quote_yyyymmdd_sub.daum?page=1&code=005930&modify=1"
sise_html<-readHTMLTable(theurl)
```

(11) 다음은 크롤링 결과에 포함된 빈칸과 Header를 고치는 R script이다.

```
sise_table<-sise_html[[1]][c(2:6,9:13,16:20,23:27,30:34,37:41),]
names(sise_table)<-c("date","Open","High","Low","Close","p_diff","r_diff","Volume")
sise_table$date<-paste("20",sise_table$date,sep="")
sise_table[,2]<-as.numeric(gsub(",","",as.character(sise_table[,2])))
sise_table[,3]<-as.numeric(gsub(",","",as.character(sise_table[,3])))
sise_table[,4]<-as.numeric(gsub(",","",as.character(sise_table[,4])))
sise_table[,5]<-as.numeric(gsub(",","",as.character(sise_table[,5])))
sise_table[,6]<-gsub("▼","-",as.character(sise_table[,6]))
sise_table[,6]<-gsub("↓","-",sise_table[,6])
sise_table[,6]<-gsub("▲","",sise_table[,6])
```

```
sise_table[,6]<-as.numeric(gsub(",","",sise_table[,6]))

sise_table[,7]<-as.numeric(gsub("%","",as.character(sise_table[,7])))

sise_table[,8]<-as.numeric(gsub(",","",as.character(sise_table[,8])))
```

(12) 이제 종목코드를 바꿔가면서 모으는 방법을 알아보자. 수집하고자 하는 종
목코드를 모으고, 위의 스크립트를 loop문을 사용하면 쉽게 수집할 수 있
다. 아래 스크립트는 "selected"에 종목코드와 회사명을 수집하여, 이를 기
준으로 300일간의 데이터를 수집하는 Script이다.

여기서 배울 것 하나는 foreach 패키지이다. for 문을 사용하면 multicore
를 사용할 수 없으나 foreach를 사용하면 multicore를 사용하므로 몇 배
빠르게 데이터를 수집할 수 있다.

```
library(doMC)
registerDoMC(6)

library(foreach)
library(XML)

load("selected.rdata")
sise_t<-foreach(i=1:nrow(selected), .combine='rbind') %dopar% {
  for (k in 1:10){
      theurl<-paste("http://stock.daum.net/item/quote_yyyymmdd_sub.daum?page=",
k,"&code=",selected$code[i],"&modify=0",sep="")
    sise_html<-readHTMLTable(theurl)
    sise_table_tmp<-sise_html[[1]][c(2:6,9:13,16:20,23:27,30:34,37:41),]
    if (k==1) {
      sise_table<-sise_table_tmp
    } else {
      sise_table<-rbind(sise_table,sise_table_tmp)
    }
  }
    names(sise_table)<-c("date","Open","High","Low","Close","p_diff","r_diff",
```

```
  "Volume")
    sise_table$code<-selected$code[i]
    sise_table$name<-selected$name[i]
    return(sise_table)
} # 1 min on macbook pro 15 inch


sise_t$date<-as.character(sise_t$date)
sise_t$date<-paste("20",sise_t$date,sep="")
sise_t[,2]<-as.numeric(gsub(",","",as.character(sise_t[,2])))
sise_t[,3]<-as.numeric(gsub(",","",as.character(sise_t[,3])))
sise_t[,4]<-as.numeric(gsub(",","",as.character(sise_t[,4])))
sise_t[,5]<-as.numeric(gsub(",","",as.character(sise_t[,5])))
sise_t[,6]<-gsub("▼","-",as.character(sise_t[,6]))
sise_t[,6]<-gsub("↓","-",sise_t[,6])
sise_t[,6]<-gsub("▲","",sise_t[,6])
sise_t[,6]<-as.numeric(gsub(",","",sise_t[,6]))
sise_t[,7]<-as.numeric(gsub("%","",as.character(sise_t[,7])))
sise_t[,8]<-as.numeric(gsub(",","",as.character(sise_t[,8])))


str(sise_t)


# Dup Check
table(duplicated(sise_t))
ind<-which(duplicated(sise_t)==T)
if (length(ind)>0) sise<-sise_t[-ind,] else sise<-sise_t


# Eye Check
head(selected,1);tail(selected,1)
head(sise);tail(sise)


# Save the result
save(sise,sise_t,file="sise.rdata")
```

2. 함수 정의

　1개의 종목으로만 모델링과 시뮬레이션을 적용할 때는 함수를 정의하지 않았지만, 다수의 종목에 대해 적용할 때는 함수를 정의하고 간단히 호출하여 적용하게 되면 Script가 짧아져 이해가 쉽게 된다. 1개 종목에 대해 적용할 때 검증된 것을 함수로 만들어 쉽게 적용할 수 있으며 추후 부분적으로 변경할 때도 관리가 쉬워진다.

(1) T.ind : 5일간 전일대비 2% 이상 변동한 등락률의 합계

```
T.ind <- function(x, tgt.margin=0.02, n.days=5) {
  r <- matrix(NA, ncol=n.days, nrow=NROW(x))
  for(i in 1:n.days) r[,i] <- Next(Delt(Cl(x), k=i), i)
  z <- apply(r,1,function(x) 100 * sum(x[x > tgt.margin | x < -tgt.margin]))
  if (is.xts(x)) z<-xts(z, time(x)) else z
  return(z)
}
```

(2) T.sig : ind가 전일 대비 상승(1) 혹은 하락(-1) 했는지를 표시

```
T.sig <- function(ind, bound=0) {
  sig <- ind
  df.sig <- coredata(sig)
  n <- nrow(sig)
  for (i in 1:n) {
    if (!is.na(df.sig[i]) & !is.na(df.sig[i+1]) & df.sig[i] < df.sig[i+1]) {
      sig[i, ] <- 1
    } else {
      sig[i, ] <- -1
    }
  }
  return(sig)
}
```

(3) 기술 분석 지표

```r
myROC1.roc <- function(x) ROC(x[, "Close"], type="discrete", n=1)

myROC2.roc <- function(x) ROC(x[, "Close"], type="discrete", n=2)

myROC3.roc <- function(x) ROC(x[, "Close"], type="discrete", n=3)

myROC5.roc <- function(x) ROC(x[, "Close"], type="discrete", n=5)

myROC10.roc <- function(x) ROC(x[, "Close"], type="discrete", n=10)

myVROC <- function(x) ROC(x[, "Volume"], type="discrete", n=3)


myBBands.pctB <- function(x) BBands(HLC(x), n=10)[,4]


mySMI.SMI <- function(x) SMI(x[, c("High","Low","Close")])[,1]

mySMI.signal <- function(x) SMI(x[, c("High","Low","Close")])[,2]

mySMI3MA.smi <- function(x) SMI(x[, c("High","Low","Close")],maType=list(list
(SMA), list(EMA, wilder=TRUE), list(SMA)))[,1]

mySMI3MA.signal <- function(x) SMI(x[, c("High","Low","Close")],maType=list
(list(SMA), list(EMA, wilder=TRUE), list(SMA)))[,2]


myMACD.macd <- function(x) MACD(Cl(x), nFast=6, nSlow=13, nSig=5)[,1]

myMACD.signal <- function(x) MACD(x[, "Close"], nFast=6, nSlow=13, nSig=5)[,2]


myStoch.fastK <- function(x) stoch(x[, c("High","Low","Close")], nFastK=7)[,1]

myStoch.1fastD <- function(x) stoch(x[, c("High","Low","Close")], nFastK=7)[,2]

myStoch.2fastD <- function(x) stoch(x[, c("High","Low","Close")], nFastK=6)[,2]

myStoch.3fastD <- function(x) stoch(x[, c("High","Low","Close")], nFastK=5)[,2]

myStoch.4fastD <- function(x) stoch(x[, c("High","Low","Close")], nFastK=4)[,2]

myStoch.slowD <- function(x) stoch(x[, c("High","Low","Close")], nFastK=7)[,3]


myStoch2MA.fastK <- function(x) stoch(HLC(x), maType=list(list(SMA), list(EMA,
wilder=TRUE), list(SMA)), nFastK=7)[,1]

myStoch2MA.fastD <- function(x) stoch(HLC(x), maType=list(list(SMA), list(EMA,
wilder=TRUE), list(SMA)), nFastK=7)[,2]

myStoch2MA.slowD <- function(x) stoch(HLC(x), maType=list(list(SMA), list(EMA,
```

```
wilder=TRUE), list(SMA)), nFastK=7)[,3]


myStochRSI.fastK <- function(x) stoch(RSI(Cl(x)))[,1]

myStochRSI.fastD <- function(x) stoch(RSI(Cl(x), n=7), nFastK=7)[,2]

myStochRSI.slowD <- function(x) stoch(RSI(Cl(x)))[,3]


myRSI.rsi <- function(x) RSI(x[, c("Close")], n=7)[,1]


myATR.tr <- function(x) ATR(HLC(x))[,1]

myATR.atr <- function(x) ATR(HLC(x))[,2]

myATR.trueHigh <- function(x) ATR(HLC(x))[,3]

myATR.trueLow <- function(x) ATR(HLC(x))[,4]


myAroon.up <- function(x) aroon(x[, c("High", "Low")])[,1]

myAroon.down <- function(x) aroon(x[, c("High", "Low")])[,2]

myAroon.osci <- function(x) aroon(x[, c("High", "Low")], n=10)[,3]


myVolatility <- function(x) volatility(OHLC(x), n=5, calc="close")


myEMA7 <- function(x) EMA(Cl(x),7)

myEMA50 <- function(x) EMA(Cl(x),50)

myEMA120 <- function(x) EMA(Cl(x),120)

myEMA7to50 <- function(x) (EMA(Cl(x),7) - EMA(Cl(x),50)) / EMA(Cl(x),50)

myEMA7to120 <- function(x) (EMA(Cl(x),7) - EMA(Cl(x),120)) / EMA(Cl(x),120)

myEMA50to120 <- function(x) (EMA(Cl(x),50) - EMA(Cl(x),120)) / EMA(Cl(x),120)


mySMA7 <- function(x) SMA(Cl(x),7)

mySMA50 <- function(x) SMA(Cl(x),50)

mySMA120 <- function(x) SMA(Cl(x),120)

mySMA7to50 <- function(x) (SMA(Cl(x),7) - SMA(Cl(x),50)) / SMA(Cl(x),50)

mySMA7to120 <- function(x) (SMA(Cl(x),7) - SMA(Cl(x),120)) / SMA(Cl(x),120)

mySMA50to120 <- function(x) (SMA(Cl(x),50) - SMA(Cl(x),120)) / SMA(Cl(x),120)


myCMO15 <- function(x) CMO(Cl(x),n=15)

myDEMA20 <- function(x) DEMA(Cl(x),20)
```

(4) 모델 투입 변수 생성 함수

```
addFewerFeatures = function(x) {
  res <- myROC1.roc(x)
  res <- merge(res, myROC2.roc(x), all=FALSE)
  res <- merge(res, myROC3.roc(x), all=FALSE)
  res <- merge(res, myROC5.roc(x), all=FALSE)
  res <- merge(res, myVROC(x), all=FALSE)

  res <- merge(res, myBBands.pctB(x), all=FALSE)

  res <- merge(res, mySMI.SMI(x), all=FALSE)
  res <- merge(res, mySMI.signal(x), all=FALSE)
  res <- merge(res, mySMI3MA.smi(x), all=FALSE)
  res <- merge(res, mySMI3MA.signal(x), all=FALSE)

  res <- merge(res, myMACD.macd(x), all=FALSE)
  res <- merge(res, myMACD.signal(x), all=FALSE)

  res <- merge(res, myStoch.fastK(x), all=FALSE)
  res <- merge(res, myStoch.1fastD(x), all=FALSE)
  res <- merge(res, myStoch.2fastD(x), all=FALSE)
  res <- merge(res, myStoch.3fastD(x), all=FALSE)
  res <- merge(res, myStoch.4fastD(x), all=FALSE)
  res <- merge(res, myStoch.slowD(x), all=FALSE)

  res <- merge(res, myStoch2MA.fastK(x), all=FALSE)
  res <- merge(res, myStoch2MA.fastD(x), all=FALSE)
  res <- merge(res, myStoch2MA.slowD(x), all=FALSE)

  res <- merge(res, myStochRSI.fastK(x), all=FALSE)
  res <- merge(res, myStochRSI.fastD(x), all=FALSE)
  res <- merge(res, myStochRSI.slowD(x), all=FALSE)
```

```
    res <- merge(res, myRSI.rsi(x), all=FALSE)

    res <- merge(res, myATR.tr(x), all=FALSE)

    res <- merge(res, myATR.atr(x), all=FALSE)

    res <- merge(res, myATR.trueHigh(x), all=FALSE)

    res <- merge(res, myATR.trueLow(x), all=FALSE)


    res <- merge(res, myAroon.up(x), all=FALSE)

    res <- merge(res, myAroon.down(x), all=FALSE)

    res <- merge(res, myAroon.osci(x), all=FALSE)


    res <- merge(res, myVolatility(x), all=FALSE)


    res <- merge(res, myEMA7(x), all=FALSE)

    res <- merge(res, myEMA50(x), all=FALSE)

    res <- merge(res, myEMA120(x), all=FALSE)

    res <- merge(res, myEMA7to50(x), all=FALSE)

    res <- merge(res, myEMA7to120(x), all=FALSE)

    res <- merge(res, myEMA50to120(x), all=FALSE)


    res <- merge(res, mySMA7(x), all=FALSE)

    res <- merge(res, mySMA50(x), all=FALSE)

    res <- merge(res, mySMA120(x), all=FALSE)

    res <- merge(res, mySMA7to50(x), all=FALSE)

    res <- merge(res, mySMA7to120(x), all=FALSE)

    res <- merge(res, mySMA50to120(x), all=FALSE)


    res <- merge(res, myCMO15(x), all=FALSE)

    res <- merge(res, myDEMA20(x), all=FALSE)


    return(res)

}
```

(5) 손익 시뮬레이션을 위한 함수

```
T.simulator <- function(quotes, pred) {
  cov.pred <- function(p) {
    ifelse(p == "b", 1,
           ifelse(p == "s", -1, 0))
  }
  n <- NROW(quotes)
  ind <- T.ind(quotes)
  pred <- cov.pred(pred)
  sig <- T.sig(ind)
  df.quotes <- coredata(quotes)

  cols <- c("Timestamp", "Open", "High", "Low", "Close", "Volume", "Adjusted",
            "Predicted", "bucket", "Price", "Profit", "Tind", "Tsig")
  r <- as.data.frame(matrix(NA, ncol=length(cols), nrow=n))
  colnames(r) <- cols

  # 기본 정보 저장
  prev_sig <- -1
  bucket <- 0
  prev_price <- 0
  price <- 0
  gains <- 0
  profit <- 0
  for(i in 1:n) {
    if (bucket == 1) {
      price <- df.quotes[i,'Open']
    } else if (bucket == -1) {
      price <- df.quotes[i,'Open']
    } else if (bucket == 2) {
      price <- df.quotes[i,'Close']
    }
```

```
gains <- ifelse(prev_price == 0, 0, 100 * (price - prev_price) / prev_price)
profit <- ifelse(bucket == 1, profit, profit + gains)

tind <- ifelse(is.na(round(ind[i], 3)), 0, round(ind[i], 3))
tsig <- ifelse(is.na(sig[i]), 0, sig[i])
    r[i,] <- c(as.character(index(quotes[i,])),df.quotes[i,'Open'],
df.quotes[i,'High'], df.quotes[i,'Low'],df.quotes[i,'Close'], df.quotes[i,
'Volume'], df.quotes[i,'Adjusted'],pred[i], bucket, price, profit, tind, tsig)
    if (prev_sig == 1 & pred[i] == -1) {
      bucket <- -1
    } else if (prev_sig == -1 & pred[i] == 1) {
      bucket <- 1
    } else if (prev_sig == 1) {
      bucket <- 2
    } else bucket <- 0

  prev_sig <- pred[i]
  prev_price <- price
}

# 수익률 계산
prev_sig <- -1
for (i in 1:n) {
  if (prev_sig != sig[i]) {
  }
}

# 자료 형 변환
for (i in 1:length(cols)) {
  if (i==1) {
    r[,i] <- as.factor(r[,i])
  } else {
    r[,i] <- as.numeric(r[,i])
```

```
    }
  }
  z <-as.xts(r[, 2:length(cols)], order.by=as.POSIXct(r$Timestamp))
  return(z)
}


Predicted <- function(x) x[, "Predicted"]
Profit <- function(x) x[, "Profit"]
Tind <- function(x) x[, "Tind"]
Tsig <- function(x) x[, "Tsig"]


save(list=ls(),file="ft.rdata")
```

3. 모델링과 손익 Simulation

지금까지 산출한 data와 function을 이용하여 data를 구현하고, 모델링을 한 다음 시뮬레이션을 한다. 여기서 배울 것은 다수의 모델을 list에 저장하는 방법이 중요하다는 것이다.

```
library(sqldf)
library(quantmod)
library(caret)

load("sise.rdata")
load("ft.rdata")
head(sise);tail(sise)
mycode<-sqldf("select distinct(code) code, name from sise order by code")

tr_end.dt<-"2012-01-01/2014-08-31"
pred_st.dt<-"2014-04-01/"
sim.dt<-"2014-04-01/2014-10-31"
```

```
for (i in 1:nrow(mycode)){
  stock.data<-sise[sise$code==mycode[i,1],-c(6,7,9,10)]
  stock.data$Adjusted <- stock.data$Close
  stock.data$date <- gsub("\\.","-",stock.data$date)
  row.names(stock.data) <- stock.data[,"date"]
  stock.data <- as.xts(stock.data[,-1],dateFormat="POSIXct")
  stock.id<-mycode[i,]
  feature.data <- addFewerFeatures(stock.data)
  names(feature.data)
  colnames(feature.data)<-c("ROC1","ROC2","ROC3","ROC5","VROC","BBands_pctB",
"SMI","SMI_sig","SMI3MA","SMI3MA_sig","MACD","MACD_sig","Stoch_fastK","Stoch_1
fastD","Stoch_2fastD","Stoch_3fastD","Stoch_4fastD","Stoch_slowD","Stoch2MA.fa
stK","Stoch2MA.fastD","Stoch2MA.slowD","StochRSI_fastK","StochRSI_fastD","Stoc
hRSI_slowD","RSI","ATR.tr","ATR.atr","ATR.trueHigh","ATR.trueLow","Aroon.up","
Aroon.down","Aroon.osci","Volatility","EMA7","EMA50","EMA120","EMA7to50","EMA7
to120","EMA50to120","SMA7","SMA50","SMA120","SMA7to50","SMA7to120","SMA50to120
","CMO15","DEMA20")
  feature.data <- merge(feature.data, T.sig(T.ind(stock.data)))
  feature.data <- na.omit(feature.data)
  colnames(feature.data)[ncol(feature.data)] <- "NEXTDAY"
  train.data = na.omit(as.data.frame(feature.data[tr_end.dt]))
  rownames(train.data) = NULL
  train.data$NEXTDAY = as.factor(train.data$NEXTDAY)
  levels(train.data$NEXTDAY) <- list(s="-1", b="1")
  test.data = na.omit(as.data.frame(feature.data[pred_st.dt]))
  rownames(test.data) = NULL
  test.data$NEXTDAY = as.factor(test.data$NEXTDAY)
  levels(test.data$NEXTDAY) <- list(s="-1", b="1")
  formula <- as.formula('NEXTDAY ~ .')

  # Model: randomForest 254 secs
  fitControl <- trainControl(method = "repeatedcv",number = 10,repeats = 10)
  rfGrid <- expand.grid(mtry=(1:8)*2)
```

```
  rf.model <- train(formula,data=train.data,method="rf",trControl=fitControl,
tuneGrid= rfGrid) # 184 sec

  rfImp <- varImp(rf.model)
  confusionMatrix(rf.model)
  plot(rf.model,main="plot(rf.model)") # result plot
  plot(rfImp,main="plot(rfImp)") # result plot


  simul.data <- stock.data[sim.dt]
  attr(simul.data,"dimnames")
  names(train.data)
  names(test.data)
  sim_data<-addFewerFeatures(simul.data)
    names(sim_data)<-c("ROC1","ROC2","ROC3","ROC5","VROC","BBands_pctB","SMI",
"SMI_sig","SMI3MA","SMI3MA_sig","MACD","MACD_sig","Stoch_fastK","Stoch_1fastD"
,"Stoch_2fastD","Stoch_3fastD","Stoch_4fastD","Stoch_slowD","Stoch2MA.fastK","
Stoch2MA.fastD","Stoch2MA.slowD","StochRSI_fastK","StochRSI_fastD","StochRSI_s
lowD","RSI","ATR.tr","ATR.atr","ATR.trueHigh","ATR.trueLow","Aroon.up","Aroon.
down","Aroon.osci","Volatility","EMA7","EMA50","EMA120","EMA7to50","EMA7to120"
,"EMA50to120","SMA7","SMA50","SMA120","SMA7to50","SMA7to120","SMA50to120","CMO
15","DEMA20")
  simul.feature.data <- na.omit(sim_data)
  market <- (simul.data[paste(sep="", as.character(start(simul.feature.data)),
"/")])
  rownames(simul.feature.data) = NULL


  simul.rf.pred <- predict(rf.model, simul.feature.data)
  sig <- simul.rf.pred


  simul.results <- T.simulator(market, simul.rf.pred)
  if (sig[length(sig)]=="b") Res<-"BUY " else Res<-"SELL"
   print(paste(i,Res,mycode[i,1],mycode[i,2], "Profit = ", round(last(simul.
results$Profit) ,2),"acc=",round(max(rf.model$results$Accuracy),2)))


  # Results Visualization
```

```
    candleChart(simul.results, TA=NULL, theme='white',name=paste(stock.id$code,
stock.id$name))
  addClose <- newTA(FUN=Cl,col=1,legend='Close')
  addClose(on=1)
  addVo()
  addBBands(n=10)
  add.Predicted <- newTA(FUN=Predicted, col=6, legend='Predicted', type='b')
  add.Predicted()
  add.Profit <- newTA(FUN=Profit, col=6, legend='Profit', type='b')
  add.Profit()
  add.Tind <- newTA(FUN=Tind, col='red', legend='Tind', type='b')
  add.Tind()
  add.Tsig <- newTA(FUN=Tsig, col='red', legend='Tsig', type='b')
  add.Tsig()

  n_png<-paste("png_",mycode[i,],".png",sep="")
  dev.copy(png,n_png)
  dev.off()

  # Data & Model Backup
  date_tmp<-rownames(as.data.frame(feature.data[pred_st.dt]))
  n1<-length(simul.rf.pred);n2<-length(date_tmp);n3<-nrow(test.data);
  date<-date_tmp[(n2-n1+1):n2]
  tt_d<-test.data[(n2-n1+1):n2,c(14,1:13)]
  rf_pred<-simul.rf.pred

  if(i==1) mdl_rf<-list(mycode[i,],rf.model)
  if(i>1) mdl_rf<-c(mdl_rf,list(mycode[i,],rf.model))
  if(i%%20==0) save(mdl_rf,file=paste("data/model_20141001_",i,".rdata",sep=""))
}

length(mdl_rf)
save(mdl_rf,file='model.rdata')
```

결과를 보면 selected.rdata에 포함된 회사의 개수만큼 손익 시뮬레이션 결과가 png 파일로 생성된다. 또한 그 수만큼의 매수, 매도를 지시하는 지표도 생성된다. 실행 중인 화면의 예시는 아래와 같다.

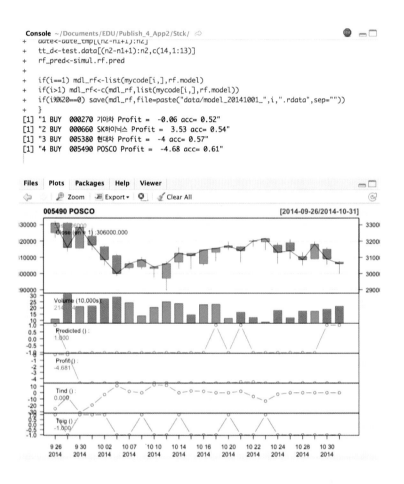

시뮬레이션 결과 png 파일은 아래와 같이 생성된다.

거래량 data를 이용한 분석

　다음 사이트의 증권 정보로부터 외국인·기관의 거래량 정보를 얻을 수 있다. 흔히 외국인과 기관의 매수·도에 따라 주가가 움직인다고 생각하므로 이를 이용하여 모델링을 하는 것을 생각해 볼 수도 있다. 외국인·기관의 거래량을 크롤링해 보자.

(1) "다음" 사이트에 접속하여 상단 메뉴의 "증권"을 선택한다.

(2) 시세자료와 같이 이 페이지에서 "페이지 소스 보기"를 통해 해당 주소를 찾아 크롤링을 시도해 보자. 해당 R Script는 아래와 같다.

```
library(XML)
theurl<-paste("http://finance.daum.net/item/foreign_yyyymmdd.daum?page=1&code=
005930")
volume_html<-readHTMLTable(theurl)
volume_table<-volume_html[[1]][c(2:6,9:13,16:20,23:27,30:34,37:41),c(1:5)]
names(volume_table)<-c("date","f_tot","f_rate","f_net","o_net")
volume_table$date<-paste("20",volume_table$date,sep="")
volume_table[,2]<-as.numeric(gsub(",","",as.character(volume_table[,2])))
volume_table[,3]<-as.numeric(gsub("%","",as.character(volume_table[,3])))
volume_table[,4]<-as.numeric(gsub(",","",as.character(volume_table[,4])))
volume_table[,5]<-as.numeric(gsub(",","",as.character(volume_table[,5])))
```

(3) 이제 "selected"에 포함된 종목들에 대한 거래량을 가져오는 스크립트는 아래와 같다.

```
library(doMC)
registerDoMC(6)

library(foreach)
library(XML)
load("selected.rdata")

volume_t<-foreach(i=1:nrow(selected), .combine='rbind') %dopar% {
  for (k in 1:10){
      theurl<-paste("http://stock.daum.net/item/foreign_yyyymmdd.daum?page=",
k,"&code=",selected$code[i],sep="")
    volume_html<-readHTMLTable(theurl)
    if (length(volume_html[[1]])>0) {
      volume_table_tmp<-volume_html[[1]][c(2:6,9:13,16:20,23:27,30:34,37:41),
```

```
c(1:5)]
      if (k==1) {
        volume_table<-volume_table_tmp
      } else {
        volume_table<-rbind(volume_table,volume_table_tmp)
      }
    }
  }
  volume_table$code<-selected$code[i]
  volume_table$name<-selected$name[i]
  return(volume_table)
} # 1 min on macbook pro 15 inch

names(volume_t)<-c("date","f_tot","f_rate","f_net","o_net")
volume_t$date<-paste("20",volume_t$date,sep="")
volume_t[,2]<-as.numeric(gsub(",","",as.character(volume_t[,2])))
volume_t[,3]<-as.numeric(gsub("%","",as.character(volume_t[,3])))
volume_t[,4]<-as.numeric(gsub(",","",as.character(volume_t[,4])))
volume_t[,5]<-as.numeric(gsub(",","",as.character(volume_t[,5])))

# Dup Check
table(duplicated(volume_t))
ind<-which(duplicated(volume_t)==T)
volume<-volume_t[-ind,]

# Eye Check
head(selected,1);tail(selected,1)
head(volume);tail(volume)

# Save the result
save(volume,volume_t,file="volume.rdata")
```

(4) sise data와 volume data를 결합하고, 순거래량을 일별로 합하여 (−)인 최 솟값을 0으로 바꾸면, 시장에 유통되는 거래량에 대해 기관/외국인/개인의 주식 보유량을 짐작할 수 있게 된다. 이를 이용하면 유형별 투자 트렌드를 감지할 수 있게 된다.

```
load("sise.rdata")
load("volume.rdata")
head(sise);head(volume)

sise$date <- gsub("\\.","-",sise$date)
volume$date <- gsub("\\.","-",volume$date)
table(duplicated(sise))
table(duplicated(volume))

pv<-merge(sise[,c(1,5:10)],volume, by=c("date","code","name"))
pv$date<-as.Date(pv$date)
pv<-pv[order(pv$code,rev(pv$date)),]
pv<-pv[order(pv$date,decreasing=T),]
pv<-pv[order(pv$code),]

pv$org_tot<-0
pv$prv_tot<-0
pv$total<-0
pv$for_r<-0
pv$org_r<-0
pv$prv_r<-0
pv$close_r<-0
pv$vol_r<-0
pv$vol_var<-0
pv$o_net_cont<-0 #

mycode<-unique(pv$code)
table(pv$date)
```

```
for (i in 1:length(mycode)){
  pv_tmp<-pv[pv$code==mycode[i],]
  # head(pv_tmp,2);tail(pv_tmp,2)
  for (k in nrow(pv_tmp):1) {
    if(k==nrow(pv_tmp)) {
      if(pv_tmp$o_net[k]>0) pv_tmp$o_net_cont[k]<-1
      pv_tmp$org_tot[k]<-pv_tmp$o_net[k]
      pv_tmp$prv_tot[k]<--(pv_tmp$f_net[k]+pv_tmp$o_net[k])
    } else {
      if(pv_tmp$o_net[k]>0) { #
        pv_tmp$o_net_cont[k]<-pv_tmp$o_net_cont[k+1]+1 #
      } else pv_tmp$o_net_cont[k]<-0 #
      pv_tmp$org_tot[k]<-pv_tmp$org_tot[k+1]+pv_tmp$o_net[k]
                        pv_tmp$prv_tot[k]<-pv_tmp$prv_tot[k+1]-
(pv_tmp$f_net[k]+pv_tmp$o_net[k])
    }
  }
  pv_tmp$org_tot<-pv_tmp$org_tot-min(pv_tmp$org_tot)
  pv_tmp$prv_tot<-pv_tmp$prv_tot-min(pv_tmp$prv_tot)
  pv_tmp$total<-pv_tmp$f_tot+pv_tmp$org_tot+pv_tmp$prv_tot
  pv_tmp$for_r<-pv_tmp$f_tot/pv_tmp$total*100
  pv_tmp$org_r<-pv_tmp$org_tot/pv_tmp$total*100
  pv_tmp$prv_r<-pv_tmp$prv_tot/pv_tmp$total*100
  pv_tmp$close_r<-pv_tmp$Close/max(pv_tmp$Close)*100
  pv_tmp$vol_r<-pv_tmp$Volume/max(pv_tmp$Volume)*100
  pv_tmp$vol_var<-100-min(pv_tmp$Volume)/max(pv_tmp$Volume)
  if (i==1) stock_pv<-pv_tmp else stock_pv<-rbind(stock_pv,pv_tmp)
  print(paste(i,"/",length(mycode)))
}

head(stock_pv)
save(stock_pv,mycode,file="stock_pv.rdata")
```

(5) 결과 설명

위의 결과 생성된 데이터의 일부는 다음과 같다. 빨간 색으로 표시한 박스 안의 수치를 설명하겠다.

```
> head(stock_pv)
          date   code   name Close p_diff r_diff  Volume      f_tot f_rate    f_net    o_net  org_tot
2991 2014-11-14 000270 기아차 55200    100   0.18  560541 150635604  37.16   177466  -80896  5831409
2981 2014-11-13 000270 기아차 55100    100   0.18  459130 150458138  37.12    89580   18907  5912305
2971 2014-11-12 000270 기아차 55000   -600  -1.08  917210 150368558  37.09    88365   19949  5893398
2961 2014-11-11 000270 기아차 55600   1100   2.02 1738561 150280193  37.07   328605  211269  5873449
2951 2014-11-10 000270 기아차 54500   1000   1.87 1285337 149951588  36.99   168178  322953  5662180
2941 2014-11-07 000270 기아차 53500    800   1.52 1226652 149783410  36.95 -204244  488381  5339227
        prv_tot     total    for_r    org_r    prv_r  close_r      vol_r vol_var o_net_cont
2991 3980962 160447975 93.88439 3.634455 2.481154 80.11611  8.265650 99.9445          0
2981 4077532 160447975 93.77378 3.684874 2.541342 79.97097  6.770259 99.9445          6
2971 4186019 160447975 93.71795 3.673090 2.608957 79.82583 13.525035 99.9445          5
2961 4294333 160447975 93.66288 3.660656 2.676464 80.69666 25.636549 99.9445          4
2951 4834207 160447975 93.45807 3.528982 3.012944 79.10015 18.953378 99.9445          3
2941 5325338 160447975 93.35326 3.327700 3.319043 77.64877 18.088019 99.9445          2
```

1 for_r/org_r/prv_r : 최근 300여 일간 거래된 유통주식수 중 외국인/기관/개인이 보유한 비율

2 close_r : 최근 300여 일간 최고가 대비 당일의 종가 비율

3 vol_var : 1 - 최근 300여 일간 일 최대 거래량 대비 최소 거래량의 비율(변동이 크면 100에 가까워짐)

4 o_net_cont : 기관의 연속 순매수일 수

맺음말

앞의 주가를 이용한 모델링과 시뮬레이션은 많은 연구가 선행되어 있으므로 다양한 방법이 제시될 수 있다. 여기서는 R을 이용해 어떻게 접근하는지를 간단히 설명하였다.

data의 획득에 대해서는 Quandl과 Web Crawling 방법을 알아보았는데, 주식거래를 하고 있다면, 개인이 사용하는 증권사의 거래 시스템인 HTS(Home Trading System)를 이용하여 얻을 수도 있다. 특히, 일단위가 아닌 실시간으로도 얻을 수 있으므로 다양한 모델링이 가능하다.

모델링에 있어서는 목표 변수로서 향후 5일간 2% 이상 변동한 날의 수익률만을 합산했는데, 5일이나 2%라는 수치 외에도 다른 수치를 적용할 수 있을 것이다. 그리고 지표를 생성하는데 있어서도 포함시키는 지표의 범위나 각 지표 별로 과거 며칠간의 데이터를 이용할 것인가에 따라서 매우 다양한 변수들이 도출

될 수 있다. 저자는 적용 알고리즘을 randomForest 외에 svm도 이용을 했는데 이 책에는 수록하지 않았고, 거래량 data 활용도 맛보기로 소개했다. 이 부분 역시 유형을 외국인/기관/개인에 한정했지만, 기관의 경우는 한 번 더 유형을 나누고 유형별로 데이터를 따로 받을 수 있다. 이렇게 응용하여 다각도로 활용해 본다면 디테일한 추세를 얻을 수 있을 것이다. 독자분들이 직접 다양한 알고리즘을 적용해 보기 바란다.

끝으로 드리고 싶은 당부가 있다. 주식 모델링은 상당히 오랜 기간 동안 많은 연구가 이루어지고 있는데 이는 그만큼 수익을 내는 모델을 만들기가 어렵다는 얘기일 것이다. 따라서 앞에서 설명한 모델링의 정확도나 수익성에 대해서는 늘 변동될 수 있으며, 절대적이 아니라는 것을 밝히는 바이다. 적용하는 시기 혹은 종목에 따라 매우 변동성이 높으므로 이 점을 유의하기 바란다. 주식 투자에서 시기와 종목은 알고 있는 바와 같이 매우 중요하다. 모델링은 그 시기와 종목에 대한 선별의 한 단면을 제시할 뿐이라고 생각하면 될 것이다.

3장

경마 우승마 예측

경마 우승마 예측

경마는 오랜 역사를 지닌 경기로서 영국에서는 여왕이 개인 경주마를 보유하고 있을 뿐더러 경기장에도 나와 즐길 만큼 고품격의 경기로 간주되고 있다. 인식만 바뀐다면 주말에 가족 단위로 경마장을 찾아 소풍을 가듯 즐겨도 좋을 것 같다. 우리나라는 사행성을 배제하기 위해 1경주당 1인이 배팅하는 최대금액을 10만원으로 제한하고 있으며 최소 단위는 100원이다. 다만, 마권을 구매할 때 실명 확인 등은 하지 않으므로 이를 악용해 한도 이상을 구매하는 경우도 있다. 경마 모델링을 하게 된 계기는 데이터 분석의 힘을 확인하기 위해서이다. 데이터 분석은 다양한 정보와 낮은 확률이 있는 분야에서도 적용할 수 있으므로, 이에 대한 시도 중 하나다. 이제부터 하나하나 차근차근 익숙하지 않은 경마 분석에 접근해 보겠다.

Part 3-1

경마 정보

경마 정보는 다음의 KRA 인터넷 홈페이지에서 모두 획득할 수 있다. 최근에는 정부 3.0을 기반으로 자료를 공개하는 것이 보편화되어, 정보를 얻기 용이해졌다. 다만, data화하기 쉬운 형태로 제공되지 않고 하나의 파일에 다중 형식이 규칙성 없이 들어가 있어 parsing이 어렵다. 이러한 곳의 자료들은 수작업으로 처리해야 한다.

이 페이지의 상단 메뉴 중 경마정보를 클릭하면 아래와 같은 화면이 나온다.

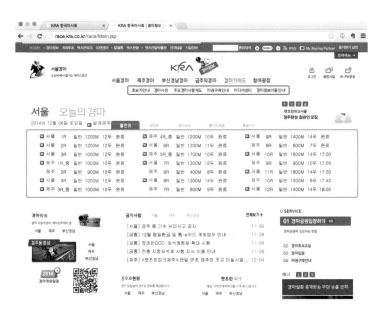

　경마장은 서울, 제주, 부산 등 총 세군데에 있고, 일주일 중 금, 토, 일에 걸쳐 경기가 있는데, 각각 서울은 토·일, 제주는 금·토, 부산은 금·일이다. 이 사이트의 경마가이드를 보면, 경마에 대해 이해하는데 많은 도움을 얻을 수 있다.

　앞선 화면에 출전표가 나와 있는데, 각 Round를 클릭하면 상세정보로 이동을 한다. 예를 들어, 서울 1R를 클릭하면 다음의 화면이 나온다. 여기서 주의할 사항은 요일별로 화면에 표시되는 항목 및 구조가 다르다는 점이다.

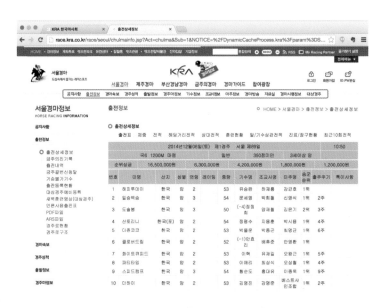

이 출전 정보는 매주 목요일 16시에 발표된다. 여기서 Round의 군종(국6)과 거리는 물론 출전마별 Lane과 마명, 산지, 성별, 연령, 중량, 기수명, 조교사명, 마주명, 승군순위, 출주주기 등을 알 수 있다. 이 정보를 기준으로 개발된 모델을 적용해서 각 경주에서 어떤 말이 우승할지 예측하는 데 이용할 수 있다.

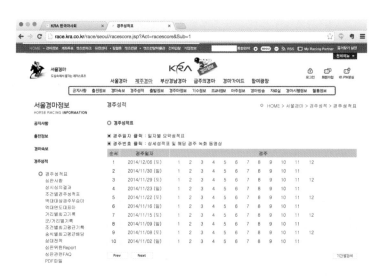

경주성적을 나타내는 화면을 보면 일자별 Round별로 위와 같이 나오고 있다. 여기서 Round를 클릭해보면 다음과 같이 나타난다.

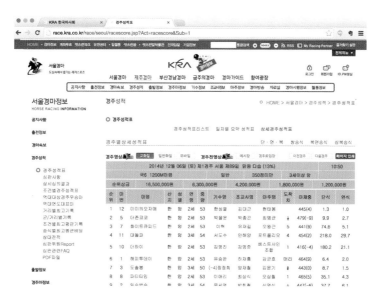

이 화면에서는 경주 결과로서 순위, 단식, 연식의 배당률을 확인할 수 있다. 특히 과거 배당률은 해당 경주에 대한 불확실성을 파악할 수 있다. 단, 경기나 서울, 제주, 부경인 경우 각각 데이터 포맷이 다르다는 것에 주의해야 한다. 그 아래에는 다음 화면과 같은 정보가 있다.

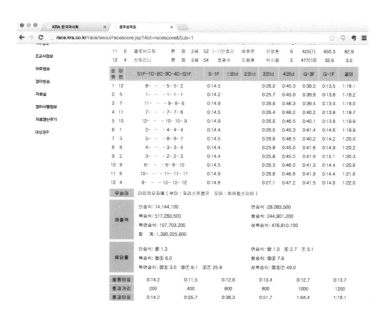

경주 성적의 두 번째 정보는 코너별 순위와 기록이다. 각 배팅 방법에 따른 매출액과 배당률도 있으며, 화면에는 나타나 있지 않지만 심판사항도 있어 실격 등의 취소마 기록도 있다.

여기서 서울을 기준으로 몇 가지 용어를 설명하겠다. 나머지 지역은 각각의 홈페이지를 찾아보기 바란다.

(1) 출전표

1. 군 : 출전 가능한 말의 종류에 따라 국산마와 혼합으로 나뉘며, 국산마는 과거 성적에 따라서 6군에서 시작해 1군까지 올라가게 된다. 혼합은 4군에서 시작해 1군까지 올라가게 된다. 따라서 4군에서 우승을 많이 해도 4군에서 우승을 보장할 수 없다.
2. 중량 : 부담중량이라고도 하며, 말이 자신의 중량 외에 부담하는 중량으로 기수체중, 웨이트 패드, 기수장구, 안장 등의 무게를 말한다. 말의 여러 특성을 반영하여 부담중량을 세밀하게 조정하며, 48kg ~ 57kg까지 부담하게 된다. 여기서 주의할 점은 우승을 자주 하면 부담중량을 늘린다는 것이다.
3. 기수 : 경주에서 말을 타고 경주하는 사람으로, 하루에도 여러 번 경주에 출전하는 경우가 많다.
4. 조교사 : 경주마를 훈련하는 사람으로, 여러 말을 훈련시킨다.
5. 마주 : 경주마를 소유한 사람으로 규모에 따라 여러 명의 조교사를 두고 있다.

출전표 정오만으로 일반적인 우승가능성은 예측가능하나 중량, 기수, 경쟁마의 조합이 매우 드문 경우가 많아 확률적으로 1, 2, 3 등을 예측하는 삼복승식은 예측이 매우 어렵다. 단승식은 예측력이 매우 좋으나 배당률이 대부분 낮아 수익성이 낮다.

(2) 경주성적

1. 단식 : 경주에서 1등을 할 경우의 배당률
2. 연식 : 경주에서 3등 안에 들 경우의 배당률
3. S-1F : 발주 후 200m 지점의 통과 기록
4. 4코너 : 4코너를 통과한 기록
5. G-3F : 결승선 전방 600m에서 결승선까지 통과한 기록
6. G-1F : 결승선 전방 200m에서 결승선까지 통과한 기록

7 골인 : 결승선을 통과한 기록

8 배당률 : 배팅한 금액을 모두 모아, 이 중 일부를 사업비와 특정목적 기금으로 제외하고, 나머지 금액을 경기 방식에 따라 적중한 배팅에 나누어 주는데, 이때 적중한 배팅 금액 대비 나누어 주는 금액의 배수

9 단승식 : 1등한 말을 맞추는 방식의 배당률

10 연승식 : 3등 안에 들어온 말 중 한 마리만을 맞추는 방식의 배당률

11 복승식 : 1등과 2등을 순서와 관계없이 모두 맞추는 방식의 배당률

12 쌍승식 : 1등과 2등을 순서까지 맞추는 방식의 배당률

13 복연승식 : 3등 안에 들어온 말 중 두 마리만을 맞추는 방식의 배당률

14 삼복승식 : 3등 안에 들어온 말을 순서 없이 세 마리 모두 맞추는 방식의 배당률

삼복승식의 경우 가끔 배당률이 1000배 이상 나온다. 최대기록은 예상이 힘든 경우에 주로 나오는데, 2500배가 나온 적도 있다.

정보의 획득

경마에 대한 배경지식을 쌓았다면, 이제부터는 data를 획득하는 방법에 대해 알아보자. 공공데이터의 개방이 진행되면서 정보 접근성이 높아졌다. 차근차근 방법을 살펴보자.

(1) 출마표

• to download : 출마표를 download 하려면 인터넷 주소창에 다음을 입력한다.
http://race.kra.co.kr/kdb/common/Data_viewFile.jsp?fn=chollian/seoul/jungbo /chulma/20110106dacom01.rpt&meet=1&site_flag=company

• to browse : 출마표의 내용을 보려면 위의 주소에서 마지막의 'company'만 지운 아래의 주소를 입력하면 된다.
http://race.kra.co.kr/kdb/common/Data_viewFile.jsp?fn=chollian/seoul/jungbo /chulma/20110106dacom01.rpt&meet=1&site_flag=

이를 Chrome에서 실행한 결과이다.

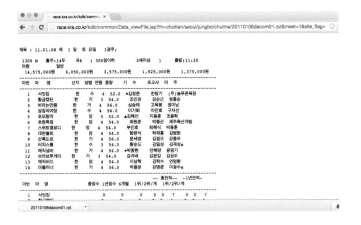

이렇게 한 개씩 받아오면 2011년부터 자료를 만들기 위해서는 300번 이상 클릭해야 하는 데 불편할뿐더러 모든 파일을 다 받았는지에 대한 완전성을 확인하기도 쉽지 않을 것이다. 혹시 엑셀 매크로를 이용하려는 생각을 한다면 포기하기 바란다. 매우 비효율적이고, 지속적인 관리가 필요하다. 이러한 문제를 해결하기 위해 위의 파일들을 한 번에 여러 개 가져오는 스크립트를 만들었다. 다만, 이 대용량 다운로드는 한 번에 6개월 단위, 즉, 50여개씩 끊어서 가져와야 한다. 다운로드 한도가 설정되어 있어 만약 이를 넘기면 연결이 끊겨 약 2~3분 동안 기다렸다가 가져와야 한다.

```r
install.packages("stringr") # just in casr the package is not installed
library(stringr)


## Contents & Local
Contents <- "chulma"
Local    <- "seoul"


## Read 6 months at a time
startDate <- "2011-01-01"
endDate <- "2011-06-30"


## date function
selectDate <- function(startDate, endDate){
```

```
  duration <- seq.Date(as.Date(startDate), as.Date(endDate), by = "1 day")
  duration <- as.character(duration)
  Year <- substr(duration, 1, 4)
  Month <- substr(duration, 6, 7)
  Day <- substr(duration, 9, 10)
  ymd <- paste(Year, Month, Day, sep="")
}


## meet function
selectLocal <- function(x){
  if (x == "seoul") 1
  else if (x == "jeju") 2
  else if (x == "busan") 3
}


master <- 'http://race.kra.co.kr/kdb/common/Data_viewFile.jsp'
meet <- selectLocal(Local)
selectDates <- selectDate(startDate, endDate)


## seoul url
rcresult <- sprintf('%s?fn=chollian/%s/jungbo/%s/%sdacom01.rpt&meet=%s&site
_flag=company',
                master, Local, Contents ,selectDates, meet)


for (i in 1:length(rcresult)){
  ex <- readLines(rcresult[i], encoding="CP949")
  FileName <- paste("./HR110_chulma/",Local,"/tmp/",Contents, "_", Local, "_",
selectDates[i],".txt",sep="")
  if(length(ex)>10) write.csv(ex, FileName)
}
```

다음은 크롤링한 결과가 있는 폴더를 캡쳐한 것으로 tmp에 받아진 파일을 연도별로 폴더를 만들어 모은 결과이다.

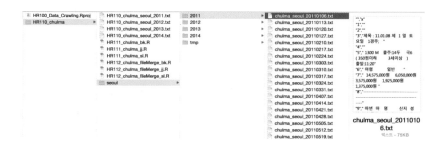

이 데이터를 파싱(parsing)하여 우리에게 필요한 데이터로 만들어야 하는데, 이 부분이 좀 난해하다. 일단 여러 개의 파일을 하나의 파일로 만드는 스크립트 는 다음과 같다.

```
## 2011
filenames <- list.files(path = "./HR110_chulma/seoul/2011")
setwd("./HR110_chulma/seoul/2011")
fileMerge <- do.call("rbind", lapply(filenames, read.csv, fileEncoding="CP949"))
write.csv(fileMerge, "../../HR110_chulma_seoul_2011.txt")
setwd("../../../../")


## 2012
filenames <- list.files(path = "./HR110_chulma/seoul/2012")
setwd("./HR110_chulma/seoul/2012")
fileMerge <- do.call("rbind", lapply(filenames, read.csv, fileEncoding="CP949"))
write.csv(fileMerge, "../../HR110_chulma_seoul_2012.txt")
setwd("../../../../")


## 2013
filenames <- list.files(path = "./HR110_chulma/seoul/2013")
setwd("./HR110_chulma/seoul/2013")
fileMerge <- do.call("rbind", lapply(filenames, read.csv, fileEncoding="CP949"))
```

```
write.csv(fileMerge, "../../HR110_chulma_seoul_2013.txt")
setwd("../../../")


## 2014
filenames <- list.files(path = "./HR110_chulma/seoul/2014")
setwd("./HR110_chulma/seoul/2014")
fileMerge <- do.call("rbind", lapply(filenames, read.csv, fileEncoding=
"CP949"))
write.csv(fileMerge, "../../HR110_chulma_seoul_2014.txt")
setwd("../../../")
```

파일을 합한 결과, 연도별로 1개씩 4개의 파일이 생성된다. 다음은 그 결과이다.

HR110_chulma_seoul_2011.txt

텍스트 - 3.8MB

텍스트 파일에서 필요한 정보를 추출하기란 무척 어려운데, 여기서는 엑셀의 매크로를 이용하여 깔끔하게 정리하였다. 그러나 이 부분도 좀더 신경써서 R script로 자동화할 필요가 있다. 원본 파일 일부와 매크로로 정리한 파일은 다음과 같다.

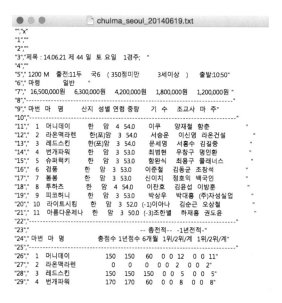

매크로는 2번의 진화를 거쳤는데, 최초에는 경주의 출전마가 8마리~16마리까지 다양해 이를 기준으로 그 개수만큼의 매크로를 만들었다. 그리고 성적을 나눌 때는 순위, 코너별 순위와 기록, 배당률의 세부분으로 나누어 각각 만들었다.

첫 번째 진화는 8마리~16마리마다 다르게 만들었던 매크로를 하나로 수행할 수 있도록 바꾸면서 생산성이 무척 좋아졌다. 첫 번째 매크로는 3년간의 자료를 변환하는데 2~3일이 걸렸는데, 두 번째 매크로를 만들면서 3~4시간으로 줄었으며 1년치를 변환하는데 1시간 정도가 걸렸다. 다만, 여기도 불필요한 행들이 섞여 있어 여러 번의 소트를 하며 제거하였다.

다음 진화는 전체 파일을 먼저 3부분으로 나누면서 일어났다. 순위/코너별 순위와 기록/배당률로 나눈 것이다. 물론 매크로로 나누었다. 이어서 각 시트에 함수를 사용해 불필요한 행에 마크를 하고 매크로를 수행한 다음에 마크된 행을 제거해 깔끔하게 필요한 정보만을 남겨 불필요한 행을 없애는 작업을 간소화했다.

이는 상당히 수작업에 많이 의존하고 있고, 절차도 무척 복잡해 이 책에는 담지 않고 정리된 데이터를 github에 올림으로 갈음하는 것에 대해 양해를 구한다.

(2) 경주마 정보

다음은 출마표의 download와 정보조회이다. 이를 이용하여 대량 download 하는 script도 확인하기 바란다.

- to download :

  http://race.kra.co.kr/kdb/common/Data_viewFile.jsp?fn=internet/seoul/horse/
  20110106sdb1.txt&meet=1&site_flag=company

- to browse :

  http://race.kra.co.kr/kdb/common/Data_viewFile.jsp?fn=internet/seoul/horse/
  20110106sdb1.txt&meet=1&site_flag=

두 url을 수행한 결과 파일을 download하고 조회한 결과 화면은 아래와 같다.

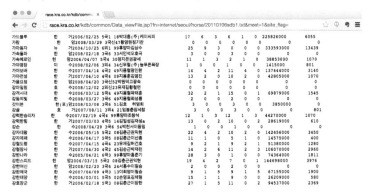

파일구조는 KRA 홈페이지의 자료실에서 상세히 설명되어 있다.

::: Life & Love with KRA :::
race.kra.co.kr/kdb/common/data01.jsp?meet=1

경주마정보

필드명	자릿수	예
마명	18	가스트리트
산지	6	한(포)
성	2	거
생년월일	10	1999/05/29
나이	2	4
군	4	외3
조	2	29
조교사	6	강윤식
마주	20	인현식
부마	20	사프휴머
모마	20	오마이크릭
총전적	5	16
1위	5	1
2위	5	1
최근 1년전적	5	12
최근 1년1위	5	1
최근 1년2위	5	1
통산수득상금	11	18996000
통산승군점수	11	520
말가격(천원)	11	50000

X CLOSE

R에서 여러 개의 파일을 읽어 들이는 script는 다음과 같다.

```
library(stringr)


## Contents & Local
Contents <- "horse"
Local    <- "seoul"


## Read 6 months at a time
startDate <- "2011-01-01"
endDate <- "2011-06-30"


## date function
selectDate <- function(startDate, endDate){
  duration <- seq.Date(as.Date(startDate), as.Date(endDate), by = "1 day")
  duration <- as.character(duration)
  Year <- substr(duration, 1, 4)
  Month <- substr(duration, 6, 7)
  Day <- substr(duration, 9, 10)
```

```
    ymd <- paste(Year, Month, Day, sep="")
}


## meet function
selectLocal <- function(x){
  if (x == "seoul") 1
  else if (x == "jeju") 2
  else if (x == "busan") 3
}


master <- 'http://race.kra.co.kr/kdb/common/Data_viewFile.jsp'
meet <- selectLocal(Local)
selectDates <- selectDate(startDate, endDate)


## seoul url
rcresult                                                    <-
sprintf('%s?fn=internet/%s/%s/%ssdb1.txt&meet=%s&site_flag=company',master,
Local, Contents ,selectDates, meet)


for (i in 1:length(rcresult)){
  ex <- readLines(rcresult[i], encoding="CP949")
   FileName <- paste("./HR120_horse/",Local,"/tmp/",Contents, "_", Local, "_",
selectDates[i],".txt",sep="")
  if(length(ex)>10) write.csv(ex, FileName)
}
```

이를 실행하면 tmp 폴더에 6개월간의 경주마 정보가 받아진다.

첫 번째 파일을 열어보면, 일자가 없다는 문제가 있다.

```
 horse_seoul_20110102.txt
"","X"
"1","가드블루"      한   거2006/02/25 5국1 18박대흥(주)케이씨피    17  6  3  6  1  0  225826000   6055"
"2","가람"          한   암2008/03/29 3국신47황영원정기찬          0   0  0  0  0  0          0      0"
"3","가마돌자"      뉴   거2004/10/25 6외1 99휴양마김상수          25  9  3  0  0  0  333593000  13439"
"4","가속돌파"      한   암2008/02/18 3국6 33서인석오호극          3   0  0  3  0  0          0      0"
"5","가속헤로인"    한   암2006/04/07 5국4 30정지은권광세          11  1  3  2  1  0   38853000   1070"
"6","가야명장"      미   수2008/02/06 3외4 34신우철(주)늘푸른목장   1   0  0  1  0  0    1415000    801"
"7","가야보배"      한   수2007/04/14 4국2 49지용철명인환          14  4  2  11 4  0  137444000   3140"
"8","가야전설"      한   거2007/04/10 국4 09지용철김영진           13  2  0  10 2  0   42805000   1070"
"9","가을요정"      한   암2008/04/20 3국신52박덕고광숙           0   0  0  0  0  0          0      0"
"10","갈마일침"     호   수2008/12/02 2외신23유재길황철연          0   0  0  0  0  0          0      0"
"11","감격시대"     한   수2006/03/12 5국4 49지용철곽태훈          32  2  1  15 0  1   69879000   1545"
"12","감동의빛"     한   수2008/03/27 3국6 49지용철최성룡          2   0  0  2  0  0          0      0"
"13","갓이뿐"       한(포)암2008/03/08 3국6 51김호 허영희          3   0  0  3  0  0    3850000      0"
"14","강골"         호   거2007/08/11 3외4 21임봉춘장세창          3   0  0  3  0  0          0    801"
"15","강력한승리자" 한   수2007/02/19 4국4 99휴양마조창석          12  1  3  12 1  3   44270000   1070"
"16","강력한힘"     한   거2007/03/03 4국5 14김일성김재성a         13  0  2  10 0  2   28619000    610"
"17","강손"         한   수2008/04/29 3국6 54박천서이동일          1   0  0  1  0  0          0      0"
"18","강자대왕"     한   수2006/05/15 5국2 08김춘근권익현          22  4  2  10 2  0  142456000   3450"
"19","강자제패"     한   수2006/04/17 5국5 08김춘근이선종          11  1  0  5  1  0   14575000    400"
"20","강철도령"     한   수2007/04/15 4국4 23유재길허선호          9   2  1  9  2  1   51380000   1280"
"21","강철장사"     한   거2007/04/30 4국2 45김순근박재천          14  2  6  11 2  3  106070000   2960"
"22","강한나라"     한   수2005/04/21 6국4 99휴양마홍준기          28  3  0  1  0  0   74364000   1811"
"23","강한스피드"   한   암2006/03/15 5국2 08김춘근권익현          19  4  2  7  0  1  144698000   3976"
"24","강한여신"     한   암2008/02/20 3국4 24서홍수이필승          2   0  0  2  0  0          0      0"
"25","강한제국"     한   수2007/04/09 4국3 13이원영이필승          9   1  5  9  1  5   67155000   1900"
"26","강한태양"     한   수2006/03/01 5국4 02손영표김재형          15  1  1  9  0  0   26209000    580"
"27","강호장군"     한   거2006/02/18 5국3 08김춘근이장한          27  1  5  11 0  2   94537000   2369"
"28","강호제왕"     한   거2005/03/14 6국1 08김춘근이장한          27  5  2  9  1  0  213731000   5332"
"29","강호최고"     한   수2007/03/18 4국6 24서홍수명인화          18  0  0  13 0  0    6050000      0"
```

일단 2011년부터 2014년까지 파일을 모두 모아놓고 엑셀을 이용해 정리한다. 그 결과는 아래와 같다.

- 주의사항1 : 파일명의 일자정보와 출전일자 정보가 달라 출전일에 맞추어 데이터를 조정해야 한다.
- 주의사항2 : 이번 주 출전예정인 말들에 대해서만 데이터를 모아야 한다. 매주 모든 말들에 대한 정보가 실려 있어 이를 모두 파싱하면 데이터만 커지고, 정작 사용은 20% 정도 밖에 하지 않는다. 엑셀로 가공할 때는 해당 주에 경주를 할 말들에 대해서만 데이터를 파싱해야 한다.

date	horse	origin	ses	birth	a	typ	gr	teacher	owner	tt_	tt_	tt_	yr_	yr_	yr_	tt_prize_mone	tt_winning_sc
2011-01-09	해피버스데이	한	암	06.5.11	5	국4	35	하재흥	이종연	27	1	3	11	1	1	62361000	1280
2011-01-09	햇빛번쩍	한	수	07.4.9	4	국3	6	홍대유	이종원	17	3	1	11	2	1	95827000	2310
2011-01-09	행복웃음	한	거	07.3.16	4	국4	49	지용철	최성룡	25	0	0	22	0	0	22350000	440
2011-01-09	헤밀토니아	한	거	06.5.7	5	국3	35	하재흥	이종욱	25	2	2	14	2	1	115382000	2610
2011-01-09	홍광	한	거	07.3.17	4	국4	18	박대흥	최애식	11	2	0	10	2	0	45916000	1130
2011-01-09	황금라벨	뉴	거	06.9.7	4	외3	28	최상식	장재형	10	2	0	4	0	0	37541000	2411
2011-01-09	황금볼트	한(포)	수	08.3.24	3	국4	53	문국킵	장석은	4	2	0	4	2	0	35050000	900
2011-01-09	흑별	호	거	06.8.27	4	외2	19	곽영효	곽영필	17	1	2	8	0	0	62379000	2801
2011-01-08	가야보배	한	수	07.4.14	4	국2	49	지용철	명인환	14	4	2	11	4	0	137444000	3140
2011-01-08	감동의빛	한	수	08.3.27	3	국6	49	지용철	최성룡	2	0	0	2	0	0	0	0
2011-01-08	강한여신	한	암	08.2.20	3	국6	24	서홍수	이필승	2	0	0	2	0	0	0	0
2011-01-08	거선바다	한	암	07.3.28	4	국5	13	이회영	신성철	16	0	2	15	0	2	26335000	610
2011-01-08	골든킹	한	거	07.3.29	4	국4	45	김순근	김재성	10	1	1	9	1	1	29542000	840
2011-01-08	과천왕자	뉴	거	07.10.12	3	외4	8	김순근	이장한	6	0	0	6	0	0		801
2011-01-08	그랜드에이스	미	암	08.2.20	3	외3	28	최상식	장재형	3	2	0	3	2	0	37577000	2181
2011-01-08	그레이흐히어로	미	거	06.2.3	5	외1	32	김섭섭	김호호	18	3	3	9	2	3	129397000	5241
2011-01-08	그릴리즈매치	미	거	05.4.11	6	외1	37	천창기	허영회	18	3	4	9	2	3	121012000	5181
2011-01-08	기쁜세상	캐	거	06.4.1	5	외1	52	박원택	김성두	30	3	4	12	3	2	163171000	5841
2011-01-08	나비꿈	한	암	08.4.1	3	국5	48	김대근	김경민	3	1	0	3	1	0	18150000	510

여기까지 보면, 출마표와 경주마정보를 가져오는 script가 매우 유사하다는 것을 알 것이다. 아래 기수 정보와 조교사 정보도 유사하므로 중요한 것을 제외하고는 생략하도록 하겠다.

(3) 기수 정보

기수 정보 download 및 조회하는 url은 아래와 같다.

- to download :

  http://race.kra.co.kr/kdb/common/Data_viewFile.jsp?fn=internet/seoul/jockey/ 20110106sdb2.txt&meet=1&site_flag=company

- to browse :

  http://race.kra.co.kr/kdb/common/Data_viewFile.jsp?fn=internet/seoul/jockey/ 20110106sdb2.txt&meet=1&site_flag=

* 두 url 수행 결과 : 생략

파일구조는 다음과 같다.

필드명	자릿수	예
기수이름	6	강경식
소속조	2	43
생년월일	10	1975/07/22
나이	2	27
데뷔일자	10	1996/06/01
부담중량	2	53
타조부담중량	2	54
총출주	5	918
1위	5	86
2위	5	84
최근 1년전적	5	30
최근 1년1위	5	5
최근 1년2위	5	4

R script

```
library(stringr)
```

```
## Contents & Local
Contents <- "trainer"
Local   <- "seoul"
```

[중략]

```
## seoul url
rcresult <- sprintf('%s?fn=internet/%s/%s/%ssdb2.txt&meet=%s&site_flag=company',
master, Local, Contents, selectDates, meet)


for (i in 1:length(rcresult)){
  ex <- readLines(rcresult[i])#, encoding="CP949")
  FileName <- paste("./HR130_jockey/",Local,"/tmp/",Contents, "_", Local, "_",
selectDates[i],".txt",sep="")
  if(length(ex)>10) write.csv(ex, FileName)
}
```

* 실행 결과 : 생략
* 첫 번째 파일예시 : 생략

역시 엑셀을 이용해 정리하였다. 그 결과는 아래와 같다. 경주마 정보와 같이 일자를 맞춰 넣어야 한다. 기수는 경주마처럼 많지 않기 때문에 출전여부에 따라 제거하는 data 선별은 하지 않았다.

date	player	plr_group	plr_birth	plr_age	plr_st_date	plr_wght	plr_wght_oth	plr_tt_cnt	plr_tt_win1	plr_tt_win2	plr_yr_cnt	plr_yr_win1	plr_yr_win2
2011-01-09	최정섭	4	79.2.14	31	04.6.2	53	53	614	47	47	81	6	6
2011-01-09	하마다	프		77.7.14	33	10.8.18	53	53	108	3	8	108	3	8
2011-01-09	한성열	프		78.12.4	32	99.9.1	53	53	1985	124	163	282	26	23
2011-01-09	한창민	6	75.10.30	35	99.9.1	52	52	918	25	36	24	0	0
2011-01-09	함완식	프		78.1.1	33	98.6.15	53	53	3159	369	366	375	45	43
2011-01-09	허재영	15	77.8.15	33	01.7.6	52	52	1017	40	55	77	0	3
2011-01-09	황순도	14	77.10.26	33	98.6.15	51	51	1415	57	83	149	9	9
2011-01-08	고성이	31	74.5.10	36	96.6.1	52	53	1765	85	93	35	1	0
2011-01-08	김귀배	13	62.12.18	48	79.4.11	53	53	3300	282	252	99	7	6
2011-01-08	김동균	프		75.8.24	35	98.6.15	53	53	2421	181	195	100	8	11
2011-01-08	김동민	36	86.10.8	24	08.6.18	50	50	429	19	26	131	3	9
2011-01-08	김동철	49	74.11.28	36	95.7.1	52	52	3537	200	223	143	7	6
2011-01-08	김석봉	25	78.9.2	32	02.9.13	53	53	1288	61	46	104	6	4
2011-01-08	김영진	프		78.8.17	32	01.7.6	51	51	1204	90	76	201	16	7

(4) 조교사 정보

조교사 정보 download 및 정보조회 url은 아래와 같다.

• to download :

http://race.kra.co.kr/kdb/common/Data_viewFile.jsp?fn=internet/seoul/trainer/
20110106sdb3.txt&meet=1&site_flag=company

• to browse :

http://race.kra.co.kr/kdb/common/Data_viewFile.jsp?fn=internet/seoul/trainer/
20110106sdb3.txt&meet=1&site_flag=

* 두 url 수행 결과 : 생략
파일구조는 아래와 같다.

```
● ● ●                ::: Life & Love with KRA :::
     race.kra.co.kr/kdb/common/data03.jsp?meet=1
조교사정보
```

필드명	자릿수	예
조교사 이름	6	강승영
소속조	2	50
생년월일	10	1949/12/27
나이	2	53
데뷔일자	10	1986/11/20
총출주	5	4,373
1위	5	415
2위	5	430
최근 1년전적	5	278
최근 1년1위	5	20
최근 1년2위	5	35

```
X CLOSE
```

R script

```
library(stringr)

## Contents & Local
Contents <- "trainer"
Local    <- "seoul"
```

[중략]

```
## seoul url
rcresult <- sprintf('%s?fn=internet/%s/%s/%ssdb3.txt&meet=%s&site_flag
=company', master, Local, Contents, selectDates, meet)

for (i in 1:length(rcresult)){
  ex <- readLines(rcresult[i], encoding="CP949")
   FileName <- paste("./HR140_trainer/",Local,"/tmp/",Contents, "_", Local,
"_", selectDates[i],".txt",sep="")
  if (length(ex)>10) write.csv(ex, FileName)
}
```

* 실행 결과 : 생략
* 첫 번째 파일 예시 : 생략

역시 엑셀을 이용해 정리하였다.

date	teacher	tcr_group	tcr_birth	tcr_age	tcr_st_date	tcr_tt_cnt	tcr_tt_win1	tcr_tt_win2	tcr_yr_cnt	tcr_yr_win1	tcr_yr_win2
2011-01-09	최룡주	16	62.11.19	48	07.3.8	678	57	66	164	14	22
2011-01-09	최성식	28	60.2.25	50	93.7.13	4,003	325	347	253	20	19
2011-01-09	최영주	3	66.9.3	44	97.11.19	2,925	241	225	17	1	3
2011-01-09	최예식	39	48.8.25	62	84.4.26	6,294	691	651	260	8	14
2011-01-09	하재홍	35	55.3.6	55	83.6.5	8,013	732	786	356	28	32
2011-01-09	홍대유	6	63.1.15	47	06.7.1	977	96	86	218	20	19
2011-01-09	황영원	47	67.9.6	43	10.7.1	10	0	1	10	0	1
2011-01-08	강명준	25	64.11.10	46	03.6.18	1,338	105	89	138	8	9
2011-01-08	고옥봉	40	50.3.20	60	89.7.1	5,016	491	446	197	12	22
2011-01-08	곽영효	19	61.9.24	49	97.5.28	2,838	337	310	241	19	18
2011-01-08	구자홍	7	63.8.7	47	10.4.5	28	2	0	28	2	0
2011-01-08	김대근	48	57.8.19	53	86.7.30	5,913	565	592	232	22	31
2011-01-08	김명국	42	63.5.18	47	95.1.29	4,243	345	355	296	17	22
2011-01-08	김문갑	53	62.9.20	48	94.1.25	4,809	533	443	270	24	24
2011-01-08	김순근	45	57.5.5	53	02.6.1	2,064	171	178	326	27	21
2011-01-08	김양선	36	55.3.1	55	83.6.5	7,278	729	742	241	33	26
2011-01-08	김윤섭	32	68.9.20	42	98.7.2	2,901	204	252	260	18	24
2011-01-08	김일성	14	47.11.16	63	79.3.1	6,564	617	649	160	10	8
2011-01-08	김정오	17	59.5.20	51	87.7.10	6,354	578	607	250	9	21
2011-01-08	김훈근	8	48.12.7	62	78.12.1	7,467	686	714	247	19	22
2011-01-08	김학수	44	60.8.2	50	04.4.7	1,264	153	119	210	20	7

(5) 경주 성적

이제 가장 중요한 경주 성적을 가져와 보자.

- to download :

  http://race.kra.co.kr/kdb/common/Data_viewFile.jsp?fn=chollian/seoul/jungbo
  /rcresult/20110108dacom11.rpt&meet=1&site_flag=company

- to browse :

  http://race.kra.co.kr/kdb/common/Data_viewFile.jsp?fn=chollian/seoul/jungbo
  /rcresult/20110108dacom11.rpt&meet=1&site_flag=

url 수행 결과 :

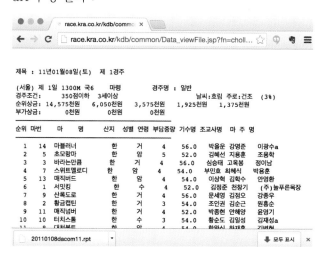

파일구조는 별도로 없다. 이유는 위에서 보듯이 결과 파일에서 쉽게 알 수 있기 때문이다.

여러 개의 파일을 읽어 들이는 R script는 다음과 같다.

[HR201_res.R]

```r
library(stringr)

## Contents & Local
Contents <- "rcresult"
Local   <- "seoul"

## Read 6 months at a time
startDate <- "2011-01-01"
endDate <- "2011-06-30"

## date function
selectDate <- function(startDate, endDate){
  duration <- seq.Date(as.Date(startDate), as.Date(endDate), by = "1 day")
  duration <- as.character(duration)
  Year <- substr(duration, 1, 4)
  Month <- substr(duration, 6, 7)
  Day <- substr(duration, 9, 10)
  ymd <- paste(Year, Month, Day, sep="")
}

## meet function
selectLocal <- function(x){
  if (x == "seoul") 1
  else if (x == "jeju") 2
  else if (x == "busan") 3
}

master <- 'http://race.kra.co.kr/kdb/common/Data_viewFile.jsp'
meet <- selectLocal(Local)
selectDates <- selectDate(startDate, endDate)

## seoul url
```

```
rcresult <- sprintf('%s?fn=chollian/%s/jungbo/%s/%sdacom11.rpt&meet=%s&site
_flag=company', master, Local, Contents, selectDates, meet)

## get files
for (i in 1:length(rcresult)){
  ex <- readLines(rcresult[i], encoding="CP949")
  FileName <- paste("./HR150_result/",Local,"/tmp/",Contents, "_", Local, "_",
selectDates[i],".txt",sep="")
  if(length(ex)>100) write.csv(ex, FileName)
}
```

이를 실행한 결과, 아래와 같이 tmp 폴더에 6개월간의 경주마 정보가 받아진다.

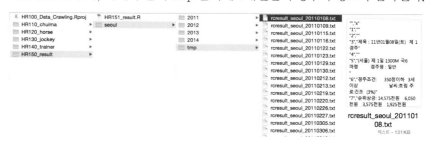

첫 번째 파일을 열어 보면, 다음과 같다.

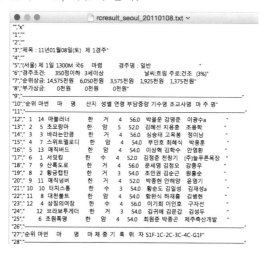

역시 엑셀을 이용해 정리하였다.

첫 번째 파일은 경주성적에서 경주마별 기록을 정리하였다. 여기서 주의할 것은 각 경주별로 거리가 다르다는 것이다. 알고리즘이 해당 데이터의 특성을 단순하게 해석해서 처리할 수 있게 해주어야 보다 좋은 성과를 얻을 수 있다. 따라서 기록을 동일 거리로 환산하는 과정이 필요하며 본 결과파일은 2,000미터로 환산한 기록이다.

date	round	length	type	rank	id	horse	origin	sex	age	weight	player	teacher	owner	h_rec	S1F_mk	C4_mk	G1F_mk	G3F	S1F	C4	G1F	dr_s	dr_st
2011-01-08	1	1300	국6	1	14	마블러너	한	거	4	56	박을운	강영준	이용수a	129.53846			3	1	38.7	14	32.2	13.5	3.5	1.7
2011-01-08	1	1300	국6	2	5	초로망마	한	거		52	김혁신	지용훈	윤영학	131.23077		6	6		39.5	14.1	32.9	13.5	3.8	1.3
2011-01-08	1	1300	국6	3	3	바라는만큼	한	거	4	56	심승태	고득훈	정미남	132		9	4		40.2	14.7	33.7	14.1	18.5	3
2011-01-08	1	1300	국6	4	7	스위트멜로디	한	암	4	54	부민호	최해식	박용훈	132.15385	10	11	8		38.6	14.7	32	13.3	18.1	3.3
2011-01-08	1	1300	국6	5	13	마치바람	한	암	4	54	이성훈	최성근	이명환	132.61538			32	4	41.5	13.7	34.9	14.9	5.1	2.1
2011-01-08	1	1300	국6	6	1	서익토	한	거			김청춘	전창기	(주)새론푸른목장	132.92308		4	9		39.6	14.1	32.9	13.8	57.6	6.3
2011-01-08	1	1300	국6	7	9	산호도르	한	거	4	56	문세명	김점모	강용수	133.53846	7	5			40.4	14.3	33.8	14.4	3.3	1.4
2011-01-08	1	1300	국6	8	2	황금컬린	한	거	3		조민관	김순근	원용순	133.84615	5	6	7		41.2	14.1	34.5	14.4	74.5	24
2011-01-08	1	1300	국6	9	11	피치닝버	한	거	4	52	박종현	안혜양	윤영기	133.84615	12	9	11		40.3	14.9	33.5	13.8	257.4	44.5
2011-01-08	1	1300	국6	10	10	티지소톰	한	암	4	54	황윤도	임정원	김재림a	134.46154	1	1	3		43.6	13.5	36.7	15.7	85	9.1
2011-01-08	1	1300	국6	11	8	대천료	한	암	4	54	황윤시	하재홍	김병현	134.61538	8	10	10		40.5	14.4	33.7	14.3	45.2	7.5
2011-01-08	1	1300	국6	12	12	상쇠여여양	한	암	4	54	이기희	이인호	구자선	137.38462	11	12	12		41.6	14.9	34.6	14.1	211.8	30.9
2011-01-08	2	1200	국6	1	10	지지러비	한	수		54	박병윤	하재룡	이상모	131			5	2	39.3	14.5	32.5	13.4	1.5	1.2
2011-01-08	2	1200	국6	2	8	플링도르	한	수	3	54	김기용	전창기	윤희만	131.16667	2	2	1		39.8	13.8	32.9	13.7	4.7	1.5
2011-01-08	2	1200	국6	3	4	천안	한	수	3	50	모중훈	안병기	윤희만	131.16667	10	9	4		39.1	14.6	32.2	13.1	6.8	1.6
2011-01-08	2	1200	국6	4	9	모중훈	한	수	3		김용훈	고승봉	고준수	131.33333	12	10	5		39.1	14.8	32.3	13.1	66.1	6.5
2011-01-08	2	1200	국6	5	6	문세명	한	수	3	54	이상택	서범석	이세처	131.33333	8	9	7		40.3	14.5	33.4	14.4	24.4	3.8
2011-01-08	2	1200	국6	6	13	사이웨스톰	한	수	4	54	이상혁	배홍준	이세처	132.5		7	9		40.2	14.1	33.3	13.6	14.8	2.6
2011-01-08	2	1200	국6	7	3	태양의왕	한	수	4		김병호	김망선	김형식	133.33333	11	13	11		40.4	14.8	33.7		180.9	18.6
2011-01-08	2	1200	국6	8	12	화려한질주	한	암	4	53	한성열	박윤구	신선호	133.33333	13	12	13		39.9	15.6	33.1	13.7	170.5	14.2
2011-01-08	2	1200	국6	9	1	윙크뮤더	한	수	4	54	부민호	서성하	김선교	133.83333		6	8		40.9	14.3	33.9	14.4	186	26
2011-01-08	2	1200	국6	10	2	감동의빛	한	수	3	54	김용철	지용훈	최성룡	134.16667	9	11	10		40.8	14.6	33.7	14.2	130.4	9.4

두 번째 파일은 각 라운드별 배당률 파일이다. 삼복승식에 대한 모델링을 소개하고자 하므로 Tr_dv에 이에 해당하는 배당률을 파싱했다.

date	round	length	type	Sales	Tr_dv
2011-01-09	8	1800	국3	867,808,000	385.1
2011-01-09	9	1900	혼2	821,893,600	786.4
2011-01-09	10	2000	국1	1,067,374,500	158.1
2011-01-09	11	1400	국4	901,964,700	288.9
2011-01-08	1	1300	국6	304,677,000	20.4
2011-01-08	2	1200	국6	423,330,400	4.5
2011-01-08	3	1000	국6	476,327,700	299.9
2011-01-08	4	1000	국6	575,610,100	12.8
2011-01-08	5	1200	혼4	628,552,200	11.6
2011-01-08	6	1200	국5	678,353,100	11.2
2011-01-08	7	1300	국5	754,757,400	15.5
2011-01-08	8	1700	국4	705,421,800	10.6
2011-01-08	9	1800	국2	675,533,700	1492.1
2011-01-08	10	1700	국3	1,003,436,500	118.1
2011-01-08	11	1900	혼1	684,709,800	8.4
2011-01-08	12	1400	혼3	676,550,100	72.1

이로서 데이터 파싱을 완료했다. 데이터를 모두 엑셀로 정리해 한 곳에 모았다. 모델링 소개에서 출마표는 제외한다.

sl_01_horse

스프레드시트 - 4.9MB

Data Mart 구성

위에서 획득한 data를 기반으로 mart를 구성하는 단계이다.

이 부분은 도메인 전문가와 모델러의 공조가 있어야 좋은 변수를 도출하고 모델의 성과를 만들어 낼 수 있으므로 매우 중요하다. 모델러들에게는 이 부분이 차별화할 수 있는 것이고 기계학습을 한다고 해도 많은 자원을 소모해야 되는 부분이다. 회사에서는 이 부분은 공개할 수 없는 부분으로 회사의 경쟁력이 숨어 있는 부분이다. 아마도 이 때문에 빅데이터 분석 프로젝트가 진행된다 해도 사례가 공유되지 않는 것으로 추정된다. 따라서 아래의 변수 생성 부분은 잘 보기 바라며, 몇가지 정형적인 변수생성 방법이 있으므로 이를 익히기 바란다.

(1) 경마 성적 엑셀 파일을 rdata로 변환

엑셀에 저장된 경마 성적으로 rdata로 변환하는 script이다.

```
library(gdata);library(WriteXLS);library(sqldf)

# read past result
cls_res<-c(rep("character",26))
m_res_xls<-read.xls("../HR100_Data_Crawling/data/sl_04_result.xlsx",colClasses
=cls_res)

names(m_res_xls)
str(m_res_xls)
m_res_xls$round<-as.numeric(m_res_xls$round)
m_res_xls$length<-as.numeric(m_res_xls$length)
m_res_xls$rank<-as.numeric(m_res_xls$rank)
m_res_xls$id<-as.numeric(m_res_xls$id)
m_res_xls$age<-as.numeric(m_res_xls$age)
m_res_xls$weight<-as.numeric(m_res_xls$weight)
m_res_xls$h_w<-as.numeric(m_res_xls$h_w)
m_res_xls$h_wd<-as.numeric(m_res_xls$h_wd)
m_res_xls$h_rec<-as.numeric(m_res_xls$h_rec)
m_res_xls$S1F_rnk<-as.numeric(m_res_xls$S1F_rnk)
```

```
m_res_xls$G1F_rnk<-as.numeric(m_res_xls$G1F_rnk)

m_res_xls$C4_rnk<-as.numeric(m_res_xls$C4_rnk)

m_res_xls$S1F<-as.numeric(m_res_xls$S1F)

m_res_xls$G1F<-as.numeric(m_res_xls$G1F)

m_res_xls$dr_s<-as.numeric(m_res_xls$dr_s)

m_res_xls$dr_st<-as.numeric(m_res_xls$dr_st)

m_res_xls$G3F<-as.numeric(m_res_xls$G3F)

m_res_xls$C4<-as.numeric(m_res_xls$C4)


save(m_res_xls,file="rdt/result.rdata")

head(m_res_xls)
```

```
> head(m_res_xls)
         date round length type rank id    horse origin sex age weight player teacher         owner
2602 2014-03-30    1   1000  국6    1 10 올포글로리    한  수   3     50 임기원  박재우          이태식
2603 2014-03-30    1   1000  국6    2  2   진명신화    한  수   3     54 서승운  최용구          김호선
2604 2014-03-30    1   1000  국6    3  7 스피드닥터    한  수   3     54 박현우  김양선          최수군
2605 2014-03-30    1   1000  국6    4  9     퀸웨이    한  암   3     53 조인권    김호          이종욱
2606 2014-03-30    1   1000  국6    5 11   질풍대로    한  수   3     51 조한별  신우철   세계건설(주)
2607 2014-03-30    1   1000  국6    6  4   킬라루스    한  암   3     53 김영진  신삼영          조창석
     h_w h_wd h_rec S1F_rnk C4_rnk G1F_rnk  G3F  S1F   C4  G1F  dr_s dr_st
2602 467    1 124.0       3      2       1 37.0 13.8 30.8 13.0   2.1   1.3
2603 502    2 125.2       1      1       2 37.9 13.7 31.7 13.4   5.2   1.6
2604 479    8 126.4       8      6       5 37.5 14.2 31.0 12.7  10.6   2.4
2605 457   10 126.8       4      5       6 37.7 14.0 31.3 12.7   6.2   2.0
2606 444    7 127.0       5      4       3 38.1 14.1 31.5 13.2  50.7   7.3
2607 458   -3 127.2       2      3       4 38.5 13.7 32.0 13.1 170.9  14.0
```

(2) 파생변수 – 경주마별 승패 패턴 생성

다음은 위의 경주 성적으로부터 경주마별로 최근 4경기의 승패 pattern(pt4)과 부담중량의 변화를 최근 경기와 비교한 것(w_diff), 부담중량의 변화가 2kg 이상 날 경우 증가하면 1, 감소하면 −1을 기록하도록 하는 data(wd_2)를 생성하는 script이다.

이 스크립트를 실행하는 데는 시간이 다소 걸린다. 저자의 컴퓨터에서 약 1분이 소요되는데, Quael Core, 16GB RAM에서의 성능이다.

OS X Yosemite
버전 10.10.1

MacBook Pro (Retina, 15-inch, Late 2013)
프로세서 2 GHz Intel Core i7
메모리 16GB 1600 MHz DDR3

[HR202_pt.R]

```
library(gdata);library(WriteXLS);library(sqldf);library(doMC);library(foreach)
registerDoMC(6)

martStartDate<-'2011-01-01'

# load past result
# load("rdt/result.rdata")

h_pt_t<-sqldf("select horse, sex, date, weight, rank from m_res_xls order by
horse, sex, date desc")
h_pt_t$weight<-as.numeric(h_pt_t$weight)
ind<-which(h_pt_t$rank>0&h_pt_t$rank<4)
h_pt_t$t_123<-0
h_pt_t$t_123[ind]<-1
head(h_pt_t)

# date
dtSql<-paste("select distinct(date) from h_pt_t where date >",martStartDate,
"order by date desc")
dt<-sqldf(dtSql)

# create pattern
system.time(
  h_pt_res<-foreach(i=1:nrow(dt), .combine='rbind') %dopar% {
    ind<-which(h_pt_t$date<=dt$date[i])
    h_pt_dt<-h_pt_t[ind,]
    s_hr<-paste("select horse, sex from h_pt_t where date = '",dt$date[i],"'
order by horse, sex",sep="")
    hr<-sqldf(s_hr)
    for(n in 1:nrow(hr)){
      ind<-which(h_pt_dt$horse==hr$horse[n] & h_pt_dt$sex==hr$sex[n])
```

```
if (n==1){
  h_pt_tmp<-h_pt_dt[ind,]
} else{
  h_pt_tmp<-rbind(h_pt_tmp,h_pt_dt[ind,])
}
}
h_pt_tmp$no<-1
if(nrow(h_pt_tmp)>1){
  for (j in 2:nrow(h_pt_tmp)) {
      if (h_pt_tmp$horse[j-1]==h_pt_tmp$horse[j] & h_pt_tmp$sex[j-1]==h_pt_tmp$sex [j]) {
        h_pt_tmp$no[j]<-h_pt_tmp$no[j-1]+1
      }
  }
    h_pt_cnt<-sqldf("select horse, sex, max(no) cnt from h_pt_tmp group by horse, sex")
  h_pt_cnt$pt4<-""
  h_pt_cnt$w_diff<-0
  h_pt_cnt$wd_2<-0
  h_pt_cnt$date<-dt$date[i]
  head(hr)
  for (k in 1:length(h_pt_cnt$horse)){
    if(h_pt_cnt$cnt[k]>4){
        ind_1<-which(h_pt_tmp$horse==h_pt_cnt$horse[k] & h_pt_tmp$sex==h_pt_cnt$ sex[k] & h_pt_tmp$no == 1)
        ind_2<-which(h_pt_tmp$horse==h_pt_cnt$horse[k] & h_pt_tmp$sex==h_pt_cnt$ sex[k] & h_pt_tmp$no == 2)
        ind_3<-which(h_pt_tmp$horse==h_pt_cnt$horse[k] & h_pt_tmp$sex==h_pt_cnt$ sex[k] & h_pt_tmp$no == 3)
        ind_4<-which(h_pt_tmp$horse==h_pt_cnt$horse[k] & h_pt_tmp$sex==h_pt_cnt$ sex[k] & h_pt_tmp$no == 4)
        ind_5<-which(h_pt_tmp$horse==h_pt_cnt$horse[k] & h_pt_tmp$sex==h_pt_cnt$ sex[k] & h_pt_tmp$no == 5)
        h_pt_cnt$pt4[k]<-paste(h_pt_tmp$t_123[ind_2],h_pt_tmp$t_123[ind_3],h
```

```
_pt_tmp$t_123[ind_4],h_pt_tmp$t_123[ind_5],sep="")
        h_pt_cnt$w_diff[k]<-h_pt_tmp$weight[ind_1]-h_pt_tmp$weight[ind_2]
        if (h_pt_cnt$w_diff[k]>=2) {
          h_pt_cnt$wd_2[k]<-1
        }else if (h_pt_cnt$w_diff[k]<=(-2)){
          h_pt_cnt$wd_2[k]<-(-1)
        }
      }else if (h_pt_cnt$cnt[k]>3){
        ind_1<-which(h_pt_tmp$horse==h_pt_cnt$horse[k] & h_pt_tmp$sex==h_pt
_cnt$__sex[k] & h_pt_tmp$no == 1)
        ind_2<-which(h_pt_tmp$horse==h_pt_cnt$horse[k] & h_pt_tmp$sex==h_pt
_cnt$ sex[k] & h_pt_tmp$no == 2)
        ind_3<-which(h_pt_tmp$horse==h_pt_cnt$horse[k] & h_pt_tmp$sex==h_pt
_cnt$ sex[k] & h_pt_tmp$no == 3)
        ind_4<-which(h_pt_tmp$horse==h_pt_cnt$horse[k] & h_pt_tmp$sex==h_pt
_cnt$ sex[k] & h_pt_tmp$no == 4)
        h_pt_cnt$pt4[k]<-paste(h_pt_tmp$t_123[ind_2],h_pt_tmp$t_123[ind_3],
h_pt_tmp$t_123[ind_4],sep="")
        h_pt_cnt$w_diff[k]<-h_pt_tmp$weight[ind_1]-h_pt_tmp$weight[ind_2]
        if (h_pt_cnt$w_diff[k]>=2) {
          h_pt_cnt$wd_2[k]<-1
        }else if (h_pt_cnt$w_diff[k]<=(-2)){
          h_pt_cnt$wd_2[k]<-(-1)
        }
      } else if(h_pt_cnt$cnt[k]>2){
        ind_1<-which(h_pt_tmp$horse==h_pt_cnt$horse[k] & h_pt_tmp$sex==h_pt
_cnt$ sex[k] & h_pt_tmp$no == 1)
        ind_2<-which(h_pt_tmp$horse==h_pt_cnt$horse[k] & h_pt_tmp$sex==h_pt
_cnt$ sex[k] & h_pt_tmp$no == 2)
        ind_3<-which(h_pt_tmp$horse==h_pt_cnt$horse[k] & h_pt_tmp$sex==h_pt
_cnt$ sex[k] & h_pt_tmp$no == 3)
        h_pt_cnt$pt4[k]<-paste(h_pt_tmp$t_123[ind_2],h_pt_tmp$t_123[ind_3],
sep="")
        h_pt_cnt$w_diff[k]<-h_pt_tmp$weight[ind_1]-h_pt_tmp$weight[ind_2]
```

```
        if (h_pt_cnt$w_diff[k]>=2) {
          h_pt_cnt$wd_2[k]<-1
        }else if (h_pt_cnt$w_diff[k]<=(-2)){
          h_pt_cnt$wd_2[k]<-(-1)
        }
      } else if(h_pt_cnt$cnt[k]>1){
              ind_1<-which(h_pt_tmp$horse==h_pt_cnt$horse[k]  &
h_pt_tmp$sex==h_pt_cnt$ sex[k] & h_pt_tmp$no == 1)
              ind_2<-which(h_pt_tmp$horse==h_pt_cnt$horse[k]  &
h_pt_tmp$sex==h_pt_cnt$ sex[k] & h_pt_tmp$no == 2)
        h_pt_cnt$pt4[k]<-h_pt_tmp$t_123[ind_2]
        h_pt_cnt$w_diff[k]<-h_pt_tmp$weight[ind_1]-h_pt_tmp$weight[ind_2]
        if (h_pt_cnt$w_diff[k]>=2) {
          h_pt_cnt$wd_2[k]<-1
        }else if (h_pt_cnt$w_diff[k]<=(-2)){
          h_pt_cnt$wd_2[k]<-(-1)
        }
      }
    }
  }
  return(h_pt_cnt)
})


names(h_pt_res)
h_pt_res<-h_pt_res[order(h_pt_res$horse,h_pt_res$sex),]
head(h_pt_res)
ind<-which(h_pt_res$pt4=="")
h_pt_res$pt4[ind]<-"A"

h_pt<-sqldf("select a.*, b.cnt, b.pt4,b.w_diff,b.wd_2 from h_pt_t a left outer
join h_pt_res b on (a.horse=b.horse and a.sex=b.sex and a.date=b.date)")

# verification
ind<-which(h_pt$date>'2014-03-24')
```

```
table(h_pt[ind,"date"])

save(m_res_xls,h_pt_res,h_pt,file="rdt/h_pt.rdata")

head(h_pt)
```

```
> head(h_pt)
    horse sex        date weight rank t_123 cnt  pt4 w_diff wd_2
1 가드블루  거 2012-04-22   58.0   13     0  15 0001    7.5    1
2 가드블루  거 2011-11-12   50.5   13     0  14 0010   -0.5    0
3 가드블루  거 2011-10-30   51.0    5     0  13 0100   -1.0    0
4 가드블루  거 2011-09-04   52.0    5     0  12 1000    1.5    0
5 가드블루  거 2011-08-14   50.5    3     1  11 0000   -0.5    0
6 가드블루  거 2011-06-05   51.0    6     0  10 0000    0.0    0
```

위에서는 최근 경기의 승패 패턴과 체중의 변동과 2kg 이상의 체중변동에 따른 파생변수를 만들었다.

1 승패 패턴 : 패턴변수는 상당한 흔한 변수이다. 최근 경기에서 어떠한 추세를 보이는 지를 보여주는 변수이다. 4경기뿐 아니라 더 많은 경기에서의 패턴을 만들 수 있을 것이다.

2 체중 변동 : 경주를 하는 말에게 부과되는 체중의 변화를 보는 것이다. 경주의 본질을 알고 있어야 이 부분이 중요하다는 것을 알 수 있는 것으로 도메인 지식이 결합된 변수 생성이다.

3 2kg 이상*의 체중 변동 : 전체 데이터를 보고 2kg 이상의 체중 변동이 있었을 때 의미 있는 결과의 변화가 있었는지를 검토한 후 생성해야 한다.

모델러는 위와 같은 변수의 생성에 익숙해져야 한다. 이후 생성되는 모든 변수도 이런 의미로 바라봐야 한다.

---

* 2kg이 될 수도 있고, 3kg이 될 수도 있다. 이는 전형적인 파생변수로서 앞의 체중 변동에서 의미 있는 변동을 수치를 파악하고, 이를 벗어난 경우에 다른 수치를 부여하여 향후 모델을 생성하는 알고리즘이 쉽게 찾도록 도와준다.

(3) 파생변수 – 순위와 속도기록 가공

1 순위백분율 생성

[HR203_rec] line 1~24

```
library(gdata);library(WriteXLS);library(sqldf);library(e1071);library(doBy);l
ibrary(fBasics);library(timeDate);library(raster);library(doMC);library(foreac
h)
registerDoMC(6)

martStartDate<-'2011-01-01'
thisMonday<-'2014-05-26'

#############
# rec by horse #
#############

load("rdt/result.rdata")
head(m_res_xls)

# read past result
max_id<-sqldf("select date, round, max(id) m_id from m_res_xls group by date,
round")
m_res_xls_pr<-sqldf("select a.*, b.m_id from m_res_xls a, max_id b where
a.date=b.date and a.round=b.round")

# create percentage rank
m_res_xls_pr$pr_rnk<-m_res_xls_pr$rank/m_res_xls_pr$m_id
m_res_xls_pr$s_pr_rnk<-m_res_xls_pr$S1F_rnk/m_res_xls_pr$m_id
m_res_xls_pr$g1_pr_rnk<-m_res_xls_pr$G1F_rnk/m_res_xls_pr$m_id
m_res_xls_pr$c4_pr_rnk<-m_res_xls_pr$C4_rnk/m_res_xls_pr$m_id

head(m_res_xls_pr)
```

백분율 순위(Percentage Rank)로 pr_rnk, s_pr_rnk, g1_pr_rnk, c4_pr_rnk 가 생성된 것을 확인할 수 있다.

```
> head(m_res_xls_pr)
        date round length type rank id      horse origin sex age weight player
1 2014-03-30     1   1000  국6    1 10  올포글로리     한   수   3      50 임기원
2 2014-03-30     1   1000  국6    2  2    진명신화     한   수   3      54 서승운
3 2014-03-30     1   1000  국6    3  7  스피드닥터     한   수   3      54 박현우
4 2014-03-30     1   1000  국6    4  9      퀸웨이     한   암   3      53 조인권
5 2014-03-30     1   1000  국6    5 11    질풍대로     한   수   3      51 조한별
6 2014-03-30     1   1000  국6    6  4    킬라루스     한   암   3      53 김영진
   teacher        owner h_w h_wd h_rec S1F_rnk C4_rnk G1F_rnk  G3F   S1F   C4
1  박재우        이태식 467    1 124.0       3      2       1 37.0  13.8 30.8
2  최용구        김호선 502    2 125.2       1      1       2 37.9  13.7 31.7
3  김양선        최수군 479    8 126.4       6      6       5 37.5  14.2 31.0
4    김호        이종욱 457   10 126.8       4      5       6 37.7  14.0 31.3
5  신우철  세계건설(주) 444    7 127.0       5      4       3 38.1  14.1 31.5
6  신삼영        조창석 458   -3 127.2       2      3       4 38.5  13.7 32.0
   G1F   dr_s dr_st m_id      pr_rnk     s_pr_rnk    g1_pr_rnk   c4_pr_rnk
1 13.0    2.1   1.3   12  0.08333333  0.25000000   0.08333333  0.16666667
2 13.4    5.2   1.6   12  0.16666667  0.08333333   0.16666667  0.08333333
3 12.7   10.6   2.4   12  0.25000000  0.50000000   0.41666667  0.50000000
4 12.7    6.2   2.0   12  0.33333333  0.33333333   0.50000000  0.41666667
5 13.2   50.7   7.3   12  0.41666667  0.41666667   0.25000000  0.33333333
6 13.1  170.9  14.0   12  0.50000000  0.16666667   0.33333333  0.25000000
```

* 변수의 의미 : 순위 변수를 백분율로 조정해 경주에 참여한 말이 8마리이든 16마리이든 균일한 잣대로 볼 수 있도록 만든 변수이다.

2 1위 기록과의 차이 data 생성

[HR203_rec] line 26~39

```
# create time difference w.r.t the list
min_velocity<-sqldf("select date, round, min(h_rec) min_vc from m_res_xls
group by date, round")
h_rec_dl<-sqldf("select a.*, b.min_vc from m_res_xls_pr a left outer join
min_velocity b on (a.date=b.date and a.round=b.round)")


h_rec_dl$delay<-h_rec_dl$h_rec-h_rec_dl$min_vc
head(h_rec_dl)


names(h_rec_dl)
h_rec_res<-h_rec_dl[,-c(2:6,8,10:14,25:27)]
# h_rec_res<-h_rec_dl[,c("horse","sex","date","h_rec","S1F","G1F","C4","S1F
```

```
_rnk","G1F_rnk","C4_rnk","h_w","h_wd","pr_rnk","s_pr_rnk","g1_pr_rnk","c4_pr_r
nk","min_vc","delay")]
h_rec_t<-h_rec_res
h_rec_wo<-sqldf("select * from h_rec_t order by horse, sex, date desc")


head(h_rec_wo)
```

```
       date   horse sex h_w h_wd     h_rec S1F_rnk C4_rnk G1F_rnk  G3F   S1F
1 2012-04-22 가드블루  거  472   -4 126.0000       7      5       8 40.3 13.5
2 2011-11-12 가드블루  거  476   -1 134.5263       6      8      10 41.4 14.2
3 2011-10-30 가드블루  거  477    3 133.3000       8      4       3 40.6 14.3
4 2011-09-04 가드블루  거  474   -4 133.0526       4      6       3 39.5 14.0
5 2011-08-14 가드블루  거  478    3 132.0000       9      8       3 38.9 14.9
6 2011-06-05 가드블루  거  475  -11 132.7059      12      6       6 39.1 15.7
    C4  G1F    pr_rnk  s_pr_rnk g1_pr_rnk c4_pr_rnk    min_vc     delay
1 33.9 14.5 0.9285714 0.5000000 0.5714286 0.3571429 123.4286 2.5714286
2 33.8 14.7 0.9285714 0.4285714 0.7142857 0.5714286 132.2105 2.3157895
3 34.1 14.2 0.4166667 0.6666667 0.2500000 0.3333333 132.9000 0.4000000
4 32.0 13.4 0.4166667 0.3333333 0.2500000 0.5000000 132.1053 0.9473684
5 32.4 13.5 0.2500000 0.7500000 0.2500000 0.6666667 130.7778 1.2222222
6 31.9 13.5 0.5000000 1.0000000 0.5000000 0.5000000 132.0000 0.7058824
```

- 변수의 의미 : 성적표에 순위차가 있으나, 수치가 아닌 것을 발견했을 것이다. 이를 수치로 바꾼 것이라 보면 된다.

3 속도를 이용한 각종 파생변수 생성

이번에는 상당히 많은 변수를 생성한다. 특히, 경주마의 특성을 담는 변수들이어서 매우 중요하다. 순위와 지점별 기록을 이용하여 말들의 특성을 볼 수 있는 변수들이다. 천천히 읽으며 이해하기 바란다. 역시 저자의 컴퓨터에서는 2분이 소요되었다.

[HR203_rec] line 41~119

```
# create derived variables
dtSql<-paste("select  distinct(date)  from  h_rec_wo  where  date  >
'",martStartDate,"' order by date desc",sep="")
dt<-sqldf(dtSql)
```

```
head(dt);tail(dt)

# approx. 2 min from 2011
system.time(
h_rec<-foreach(i=1:nrow(dt), .combine='rbind') %dopar% {
  ind<-which(h_rec_wo$date<dt$date[i])
  h_rec_dt<-h_rec_wo[ind,]
  s_hr<-paste("select horse, sex from h_rec_wo where date = '",dt$date[i],"'
order by horse,sex",sep="")
  hr<-sqldf(s_hr)
  k<-0
  for(j in 1:nrow(hr)){
    ind_hr<-which(h_rec_dt$horse==hr$horse[j]&h_rec_dt$sex==hr$sex[j])
    if(length(ind_hr)>0){
      k<-k+1
      if (k==1){
        h_rec_tmp<-h_rec_dt[ind_hr,]
      }else{
        h_rec_tmp_j<-rbind(h_rec_tmp,h_rec_dt[ind_hr,])
        h_rec_tmp<-h_rec_tmp_j
      }
    }
  }
  h_rec_tmp$no<-1
  if(nrow(h_rec_tmp)>1){
    for (j in 2:nrow(h_rec_tmp)) {
        if (h_rec_tmp$horse[j-1]==h_rec_tmp$horse[j]&h_rec_tmp$sex[j-
1]==h_rec_tmp$sex[j]) {
        h_rec_tmp$no[j]<-h_rec_tmp$no[j-1]+1
      }
    }
  }
  h_spd_avg_1<-sqldf("select horse, sex, max(no) cnt, avg(h_rec) v_avg,
median(h_rec) v_med, min(h_rec) v_min, max(h_rec) v_max, stdev(h_rec) v_std,
```

avg(h_rec)-stdev(h_rec) v_max_value, avg(S1F) s_avg, median(S1F) s_med, min(S1F) s_min, max(S1F) s_max, stdev(S1F) s_std, avg(S1F)-stdev(S1F) s_max_value, avg(G1F) g1_avg, median(G1F) g1_med, min(G1F) g1_min, max(G1F) g1_max, stdev(G1F) g1_std, avg(G1F)-stdev(G1F) g1_max_value, avg(C4) c4_avg, median(C4) c4_med, min(C4) c4_min, max(C4) c4_max, stdev(C4) c4_std, avg(C4)-stdev(C4) c4_max_value, avg(G3F) g3_avg, median(G3F) g3_med, min(G3F) g3_min, max(G3F) g3_max, stdev(G3F) g3_std, avg(G3F)-stdev(G3F) g3_max_value, avg(h_w) h_w_avg, median(h_w) h_w_med, min(h_w) h_w_min, max(h_w) h_w_max, stdev(h_w) h_w_std, avg(h_w)-stdev(h_w) h_w_max_value, avg(delay) dl_avg, median(delay) dl_med, min(delay) dl_min, max(delay) dl_max, stdev(delay) dl_std, avg(delay)-stdev(delay) dl_max_value from h_rec_tmp group by horse, sex")

```
#   head(h_spd_avg_1,1) # verif
    h_spd_avg_v<-summaryBy(h_rec~horse+sex,data=h_rec_tmp,FUN=c(kurtosis,
skewness,cv,fivenum,mad))
    colnames(h_spd_avg_v) <- c('horse','sex','v_kurt','v_skew','v_cv','v_min1','
v_lh','v_md','v_hl','v_max1','v_mad')
    h_spd_avg_s<-summaryBy(S1F~horse+sex,data=h_rec_tmp,FUN=c(kurtosis,skewness,
cv,fivenum,mad))
    colnames(h_spd_avg_s) <- c('horse','sex','s_kurt','s_skew','s_cv','s_min1','
s_lh','s_md','s_hl','s_max1','s_mad')
    h_spd_avg_g1<-summaryBy(G1F~horse+sex,data=h_rec_tmp,FUN=c(kurtosis,
skewness,cv,fivenum,mad))
    colnames(h_spd_avg_g1) <- c('horse','sex','g1_kurt','g1_skew','g1_cv','
g1_min1','g1_lh','g1_md','g1_hl','g1_max1','g1_mad')
    h_spd_avg_c4<-summaryBy(C4~horse+sex,data=h_rec_tmp,FUN=c(kurtosis,skewness,
cv,fivenum,mad))
    colnames(h_spd_avg_c4) <- c('horse','sex','c4_kurt','c4_skew','c4_cv','
c4_min1','c4_lh','c4_md','c4_hl','c4_max1','c4_mad')
    h_spd_avg_g3<-summaryBy(G3F~horse+sex,data=h_rec_tmp,FUN=c(kurtosis,
skewness,cv,fivenum,mad))
    colnames(h_spd_avg_g3) <- c('horse','sex','g3_kurt','g3_skew','g3_cv','
g3_min1','g3_lh','g3_md','g3_hl','g3_max1','g3_mad')
   h_spd_avg_1v<-merge(h_spd_avg_1,h_spd_avg_v,by=c("horse","sex"))
   h_spd_avg_1vs<-merge(h_spd_avg_1v,h_spd_avg_s,by=c("horse","sex"))
```

```
h_spd_avg_1vsg1<-merge(h_spd_avg_1vs,h_spd_avg_g1,by=c("horse","sex"))
h_spd_avg_1vsg1c4<-merge(h_spd_avg_1vsg1,h_spd_avg_c4,by=c("horse","sex"))
h_rec_avg<-merge(h_spd_avg_1vsg1c4,h_spd_avg_g3,by=c("horse","sex"))
ind<-which(h_rec_tmp$no<8)
h_rec_a7<-h_rec_tmp[ind,]
h_rec_avg7<-sqldf("select horse h7, sex, avg(h_rec) avg_7, avg(S1F) s_avg_7,
avg(G1F) g1_avg_7, avg(C4) c4_avg_7, avg(G3F) g3_avg_7, avg(delay) dl_7,
avg(h_w) h_w_7, sum(h_wd) wdf_7, avg(pr_rnk) pr_7, avg(s_pr_rnk) s_pr_7,
avg(g1_pr_rnk) g1_pr_7, avg(c4_pr_rnk) c4_pr_7 from h_rec_a7 group by horse,
sex")

 ind<-which(h_rec_tmp$no<6)
 h_rec_a5<-h_rec_tmp[ind,]
 h_rec_avg5<-sqldf("select horse h5, sex, avg(h_rec) avg_5, avg(S1F) s_avg_5,
avg(G1F) g1_avg_5, avg(C4) c4_avg_5, avg(G3F) g3_avg_5, avg(delay) dl_5,
avg(h_w) h_w_5, sum(h_wd) wdf_5, avg(pr_rnk) pr_5, avg(s_pr_rnk) s_pr_5,
avg(g1_pr_rnk) g1_pr_5, avg(c4_pr_rnk) c4_pr_5 from h_rec_a5 group by horse,
sex")

 ind<-which(h_rec_tmp$no<4)
 h_rec_a3<-h_rec_tmp[ind,]
 h_rec_avg3<-sqldf("select horse h3, sex, avg(h_rec) avg_3, avg(S1F) s_avg_3,
avg(G1F) g1_avg_3, avg(C4) c4_avg_3, avg(G3F) g3_avg_3, avg(delay) dl_3,
avg(h_w) h_w_3, sum(h_wd) wdf_3, avg(pr_rnk) pr_3, avg(s_pr_rnk) s_pr_3,
avg(g1_pr_rnk) g1_pr_3, avg(c4_pr_rnk) c4_pr_3 from h_rec_a3 group by horse,
sex")

 ind<-which(h_rec_tmp$no<3)
 h_rec_a2<-h_rec_tmp[ind,]
 h_rec_avg2<-sqldf("select horse h2, sex, avg(h_rec) avg_2, avg(S1F) s_avg_2,
avg(G1F) g1_avg_2, avg(C4) c4_avg_2, avg(G3F) g3_avg_2, avg(delay) dl_2,
avg(h_w) h_w_2, sum(h_wd) wdf_2, avg(pr_rnk) pr_2, avg(s_pr_rnk) s_pr_2,
avg(g1_pr_rnk) g1_pr_2, avg(c4_pr_rnk) c4_pr_2 from h_rec_a2 group by horse,
sex")

 ind<-which(h_rec_tmp$no<2)
 h_rec_a1<-h_rec_tmp[ind,]
 h_rec_avg1<-sqldf("select horse h1, sex, avg(h_rec) avg_1, avg(S1F) s_avg_1,
```

```
avg(G1F) g1_avg_1, avg(C4) c4_avg_1, avg(G3F) g3_avg_1, avg(delay) dl_1,
avg(h_w) h_w_1, sum(h_wd) wdf_1, avg(pr_rnk) pr_1, avg(s_pr_rnk) s_pr_1,
avg(g1_pr_rnk) g1_pr_1, avg(c4_pr_rnk) c4_pr_1 from h_rec_a1 group by horse,
sex")
#   head(h_rec_avg1,1) # verif

    h_rec_res1<-sqldf("select a.*, b.avg_1 v_avg1, b.s_avg_1, b.g1_avg_1,
b.c4_avg_1, b.g3_avg_1, b.dl_1, b.h_w_1, b.wdf_1, b.pr_1, b.s_pr_1, b.g1_pr_1,
b.c4_pr_1 from h_rec_avg a left outer join h_rec_avg1 b on (a.horse=b.h1 and
a.sex=b.sex)")
    h_rec_res12<-sqldf("select a.*, b.avg_2 v_avg2, b.s_avg_2, b.g1_avg_2,
b.c4_avg_2, b.g3_avg_2, b.dl_2, b.h_w_2, b.wdf_2, b.pr_2, b.s_pr_2, b.g1_pr_2,
b.c4_pr_2 from h_rec_res1 a left outer join h_rec_avg2 b on (a.horse=b.h2 and
a.sex=b.sex)")
    h_rec_res123<-sqldf("select a.*, b.avg_3 v_avg3, b.s_avg_3, b.g1_avg_3,
b.c4_avg_3, b.g3_avg_3, b.dl_3, b.h_w_3, b.wdf_3, b.pr_3, b.s_pr_3, b.g1_pr_3,
b.c4_pr_3 from h_rec_res12 a left outer join h_rec_avg3 b on (a.horse=b.h3 and
a.sex=b.sex)")
    h_rec_res1235<-sqldf("select a.*, b.avg_5 v_avg5, b.s_avg_5, b.g1_avg_5,
b.c4_avg_5, b.g3_avg_5, b.dl_5, b.h_w_5, b.wdf_5, b.pr_5, b.s_pr_5, b.g1_pr_5,
b.c4_pr_5 from h_rec_res123 a left outer join h_rec_avg5 b on (a.horse=b.h5
and a.sex=b.sex)")
    h_rec_res12357<-sqldf("select a.*, b.avg_7 v_avg7, b.s_avg_7, b.g1_avg_7,
b.c4_avg_7, b.g3_avg_7, b.dl_7, b.h_w_7, b.wdf_7, b.pr_7, b.s_pr_7, b.g1_pr_7,
b.c4_pr_7 from h_rec_res1235 a left outer join h_rec_avg7 b on (a.horse=b.h7
and a.sex=b.sex)")
#   head(h_rec_res1235,1) # verif
  date<-rep(dt$date[i],nrow(h_rec_res12357))
  return(cbind(date,h_rec_res12357))
})


h_rec$date<-as.character(h_rec$date)
head(h_rec,1)
```

```
        date  horse sex cnt   v_avg  v_med   v_min    v_max  v_std v_max_value s_avg s_med s_min s_max
1 2014-03-30  가람준  암  14 129.9929 129.8 126.6667 134.1111 2.247824     127.745 14.05  14.1  13.6  14.3
    s_std s_max_value  g1_avg g1_med g1_min g1_max   g1_std g1_max_value  c4_avg c4_med c4_min c4_max
1 0.2103111    13.83969 13.73571  13.85   12.7   14.7 0.5982116      13.1375 32.90714   33.2   31.2   34.4
  c4_std c4_max_value  g3_avg g3_med g3_min g3_max   g3_std g3_max_value  h_w_avg h_w_med h_w_min
1 0.9918625    31.91528 39.60714   39.8   37.7   40.9 0.8818375      38.72531 441.2143   440.5     435
  h_w_max  h_w_std h_w_max_value    dl_avg  dl_med dl_min dl_max  dl_std dl_max_value   v_kurt    v_skew
1     455 5.235655      435.9786 1.783054 1.631868      0    5.2 1.38665      0.3964045 -1.16656 0.3293082
      v_cv   v_min1     v_lh  v_md  v_hl   v_max1    v_mad   s_kurt     s_skew     s_cv s_min1 s_lh s_hl
1 1.72919 126.6667 128.1429 129.8   132 134.1111 2.676826 -0.4885039 -0.6680431 1.496876    13.6   14 14.1
  s_max1    s_mad  g1_kurt    g1_skew  g1_cv g1_min1 g1_lh g1_md g1_hl g1_max1  g1_mad   c4_kurt
1   14.2  14.3 0.14826 -1.293202 -0.09478739 4.355155     12.7  13.2 13.85  14.3    14.7 0.7413 -1.316857
  c4_skew    c4_cv c4_min1 c4_lh c4_md c4_hl c4_max1  c4_mad   g3_kurt    g3_skew   g3_cv g3_min1
1 -0.3441228 3.014125    31.2    32  33.2  33.5    34.4 1.03782 -0.5036044 -0.6105551 2.226461    37.7
  g3_lh g3_md g3_hl g3_max1  g3_mad  v_avg1 s_avg1 g1_avg_1 c4_avg_1 g3_avg_1     dl_1 h_w_1 wdf_1
1  39.1  39.8  40.2    40.9 0.59304 133.3333   14.3     13.1      32     39.8 0.8888889   442     2
     pr_1    s_pr_1   g1_pr_1 c4_pr_1   v_avg2  s_avg_2 g1_avg_2 c4_avg_2 g3_avg_2      dl_2 h_w_2 wdf_2
1 0.2142857 0.2857143 0.2857143     0.5 133.7222     14.3     13.05     31.7    39.45 0.7222222   441     4
     pr_2    s_pr_2   g1_pr_2 c4_pr_2   v_avg3  s_avg_3 g1_avg_3 c4_avg_3 g3_avg_3      dl_3 h_w_3 wdf_3
1 0.2857143 0.3214286 0.3214286     0.5 131.7635 14.23333     13.1 31.76667 39.06667 0.9430199   440     1
     pr_3    s_pr_3   g1_pr_3 c4_pr_3   v_avg5  s_avg_5 g1_avg_5 c4_avg_5 g3_avg_5      dl_5 h_w_5 wdf_5
1 0.3333333 0.4047619 0.452381 0.5952381 130.4867    14.16     13.36    32.34     39.4 1.451526   441    -4
     pr_5    s_pr_5   g1_pr_5 c4_pr_5   v_avg7  s_avg_7 g1_avg_7 c4_avg_7 g3_avg_7    dl_7  h_w_7
1 0.3909091 0.4814935 0.5168831 0.638961 129.4978 14.05714 13.34286     32.3     39.2 1.34816 441.5714
  wdf_7     pr_7    s_pr_7   g1_pr_7   c4_pr_7
1     6 0.3506494 0.4748763 0.4525356 0.6290198
```

변수의 의미

- cnt : 해당일 이전 출전 경기 수

- v_avg : 기록의 평균

- v_med : 기록의 중앙값

- v_min : 최소 기록

- v_max : 최대 기록

- v_std : 기록의 표준편차

- v_max_value = v_avg − v_std

- v_kurt : 기록의 첨도(kurtosis)

- v_skew : 기록의 왜도(skewness)

- v_cv : Coefficient of variation

- v_mad : Median Absolute Deviation

- v_min1, v_lh, v_md, v_hl, v_max1: fivenum(box plot의 5개 수치)

- v_avg1 : 최근 경기 기록

- v_avg2 : 최근 2경기 기록 평균

- v_avg3 : 최근 3경기 기록 평균

- v_avg5 : 최근 5경기 기록 평균

- v_avg7 : 최근 7경기 기록 평균

- 위의 v 기록에 대해 S1F와 G1F, G3F, C4, h_w, dl에 대해서도 동일한 변수 도출

변수를 통계적으로 바라보는 것이다. 그리고 최근 경향도 함께 만들 수 있다. 이 부분은 다소 익숙하리라 생각된다.

[HR203_rec] line 120

```
names(h_rec)
```

```
  [1] "date"        "horse"       "sex"         "cnt"         "v_avg"         "v_med"
  [7] "v_min"       "v_max"       "v_std"       "v_max_value" "s_avg"         "s_med"
 [13] "s_min"       "s_max"       "s_std"       "s_max_value" "g1_avg"        "g1_med"
 [19] "g1_min"      "g1_max"      "g1_std"      "g1_max_value" "c4_avg"       "c4_med"
 [25] "c4_min"      "c4_max"      "c4_std"      "c4_max_value" "g3_avg"       "g3_med"
 [31] "g3_min"      "g3_max"      "g3_std"      "g3_max_value" "h_w_avg"      "h_w_med"
 [37] "h_w_min"     "h_w_max"     "h_w_std"     "h_w_max_value" "dl_avg"      "dl_med"
 [43] "dl_min"      "dl_max"      "dl_std"      "dl_max_value" "v_kurt"       "v_skew"
 [49] "v_cv"        "v_min1"      "v_lh"        "v_md"        "v_hl"          "v_max1"
 [55] "v_mad"       "s_kurt"      "s_skew"      "s_cv"        "s_min1"        "s_lh"
 [61] "s_md"        "s_hl"        "s_max1"      "s_mad"       "g1_kurt"       "g1_skew"
 [67] "g1_cv"       "g1_min1"     "g1_lh"       "g1_md"       "g1_hl"         "g1_max1"
 [73] "g1_mad"      "c4_kurt"     "c4_skew"     "c4_cv"       "c4_min1"       "c4_lh"
 [79] "c4_md"       "c4_hl"       "c4_max1"     "c4_mad"      "g3_kurt"       "g3_skew"
 [85] "g3_cv"       "g3_min1"     "g3_lh"       "g3_md"       "g3_hl"         "g3_max1"
 [91] "g3_mad"      "v_avg1"      "s_avg_1"     "g1_avg_1"    "c4_avg_1"      "g3_avg_1"
 [97] "dl_1"        "h_w_1"       "wdf_1"       "pr_1"        "s_pr_1"        "g1_pr_1"
[103] "c4_pr_1"     "v_avg2"      "s_avg_2"     "g1_avg_2"    "c4_avg_2"      "g3_avg_2"
[109] "dl_2"        "h_w_2"       "wdf_2"       "pr_2"        "s_pr_2"        "g1_pr_2"
[115] "c4_pr_2"     "v_avg3"      "s_avg_3"     "g1_avg_3"    "c4_avg_3"      "g3_avg_3"
[121] "dl_3"        "h_w_3"       "wdf_3"       "pr_3"        "s_pr_3"        "g1_pr_3"
[127] "c4_pr_3"     "v_avg5"      "s_avg_5"     "g1_avg_5"    "c4_avg_5"      "g3_avg_5"
[133] "dl_5"        "h_w_5"       "wdf_5"       "pr_5"        "s_pr_5"        "g1_pr_5"
[139] "c4_pr_5"     "v_avg7"      "s_avg_7"     "g1_avg_7"    "c4_avg_7"      "g3_avg_7"
[145] "dl_7"        "h_w_7"       "wdf_7"       "pr_7"        "s_pr_7"        "g1_pr_7"
[151] "c4_pr_7"
```

변수가 많이 늘어나 151개가 된 것을 확인할 수 있다.

4 마지막 날짜까지 생성되었는지 확인

데이터마트를 생성하면서 반드시 아래와 같은 확인을 추가하기 바란다. 가끔 데이터를 잘못 생성해 데이터의 개수가 2배, 4배가 되는 경우가 있다.

[HR203_rec] line 122~124

```
# verification
ind<-which(h_rec$date>'2014-03-24')
table(h_rec[ind,"date"])
```

```
> table(h_rec[ind,"date"])

2014-03-29 2014-03-30
      136        121
```

5 기수별, 조교사별, 마주별 파생변수 생성

이번에는 위의 기록에서 기수별, 조교사별, 마주별 파생변수를 생성해 보겠다.

[HR203_rec] line 126~157

```
####################################################
# delay master w.r.t player, teacher, owner # 2 min 20
####################################################

head(h_rec_dl)

system.time(
  dl_plr<-foreach(i=1:nrow(dt), .combine='rbind') %dopar% {
      ind<-which(h_rec_dl$date<dt$date[i]&h_rec_dl$date>as.character(as.Date
(dt$date[i])-365))
    h_rec_dl_tmp<-h_rec_dl[ind,]
    plr_tmp <- sqldf("select player, count(distinct horse) horses, avg(delay)
plr_dl_avg, median(delay) plr_dl_med, min(delay) plr_dl_min, max(delay)
plr_dl_max, stdev(delay) plr_dl_std, avg(delay)-stdev(delay) plr_dl_max_val
from h_rec_dl_tmp group by player");plr_dt<-rep(dt$date[i],nrow(plr_tmp))
    return(cbind(plr_dt,plr_tmp))
  }) # 11 seconds

system.time(
  dl_tcr<-foreach(i=1:nrow(dt), .combine='rbind') %dopar% {
      ind<-which(h_rec_dl$date<dt$date[i]&h_rec_dl$date>as.character(as.Date
(dt$date[i])-365))
    h_rec_dl_tmp<-h_rec_dl[ind,]
    tcr_tmp <- sqldf("select teacher, count(distinct player) players,
```

```
avg(delay) tcr_dl_avg, median(delay) tcr_dl_med, min(delay) tcr_dl_min,
max(delay) tcr_dl_max, stdev(delay) tcr_dl_std, avg(delay)-stdev(delay)
tcr_dl_max_val  from  h_rec_dl_tmp  group  by  teacher");tcr_dt<-
rep(dt$date[i],nrow(tcr_tmp))
    return(cbind(tcr_dt,tcr_tmp))
  }) # 11 seconds


system.time(
  dl_owr<-foreach(i=1:nrow(dt), .combine='rbind') %dopar% {
      ind<-which(h_rec_dl$date<dt$date[i]&h_rec_dl$date>as.character(as.Date
(dt$date[i])-365))
    h_rec_dl_tmp<-h_rec_dl[ind,]
      owr_tmp <- sqldf("select owner, count(distinct teacher) teachers,
avg(delay) owr_dl_avg, median(delay) owr_dl_med, min(delay) owr_dl_min,
max(delay) owr_dl_max, stdev(delay) owr_dl_std, avg(delay)-stdev(delay)
owr_dl_max_val  from  h_rec_dl_tmp  group  by  owner");owr_dt<-
rep(dt$date[i],nrow(owr_tmp))
    return(cbind(owr_dt,owr_tmp))
  }) # 11 seconds


save(m_res_xls,h_rec_dl,h_rec,dl_plr,dl_tcr,dl_owr,file="rdt/h_rec.rdata")
head(dl_plr);head(dl_tcr);head(dl_owr)
```

```
> head(dl_plr);head(dl_tcr);head(dl_owr)
      plr_dt player horses plr_dl_avg plr_dl_med plr_dl_min plr_dl_max plr_dl_std plr_dl_max_val
1 2014-03-30 고성이     22  3.6893665  3.2820513          0   9.692308  2.2734917      1.4158748
2 2014-03-30 권석원    111  2.3141117  2.0000000          0   9.833333  1.8069676      0.5071440
3 2014-03-30 김귀배     51  2.8483744  2.6153846          0   9.400000  1.8238522      1.0245222
4 2014-03-30 김도현      1  3.0000000  3.0000000          3   3.000000  0.0000000      3.0000000
5 2014-03-30 김동영      2  0.6111111  0.6111111          0   1.222222  0.8642416     -0.2531305
6 2014-03-30 김동철     25  2.5349752  2.3076923          0   9.000000  1.7719728      0.7630024
      tcr_dt teacher players tcr_dl_avg tcr_dl_med tcr_dl_min tcr_dl_max tcr_dl_std tcr_dl_max_val
1 2014-03-30 강명준      23   3.444286   2.714286  0.0000000   11.27273   2.312469      1.1318161
2 2014-03-30 강병은       1   2.300000   2.300000  2.3000000    2.30000   0.000000      2.3000000
3 2014-03-30 고옥봉       6   3.415795   3.200000  0.6666667   11.00000   2.135014      1.2807808
4 2014-03-30 고흥석       2   2.150000   2.150000  1.3000000    3.00000   1.202082      0.9479185
5 2014-03-30 곽영효      23   2.646897   2.285714  0.0000000   10.92308   2.155815      0.4910824
6 2014-03-30 구자홍      16   2.109614   1.846154  0.0000000    9.60000   1.889435      0.2201795
      owr_dt             owner teachers owr_dl_avg owr_dl_med owr_dl_min owr_dl_max owr_dl_std owr_dl_max_val
1 2014-03-30       (주)나스카        2   2.259637   1.751880   0.000000   13.600000   2.517544     -0.2579069
2 2014-03-30       (주)녹원목장        7   2.574437   2.333333   0.000000    8.857143   1.738191      0.8362466
3 2014-03-30     (주)늘푸른목장        6   2.132534   1.777778   0.000000    7.230769   1.775849      0.3566849
4 2014-03-30 (주)대명종합건설        1   4.414663   4.555556   2.428571    6.000000   1.336334      3.0783285
5 2014-03-30         (주)비엠씨        7   2.569474   2.500000   0.000000    5.692308   1.722992      0.8464820
6 2014-03-30           (주)수성        2   2.655456   1.833333   0.000000    7.833333   2.005361      0.6500948
```

- 변수의 의미 : 성적이 경주마별로만 있는 것이 아니라, 뒷부분에 기수/조교사/마주가 있다. 이를 기준으로 기수/조교사/마주를 평가할 수도 있다는 생각을 해야 한다. 이후에는 각 변수들마다 독자 여러분이 의미를 생각해 보기 바란다.

이제 기록 관련 변수 생성이 완료되었다.

(4) 파생변수 – 경주 결과 순위를 이용한 변수 생성(타깃 정보 생성)

타깃을 어떻게 정의하느냐가 모델링에 상당히 중요한 영향을 미친다. 여러 차례의 시도 끝에 찾아낸 결과 배팅을 삼복승식에 하고, 1위~6위까지의 말을 찾는 것을 타깃으로 하고, 예측된 말 중에서는 4~7마리까지를 조합해 배팅을 하는 것이 가장 좋은 성과를 냈다. 따라서 1위~6위까지를 "1"로 설정하고 나머지는 "0"으로 설정하였다. 그리고 순위를 이용한 다른 변수들도 만들었다.

1 set target

target 변수를 생성하는 script이다.

[HR204_sql_hr.R] line 1~34

```
library(gdata);library(WriteXLS);library(sqldf);library(e1071);library(doBy);l
ibrary(fBasics);library(timeDate);library(raster);library(doMC);library(foreac
h)
registerDoMC(6)

martStartDate<-'2011-01-01'
t_rnk = 7 # target rank + 1

load("rdt/result.rdata")

hr_s_xls_all<-m_res_xls[,c("date","round","length","type","rank","id","horse",
"origin","sex","age","weight","player","teacher","owner")]

str(hr_s_xls_all)
```

```
max_id<-sqldf("select date, round, max(id) m_id from hr_s_xls_all group by
date, round")

hr_s<-sqldf("select a.*, b.m_id from hr_s_xls_all a, max_id b where
a.date=b.date and a.round=b.round")

dt_hrsSql<-paste("select distinct(date) from hr_s where date>'",martStartDate,
"' order by date desc",sep="")
dt_hrs<-sqldf(dt_hrsSql)
head(dt_hrs);tail(dt_hrs)


#############
# Set target #
#############
hr_s$targ<-NULL
hr_s$o_targ<-NULL
hr_s$targ<-0
hr_s$o_targ<-0
ind <- which(hr_s$rank < t_rnk & hr_s$rank > 0)
hr_s[ind,"targ"] <- 1
hr_s[ind,"o_targ"] <- hr_s[ind,"rank"]
names(hr_s)
hr_ss<-hr_s[,c(1,3,5,7:17)]
hr_ss$pro_rank<-hr_ss$rank/hr_ss$m_id


head(hr_ss)
```

```
> head(hr_ss)
        date length rank     horse origin sex age weight player teacher         owner m_id targ o_targ    pro_rank
1 2014-03-30   1000    1 올포글로리    한   수   3     50 임기원 박재우        이태식   12    1      1 0.08333333
2 2014-03-30   1000    2 진명신화     한   수   3     54 서승운 최용구        김호선   12    1      2 0.16666667
3 2014-03-30   1000    3 스피드닥터   한   수   3     54 박현우 김양선        최수군   12    1      3 0.25000000
4 2014-03-30   1000    4 퀸웨이       한   암   3     53 조인권 김호          이종옥   12    1      4 0.33333333
5 2014-03-30   1000    5 질풍대로     한   수   3     51 조한별 신우철 세계건설(주)   12    1      5 0.41666667
6 2014-03-30   1000    6 킬라루스     한   암   3     53 김영진 신삼영        조창석   12    1      6 0.50000000
```

2 average rank(기수, 조교사, 마주별 평균 순위)

기수, 조교사, 마주별 평균 순위를 생성하는 스크립트다.

[HR204_sql_hr.R] line 36~64

```
###########################################
# average rank w.r.t jockey, trainer, ownr #
###########################################

system.time(
  plyr<-foreach(i=1:nrow(dt_hrs), .combine='rbind') %dopar% {
      ind<-which(hr_s$date<dt_hrs$date[i]&hr_s$date>as.character(as.Date(dt
_hrs$date[i])-360))
    hr_s_tmp<-hr_s[ind,]
     p_tmp <- sqldf("select player, count(distinct horse) horses, avg(rank)
player_rank from hr_s_tmp group by player");p_dt<-rep(dt_hrs$date[i],nrow
(p_tmp))
    return(cbind(p_dt,p_tmp))
  }) # 8~9 sec

system.time(
  tchr<-foreach(i=1:nrow(dt_hrs), .combine='rbind') %dopar% {
      ind<-which(hr_s$date<dt_hrs$date[i]&hr_s$date>as.character(as.Date
(dt_hrs$date[i])-360))
    hr_s_tmp<-hr_s[ind,]
    t_tmp <- sqldf("select teacher, count(distinct player) players, avg(rank)
teacher_rank from hr_s_tmp group by teacher");t_dt<-rep(dt_hrs$date[i],nrow
(t_tmp))
    return(cbind(t_dt,t_tmp))
  })

system.time(
  ownr<-foreach(i=1:nrow(dt_hrs), .combine='rbind') %dopar% {
```

```
        ind<-which(hr_s$date<dt_hrs$date[i]&hr_s$date>as.character(as.Date
(dt_hrs$date[i])-360))
    hr_s_tmp<-hr_s[ind,]
    o_tmp <- sqldf("select owner, count(distinct teacher) teachers, avg(rank)
owner_rank from hr_s_tmp group by owner");o_dt<-rep(dt_hrs$date[i],nrow
(o_tmp))
    return(cbind(o_dt,o_tmp))
  })


head(plyr);head(tchr);head(ownr)
```

```
> head(plyr);head(tchr);head(ownr)
        p_dt player horses player_rank
1 2014-03-30 고성이     22    8.058824
2 2014-03-30 권석원    111    6.161290
3 2014-03-30 김귀배     50    6.728814
4 2014-03-30 김도현      1    6.000000
5 2014-03-30 김동영      2    3.500000
6 2014-03-30 김동철     25    6.163265
        t_dt teacher players teacher_rank
1 2014-03-30 강명준      21     7.605263
2 2014-03-30 강병은       1    11.000000
3 2014-03-30 고옥봉       6     8.619048
4 2014-03-30 고홍석       2     5.500000
5 2014-03-30 곽영효      23     6.458101
6 2014-03-30 구자흥      16     5.614130
        o_dt            owner teachers owner_rank
1 2014-03-30       (주)나스카       2    5.723077
2 2014-03-30      (주)녹원목장       7    6.833333
3 2014-03-30     (주)늘푸른목장       6    6.303030
4 2014-03-30  (주)대명종합건설       1   10.181818
5 2014-03-30         (주)비엠씨       7    8.160000
6 2014-03-30           (주)수성       2    7.363636
```

3 경주마별 변수 생성

[HR204_sql_hr.R] line 66~121

```
######################################
# mart sql_hr (game_master w.r.t horse) #
######################################
system.time(
  sql_hr<-foreach(i=1:nrow(dt_hrs), .combine='rbind') %dopar% {
```

```
  hr_ss_tmp<-hr_ss[ind,]
  s_hr<-paste("select horse, sex from hr_ss where date = '",dt_hrs$date[i],"
' order by horse,sex",sep="")
  hr<-sqldf(s_hr)
  k<-0
  for(j in 1:nrow(hr)){
    ind_hr<-which(hr_ss_tmp$horse==hr$horse[j]&hr_ss_tmp$sex==hr$sex[j])
    if(length(ind_hr)>0){
      k<-k+1
      if (k==1){
        hr_ss_tmp_dt<-hr_ss_tmp[ind_hr,]
      }else{
        hr_ss_tmp_dt<-rbind(hr_ss_tmp_dt,hr_ss_tmp[ind_hr,])
      }
    }
  }
  sql_hr_01<-sqldf("select horse, sex, count(distinct length) length_kind,
count(distinct player) player_kind, max(age) age, count(targ) cnt_t, sum(targ)
win_t, avg(rank) avg_rank, variance(rank) var_rank, avg(rank)-stdev(rank)
max_value, avg(pro_rank) p_avg_rnk, variance(pro_rank) p_var_rnk,
avg(pro_rank)-stdev(pro_rank) p_max_value from hr_ss_tmp_dt group by horse,
sex order by horse, sex")
  sql_hr_02<-summaryBy(rank~horse+sex,data=hr_ss_tmp_dt,FUN=c(kurtosis,
skewness,cv,fivenum,mad))
  colnames(sql_hr_02) <- c('horse','sex','kurt_rank','skew_rank','cv_rank',
'min1_rank','lh_rank','md_rank','hl_rank','max1_rank','mad')
  sql_hr_03<-summaryBy(pro_rank~horse+sex,data=hr_ss_tmp_dt,FUN=c(kurtosis,
skewness,cv,fivenum,mad))
  colnames(sql_hr_03) <- c('horse','sex','p_kurt_rank','p_skew_rank',
'p_cv_rank','p_min1_rank','p_lh_rank','p_md_rank','p_hl_rank','p_max1_rank','p
_mad')
  sql_hr_012<-merge(sql_hr_01,sql_hr_02,by=c("horse","sex"))
  sql_hr_1<-merge(sql_hr_012,sql_hr_03,by=c("horse","sex"))
  sql_hr_o1<-sqldf("select horse, sex, count(o_targ) win_o1 from
```

```
hr_ss_tmp_dt where o_targ=1 group by horse, sex")
    sql_hr_o2<-sqldf("select horse, sex, count(o_targ) win_o2 from
hr_ss_tmp_dt where o_targ=2 group by horse, sex")
    sql_hr_o3<-sqldf("select horse, sex, count(o_targ) win_o3 from
hr_ss_tmp_dt where o_targ=3 group by horse, sex")
    sql_hr_lo1<-sqldf("select a.*, b.win_o1 from sql_hr_1 a left outer join
sql_hr_o1 b on (a.horse=b.horse and a.sex=b.sex)")
    sql_hr_lo2<-sqldf("select a.*, b.win_o2 from sql_hr_lo1 a left outer join
sql_hr_o2 b on (a.horse=b.horse and  a.sex=b.sex)")
    sql_hr_lo3<-sqldf("select a.*, b.win_o3 from sql_hr_lo2 a left outer join
sql_hr_o3 b on (a.horse=b.horse and  a.sex=b.sex)")
    horse_d <- sqldf("select horse, sex, min(date) min_d, max(date) max_d,
count(*) run from hr_ss_tmp_dt group by horse, sex") # where date<'2014-03-31'
    horse_d$period <- as.Date(horse_d$max_d) - as.Date(horse_d$min_d)
    horse_d$period <- as.numeric(horse_d$period)
    horse_d$cycle <- horse_d$period / (horse_d$run - 1)
    sql_hr_tmp <- sqldf("select a.*, b.min_d,b.max_d,b.run,b.period,b.cycle
from sql_hr_lo3 a left outer join horse_d b on (a.horse=b.horse and
a.sex=b.sex)")
    sql_hr_dt<-rep(dt_hrs$date[i],nrow(sql_hr_tmp))
    return(cbind(sql_hr_dt,sql_hr_tmp))
  }) # 1 min 10 sec


head(sql_hr)


ind_o1<-which(is.na(sql_hr$win_o1))
if (length(ind_o1)>0) sql_hr[ind_o1,"win_o1"]<-0
ind_o2<-which(is.na(sql_hr$win_o2))
if (length(ind_o2)>0) sql_hr[ind_o2,"win_o2"]<-0
ind_o3<-which(is.na(sql_hr$win_o3))
if (length(ind_o3)>0) sql_hr[ind_o3,"win_o3"]<-0
ind <- which(is.na(sql_hr$avg_rank))
if (length(ind)>0) sql_hr[ind,"avg_rank"]<-0
sql_hr_bkup<-sql_hr
```

```
sql_hr<-na.omit(sql_hr_bkup)


sql_hr$r_win<-0

sql_hr$r_win<-sql_hr$win_t/sql_hr$cnt_t

sql_hr$r_win_o1<-0

sql_hr$r_win_o1<-sql_hr$win_o1/sql_hr$cnt_t

sql_hr$r_win_o2<-0

sql_hr$r_win_o2<-sql_hr$win_o2/sql_hr$cnt_t

sql_hr$r_win_o3<-0

sql_hr$r_win_o3<-sql_hr$win_o3/sql_hr$cnt_t

sql_hr$sql_hr_dt<-as.character(sql_hr$sql_hr_dt)


head(sql_hr)
```

```
> head(sql_hr)
    sql_hr_dt       horse sex length_kind player_kind age cnt_t win_t avg_rank var_rank max_value p_avg_rnk
1  2014-03-30     가람준  암           5           5   4    12    12 3.583333 2.810606 1.9068471 0.3331830
2  2014-03-30     갈라캣  수           2           2   3     3     3 4.333333 4.333333 2.2516673 0.3266178
3  2014-03-30 강자의인연  수           4           2   4     5     5 3.000000 7.500000 0.2613872 0.2731746
4  2014-03-30   경희만세  암           6           9   5    19    19 3.368421 2.801170 1.6947516 0.2723423
5  2014-03-30   골드쓰리  암           3           3   3     5     5 5.000000 5.000000 2.7639320 0.5090909
6  2014-03-30     골드윈  수           6           3   4    10    10 3.100000 3.211111 1.3080427 0.2732906
  p_var_rnk p_max_value kurt_rank   skew_rank  cv_rank min1_rank lh_rank md_rank hl_rank max1_rank    mad
1 0.02622026  0.17125630 -1.460277 -0.23850941 46.78566         1     2.5     3.5     5.0         6 2.2239
2 0.01967131  0.18636337 -2.333333 -0.28740951 48.03845         2     3.5     5.0     5.5         6 1.4826
3 0.06531759  0.01760155 -2.253333  0.29211870 91.28709         1     1.0     1.0     6.0         6 0.0000
4 0.01624544  0.14488466 -1.317043 -0.08620319 49.68706         1     2.0     4.0     4.5         6 1.4826
5 0.06638545  0.25143718 -0.920000 -1.07331263 44.72136         1     6.0     6.0     6.0         6 0.0000
6 0.02121234  0.12764603 -1.635110  0.28362020 57.80508         1     2.0     2.5     5.0         6 2.2239
  p_kurt_rank p_skew_rank p_cv_rank  p_min1_rank  p_lh_rank p_md_rank  p_hl_rank p_max1_rank   p_mad win_o1
1   -1.402317 -0.26326701  48.59993  0.07142857 0.23214286 0.3452381 0.4772727   0.5555556 0.17810455      2
2   -2.333333 -0.34280696  42.94146  0.16666667 0.27564103 0.3846154 0.4065934   0.4285714 0.06516923      0
3   -2.170174  0.32671810  93.55667  0.07142857 0.08333333 0.1111111 0.5000000   0.6000000 0.05883333      3
4   -1.094649  0.07367026  46.80053  0.08333333 0.15476190 0.3000000 0.3571429   0.5000000 0.09434727      4
5   -1.327887 -0.69262908  50.61055  0.08333333 0.50000000 0.5454545 0.6666667   0.7500000 0.17970909      1
6   -1.620063  0.19774808  53.29293  0.08333333 0.15384615 0.2500000 0.3846154   0.5000000 0.18402902      2
  win_o2 win_o3      min_d      max_d run period   cycle r_win   r_win_o1   r_win_o2  r_win_o3
1      1      3 2013-04-06 2014-03-30  12    358 32.54545     1 0.1666667 0.08333333 0.2500000
2      1      0 2014-01-12 2014-03-30   3     77 38.50000     1 1.0000000 0.33333333 0.0000000
3      0      0 2013-02-16 2014-01-26   5    344 86.00000     1 0.6000000 0.00000000 0.0000000
4      2      3 2010-07-24 2013-11-02  19   1197 66.50000     1 0.2105263 0.10526316 0.1578947
5      0      0 2013-08-31 2014-03-30   5    211 52.75000     1 0.2000000 0.00000000 0.0000000
6      3      1 2013-02-23 2014-01-18  10    329 36.55556     1 0.2000000 0.30000000 0.1000000
```

잊지 않았을 거라 생각하지만, 각 변수들이 의미하는 바를 반드시 생각해보기 바란다. 이러한 요약, 파생변수의 생성에 익숙해져야 한다.

[HR204_sql_hr.R] line 134~175

```
#######################
# recent hot (3 min)
#######################
str(dt_hrs)
system.time(
  hot_90<-foreach(i=1:nrow(dt_hrs), .combine='rbind') %dopar% {
    ind<-which(hr_s$date<dt_hrs$date[i])
    hr_s_tmp<-hr_s[ind,]
    s_dt_90<-as.character(as.Date(dt_hrs$date[i])-90)
    s_hot_90<-paste("select horse, sex, count(rank) recent_hot from hr_s_tmp
where date > '",s_dt_90,"' and rank<",t_rnk," group by horse, sex",sep="")
    hot_tmp_90 <- sqldf(s_hot_90)
    hot_dt_90<-rep(dt_hrs$date[i],nrow(hot_tmp_90))
    return(cbind(hot_dt_90,hot_tmp_90))
  })


system.time(
  hot_60<-foreach(i=1:nrow(dt_hrs), .combine='rbind') %dopar% {
    ind<-which(hr_s$date<dt_hrs$date[i])
    hr_s_tmp<-hr_s[ind,]
    s_dt_60<-as.character(as.Date(dt_hrs$date[i])-60)
    s_hot_60<-paste("select horse, sex, count(rank) recent_hot from hr_s_tmp
where date > '",s_dt_60,"' and rank<",t_rnk," group by horse, sex",sep="")
    hot_tmp_60 <- sqldf(s_hot_60)
    hot_dt_60<-rep(dt_hrs$date[i],nrow(hot_tmp_60))
    return(cbind(hot_dt_60,hot_tmp_60))
  })


system.time(
  hot_30<-foreach(i=1:nrow(dt_hrs), .combine='rbind') %dopar% {
```

```
    ind<-which(hr_s$date<dt_hrs$date[i])

    hr_s_tmp<-hr_s[ind,]

    s_dt_30<-as.character(as.Date(dt_hrs$date[i])-30)

     s_hot_30<-paste("select horse, sex, count(rank) recent_hot from hr_s_tmp
where date > '",s_dt_30,"' and rank<",t_rnk," group by horse, sex",sep="")

    hot_tmp_30 <- sqldf(s_hot_30)

    hot_dt_30<-rep(dt_hrs$date[i],nrow(hot_tmp_30))

    return(cbind(hot_dt_30,hot_tmp_30))

  })


hot_90$hot_dt_90<-as.character(hot_90$hot_dt_90)

hot_60$hot_dt_60<-as.character(hot_60$hot_dt_60)

hot_30$hot_dt_30<-as.character(hot_30$hot_dt_30)


head(hot_90);head(hot_60);head(hot_30)
```

```
> head(hot_90);head(hot_60);head(hot_30)
   hot_dt_90       horse sex recent_hot
1 2014-03-30       가람  암          2
2 2014-03-30   가람산성  수          1
3 2014-03-30     가람준  암          3
4 2014-03-30 가문의축제  수          1
5 2014-03-30   가속비상  거          1
6 2014-03-30   가이스타트 거          3
   hot_dt_60       horse sex recent_hot
1 2014-03-30       가람  암          1
2 2014-03-30     가람준  암          2
3 2014-03-30   가속비상  거          1
4 2014-03-30 가이스타트  거          2
5 2014-03-30     갈라캣  수          1
6 2014-03-30   감동비행  거          1
   hot_dt_30       horse sex recent_hot
1 2014-03-30       가람  암          1
2 2014-03-30     가람준  암          1
3 2014-03-30   가속비상  거          1
4 2014-03-30 가이스타트  거          1
5 2014-03-30   감동비행  거          1
6 2014-03-30 감동의바다  암          1
```

마지막으로 지금까지 생성한 데이터를 저장한다.

[HR204_sql_hr.R] line 177

```
save(hr_s,plyr,tchr,ownr,hr_ss,sql_hr,hot_90,hot_60,hot_30,file="rdt/sql_hr.rd
ata")
```

저장한 결과는 다음과 같다.

(5) 기수와 조교사 정보 엑셀 파일을 rdata로 변환

① 경주마 정보 변환

[HR205_hpt_mart.R] line 1 ~ 27

```
library(gdata);library(sqldf)

##############
# Horse mart #
##############
cls_kra<-c(rep("character",18))
kra_mart <- read.xls("../HR100_Data_Crawling/data/sl_01_horse.xlsx",
colClasses= cls_kra)

kra_mart$age<-as.numeric(kra_mart$age)
kra_mart$group<-as.numeric(kra_mart$group)
kra_mart$tt_game<-as.numeric(kra_mart$tt_game)
```

```
kra_mart$tt_win1<-as.numeric(kra_mart$tt_win1)

kra_mart$tt_win2<-as.numeric(kra_mart$tt_win2)

kra_mart$yr_game<-as.numeric(kra_mart$yr_game)

kra_mart$yr_win1<-as.numeric(kra_mart$yr_win1)

kra_mart$yr_win2<-as.numeric(kra_mart$yr_win2)

kra_mart$tt_prize_money<-as.numeric(kra_mart$tt_prize_money)

kra_mart$tt_winning_score<-as.numeric(kra_mart$tt_winning_score)


kra_mart$tt_win1_rate<-0

ind<-which(kra_mart$tt_game>0)

kra_mart$tt_win1_rate[ind]<-kra_mart$tt_win1[ind]/kra_mart$tt_game[ind]

kra_mart$yr_win1_rate<-0

ind<-which(kra_mart$yr_game>0)

kra_mart$yr_win1_rate[ind]<-kra_mart$yr_win1[ind]/kra_mart$yr_game[ind]


head(kra_mart)
```

```
> head(kra_mart)
        date        horse origin sex     birth age type1 group teacher              owner tt_game tt_win1 tt_win2
1 2014-03-30      가람준 한(포)   암 2010-03-28   4    국4     6  홍대유               이승준      14       1       1
2 2014-03-30        갈라캣        미   수 2011-05-07   3    외4    21  임봉춘               박형인       4       0       0
3 2014-03-30    강남새특이   한   거 2011-03-24   3    국5    35  하재흥               이중연       7       0       0
4 2014-03-30  강자의인연   한   수 2010-02-27   4    국3     4  박윤규 장석린외1인(신치구)      11       3       0
5 2014-03-30    경희만세   한   암 2008-04-20   6    국2    31  김효섭               조건진      28       4       2
6 2014-03-30      골드쓰리   한   암 2011-03-05   3    국5    45  김순근               김창식       4       1       0
   yr_game yr_win1 yr_win2 tt_prize_money tt_winning_score tt_win1_rate yr_win1_rate
1      11       1       1       52570000             1150   0.07142857   0.09090909
2       4       0       0        2000000              830   0.00000000   0.00000000
3       7       0       0       16620000              400   0.00000000   0.00000000
4       9       3       0       65450000             1600   0.27272727   0.33333333
5       9       0       1      198850000             4210   0.14285714   0.00000000
6       4       1       0       16500000              400   0.25000000   0.25000000
```

❷ 기수 정보 변환

[HR205_hpt_mart.R] line 29 ~ 45

```
##############
# Jockey mart #
##############
cls_plr<-c(rep("character",14))
```

```
plr_mart_xls<-read.xls("../HR100_Data_Crawling/data/sl_02_player.xlsx",
colClasses=cls_plr)

plr_mart_xls$plr_age<-as.numeric(plr_mart_xls$plr_age)
plr_mart_xls$plr_wght<-as.numeric(plr_mart_xls$plr_wght)
plr_mart_xls$plr_wght_oth<-as.numeric(plr_mart_xls$plr_wght_oth)
plr_mart_xls$plr_tt_cnt<-as.numeric(plr_mart_xls$plr_tt_cnt)
plr_mart_xls$plr_tt_win1<-as.numeric(plr_mart_xls$plr_tt_win1)
plr_mart_xls$plr_tt_win2<-as.numeric(plr_mart_xls$plr_tt_win2)
plr_mart_xls$plr_yr_cnt<-as.numeric(plr_mart_xls$plr_yr_cnt)
plr_mart_xls$plr_yr_win1<-as.numeric(plr_mart_xls$plr_yr_win1)
plr_mart_xls$plr_yr_win2<-as.numeric(plr_mart_xls$plr_yr_win2)

head(plr_mart_xls)
```

```
> head(plr_mart_xls)
        date player plr_group plr_birth plr_age plr_st_date plr_wght plr_wght_oth plr_tt_cnt plr_tt_win1
1 2014-03-30 고성이        16 1974-05-10      39  1996-06-01       52           53       1913          91
2 2014-03-30 권석원        18 1991-10-30      22  2013-06-01       50           51        188          18
3 2014-03-30 김귀배        21 1962-12-18      51  1979-04-11       53           53       3824         300
4 2014-03-30 김동철        49 1974-11-28      39  1995-07-01       52           52       3895         224
5 2014-03-30 김석봉        19 1978-09-02      35  2002-09-13       53           53       1552          67
6 2014-03-30 김영진        44 1978-08-17      35  2001-07-06       52           52       1887         117
  plr_tt_win2 plr_yr_cnt plr_yr_win1 plr_yr_win2
1         102         35           1           2
2          14        188          18          14
3         285        131           3           8
4         261        102           5           9
5          49         58           1           0
6         125        190           9          12
```

3 조교사 정보 변환

[HR205_hpt_mart.R] line 47 ~ 62

```
###############
# Trainer mart #
###############
cls_tcr<-c(rep("character",12))
tcr_mart_xls<-read.xls("../HR100_Data_Crawling/data/sl_03_trainer.xlsx",
```

```
colClasses=cls_tcr)


tcr_mart_xls$tcr_age<-as.numeric(tcr_mart_xls$tcr_age)

tcr_mart_xls$tcr_tt_cnt<-as.numeric(tcr_mart_xls$tcr_tt_cnt)

tcr_mart_xls$tcr_tt_cnt<-as.numeric(tcr_mart_xls$tcr_tt_cnt)

tcr_mart_xls$tcr_tt_win1<-as.numeric(tcr_mart_xls$tcr_tt_win1)

tcr_mart_xls$tcr_tt_win2<-as.numeric(tcr_mart_xls$tcr_tt_win2)

tcr_mart_xls$tcr_yr_cnt<-as.numeric(tcr_mart_xls$tcr_yr_cnt)

tcr_mart_xls$tcr_yr_win1<-as.numeric(tcr_mart_xls$tcr_yr_win1)

tcr_mart_xls$tcr_yr_win2<-as.numeric(tcr_mart_xls$tcr_yr_win2)


head(plr_mart_xls)
```

```
> head(tcr_mart_xls)
        date teacher tcr_group  tcr_birth tcr_age tcr_st_date tcr_tt_cnt tcr_tt_win1 tcr_tt_win2 tcr_yr_cnt
1 2014-03-30  강영준        25 1964-11-10      49  2003-06-18       1814         139         132        120
2 2014-03-30  곽영효        19 1961-09-24      52  1997-05-28       3497         402         362        185
3 2014-03-30  구자흥         7 1963-08-07      50  2010-04-05        572          47          60        189
4 2014-03-30  김대근        48 1957-08-19      56  1986-07-30       6650         613         673        220
5 2014-03-30  김동균        52 1975-08-24      38  2012-07-01        341          22          20        218
6 2014-03-30  김순근        45 1957-05-05      56  2002-06-01       3077         216         264        288
  tcr_yr_win1 tcr_yr_win2
1           3           4
2          21          16
3          23          21
4          17          27
5          16          11
6          12          19
```

4 생성된 data 저장

[HR205_hpt_mart.R] line 64


```
save(plr_mart_xls,tcr_mart_xls,kra_mart,file="rdt/hpt_mart.rdata")
```

(6) 변수 Merge

지금까지 data로 만든 것을 모아 최종 mart를 만드는 과정이다.

1 data load

각각 저장해 두었던 자료들을 load한다. 위의 data들을 한 사람이 작성한다면 이 과정은 필요 없을 것이다. 하지만 data가 많아 분업을 하였다면, rdata를 load하는 과정이 필요하다.

[HR209_data_mart.R] line 1 ~ 12

```
library(gdata);library(sqldf)

#############
# Data Load #
#############
martStartDate<-'2011-01-01'

load("rdt/result.rdata")
load("rdt/h_pt.rdata")
load("rdt/h_rec.rdata")
load("rdt/sql_hr.rdata")
load("rdt/hpt_mart.rdata")
```

2 결과 data + 경주마별 변수 + 경주마 정보(hpt_mart 일부)

[HR209_data_mart.R] line 14 ~ 60

```
########################################
# result + sql_hr + kra mart (part of hpt_mart) #
########################################
hr_2011<-hr_s[hr_s$date > martStartDate,]
names(sql_hr)
names(hr_2011)
```

```
hr_m_t<-sqldf("select a.date, a.round, a.id, a.horse, a.origin, a.sex, a.age,
a.weight, a.length, a.type, a.player, a.teacher, a.owner, a.targ, a.o_targ,
b.cnt_t, b.avg_rank, b.var_rank, b.max_value, b.p_avg_rnk, b.p_var_rnk,
b.p_max_value, b.kurt_rank, b.skew_rank, b.cv_rank, b.min1_rank, b.lh_rank,
b.md_rank, b.hl_rank, b.max1_rank, b.mad, b.p_kurt_rank, b.p_skew_rank,
b.p_cv_rank, b.p_min1_rank, b.p_lh_rank, b.p_md_rank, b.p_hl_rank,
b.p_max1_rank, b.p_mad, b.win_t, b.win_o1, b.win_o2, b.win_o3, b.r_win,
b.r_win_o1, b.r_win_o2, b.r_win_o3,b.min_d,b.max_d,b.run,b.period,b.cycle from
hr_2011 a left join sql_hr b on (a.horse=b.horse and a.sex=b.sex and
a.date=b.sql_hr_dt)")
ind<-which(is.na(hr_m_t$cnt_t))
names(hr_m_t)
if(length(ind)>0) hr_m_t[ind,c(16:48,51:53)]<-0
ind<-which(is.na(hr_m_t$kurt_rank))
if(length(ind)>0) hr_m_t[ind,c(23:25,32:34)]<-0
hr_m_t[ind,]


h_m_org_p<-sqldf("select a.*, b.horses, b.player_rank from hr_m_t a left outer
join plyr b on (a.player=b.player and a.date=b.p_dt)")
ind<-which(is.na(h_m_org_p$horses))
if(length(ind)>0) h_m_org_p<-h_m_org_p[-ind,]


h_m_org_t<-sqldf("select a.*, b.players, b.teacher_rank from h_m_org_p a left
join tchr b on a.teacher=b.teacher and a.date=b.t_dt")
ind<-which(is.na(h_m_org_t$players))
if(length(ind)>0) h_m_org_t<-h_m_org_t[-ind,]


h_m_org_o<-sqldf("select a.*, b.teachers, b.owner_rank from h_m_org_t a left
join ownr b on a.owner=b.owner and a.date=b.o_dt")
ind<-which(is.na(h_m_org_o$teachers))
if(length(ind)>0) h_m_org_o<-h_m_org_o[-ind,]


# kra_mart
h_m_org1 <- sqldf("select a.*,b.tt_game, b.tt_win1, b.tt_win2, b.yr_game,
```

b.yr_win1, b.yr_win2, b.tt_prize_money, b.tt_winning_score, b.tt_win1_rate, b.yr_win1_rate from h_m_org_o a left outer join kra_mart b on (a.date=b.date and a.horse=b.horse and a.sex=b.sex)")

ind <- which(is.na(h_m_org1$tt_game))

names(h_m_org1)

if(length(ind)>0) h_m_org1[ind,c(93:102)] <- 0

recent hot

h_mart_90 <- sqldf("select a.*, b.recent_hot hot_90 from h_m_org1 a left outer join hot_90 b on (a.horse=b.horse and a.sex=b.sex and a.date=b.hot_dt_90)")

h_mart_60 <- sqldf("select a.*, b.recent_hot hot_60 from h_mart_90 a left outer join hot_60 b on (a.horse=b.horse and a.sex=b.sex and a.date=b.hot_dt_60)")

h_mart <- sqldf("select a.*, b.recent_hot hot_30 from h_mart_60 a left outer join hot_30 b on (a.horse=b.horse and a.sex=b.sex and a.date=b.hot_dt_30)")

ind <- which(is.na(h_mart$hot_90))

if(length(ind)>0) h_mart[ind,"hot_90"] <- 0

ind <- which(is.na(h_mart$hot_60))

if(length(ind)>0) h_mart[ind,"hot_60"] <- 0

ind <- which(is.na(h_mart$hot_30))

if(length(ind)>0) h_mart[ind,"hot_30"] <- 0

head(h_mart,2)

```
> head(h_mart,2)
        date round id       horse origin sex age weight length type player teacher  owner targ o_targ cnt_t
1 2014-03-30     1 10 올포글로리      한  수   3     50   1000 국6 임기원 박재우 이태식    1      1     4
2 2014-03-30     1  7 스피드닥터    한  수   3     54   1000 국6 박현우 김양선 최수군    1      3     3
  avg_rank var_rank max_value p_avg_rnk  p_var_rnk p_max_value kurt_rank   skew_rank  cv_rank min1_rank lh_rank
1      3.5 3.666667  1.585146 0.3958333 0.07465278   0.1226067 -2.084194 -0.3204611 54.71012         1     2.0
2      5.0 3.000000  3.267949 0.3690476 0.01062925   0.2659494 -2.333333 -0.3849002 34.64102         3     4.5
  md_rank hl_rank max1_rank    mad p_kurt_rank p_skew_rank  p_cv_rank p_min1_rank p_lh_rank p_md_rank p_hl_rank
1       4       5         5 1.4826   -2.304455  -0.1170338 69.02567  0.08333333 0.1666667 0.4375000 0.6250000
2       6       6         6 0.0000   -2.333333  -0.3849002 27.93630  0.25000000 0.3392857 0.4285714 0.4285714
  p_max1_rank     p_mad win_t win_o1 win_o2 win_o3 r_win r_win_o1 r_win_o2  r_win_o3      min_d      max_d run
1   0.6250000 0.2779875     4      1      0      1     1     0.25        0 0.2500000 2013-08-31 2014-03-30   4
2   0.4285714 0.0000000     3      0      0      1     1     0.00        0 0.3333333 2014-01-26 2014-03-30   3
  period    cycle horses player_rank players teacher_rank teachers owner_rank tt_game tt_win1 tt_win2 yr_game
1    211 70.33316     66    6.058140      27     5.920188        3   6.526316       4       0       0       4
2     63 31.50000    138    7.055794      23     6.172549        1   6.222222       4       0       0       4
  yr_win1 yr_win2 tt_prize_money tt_winning_score tt_win1_rate yr_win1_rate hot_90 hot_60 hot_30
1       0       0        6600000              130            0            0      1      0      0
2       0       0              0                0            0            0      2      1      0
```

[HR209_data_mart.R] line 62 ~ 68

```
############
# + pattern #
############
names(h_pt)
h_m_wp<-sqldf("select a.*, b.cnt, b.pt4, b.w_diff wd, b.wd_2 wd2 from h_mart a
left outer join h_pt b on a.date=b.date and a.horse=b.horse and a.sex=b.sex")


head(h_m_wp,2)
```

④ + 시간 기록 변수 (1)

[HR209_data_mart.R] line 70 ~ 83

```
##########
# + h_rec #
##########
names(h_rec[,c(5:106)])
hr_m_wps<-sqldf("select a.*, b.cnt v_cnt, b.v_avg, b.v_med, b.v_min, b.v_max,
b.v_std, b.v_max_value, b.v_avg1, b.v_avg2, b.v_avg3, b.v_avg5, b.v_avg7,
b.pr_1, b.pr_2, b.pr_3, b.pr_5, b.pr_7, b.s_avg, b.s_med, b.s_min, b.s_max,
b.s_std, b.s_max_value, b.s_avg_1, b.s_avg_2, b.s_avg_3, b.s_avg_5, b.s_avg_7,
b.s_pr_1, b.s_pr_2, b.s_pr_3, b.s_pr_5, b.s_pr_7, b.g1_avg, b.g1_med,
b.g1_min, b.g1_max, b.g1_std, b.g1_max_value, b.g1_avg_1, b.g1_avg_2,
b.g1_avg_3, b.g1_avg_5, b.g1_avg_7, b.g1_pr_1, b.g1_pr_2, b.g1_pr_3,
b.g1_pr_5, b.g1_pr_7, b.c4_avg, b.c4_med, b.c4_min, b.c4_max, b.c4_std,
b.c4_max_value, b.c4_avg_1, b.c4_avg_2, b.c4_avg_3, b.c4_avg_5, b.c4_avg_7,
b.c4_pr_1, b.c4_pr_2, b.c4_pr_3, b.c4_pr_5, b.c4_pr_7, b.g3_avg, b.g3_med,
b.g3_min, b.g3_max, b.g3_std, b.g3_max_value, b.g3_avg_1, b.g3_avg_2,
b.g3_avg_3, b.g3_avg_5, b.g3_avg_7, b.dl_avg, b.dl_med, b.dl_min, b.dl_max,
```

b.dl_std, b.dl_max_value, b.dl_1, b.dl_2, b.dl_3, b.dl_5, b.dl_7, b.h_w_avg, b.h_w_med, b.h_w_min, b.h_w_max, b.h_w_std, b.h_w_max_value, b.h_w_1, b.h_w_2, b.h_w_3, b.h_w_5, b.h_w_7, b.wdf_1, b.wdf_2, b.wdf_3, b.wdf_5, b.wdf_7 from h_m_wp a left outer join h_rec b on a.date=b.date and a.horse=b.horse and a.sex=b.sex")

ind<-which(is.na(hr_m_wps$v_avg))

if(length(ind)>0) hr_m_wps<-hr_m_wps[-ind,]

ind<-which(hr_m_wps$date > '2014-03-01')

table(hr_m_wps[ind,"date"])

dim(hr_m_wps)


```
> table(hr_m_wps[ind,"date"])

2014-03-02 2014-03-08 2014-03-09 2014-03-15 2014-03-16 2014-03-22 2014-03-23 2014-03-29 2014-03-30
       114        142        110        132        108        143        122        136        120
> dim(hr_m_wps)
[1] 38013   179
```

이제는 변수가 많아져서 head를 이용하기보다는 날짜별 observation 수를 확인하였다. 현재까지 변수의 수는 179개이다.

5 + 시간 기록 변수 (2)

[HR209_data_mart.R] line 85 ~ 102

hr_m_wps_p<-sqldf("select a.*, b.plr_dl_avg, b.plr_dl_med, b.plr_dl_min, b.plr_dl_max, b.plr_dl_std, b.plr_dl_max_val from hr_m_wps a left outer join dl_plr b on (a.date=b.plr_dt and a.player=b.player)")

ind<-which(is.na(hr_m_wps_p$plr_dl_avg))

if(length(ind)>0) hr_m_wps_p<-hr_m_wps_p[-ind,]

ind<-which(hr_m_wps_p$date > '2014-03-01')

table(hr_m_wps_p[ind,"date"])

```
hr_m_wps_pt<-sqldf("select a.*, b.tcr_dl_avg, b.tcr_dl_med, b.tcr_dl_min,
b.tcr_dl_max, b.tcr_dl_std, b.tcr_dl_max_val from hr_m_wps_p a left outer join
dl_tcr b on (a.date=b.tcr_dt and a.teacher=b.teacher)")
ind<-which(is.na(hr_m_wps_pt$tcr_dl_avg))
if(length(ind)>0) hr_m_wps_pt<-hr_m_wps_pt[-ind,]


hr_m_wps_pto<-sqldf("select a.*, b.owr_dl_avg, b.owr_dl_med, b.owr_dl_min,
b.owr_dl_max, b.owr_dl_std, b.owr_dl_max_val from hr_m_wps_pt a left outer
join dl_owr b on (a.date=b.owr_dt and a.owner=b.owner)")
ind<-which(is.na(hr_m_wps_pto$owr_dl_avg))
if(length(ind)>0) hr_m_wps_pto<-hr_m_wps_pto[-ind,]


ind<-which(hr_m_wps_pto$date > '2014-03-01')
table(hr_m_wps_pto[ind,"date"])


dim(hr_m_wps_pto)
```

```
> table(hr_m_wps_pto[ind,"date"])

2014-03-02 2014-03-08 2014-03-09 2014-03-15 2014-03-16 2014-03-22 2014-03-23 2014-03-29 2014-03-30
       114        142        110        132        108        143        122        136        120
> dim(hr_m_wps_pto)
[1] 38013   197
```

6 + 기수/조교사 변수 merge

[HR209_data_mart.R] line 104 ~ 121

```
##############
# + hpt_mart #
##############
hr_m_wps_r_p<-sqldf("select a.*, b.plr_age, b.plr_wght, b.plr_wght_oth,
b.plr_tt_cnt, b.plr_tt_win1, b.plr_tt_win2, b.plr_yr_cnt, b.plr_yr_win1,
b.plr_yr_win2 from hr_m_wps_pto a left outer join plr_mart_xls b on
(a.date=b.date and a.player=b.player)")
```

```
ind<-which(is.na(hr_m_wps_r_p$plr_age))
if(length(ind)>0) hr_m_wps_r_p<-hr_m_wps_r_p[-ind,]

ind<-which(hr_m_wps_r_p$date > '2014-03-01')
table(hr_m_wps_r_p[ind,"date"])

hr_m_wps_r_ps<-sqldf(" select a.*, b.tcr_age, b.tcr_tt_cnt, b.tcr_tt_win1,
b.tcr_tt_win2, b.tcr_yr_cnt, b.tcr_yr_win1, b.tcr_yr_win2 from hr_m_wps_r_p a
left outer join tcr_mart_xls b on (a.date=b.date and a.teacher=b.teacher)")
ind<-which(is.na(hr_m_wps_r_ps$tcr_age))
if(length(ind)>0) hr_m_wps_r_ps<-hr_m_wps_r_ps[-ind,]

ind<-which(hr_m_wps_r_ps$date > '2014-03-01')
table(hr_m_wps_r_ps[ind,"date"])

dim(hr_m_wps_r_ps)
```

```
> table(hr_m_wps_r_ps[ind,"date"])

2014-03-02 2014-03-08 2014-03-09 2014-03-15 2014-03-16 2014-03-22 2014-03-23 2014-03-29 2014-03-30
       114        142        110        132        106        143        122        136        120
> dim(hr_m_wps_r_ps)
[1] 39142   213
```

7 + 배당률 정보 merge

[HR209_data_mart.R] line 123 ~ 137

```
####################
# Read and merge dr #
####################
m_sl_f2011_kr_dr<-sqldf("select a.*, b.dr_s, b.dr_st from hr_m_wps_r_ps a left
outer join m_res_xls b on (a.date=b.date and a.round=b.round and a.id=b.id)")

ind<-which(m_sl_f2011_kr_dr$date > '2014-03-01')
```

```
table(m_sl_f2011_kr_dr[ind,"date"])

sl_dr<-read.xls("../HR100_Data_Crawling/data/sl_05_dr.xlsx")
str(sl_dr)
sl_dr$date<-as.character(sl_dr$date)

m_sl_f2011_kr<-merge(m_sl_f2011_kr_dr,sl_dr[,c(1,2,6)],by=c("date","round"))
names(m_sl_f2011_kr)
m_sl_f2011_kr[1:20,c(1,2,216)]
```

```
> m_sl_f2011_kr[1:20,c(1,2,216)]
        date round Tr_dv
1  2011-01-08     1  20.4
2  2011-01-08     1  20.4
3  2011-01-08     1  20.4
4  2011-01-08     1  20.4
5  2011-01-08     1  20.4
6  2011-01-08     1  20.4
7  2011-01-08     1  20.4
8  2011-01-08     1  20.4
9  2011-01-08     1  20.4
10 2011-01-08     1  20.4
11 2011-01-08     1  20.4
12 2011-01-08    10 118.1
13 2011-01-08    10 118.1
14 2011-01-08    10 118.1
15 2011-01-08    10 118.1
16 2011-01-08    10 118.1
17 2011-01-08    10 118.1
18 2011-01-08    10 118.1
19 2011-01-08    10 118.1
20 2011-01-08    10 118.1
```

8 type change

문제가 될 수 있는 column type를 바꾼다.

character → factor, factor → character 또는 numeric → factor 등의
변환이 있다.

그리고 국문으로 된 값들을 영문으로도 바꾸었다.

```
#############
# type change #
#############
names(m_sl_f2011_kr)
str(m_sl_f2011_kr[,c("round","origin","sex","type","targ","pt4","wd2")])

m_sl_f2011_kr$targ<-factor(m_sl_f2011_kr$targ)
m_sl_f2011_kr$wd2<-factor(m_sl_f2011_kr$wd2)

str(m_sl_f2011_kr[,c("round","origin","sex","type","targ","pt4","wd2")])

names(m_sl_f2011_kr)

m_sl_f2011<-m_sl_f2011_kr
min(m_sl_f2011$date)
table(m_sl_f2011$origin)
ind<-which(m_sl_f2011$origin=="뉴")
m_sl_f2011$origin[ind]<-"NZ"
ind<-which(m_sl_f2011$origin=="미")
m_sl_f2011$origin[ind]<-"US"
ind<-which(m_sl_f2011$origin=="일")
m_sl_f2011$origin[ind]<-"JP"
ind<-which(m_sl_f2011$origin=="캐")
m_sl_f2011$origin[ind]<-"CA"
ind<-which(m_sl_f2011$origin=="한")
m_sl_f2011$origin[ind]<-"K1"
ind<-which(m_sl_f2011$origin=="한(포)")
m_sl_f2011$origin[ind]<-"K2"
ind<-which(m_sl_f2011$origin=="호")
m_sl_f2011$origin[ind]<-"AU"
m_sl_f2011$origin<-factor(m_sl_f2011$origin,levels=c("NZ","US","JP","CA",
"K1","K2","AU"))
```

```
table(m_sl_f2011$origin)

table(m_sl_f2011$sex)
ind<-which(m_sl_f2011$sex=="거")
m_sl_f2011$sex[ind]<-"NE"
ind<-which(m_sl_f2011$sex=="수")
m_sl_f2011$sex[ind]<-"MA"
ind<-which(m_sl_f2011$sex=="암")
m_sl_f2011$sex[ind]<-"FE"
m_sl_f2011$sex<-factor(m_sl_f2011$sex,levels=c("NE","MA","FE"))
table(m_sl_f2011$sex)

table(m_sl_f2011$type)
ind<-which(m_sl_f2011$type=="국1")
m_sl_f2011$type[ind]<-"K1"
ind<-which(m_sl_f2011$type=="국2")
m_sl_f2011$type[ind]<-"K2"
ind<-which(m_sl_f2011$type=="국3")
m_sl_f2011$type[ind]<-"K3"
ind<-which(m_sl_f2011$type=="국4")
m_sl_f2011$type[ind]<-"K4"
ind<-which(m_sl_f2011$type=="국5")
m_sl_f2011$type[ind]<-"K5"
ind<-which(m_sl_f2011$type=="국6")
m_sl_f2011$type[ind]<-"K6"
ind<-which(m_sl_f2011$type=="혼1")
m_sl_f2011$type[ind]<-"M1"
ind<-which(m_sl_f2011$type=="혼2")
m_sl_f2011$type[ind]<-"M2"
ind<-which(m_sl_f2011$type=="혼3")
m_sl_f2011$type[ind]<-"M3"
ind<-which(m_sl_f2011$type=="혼4")
m_sl_f2011$type[ind]<-"M4"
m_sl_f2011$type<-factor(m_sl_f2011$type,levels=c("K1","K2","K3","K4","K5",
```

```
"K6","M1","M2","M3","M4"))
table(m_sl_f2011$type)

table(m_sl_f2011$pt4)
lvl_pt4<-c("0","00","000","0000","0001","001","0010","0011","01","010",
"0100","0101","011","0110","0111","1","10","100","1000","1001","101","1010","1
011","11","110","1100","1101","111","1110","1111")
m_sl_f2011$pt4<-factor(m_sl_f2011$pt4,levels=lvl_pt4)
table(m_sl_f2011$pt4)

summary(m_sl_f2011[,c("round","origin","sex","type","targ","pt4","wd2")])
str(m_sl_f2011[,c("round","origin","sex","type","targ","pt4","wd2")])

ind<-which(m_sl_f2011$date > '2014-03-01')
table(m_sl_f2011[ind,"date"])

dim(m_sl_f2011)
```

```
> str(m_sl_f2011[,c("round","origin","sex","type","targ","pt4","wd2")])
'data.frame':   39142 obs. of  7 variables:
 $ round : num  1 1 1 1 1 1 1 1 1 1 ...
 $ origin: Factor w/ 7 levels "NZ","US","JP",..: 5 5 5 5 5 5 5 5 5 5 ...
 $ sex   : Factor w/ 3 levels "NE","MA","FE": 1 3 1 3 3 2 1 1 2 3 ...
 $ type  : Factor w/ 10 levels "K1","K2","K3",..: 6 6 6 6 6 6 6 6 6 6 ...
 $ targ  : Factor w/ 2 levels "0","1": 2 2 2 2 2 2 1 1 1 1 ...
 $ pt4   : Factor w/ 30 levels "0","00","000",..: 20 11 4 4 19 4 1 4 2 5 ...
 $ wd2   : Factor w/ 3 levels "-1","0","1": 2 2 2 2 3 1 2 2 2 2 ...
> ind<-which(m_sl_f2011$date > '2014-03-01')
> table(m_sl_f2011[ind,"date"])

2014-03-02 2014-03-08 2014-03-09 2014-03-15 2014-03-16 2014-03-22 2014-03-23 2014-03-29 2014-03-30
       114        142        110        132        106        143        122        136        120
> dim(m_sl_f2011)
[1] 39142   216
```

9 data mart 저장

　상당히 많은 변수를 만들었다. 시간도 많이 걸렸다. 이제는 이를 저장할 때
이다.

[HR209_data_mart.R] line 220 ~ 223

```
#################
# Save data mart #
#################
save(hr_m_wps_r_ps,m_sl_f2011_kr, m_sl_f2011, file="rdt/m_sl_f2011.rdata")
```

⑩ 지금까지 생성한 변수들을 간단히 정리해 보았다.

names(m_sl_f2011)

```
> names(m_sl_f2011)
  [1] "date"            "round"           "id"              "horse"           "origin"          "sex"
  [7] "age"             "weight"          "length"          "type"            "player"          "teacher"
 [13] "owner"           "targ"            "o_targ"          "cnt_t"           "avg_rank"        "var_rank"
 [19] "max_value"       "p_avg_rnk"       "p_var_rnk"       "p_max_value"     "kurt_rank"       "skew_rank"
 [25] "cv_rank"         "min1_rank"       "lh_rank"         "md_rank"         "hl_rank"         "max1_rank"
 [31] "mad"             "p_kurt_rank"     "p_skew_rank"     "p_cv_rank"       "p_min1_rank"     "p_lh_rank"
 [37] "p_md_rank"       "p_hl_rank"       "p_max1_rank"     "p_mad"           "win_t"           "win_o1"
 [43] "win_o2"          "win_o3"          "r_win"           "r_win_o1"        "r_win_o2"        "r_win_o3"
 [49] "min_d"           "max_d"           "run"             "period"          "cycle"           "horses"
 [55] "player_rank"     "players"         "teacher_rank"    "teachers"        "owner_rank"      "tt_game"
 [61] "tt_win1"         "tt_win2"         "yr_game"         "yr_win1"         "yr_win2"         "tt_prize_money"
 [67] "tt_winning_score" "tt_win1_rate"   "yr_win1_rate"    "hot_90"          "hot_60"          "hot_30"
 [73] "cnt"             "pt4"             "wd"              "wd2"             "v_cnt"           "v_avg"
 [79] "v_med"           "v_min"           "v_max"           "v_std"           "v_max_value"     "v_avg1"
 [85] "v_avg2"          "v_avg3"          "v_avg5"          "v_avg7"          "pr_1"            "pr_2"
 [91] "pr_3"            "pr_5"            "pr_7"            "s_avg"           "s_med"           "s_min"
 [97] "s_max"           "s_std"           "s_max_value"     "s_avg_1"         "s_avg_2"         "s_avg_3"
[103] "s_avg_5"         "s_avg_7"         "s_pr_1"          "s_pr_2"          "s_pr_3"          "s_pr_5"
[109] "s_pr_7"          "g1_avg"          "g1_med"          "g1_min"          "g1_max"          "g1_std"
[115] "g1_max_value"    "g1_avg_1"        "g1_avg_2"        "g1_avg_3"        "g1_avg_5"        "g1_avg_7"
[121] "g1_pr_1"         "g1_pr_2"         "g1_pr_3"         "g1_pr_5"         "g1_pr_7"         "c4_avg"
[127] "c4_med"          "c4_min"          "c4_max"          "c4_std"          "c4_max_value"    "c4_avg_1"
[133] "c4_avg_2"        "c4_avg_3"        "c4_avg_5"        "c4_avg_7"        "c4_pr_1"         "c4_pr_2"
[139] "c4_pr_3"         "c4_pr_5"         "c4_pr_7"         "g3_avg"          "g3_med"          "g3_min"
[145] "g3_max"          "g3_std"          "g3_max_value"    "g3_avg_1"        "g3_avg_2"        "g3_avg_3"
[151] "g3_avg_5"        "g3_avg_7"        "dl_avg"          "dl_med"          "dl_min"          "dl_max"
[157] "dl_std"          "dl_max_value"    "dl_1"            "dl_2"            "dl_3"            "dl_5"
[163] "dl_7"            "h_w_avg"         "h_w_med"         "h_w_min"         "h_w_max"         "h_w_std"
[169] "h_w_max_value"   "h_w_1"           "h_w_2"           "h_w_3"           "h_w_5"           "h_w_7"
[175] "wdf_1"           "wdf_2"           "wdf_3"           "wdf_5"           "wdf_7"           "plr_dl_avg"
[181] "plr_dl_med"      "plr_dl_min"      "plr_dl_max"      "plr_dl_std"      "plr_dl_max_val"  "tcr_dl_avg"
[187] "tcr_dl_med"      "tcr_dl_min"      "tcr_dl_max"      "tcr_dl_std"      "tcr_dl_max_val"  "owr_dl_avg"
[193] "owr_dl_med"      "owr_dl_min"      "owr_dl_max"      "owr_dl_std"      "owr_dl_max_val"  "plr_age"
[199] "plr_wght"        "plr_wght_oth"    "plr_tt_cnt"      "plr_tt_win1"     "plr_tt_win2"     "plr_yr_cnt"
[205] "plr_yr_win1"     "plr_yr_win2"     "tcr_age"         "tcr_tt_cnt"      "tcr_tt_win1"     "tcr_tt_win2"
[211] "tcr_yr_cnt"      "tcr_yr_win1"     "tcr_yr_win2"     "dr_s"            "dr_st"           "Tr_dv"
```

[1:15] 경주결과 (1:7, 11:13, 15은 모델링에 투입 불필요)

[16] 경주 횟수

[17:40] 순위와 순위백분율 변수

[41:48] 승리 횟수와 승률 변수

[49:50] 최초 경주일과 최종 경주일(모델링에 투입하면 안됨)

[51:53] 경주 횟수, 기간, 주기

[54:59] 경주결과를 기수/조교사/마주 측면에서 집계

[60:69] KRA제공 경주마의 정보(kra_mart)

[70:72] 최근 경기 결과(recent hot)

[73:76] 최근 경기 패턴

[77:163] 구간별 경주기록의 요약 변수

[164:179] 마체중 관련 변수

[180:203] 1위와의 기록차에 대한 기수/조교사/마주별 요약 변수

[204:213] KRA가 제공하는 기수/조교사 변수

[214] "dr_s": 단승식 배당률 변수. 모델링에 투입하면 안 됨

[215] "dr_st": 연승식 배당률 변수. 모델링에 투입하면 안 됨

[216] "Tr_dv": 삼복승식 배당률 변수. 모델링에 투입하면 안 됨

모델링

드디어 모델링이다. 앞에서 많은 양의 변수와 데이터를 다루었는데, 이는 한 꺼번에 한 것은 아니고, 모델링을 중간 중간 해가면서 보완한 것이다. 따라서 아래의 모델링도 한 번에 완성된 것은 아니며, 적용하는 알고리즘을 하나씩 늘려 간 것이다. 특정 알고리즘이 언제나 최적의 결과를 보여주지는 않는다.

(1) data/library load와 모델링을 위한 변수/공식 생성

1 load library

[HR301_Modeling.R] line 1 ~ 2

```
library(sqldf);library(gdata);library(party);library(rpart);library(randomFore
st);library(caret);library(gbm);library(plyr);library(C50);library(class);libr
```

```
ary(pROC);library(doMC);
registerDoMC(cores=6);
```

library에 "doMC"가 있는데 이는 parallel processing을 위한 것이다. randomForest나 C5.0, svm은 core가 여러 개인 경우 이를 이용하여 빠르게 모델링을 한다. "doMC"는 Macintosh를 위한 package이며, windows를 위해서는 "doParallel" 패키지를 쓰면 된다.

② data 분리 기간 세팅

[HR301_Modeling.R] line 4 ~ 7

```
tr_s<-'2013-01-01'
tr_e<-'2013-02-28'
tt_s<-'2013-01-01'
tt_e<-'2013-06-30'
```

모델 생성을 위해 2013년 1월과 2월 data를 사용할 것이며, 검증을 위해 1월~5월 data를 사용할 것이다. 검증 기간에 1~2월이 들어간 것은 모델링 생성 시 얼마나 잘 했는지 보기 위한 참조용이다.

③ data와 formula 준비

[HR301_Modeling.R] line 9 ~ 29

```
load("../HR200_Data_Mart/rdt/m_sl_f2011.rdata")
names(m_sl_f2011)

major<-m_sl_f2011[m_sl_f2011$date>tr_s & m_sl_f2011$date<tr_e,]
min(m_sl_f2011$date)
min(major$date)
max(major$date)
```

```
# split train & test set
ind <- sample(2,nrow(major),replace=TRUE,prob=c(0.7,0.3))
m_tr<-major[ind==1,]
m_tt<-major[ind==2,]

# exclude unavailable or irrelevant variables before the race
m_tr_ex<-m_tr[,-c(1:7,11:13,15,49:50,214:216)]
names(m_tr_ex)

# formula
myformula<-targ~.
str(m_tr[,c("targ","round","origin","sex","type","pt4","wd2")])
names(m_tr)
```

4 rpart를 이용한 승리마 사전 검색 → 변수 투입

「빅데이터 활용서 I」의 '8장 상장폐지 예측 모델' 중 '6. 탐지율을 높이는 방법'에서 소개한 방법을 적용하여 승리마를 사전적으로 스크린했다.

[HR301_Modeling.R] line 31 ~ 46

```
# rpart with prior option
mdl_rpartp<-rpart(myformula,data=m_tr_ex,parms=list(prior=c(0.3,0.7)),cp=0.01)
res_mat_rpp_tr<-table(predict(mdl_rpartp,type="class"),m_tr$targ)
res_mat_rpp_tr*100/sum(res_mat_rpp_tr)

> res_mat_rpp_tr*100/sum(res_mat_rpp_tr)

          0          1
 0 27.223511   1.856148
 1 22.969838  47.950503


res_mat_rpp_tt<-table(predict(mdl_rpartp,newdata=m_tt,type="class"),m_tt$targ)
res_mat_rpp_tt*100/sum(res_mat_rpp_tt)
```

```
> res_mat_rpp_tt*100/sum(res_mat_rpp_tt)

            0         1
0 24.455611  7.705193
1 27.973199 39.865997
```

result of rpart prior

m_tr_ex$rpp<-NULL

m_tt$rpp<-NULL

m_tr_ex$rpp<-predict(mdl_rpartp,type="class")

m_tt$rpp<-predict(mdl_rpartp,newdata=m_tt,type="class")

names(m_tt)

m_tr_ex$rpp<-factor(m_tr_ex$rpp)

m_tt$rpp<-factor(m_tt$rpp, levels=levels(m_tr_ex$rpp))

(2) KNN (k-Nearest Neighbour Classification)

첫 번째 알고리즘은 KNN이다. 패키지에 대한 자세한 사항은 google에서
"r knn"으로 검색하여 참고하기 바란다.

[HR301_Modeling.R] line 48 ~ 50

knn

mdl_knn <- train(myformula,data=m_tr_ex,method="knn",preProcess=c("center",
"scale"), tuneLength=10,trControl=trainControl(method="cv"))

mdl_knn

```
k-Nearest Neighbors

1293 samples
 200 predictors
   2 classes: '0', '1'

Pre-processing: centered, scaled
Resampling: Cross-Validated (10 fold)

Summary of sample sizes: 1164, 1163, 1163, 1164, 1164, 1164, ...

Resampling results across tuning parameters:

  k    Accuracy  Kappa  Accuracy SD  Kappa SD
  5    0.603     0.207  0.0566       0.113
  7    0.63      0.259  0.0475       0.0949
  9    0.636     0.272  0.0531       0.106
 11    0.66      0.32   0.0404       0.0808
 13    0.66      0.32   0.037        0.074
 15    0.661     0.321  0.0328       0.0656
 17    0.651     0.303  0.0311       0.0623
 19    0.654     0.308  0.0382       0.0765
 21    0.657     0.315  0.0388       0.0778
 23    0.663     0.326  0.0375       0.0749

Accuracy was used to select the optimal model using  the largest value.
The final value used for the model was k = 23.
```

위에서 보듯이 정확성은 60% 중반, Kappa는 0.3 전후로 다소 불안정하다. 이는 모델생성을 위한 data가 1,300여 건으로 적기 때문이다. 다른 알고리즘은 이보다 좋은 결과가 나온다.

[HR301_Modeling.R] line 51

```
confusionMatrix(mdl_knn)


Cross-Validated (10 fold) Confusion Matrix

(entries are percentages of table totals)

          Reference
Prediction   0    1
         0 30.3 13.8
         1 19.9 36.0
```

위의 Confusion Matrix는 모델에서 가장 좋은 정확성인 66.3%에 대한 것이다.

[HR301_Modeling.R] line 52 ~ 53

```
res_mat_knn<-table(predict(mdl_knn, newdata=m_tt, type="raw"),m_tt$targ)
res_mat_knn*100/sum(res_mat_knn)
```

```
            0        1
  0 32.83082 14.57286
  1 19.59799 32.99832
```

[HR301_Modeling.R] line 54 ~ 55

```
mdl_knn_Imp <<- varImp(mdl_knn)
plot(mdl_knn_Imp,top=20,cex=2,main="knn")
```

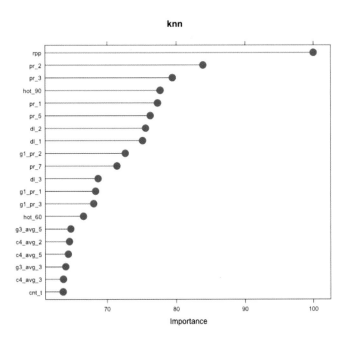

위의 중요변수를 그린 결과에서 중요성이 모두 60을 넘어서고 있다. 상당히
잘 만들어진 모델이다.

(3) C5.0(C5.0 Decision Trees and Rule-Based Models)

두 번째 알고리즘은 C5.0이다. 역시 google에서 "r c5.0"으로 검색하면 패
키지에 대해 자세히 알 수 있다.

[HR301_Modeling.R] line 57 ~ 59

```
#c5.0
system.time(mdl_C50 <- train(myformula,data=m_tr_ex,method = "C5.0"))
mdl_C50
```

```
C5.0

1293 samples
 200 predictors
   2 classes: '0', '1'

No pre-processing
Resampling: Bootstrapped (25 reps)

Summary of sample sizes: 1293, 1293, 1293, 1293, 1293, 1293, ...

Resampling results across tuning parameters:

  model  winnow  trials  Accuracy  Kappa  Accuracy SD  Kappa SD
  rules  FALSE   1       0.684     0.369  0.0197       0.0396
  rules  FALSE   10      0.704     0.407  0.0195       0.0391
  rules  FALSE   20      0.706     0.411  0.0176       0.0355
  rules  TRUE    1       0.681     0.363  0.0212       0.0426
  rules  TRUE    10      0.708     0.416  0.0228       0.0455
  rules  TRUE    20      0.712     0.423  0.0226       0.0455
  tree   FALSE   1       0.671     0.341  0.0217       0.0438
  tree   FALSE   10      0.713     0.425  0.0189       0.0381
  tree   FALSE   20      0.726     0.453  0.0198       0.0397
  tree   TRUE    1       0.67      0.339  0.021        0.0418
  tree   TRUE    10      0.709     0.42   0.0211       0.0422
  tree   TRUE    20      0.716     0.433  0.0197       0.039

Accuracy was used to select the optimal model using  the largest value.
The final values used for the model were trials = 20, model = tree and win
```

KNN보다 더 나은 모델이 만들어졌다. 정확성은 72.6%, Kappa는 0.453까
지 나왔다.

[HR301_Modeling.R] line 60

```
confusionMatrix(mdl_C50)
```

```
Bootstrapped (25 reps) Confusion Matrix

(entries are percentages of table totals)

          Reference
Prediction   0    1
         0 32.9  9.7
         1 17.7 39.7
```

[HR301_Modeling.R] line 61 ~ 62

```
res_mat_C50<-table(predict(mdl_C50, newdata=m_tt, type="raw"),m_tt$targ)
res_mat_C50*100/sum(res_mat_C50)
```

```
            0          1
0 33.33333 15.07538
1 19.09548 32.49581
```

[HR301_Modeling.R] line 63 ~ 64

```
mdl_C50_Imp <- varImp(mdl_C50)
plot(mdl_C50_Imp,top=20,cex=2,main="C50")
```

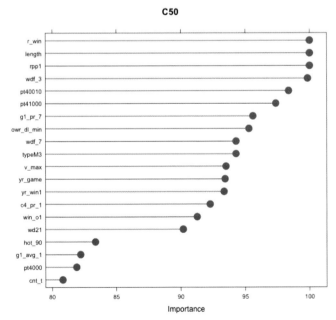

변수중요도가 모두 80 이상 나왔다. 역시 매우 좋은 모델이다.

(4) randomForest(Breiman and Cutler's random forests for classification and regression)

[HR301_Modeling.R] line 66 ~ 68

```
# randomForest
mdl_rf <- train(myformula,data=m_tr_ex,method="rf",TuneLength=5,trControl=
trainControl(method='cv',number=10,classProbs = TRUE),importance=TRUE)
mdl_rf
```

```
Random Forest

1293 samples
 200 predictors
   2 classes: '0', '1'

No pre-processing
Resampling: Cross-Validated (10 fold)

Summary of sample sizes: 1163, 1164, 1163, 1164, 1164, 1164, ...

Resampling results across tuning parameters:

  mtry  Accuracy  Kappa  Accuracy SD  Kappa SD
  2     0.685     0.369  0.0449       0.0898
  119   0.728     0.456  0.0432       0.0866
  237   0.735     0.47   0.0378       0.0758

Accuracy was used to select the optimal model using  the largest value.
The final value used for the model was mtry = 237.
```

[HR301_Modeling.R] line 69

```
confusionMatrix(mdl_rf)
```

```
Cross-Validated (10 fold) Confusion Matrix

(entries are percentages of table totals)

          Reference
Prediction   0    1
         0 31.4  7.7
         1 18.8 42.1
```

```
res_mat_rf<-table(predict(mdl_rf, newdata=m_tt, type="raw"),m_tt$targ)

res_mat_rf*100/sum(res_mat_rf)
```

```
          0         1
  0 31.99330 13.23283
  1 20.43551 34.33836
```

```
mdl_rf_Imp <<- varImp(mdl_rf)

plot(mdl_rf_Imp,top=20,cex=2,main="randomForest")
```

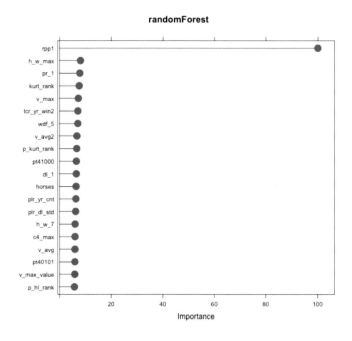

randomForest는 모델이 상당히 나쁘게 나왔다. 정확성은 73.5%, Kappa 는 0.47로 괜찮은 편이지만, rpp가 상당한 역할을 하고 있다.

(5) svmRadial(Support Vector Machine)

[HR301_Modeling.R] line 75 ~ 77

```
# svmRadial
system.time(mdl_svmradial <- train(myformula,data=m_tr_ex[,-61],method=
"svmRadial", preProcess = "range", tuneLength = 5,scaled=TRUE,trControl=
trainControl(number=100)))
mdl_svmradial
```

```
Support Vector Machines with Radial Basis Function Kernel

1293 samples
 199 predictors
   2 classes: '0', '1'

Pre-processing: re-scaling to [0, 1]
Resampling: Bootstrapped (100 reps)

Summary of sample sizes: 1293, 1293, 1293, 1293, 1293, 1293, ...

Resampling results across tuning parameters:

  C     Accuracy  Kappa  Accuracy SD  Kappa SD
  0.25  0.709     0.418  0.0178       0.0355
  0.5   0.724     0.448  0.0178       0.0354
  1     0.728     0.457  0.0163       0.0323
  2     0.725     0.45   0.0151       0.0298
  4     0.715     0.43   0.0169       0.0336

Tuning parameter 'sigma' was held constant at a value of 0.002975797
Accuracy was used to select the optimal model using  the largest value.
The final values used for the model were sigma = 0.00298 and C = 1.
```

[HR301_Modeling.R] line 78 ~ 80

```
res_mat_svm_tr<-table(predict(mdl_svmradial, newdata=m_tr_ex, type="raw"),
m_tr_ex$targ)
res_mat_svm_tr*100/sum(res_mat_svm_tr)
```

```
          0         1
  0 35.885538  4.176334
  1 14.307811 45.630317
```

[HR301_Modeling.R] line 81 ~ 82

```
res_mat_svm<-table(predict(mdl_svmradial, newdata=m_tt, type="raw"),m_tt$targ)
res_mat_svm*100/sum(res_mat_svm)
```

```
          0         1
  0 34.67337 12.06030
  1 17.75544 35.51089
```

[HR301_Modeling.R] line 83 ~ 84

```
mdl_svmradial_Imp <<- varImp(mdl_svmradial)
plot(mdl_svmradial_Imp,top=20,cex=2,main="svmRadial")
```

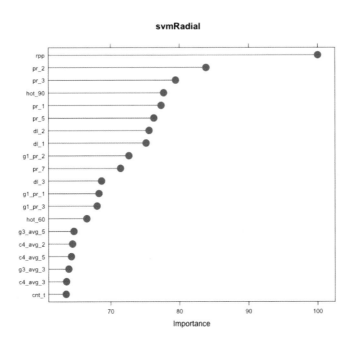

(6) 모델 저장

위에서 생성한 모델 4개를 저장한다.

[HR301_Modeling.R] line 87

```
save(mdl_knn,mdl_C50,mdl_rf,mdl_svmradial,file="rdata_model.rdata")
```

손익 Simulation

지금까지 예측한 모델을 이용하여 배팅을 한다면 얼마의 수익률이 나올까? 모델링을 하고 수익률을 계산할 수 없다면 모델을 이용할 수 있을까? 이러한 점에서 이후의 내용은 위의 내용 못지않게 매우 중요한 부분이다.

(1) 1~3등 세팅

target을 1~6위까지 설정하였으므로 실제 결과인 1~3위만을 f_targ에 세팅한다.

[HR302_Simulation.R] line 7 ~ 9

```
ind<-which(major$o_targ>=1&major$o_targ<=3)
major$f_targ<-0
major$f_targ[ind]<-1
```

(2) 모델별 예측결과 모음

[HR302_Simulation.R] line 11 ~ 19

```
major$rpp<-predict(mdl_rpartp,newdata=major,type="class")
tr_rpp<-as.numeric(as.character(predict(mdl_rpartp,newdata=major,type=
"class")))
tr_knn<-as.numeric(as.character(predict(mdl_knn,newdata=major,type="raw")))
tr_c50<-as.numeric(as.character(predict(mdl_C50,newdata=major,type="raw")))
tr_rf<-as.numeric(as.character(predict(mdl_rf,newdata=major,type="raw")))
tr_svm<-as.numeric(as.character(predict(mdl_svmradial,newdata=major,type=
"raw")))
tr_result<-cbind(tr_rpp, tr_knn, tr_c50, tr_rf, tr_svm, major)

tr_result[1:3,c(1:8,222:223)]
```

```
      tr_rpp tr_knn tr_c50 tr_rf tr_svm       date round id f_targ rpp
24667      1      1      1     1      1 2013-01-05     1  7      1   1
24668      1      1      1     1      1 2013-01-05     1  8      1   1
24669      1      1      1     1      1 2013-01-05     1 10      1   1
```

(3) 모델 조합에 따른 정확성 도출

[HR302_Simulation.R] line 21 ~ 22

```
# , count(*), sum(targ)*100/count(*)
sqldf("select rpp, tr_knn, tr_c50, tr_rf, tr_svm, avg(f_targ), count(*) from
tr_result group by rpp, tr_knn, tr_c50, tr_rf, tr_svm order by avg(f_targ)
desc")
```

```
   rpp tr_knn tr_c50 tr_rf tr_svm avg(f_targ) count(*)
1    0     1      0     0      1  0.50000000        2
2    0     1      1     1      1  0.50000000        4
3    1     1      1     1      1  0.47826087      690
4    1     0      1     1      1  0.45033113      151
5    1     1      1     1      0  0.35714286       14
6    0     1      1     1      0  0.33333333        3
7    1     0      1     1      0  0.27906977       43
8    1     1      0     1      1  0.20000000       25
9    0     0      1     1      0  0.17647059       17
10   1     0      1     0      1  0.16666667        6
11   1     0      0     1      1  0.12500000        8
12   1     0      1     0      0  0.06666667       15
13   1     1      0     0      0  0.05000000       40
14   0     1      0     0      0  0.04651163       86
15   1     0      0     0      1  0.04347826       46
16   0     0      0     0      0  0.03539823      452
17   1     1      0     0      1  0.01923077      156
18   1     0      0     0      0  0.01886792      106
19   0     0      0     0      1  0.00000000        1
20   0     0      0     1      0  0.00000000        2
21   0     1      1     0      0  0.00000000        1
22   1     0      0     1      0  0.00000000       10
23   1     1      0     1      0  0.00000000        4
24   1     1      1     0      0  0.00000000        4
25   1     1      1     0      1  0.00000000        4
```

위의 결과 중 건수와 정확도를 고려해 line 3,4에 배팅을 한다고 가정한다. 이 조건은 rpp, c50, rf, svm의 예측결과가 1인 경우를 선택하는 것이다.

(4) test data 세팅

[HR302_Simulation.R] line 24 ~ 29

```
test<-m_sl_f2011[m_sl_f2011$date>=tt_s & m_sl_f2011$date<=tt_e,]
test$rpp<-predict(mdl_rpartp,newdata=test,type="class")

ind<-which(test$o_targ>=1&test$o_targ<=3)
test$f_targ<-0
test$f_targ[ind]<-1
```

(5) 모델별 예측 및 결과 모음

[HR302_Simulation.R] line 31 ~ 38

```
pr_rpp<-as.numeric(as.character(predict(mdl_rpartp,newdata=test,type
="class")))
pr_knn<-as.numeric(as.character(predict(mdl_knn,newdata=test,type="raw")))
pr_c50<-as.numeric(as.character(predict(mdl_C50,newdata=test,type="raw")))
pr_rf<-as.numeric(as.character(predict(mdl_rf,newdata=test,type="raw")))
pr_svm<-as.numeric(as.character(predict(mdl_svmradial,newdata=test,type="raw")))

result_1<-cbind(pr_rpp, pr_knn, pr_c50, pr_rf, pr_svm, test)
result_2 <- sqldf("select * from result_1 order by date, round, id")
```

(6) 일자별 적중 경주

아래는 일자별로 적중한 경주가 몇 개인지를 세는 것이다. 예측 결과 4개
~6개의 우승후보를 낸 경주에만 배팅할 경우를 생각하자. 아래 script 중
having 조건이 이에 해당한다.

[HR302_Simulation.R] line 40 ~ 43

```
# accuracy limited by predicted between 4 and 6
accurateByday <- sqldf("select date, count(round) rounds from (select date,
round, sum(f_targ) from result_2 where pr_rpp='1' and pr_c50='1' and pr_rf='1'
and pr_svm='1' group by date, round having sum(f_targ)=3 and sum(pr_rpp) >= 4
and sum(pr_rpp) <= 6) group by date")
accurateByround <- sqldf("select date, round from (select date, round,
sum(f_targ) targs, sum(pr_rf) predicteds from result_2 where pr_rpp='1' and
pr_c50='1' and pr_rf='1' and pr_svm='1' group by date, round having
sum(f_targ)=3 and sum(pr_rf) >= 4 and sum(pr_rf) <= 6)")
hist(accurateByday$rounds)
```

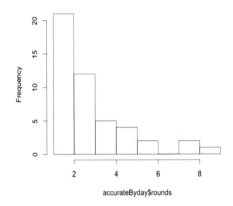

Histogram of accurateByday$rounds

일자별 정확도는 1개인 일자가 제일 많고, 6개인 날이 0이다.

- accurateByday : 일자별 적중한 round의 개수
- accurateByround : 일자별 적중한 round

(7) 수익집계

적중한 일자와 round에 대해 배당률 정보로부터 수익을 집계한다.

[HR302_Simulation.R] line 45 ~ 52

```
# money automatically limited by accuracy predicted between 4 and 6
sambokWin<-read.xls("../HR100_Data_Crawling/data/sl_05_dr.xlsx")
str(sambokWin)
sambokWin$date<-as.character(sambokWin$date)
accurateByround$round <- as.integer(accurateByround$round)
sqldf("select * from accurateByround")
moneyByround <- sqldf("select a.date,a.round, sum(Tr_dv) revenue from
accurateByround a, sambokWin b where a.date=b.date and a.round=b.round group
by a.date, a.round")
moneyByday <- sqldf("select a.date,sum(Tr_dv) revenue from accurateByround a,
sambokWin b where a.date=b.date and a.round=b.round group by a.date")
```

- moneyByround : 라운드별 수익 집계
- moneyByday : 일자별 수익 집계

(8) 일자별 비용 집계

4개를 예측하면, 3마리씩의 조합인 4개의 배팅이 필요하며, 5개인 경우는 10, 6개인 경우는 20의 배팅이 필요하다. 이를 이용하여 비용을 산출한다.

[HR302_Simulation.R] line 54 ~ 64

```
# cost limited by predicted between 4 and 6
result_3<-sqldf("select a.*, b.Tr_dv from result_2 a, sambokWin b where
a.date=b.date and a.round=b.round")
costByround <- sqldf("select date, round, count(*) targets, sum(f_targ), Tr_dv
from result_3 where pr_rpp='1' and pr_knn='1' and pr_rf='1' and pr_svm='1'
group by date, round having targets >= 4 and targets <= 6")
costByround_1 <- sqldf("select date, round, count(*) targets, sum(f_targ),
Tr_dv from result_3 where pr_rpp='1' group by date, round")
costMaster <- data.frame(targets=c(3,4,5,6,7),costs=c(1,4,10,20,35))

costByrounds <- sqldf("select a.*, b.costs totalCost from costByround a,
costMaster b where a.targets=b.targets")
head(costByrounds)

costByday <- sqldf("select date, sum(totalCost) totalCost from costByrounds
group by date")
head(costByday)
```

```
> head(costByrounds)
       date round targets sum_f_targ_ Tr_dv totalCost
1 2013-01-05     4       5           3  12.1        10
2 2013-01-05     5       5           3  14.7        10
3 2013-01-05     6       5           3  25.3        10
4 2013-01-05     7       5           3  28.4        10
5 2013-01-05    10       6           2  90.6        20
6 2013-01-05    11       6           3  17.8        20
```

(9) 수익률 계산

적중한 Round는 "수익-비용"의 이익이 발생하며, 적중하지 못한 Round 는 "-비용"만큼의 손실이 발생한다. 이를 감안한 시뮬레이션 결과이다.

[HR302_Simulation.R] line 66 ~ 70

```
Balance <- sqldf("select a.date, b.revenue, a.totalCost from costByday a left
outer join moneyByday b on a.date=b.date")
ind<-which(is.na(Balance$revenue))
Balance[ind,2]<-0
Balance$profit<-Balance$revenue-Balance$totalCost
(BalanceByMonth <- sqldf("select substr(date,1,7) month, count(distinct date)
bet_days, sum(revenue) revenue, sum(totalCost) cost, sum(profit) profit ,
sum(profit)/count(distinct date) profitByday, sum(profit)/sum(totalCost)*100
ROI, sum(profit)*count(distinct date)/sum(totalCost)*100 dailyROI from Balance
group by substr(date,1,7)"))
```

```
> head(costByday)
        date totalCost
1 2013-01-05       108
2 2013-01-06        98
3 2013-01-12       128
4 2013-01-13        88
5 2013-01-19       130
6 2013-01-20       102
```

(10) 최종 손익 자료

1, 2월은 모델링 기간이므로 매우 좋게 나오는 것이 당연하다. 그 후 3~6월 중에는 이익이 난 달이 5월밖에 없다. 여기서 중요한 것은 손익의 결과가 아니다. 이를 계산해 냈다는 것이다. 이 부분이 없다면 모델링을 한 결과가 효과적인지 아닌지를 알 수가 없으므로 매우 중요하다.

그리고 모델링과 적용시점에 따라 변동성이 크다. 아마도 출전표 계획에 영향을 받은 것으로 판단되며, 모델을 최근 데이터로 주기적 개선을 하며 적용하면 전체적으로 일정수준의 수익이 기대된다.

경마 실전

지금까지는 간단하게 모델링을 소개하였다. 그럼 실제 활용을 위해 얼마나 더 해야 할까?

(1) 모델 개선

여기에 나온 변수들 외에도 많은 정보들이 있다. 훈련정보, 경주로 정보(날씨), 휴양마 정보(부상, 질병 등), 그리고, 이미 있는 정보를 이용해 추가적인 정보를 만들어 변수로 투입할 수도 있다. 가령 거리별 정보를 이용한 변수 생성도 가능하다.

그 외에 중요한 것으로 경주마를 clustering을 하여 결과를 변수로 투입할 수 있다. 이 부분은 실제로 반영해 보았는데 15개의 cluster군으로 나누어 프로필을 해본 결과를 투입하기도 하였다.

(2) 모델의 적용

모델 생성을 위한 기간을 2개월, 4개월, 6개월, 12개월 등으로 나누어 시도할 수 있다. 이 중 가장 좋은 결과를 낸 것이 2개월이어서 이를 소개하였다.

변수를 추가하는 것 외에도 모델링을 하는 주기도 중요하다. 1개월에 1회씩 모델링을 하는 것이 수익률이 좋았다. 즉, 1월과 2월 데이터를 이용해 3월을 예측하고, 4월과 5월 데이터를 이용해 6월을 예측하는 방식이다.

(3) 적용절차

목요일 오후 4시에 출전표를 받아 그 뒤에 과거 정보를 붙여 데이터마트를 생성하며, 이때, 지난 주 성적을 반영한 경주마/기수/조교사 정보도 함께 다운로드 받아 정보에 업데이트 한다. 다음으로 할 일은 월초에 만든 모델로 예측하여 미리 준비해둔 마권에 기표를 하고, 금요일에 예약 발매를 한다. 불행하게도 인터넷 거래는 법으로 허용하지 않는다. 경주가 끝나면 적중한 마권과 실권된 마권을 챙겨 배당금과 원금을 회수한다. 배당금은 100배 미만이면 세금을 과세하지 않고 배부하며, 100배가 넘으면 기타소득으로 원천징수한다. 실권된 마권은 예약 후 경주마가 어떠한 이유이든 출전하지 않는 경우로 해당 금액은 그대로 돌려준다. 마지막으로 금토일에 경주한 결과를 마트로 만들어야 한다. 지난 주 결과까지 완성한 마트에 이번 주 결과만을 다시 생성하는 스크립트를 만들어 보기 바란다.

이 과정은 독자 여러분에게 숙제로 남기고자 한다. 숙제를 할 때 tip은 rdata를 생성할 때 언제까지의 데이터를 반영한 것인지를 반드시 파일이름에 붙여넣어야 관리하기 쉬울 것이다.

맺음말

　모델링 과정에서 경마는 재미를 위해 상당히 많이 발전되어 왔다는 것을 알 수 있었다. 예측이 상당히 어려웠는데 이는 이미 KRA에서도 분석을 이용하여 불확실성을 높이도록 경주조를 짜고 있다는 것을 의미한다. 특히, 경주마다 바뀌는 체중을 보면 더더욱 알 수 있다. 잘하는 말에 몇 kg을 추가로 부과하고, 못하는 말에 몇 kg을 감해줄 지를 알고 있는 것이다. 또한 어느 말과 어느 기수가 잘 어울리는지도 감안하고 있다. 아마도 clustering을 하고 각 라운드마다 출전하는 경주마의 편성을 보면 상당히 놀랄 것이다. 한 조의 경주마가 1~2개의 cluster에 모두 포함되어 있어 우열을 가리기 힘들기 때문이다.

4장

Social Sales Lead

Social Sales Lead

    자동차 제조사들의 비즈니스 모델은 차량을 제조해서 국내에서는 직영대리점을 통해 판매하지만 해외에서는 딜러사들을 통해 간접판매를 한다. 그러므로 추가적인 Sales Lead 확보를 위해 지인을 통한 구전효과 등으로 판매하거나 가망고객 리스트를 구매하여 영업활동을 한다. 그러나 이러한 리스트들의 실제 구매 전환율이나 규모가 몹시 제한적이기 때문에 보다 넓은 Sales Lead를 적극적으로 파악해서 대응해야 한다.

    개인적으로 저자는 자동차에 관심이 많아서 여러 매장들을 직접 방문해 테스트 드라이브를 하고, 인터넷을 통해 많은 정보를 수집하곤 한다. 이를 통해 인터넷에 많은 Sales Lead들이 있음에도 잘 활용하지 못하고 있음에 착안하여 Social Sales Lead라는 개념으로 접근하는 방법을 연구하게 되었다. 이는 자동차뿐만 아니라 보험, 카드, 휴대전화 등 다양한 분야에 적용될 수 있는데 특히 자동차 산업의 경우 경쟁이 치열하고, 하이브리드 및 전기차 등으로 시장이 옮겨감에 따라 새로운 수요가 발생하고 있으며, 금액이 커서 Sales Lead 확보에 따른 ROI가 매우 높아 관심을 갖게 되었다.

    앞으로 제시하는 내용은 연구가 진행되면서 만들어진 자료들이라 일관된 기준값으로 표시되지 않은 점을 양해 바란다. 이런 접근이 가능하다는 사례 소개를 하는 데 목적이 있으며, 값 크기나 scale, 기준은 일치하지 않을 수 있다.

Sales Lead 정의

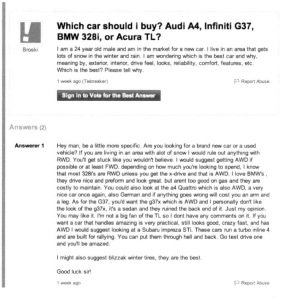

Sales Lead 예시

국내가 아닌 해외를 선택한 이유는 국내에서는 이미 영업적인 포스팅이 넘쳐나 규모나 가치가 적어서 해외로 눈을 돌리게 되었고, 우선 영어로 표시된 Sales Lead에 집중하여 추진하였다. 물론 이 과정에서 다양한 언어에 대한 부분적인 시도를 하였다. Social Sales Lead Management는 고객이 자발적으로 개인의 관심사나 문의를 한 사항을 활용하여 이를 Social CRM 시스템에서 수집한 다음, 본사 측면과 각 국가 및 지역의 지사와 딜러들에게도 연계하여야 한다. 또한 Sales Lead 및 문의사항 등에 대해 다양한 측면에서 각자 분산해서 대응할 수 있도록 하여야 하고, 대응 결과를 폐쇄 루프(Closed Loop)로 관리하여 단절된 고객정보를 통합할 수 있도록 하는 구조를 갖추어야 한다.

전 세계를 대상으로 본다면 주요언어가 16개 이상이 되며, 대부분 10개 언어에서 높은 비중을 차지하고 있기 때문에 해당 언어에 대한 텍스트 마이닝이 필요하다. 그러나 이들 각 언어에 대한 모든 처리를 시도하는 것은 기술이나 엔진이 존재하면 좋겠지만 우선적으로는 구글 번역기로 처리해서 접근하는 것이 용이했었다.

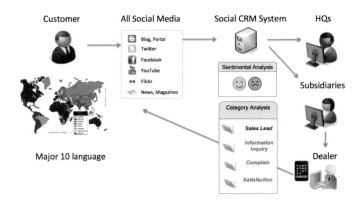

Social Sales Lead Management System

또한 web에서 입수할 수 있는 내용들은 마케팅 측면에서는 감성분석(Sentiment Analysis)으로 추이를 분석하여, 어느 지역에서 긍정적인 추이가 증가하고 있는지, 부정적인 추이가 증가하고 있는지를 파악하고, 해당 키워드를 가지고 대응할 수 있다. 예를 들어 유튜브에서 소나타 관련 사운드 분석을 하려고 검색하다보니 불만에 관한 언급을 상당수 발견했는데 이런 것이 마케팅 측면에서는 어떻게 대응해야 하는지, R&D나 생산, 서비스에서는 어떻게 대응해야 하는지를 알려 준다. 그리고 수집된 정보들 중에는 Sales Lead도 있겠지만 요구, 불만사항 등의 정보들도 있는데, 이는 애프터서비스나 상담센터(Contact Center)에 전달해 처리할 수 있도록 전사적인 측면에서 관리할 수 있어야 한다. 그러면 데이터를 어떻게 구분해서 처리할 것인가? 이를 위해서 텍스트 마이닝과 Classification을 결합해서 접근했다. 문장의 문맥보다도 단어들의 패턴을 통해 분류하는 것이다. 쉽게 할 수 있는 일을 어렵게 돌아갈 필요가 없다.

Sales lead를 획득하기 위해서는, 먼저 자동차 관련된 브랜드나 모델명을 이용해서 데이터 수집을 하는데 온라인 채널 전체를 대상으로 하기보다는 수집이 용이한 채널을 선택했다. 최근 각광받는 트위터 등 social media를 우선 이용하여 자동차 모델과 제조사에 대한 전체적인 자료를 수집하였다. 이 과정에서는 잘 알려지지 않은 제조사나 모델들도 발견했고, 오픈 데이터를 통해 추가적으로 전 세계 및 미국에서의 판매량 및 순위에 대한 정보를 활용하였다. 이렇게 수집한 자동차 관련 이름 중 일부는 자동차 이외의 이름과 혼용돼 잘못된 결과를 초래할 수 있기 때문에, 잘못 수집되기 쉬운 경우를 확인하여 키워드에서 제외할 단어목록으로 만들어 둔다. 예를 들어 Ford의 경우 Harison Ford 등 영화배우 이름이 섞일 수 있고, Restaurant이나 Bar이름인 경우도 있다.

다음으로는 Sales Lead만을 수집하는 경우 대표적인 수집용 단어를 선정하여 최대한 많은 정보를 수집할 수 있어야 된다. 지나치게 정교하면 걸러지는 문장이 늘어나기 때문이다. 대표적 단어가 buy, car, want 등이다. 그리고 신차 판매를 목표로 하기 때문에 new라는 단어를 조심스럽게 사용해야 한다. 여기서 주의할 사항은 Text Mining을 이용한다고 해도 어떤 Keyword로 후보군을 추출할 것인지 조건을 어떻게 해야 하는지는 정교한 분석을 통해 정의된다는 점이다. 이 영역은 알고리즘으로 되는 게 아니라 컨설팅의 영역이다.

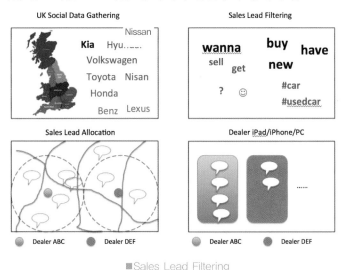

■Sales Lead Filtering

Keyword를 활용한 1차 후보 수집에 교집합을 잘못 사용하면 매우 적은 분량만 수집되므로, 되도록 합집합으로 구성할 수 있도록 하고, 제한적으로 교집합을 적용해야 한다. 다만 이 경우 검색어 길이에 제약을 받아서 제대로 검색문구를 구성할 수 없거나 길이 초과로 한 번의 조회만으로는 원하는 데이터를 추출하지 못할 수도 있다. API를 사용하는 경우도 마찬가지로 너무 집중적으로 수집하면 제약조건에 걸려 더 이상 수집을 못하게 되므로 계정당, IP당 제약을 고려해야 한다. 일부 국내 기업들은 다수의 계정과 IP를 변경해가며 수집하는 것으로 알려져 있다.

그리고 트위터의 특성상 일부는 국가나 위경도 정보가 제공이 된다. 이를 이용해서 한 번에 수집하기 어려운 경우 나누어서 수집을 한 다음 결합하거나, 데이터를 딜러들에게 나누어 수집하도록 할 수 있다. 그리고 언어를 영어로 지정해서, 영어에 대한 텍스트 마이닝을 적용하는데 문제가 없도록 한다. 영어는 영어권 국가 및 영어를 사용하는 다양한 국가에서의 데이터를 수집할 수 있기 때문이다. 물론 한국에서 영어로 쓴 내용이 있을 수 있고 미국에서 한글로 쓴 내용이 있어 경우에 따라서는 다국어를 처리해야 되지만, 해당 내용은 제외한다.

이런 데이터 수집의 번거로움을 피하는 방법은 전 세계 데이터를 near real time 으로 제공하는 업체의 솔루션을 유료로 사용하는 것이다. 물론 sales lead를 수집할 때 그들 솔루션을 이용하는 경우 결과가 만족스럽지 못할 가능성이 높다. 지금까지의 경험으로는 10% 수준의 정확도에 그쳤는데 원인을 따지자면 특화된 목적의 내용을 찾는 데 있어 general model을 적용한 정확도는 낮은 게 당연한 귀결이다. 따라서 키워드로 이들 솔루션에서 데이터를 추출하는 방향으로 접근해야 한다. 별도의 자동차에 대한 Sales Lead와 특화된 영문 모델을 만든 경우의 검증결과, 90%까지의 정확도를 확보할 수 있었다. 이를 위해서는 많은 연구가 필요한데 같은 영어라도 영국, 호주, 캐나다, 미국에서 매우 다른 형태의 특성이 나타나므로 쉬운 일이 아니다. 특히 한글에 대해 적용해본 결과 초기에는 30% 수준의 정확도를 보였으나 동일한 연구과정을 거쳐 1개월 이상의 연구를 한 결과 유사한 수준까지 높일 수 있었다. 즉, 사용에 능숙한 모국어라도 만족스러운 결과치를 얻으려면 추가적인 연구가 필요하다는 뜻이다.

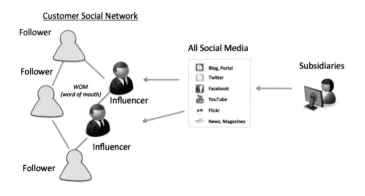

그리고 이러한 직접적인 Sales Lead도 중요하지만 이들의 소셜 네트워크를 통한 파급효과를 고려하여 적극적으로 대응할 필요가 있다. 한 사람이 자사의 브랜드를 구매하면 주변사람들에게도 영향을 주기 때문이다. 그래서 서비스나 요구도 전사적으로 대응해야 한다.

우선 단순한 키워드를 적용해서 영국 트위터 상의 sales lead 후보들을 살펴보면 월간 1천 건 수준의 내용들이 나온다. 단, 트위터는 10일 이상의 데이터를 조회할 수 없으므로 특정기간의 데이터량을 이용해서 비례 적용해야 하는데 기준을 해당 시각대(Time Zone)를 고려해서 조회한 건수를 이용해야 한다. 하루 분량이라도 효과적으로 거르지 않는다면 불필요하게 과도한 자료가 나오므로 전체 데이터를 연구용으로 확보하기는 어렵다.

Area	Contents
UK	Went car shopping again. Had a look at Hyundai ix35, just to compare with Kia Sportage I picked... Hyundai is much cheaper... Tough choice.
UK	I want one #Kia #iwantone #richworldproblems http://pic.twitter.com/RnRfuITc
UK	@gaz4uk wanna help me choose what to get? Going for a big-ish one - poss a Mini Countryman / Kia Sportage / Jeep Compass ... thoughts?
UK	@MikeRenz1 I do know that jebend!!! I really want a new ford ka for my first car!!! I think they are cool!! x
UK	I want a Ford Mustang Eleanor
UK	@MattHealey US gallon is bigger so that's at least 30 in our money. Which is good for a truck. If I see another ford f150 ad I'll prob buy 1
UK	@LukeBarnes93 Honda from CSKA Moscow would be a great buy for LFC
UK	Since I said I want a Honda Civic, that's all I been seeing! February can't wait!
UK	Test Drove A Classic Toyota MR2 In Excellent Condition! I Want It!!! £1,400
UK	Ahhhh at the Toyota show room. Really want an IQ. So impractical yet so cute.
UK	Went car shopping again. Had a look at Hyundai ix35, just to compare with Kia Sportage I picked... Hyundai is much cheaper... Tough choice.
UK	Right bed time!! busy day 2morrow.... Hair dyed.. off to buy new car!!! and vist the family!!! cant wait love my fam more then anything!! X
UK	RT "@Caligirl4lifee: Can't wait to get my car and drive where ever I want."
UK	Another useless day car shopping!! Arghh might just buy a scooter ha.
UK	Car shopping is exhausting. When I bought Optimus it didn't take this long to actually buy it!
UK	Y is car shopping sooo stressful for me.. I can never decide what I want always changing my mind *crying face*
UK	"@Sebastiannoo: Wanna make a test drive, I put in a reverse" then put it in a sexdriveeeee
UK	Wanna make a test drive, I put in a reverse
UK	Loved the test drive in the YETI must buy one!!! ;D
UK	@juggernauttej i want a VW golf 2010 :}
UK	want a new vw POLO!!!!!
UK	I want a nissan Skyline as my first car, southall isn't gonna handle my mad drifts LOOOL :L
UK	@NidhiKanabar lol me toooo :D actually I want a Nissan gtr too hehe :D
UK	clash of the pollys @nicola_oc or @Nick_Viel which car is the better polly?
UK	been looking for a new motor all day, now i'm all mpg'd out. Still clueless what car to buy. #confused
UK	I want an Audi S3 white with black alloys and tinted windows for my first car but i doubt it will happen :(

트위터에서 Sales Lead 조회 결과

그런데 이런 검색을 수행하는 경우 상업적인 계정이나 bot 프로그램이 포함되는 경우가 있어 제외해야 하는데 꽤 많은 사례가 존재한다.

Bot 프로그램

Sales Lead에 대한 정의도 중요하다. 자사의 브랜드나 모델만을 대상으로 수집해야 하는지, 아니면 타사도 언급하는 Sales Lead인지 정의한 다음, 전체적인 추세는 어떠한지 살펴보는 게 적합하다고 판단했다. 그래서 A브랜드를 언급한 것에 B브랜드가 접근하는 사례가 있는지 해당 내용들만 조사해 본 결과, 내

브랜드뿐만 아니라 남의 브랜드를 언급한 것에도 접근을 하는 시도가 꽤 존재하고 있고, 다양한 시험단계인 것도 보이고 있다.

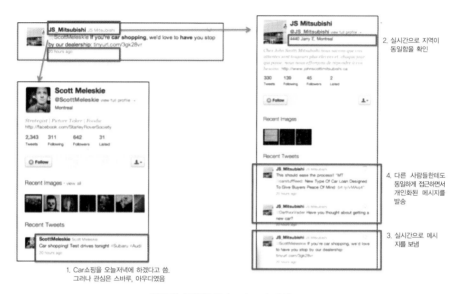

타사를 언급한 Sales Lead 사례

앞의 그림을 보면 스바루나 아우디를 테스트 드라이브를 하겠다는 내용에 미쯔비시가 접근했는데 해당 계정이 국가가 동일하고 지속적으로 남의 브랜드를 언급한 것에 메시지를 보낸 것을 알 수 있다. 이런 현상을 보면 우리는 내 브랜드뿐만 아니라 경쟁사 브랜드를 언급한 고객의 내용도 Sales Lead로 봐야 된다는 결론을 내릴 수 있다. 물론 여기에는 컨버전율을 고려하여 접근할 필요가 있다. 그리고 국가별 규제나 관행 등에 대해서도 조사가 필요하다.

브랜드별 특성

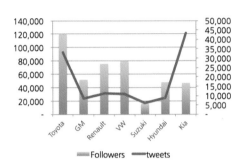

- Twitter Activity Result Analysis by Brands[1] –
[nov 2011, accumulated cnt]

트위터에서 브랜드별 Follower 수와 트윗 횟수

　　트위터 상의 내용들은 단순히 수집만 할 것이 아니라, 활발하게 생성될 수 있도록 구축(cultivation)하는 노력도 필요하다. 활발한 활동을 통해 팔로워(follower)를 늘리고 지속적인 커뮤니케이션을 통해 sales lead가 자연스럽게 유입될 수 있도록 유도하면서, 구전을 통해 전파될 수 있도록 해야 진정한 소셜 미디어 효과를 제대로 활용할 수 있게 된다.

　　대표적인 예로 도요타는 트위터와 유튜브를 연계해서 동시에 홍보하고 있다.

[Promotion Video & Toyota News]

도요타의 트위터와 유튜브 이용 사례

그렇다면 다른 브랜드의 현황은 어떠할까? 브랜드별로 언급하는 내용을 유형화해서 자사의 특징 및 경쟁사의 전략을 파악해서 대응하는 것이 유용할 것이다. 하지만 이를 수작업으로 하기는 어렵고, 상시 모니터링이 되어야 하기 때문에 텍스트 마이닝으로 프로모션성 내용이 많은지, 소통을 하려고 하는지, 일방메시지(General Message) 수준인지를 분류해서 바라볼 필요가 있다. 도요타의 경우 프로모션성 내용이 많았다.

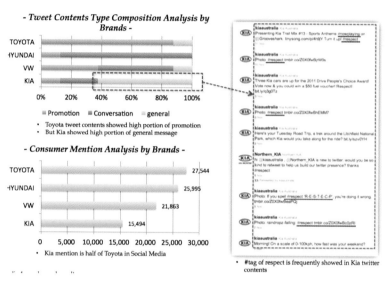

브랜드별 트윗 내용의 유형 분류

물론 이러한 sales lead는 페이스북에도 존재한다. 페이스북은 트위터보다 더 풍부한 내용과 의지를 긴 문장으로 파악할 수 있고, 주변사람들의 반응까지 함께 수집 가능하다. 그러나 대부분 정보공개(privacy)설정이 강화되어 있어서 수집에 많은 제약이 존재한다.

그러므로 더 많은 sales lead를 얻기 위해서는 최근 각광받고 있는 소셜미디어보다 전문 커뮤니티 및 블로그 등으로 확대할 필요가 있다. 이러한 사이트를 식별하는 것은 어려운 일이고, 목록을 갖고 있다는 업체조차 매우 제한적이고 부정확하기 때문에 지속적으로 업데이트된 내용을 입수하기란 어렵다.

전문커뮤니티 사례

에드먼즈(edmunds.com)가 좋은 커뮤니티의 대표적인 표본이다. 여기에는 다양한 차량관련 내용들이 언급되고 있고 포스팅도 가능하다. 따라서 이 사이트와 협약을 하여 접근한다면 매우 좋은 성과를 기대할 수 있고, sales lead 확보에도 좋은 장소이다.

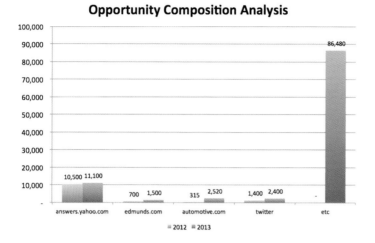

Opportunity Composition Analysis

상단 차트는 예시로서 특정 사이트 sales lead가 상당 부분 몰려 있음을 알 수 있다. 따라서 폭넓은 채널의 sales lead를 수집하고, 다양한 사이트를 발굴해서 관리해야 된다는 것을 보여준다. 그렇다면 어떻게 이런 것을 할 수 있을까? 당연히 인터넷 전체에 대한 복사본이 있다면 이런 상업용 서비스를 이용할 수 있다. 그렇지 못한 경우는 다른 대안이 필요한데 그 방법으로 구글 검색을 통해서 이러한 목록과 요약내용을 확보하면 매우 효율적으로 접근할 수 있다. 즉, 구글 검색결과를 이용하여 사이트를 발굴하고, 지속적으로 갱신·추가하여 데이터를 입수하여야 한다. 실제로 대부분의 정보를 이런 방법을 통해 효율적으로 획득 가능했다.

다양한 소스에서 33개 브랜드들에 대한 언급비율이 어떻게 되는지를 분석해 본 결과 Ford의 비율이 가장 높았다. 여기서 발견한 점은 언급비율은 매출액과도 상관이 높다는 것이다. 그렇다면 역으로 비율을 이용해서 매출추이를 예측하는데도 응용할 수 있을 것이고, 좀 더 상세하게 지역별 매출과 국가별 매출도 예측할 수 있을 것이다.

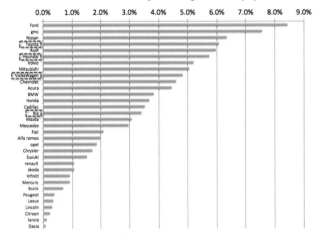

- Social Mention Rate Analysis in Blog/Community by 33 Brands -

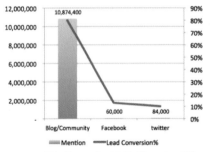

- Monthly Sales Opportunity Size and Mention to Opportunity Conversion Rate -

- 10M social opportunity exist in Blog/Community and 80% of mention which include car related keyword is meaningful

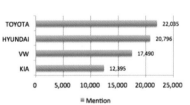

- Blog/Community Sales Opportunity Per Day by Brands -

- Toyota and Hyundai is mostly mentioned brand in blog/community
- Kia need to increase exposure in blog/community

　　이렇게 데이터 소스 범위를 넓혔더니 각 소스에서 필터링하는 키워드가 다르고 결과의 수준도 달랐다. 근본적인 소스 자체의 특성도 있을 것이다. 결국 전체적인 판매 기회(sales opportunity)의 데이터 소스별 사이즈 및 sales lead의 비율도 달랐으며 브랜드별로도 차이가 있었다. 브랜드별 모델을 만들지 않고 동일한 패턴의 규칙을 적용했으니, 브랜드별 차이가 나타났다는 것은 나름 의미 있는 성과다.

Architecture 및 ROI 도출

여기까지 판매기회를 키워드로 검색해서 가져온 다음 텍스트 마이닝과 classification 모델링을 적용하면 결국 sales lead가 나오게 되어 아래와 같은 구조의 아키텍처(architecture)가 나오게 된다.

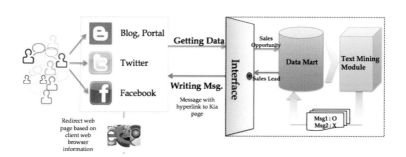

Sales Lead Management System Architecture

여기서 왼쪽의 데이터 수집기는 상업용 솔루션을 이용해서 데이터를 가져와도 되는데, 주의할 점은 다양한 부서의 니즈를 통합하여 가져와야 된다는 점이다. 부서간의 이해관계로 분리해서 중복적으로 수집하는 경우 결국 비용 및 관리상의 낭비가 발생한다.

결론적으로 이러한 Sales Lead를 미국에 적용하는 경우 기대수익과 비용 및 ROI를 개략적으로 계산해보면 아래와 같이 Incremental Sales, ROI, BEP, Cost 측면에서 충분한 타당성이 있다는 것을 알 수 있다. 설혹 비용이 10배로 들어가서 30억 원이 되어도 타당성이 있다.

Incremental Revenue = 10M sales opportunity per month[1] * USA Portion 7%[2]
$\qquad$ * Top 50% Targeting * 12 months * average car price USD 18,000[3]
$\qquad$ * 5% conversion rate
$\qquad$ = USD 3,780M

Operational Profit = Revenue * 8% margin[4] = USD 3,780M * 8% = USD 302M

Cost = System Implementation + H/W + S/W = USD 0.3M

$$ROI = \frac{Operational\ Profit - Cost}{Cost} * 100 = \frac{302 - 0.3}{0.3} * 100 = 100567\%$$

$$BEP = \frac{0.3}{302} = 1\ month$$

Sales Lead Management System 도입 ROI

5장

소리를 이용한 동물 감정 식별

소리를 이용한 동물 감정 식별

개소리 식별을 응용하면 사람의 거짓말/진실에 대한 사운드 식별이 가능해지고, 의료분야에서의 진단 및 제조·우주·항공 분야에서의 설비고장 및 원인 식별 등에도 응용이 가능해질 것이다. 단, 저자가 사운드 전문가가 아니다보니 전문적인 음성영역의 분석에는 한계가 있을 수도 있다는 점은 양해를 바란다.

Part 5-1
개소리 수집

비정형 데이터에 대한 분석을 텍스트를 이용해서 시작한 다음, 영상과 사운드에 대해 관심을 갖게 되었다. 영상의 경우 정보의 크기가 크고 복잡성이 높으며, 식별을 통해 활용하기에는 특수성이 매우 크다. 그러나 사운드는 단순화가 가능하고 용량도 제한되어 활용도가 높다는 결론에 이르렀다. 이런 점에서 R이 지원하는 기능을 충분히 활용하는 방법을 찾은 결과 tuneR, seewave 등 다수의 패키지가 나왔지만, 아직은 다양성이 미흡하다고 본다. 따라서 이를 이용해서 가장 원론적인 분석을 시도해 보면서 추가적으로 필요한 패키지를 찾는 것이 보다 현실적이다 생각되어 가장 단순한 내용부터 시작하게 되었다.

사운드 관련된 가장 단순한 내용은, 사운드를 통해 문맥을 이해하는 시리(Siri)와 같은 응용보다 단순식별이 제일 편하다는 것이다. 그래서 실제 전자산업에서 관심을 갖고 있는 동물소리에 대한 식별을 먼저 수행해 본 뒤, 다른 소리를 식별하거나 특정 판단을 하는, 가령 진위여부, 언어의 종류 등을 식별하는 분야로 확대하고자 한다. 가장 단순하고 공통적인 사운드 포맷은 wave라고 판단되며 이를 위한 패키지로는 tuneR의 호환성이 좋다.

사운드 데이터를 수집하는 방법부터 고려해 보자. 사운드 데이터를 직접 녹음하려면 컴퓨터나 장비의 녹음기능을 이용해서 할 수 있다. 컴퓨터의 경우 mac에서는 quicktime, windows에서는 media player를 사용하면 된다. 그리고 이러한 파일들을 한군데로 모아놓고 포맷의 변경이 필요한 경우 bigsoft m4a converter를 이용하였다. 무료버전은 번거롭게 구매의사를 상기시킨다는 점이 있으나 간단히 ESC를 눌러 skip할 수 있다. 복수의 파일을 쉽게 wave로 변환할 수 있다는 장점은 이러한 귀찮음을 상쇄할 만큼 매력적이다.

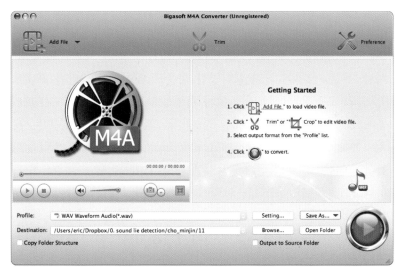

Bigsoft M4A Converter

Mac에서는 m4a파일을 wav 확장자 파일로 변환해서 사용했고, 처리속도에는 문제가 없다. 직접 녹음을 하는 방법으로 사운드를 파일을 만들거나 동영상을 실행해서 사운드를 녹음해서 사용하는 방법, 그리고 동영상에서 음성을 따로 추출하는 방법이 있을 것인데 마지막 방법은 시도해 보지 않았다.

그리고 가장 큰 데이터 소스로 빅데이터 시대에 맞게 사운드 관련 오픈 데이터를 활용하는 방법으로 프리사운드(freesound.org)를 이용하는 방법이다.

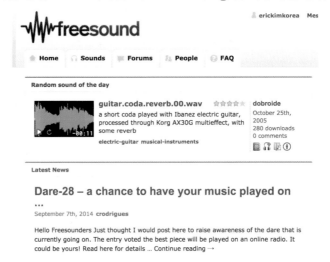

프리사운드 메인 화면

이외에도 soundbible.com, soundboard.com 등 다른 소스들도 있다. 여기에는 사람, 동물, 상황에 관련된 다양한 사운드 데이터가 다양한 포맷으로 있고, 파일 단위 또는 유사한 소리에 대해 패키지로 묶음이 되어 있어서 데이터 획득을 통해 초기 연구를 하는데 매우 유용하다. 그 외의 특수한 경우의 사운드는 구글, 유튜브 등에서 특정 검색어(예 angry dog)를 입력해 특정 소리에 대한 영상을 찾아내 녹음하여 사용한다. 그 밖에 대량의 데이터를 수작업으로 다른 사람에게 작업을 시켜서 입수하는 방법이 있는데, 한국에서는 서비스 되지 않고 있다. 해당 사이트는 amazon mechinical turk라는 곳으로 150개국에 500,000명의 사람이 요청한 내용에 대해 작업을 한다.

amazon mechinical turk 메인화면

이렇게 사운드 데이터를 입수하면 이를 읽어 들이는 방법을 구체적으로 R에서 시도해 보겠다. 단, 라이센스 문제로 인해 직접 사운드 파일을 제공하지 못하는 점에 대해 양해를 구하며, 불편하겠지만 직접 수집해서 처리해 보기를 바란다. 단, 대화소리나 다른 소리가 많이 섞여 있는 내용은 제외한 후 이용해야 하고, 원하는 사운드가 3초 이상 나오는 것을 사용하도록 한다.

1. 개소리의 여러 유형

우선 배고픈 개, 놀고 있는 개의 소리와 방안의 무음 데이터를 획득하여 모델을 만들어서 자체 검증을 해보고 새로운 데이터를 입수해서 식별이 되는지 해보겠다. 그리고 EDA를 통해 Insight를 파악하고 필요한 변수를 추가 개발하는 방법을 시도하면서 다양한 소리에 대한 실험을 확대하는 방법으로 진행한다.

(1) 배고픈

freesound.org에서 "angry dog" 또는 "angry dog bark"로 검색한다. "117271_polipa_angry-dogs.wav" 파일을 받았다. 연속적으로 소리를 냈고 도중에 다른 개도 짖으면서 69초 분량이다. 이정도면 하나의 샘플로 양호하다. 29번을 짖었으니 간격은 소리가 나지 않은 시간을 무시한 경우 2.3초이고, 30%는 소리가 나지 않았다면 1.6초 간격으로 짖었다. 보다 정확하게 하기 위해 프로그램을 통해 산출해보겠다. 그리고 youtube에서 "hungry dog bark"로 검색해서 잡음이 있는 부분을 삭제하고 5초 데이터를 "hungry dog2.wav"로 받았는데 3번 짖었다. 평균 1.6초 간격이다. 이런 식으로 여러 데이터를 수집했지만 데이터 길이가 짧은 것은 제외했고, 동영상을 보고 상황이 정확한 것을 고르려 하니 수집이 용이하지는 않아서 3개 정도를 더 수집했다.

(2) 놀고 있는

유튜브에서 "play dog1.wav", "playfull dog3.wav" 각각 9초, 10초 데이터를 받았고 각각 4번, 6번 짖었다. 두 번째는 그릉거리는 소리가 포함되어 있는 점이 앞의 녹음과 다른 점이고 둘다 짖는 간격에 무음이 길고 짖을 때 연속으로 짖는다.

(3) 녹음한 방의 소음

아무 특별한 소리가 나지 않는 상태에서 어느 정도의 소리가 데이터로 표현되는지 파악하기 위해 시도해 보았다. 5초가량이다.

그 밖에 일어날 수 있는 상황으로는 침입자 혹은 낯선 사람을 만났을 때, 공격적 상황, 오랜만에 본 주인을 환대할 때 등이 있을 것이다.

2. wav 읽기 및 데이터화

tuneR의 readWave()를 이용해서 wav파일을 직접 읽어 들인다. 이후 다양한 변환이 가능한데 wave 포맷을 특정 채널만을 추출하거나 mirror하기 위해 channel()을 이용하는데, 두 번째 parameter에 which=c("both", "left", "right", "mirror") 등을 지정해서 처리한다. 그리고 사운드에 대한 시계열 데이터를 windowing을 통해 periodogram을 추정하기 위해 periodogram()을 이용하여 Wspec(wave spectrum)을 추출하고 이를 Fundamental Frequencies를 추정하기 위해 FF를 이용하여 Vector로 전환한 다음에 이를 as.data.frame을 이용해서 핸들링이 용이한 형태로 전환하여 classification에 응용한다.

데이터 분석

사운드 파일을 처리하는데 가장 효율적으로 사용할 수 있는 패키지는 seewave이다. 단지, mac에 설치하는 경우 다양한 환경설정 및 설치를 위해 해야 되는 일들이 많은데 이들은 OS 버전을 무엇을 쓰는지, 기존에 설치되어 있는 환경이 무엇인지에 따라 매우 다르므로 구글링을 통해 처리해야 한다. binary의 현재 버전이 없을 때는 구버전을 사용하는 것을 추천한다. Windows 에서는 간단하게 설치해서 사용할 수 있으므로 별도로 고려할 사항이 없다.

seewave에 있는 약 80개의 기능을 모두 설명하는 것은 단순 매뉴얼 번역이 므로 지양하고 분석자 입장에서 필요한 순서대로 무엇을 알고 어떻게 활용해야 하는지 알아보겠다. 대부분의 오픈 소스 프로그램에서 부족한 문서들이 이런 내용들이다.

wave file을 읽어 들이는 데는 tuneR 패키지를 사용한다. 기능은 readWave()로 별도 옵션도 필요 없으나 긴 내용을 읽을 때 선택하고 싶으면 단위와 시작과 종료시점을 지정하면 된다.

```
library(tuneR)
setwd("Dropbox/dog sound/11. location/")

airport_tokyo <- readWave("122195__polympheva__tokyoairport-075.wav")
```

사운드 파일은 wave를 이용해서 amplitude envelope 또는 amplitude contour를 이용해서 시간에 따른 사운드 에너지에 대한 profile을 할 수 있다. Relative Amplitude Envolope를 구하는 방법은 두 가지가 있다. Waveform에 대한 절댓값을 계산하는 방법과 waveform에 대해 Hilbert transformation을 수행하는 방법인데 샘플 데이터인 tico를 이용해 보겠다.

```
timer(tico,f=22050,threshold=5,msooth=c(50,0)
```

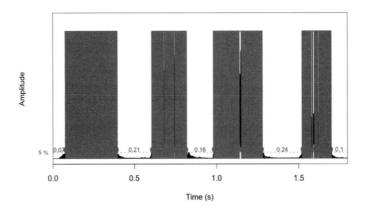

```
spec(tico,f=22050,dB="max0",col="blue")
```

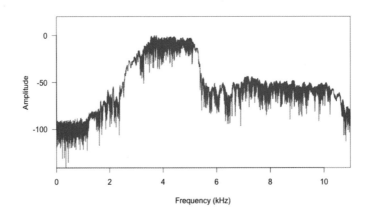

다시 개소리로 돌아가서, 시각적인 EDA를 위해서는 seewave를 이용하는데 windows에서는 설치에 문제가 없으나 mac에서는 장애요소가 많은 편이다. 하지만 이는 fftw와 seewave를 old version으로 설치하면 문제가 해결된다.

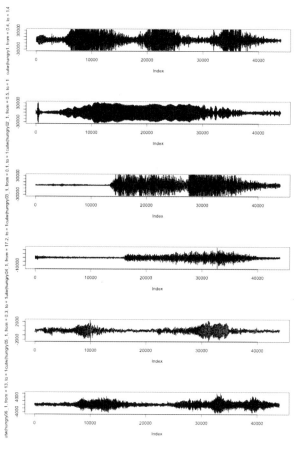

배고픈 개

아래 놀고 있는 개의 파형을 보면 모양상으로도 배고픈 개와 소리가 다름을
알 수 있다.

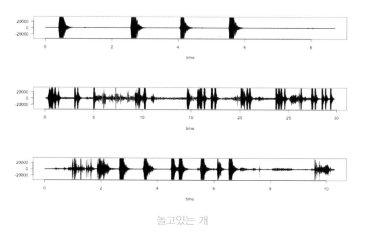

놀고있는 개

spectrogram을 이용해 다양한 상황의 개와 화가 난 고양이를 표시해 보았다. 소리가 틀리니 시각화해도 차이가 나는 게 당연할 수 있으나, 시각적으로 특성이 파악이 된다면 데이터로 자동 구분할 수 있다는 것을 보이기 위함이다.

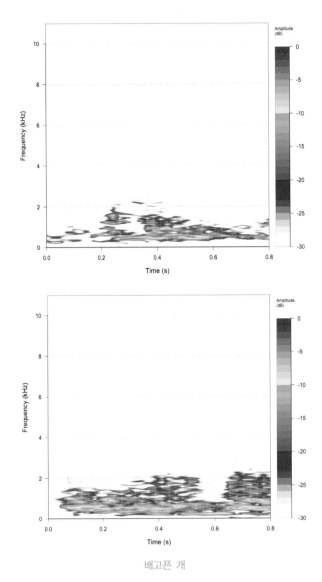

배고픈 개

배고픈 개는 소리가 낮게 퍼져 있는 모습이다.

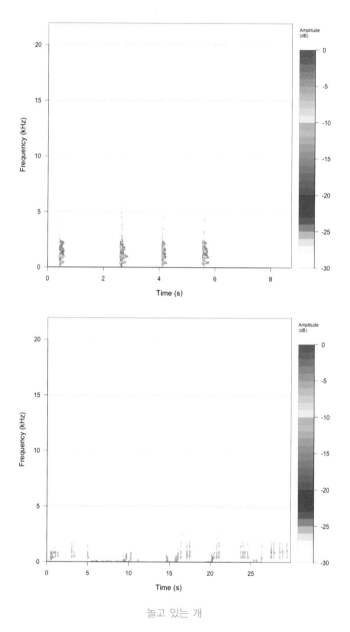

놀고 있는 개

놀고 있거나 놀자고 짖는 형태는 짧게 날카로운 모습이다.

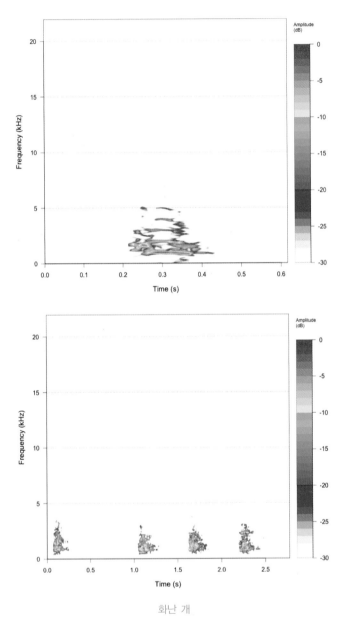

화난 개

화난 개는 짧으면서 퍼져 있다.

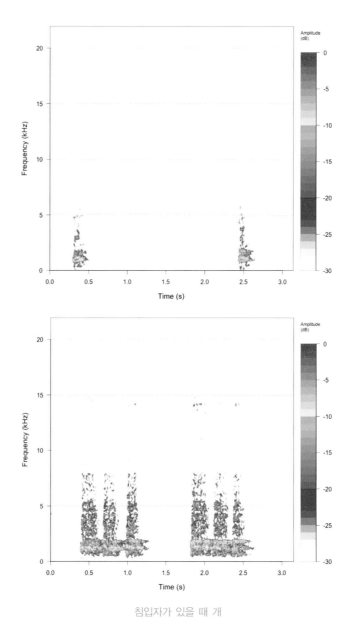

침입자가 있을 때 개

침입자가 있는 경우 dB 분포가 틀리며, 짧은 간격으로 서있다.

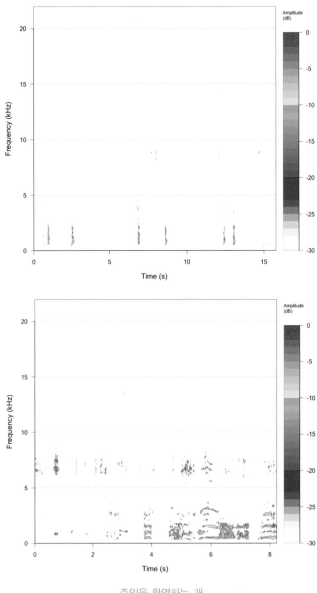

주인을 환영하는 개

주인을 반기는 개의 소리는 KHz가 한 단계 높은 것과 낮은 게 섞여있다.
이번에는 개소리와 다른 동물소리를 비교해봐서 어떤 특성이 있는지 보겠다.

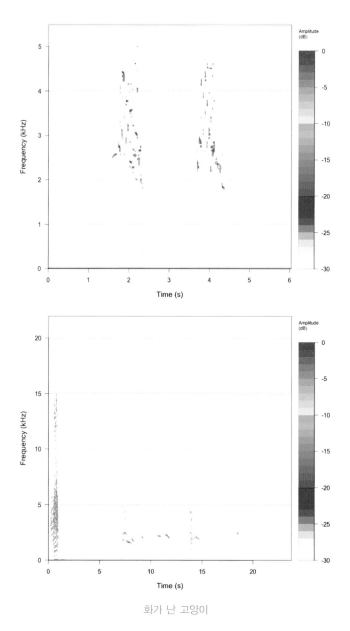

화가 난 고양이

화가 난 고양이의 소리는 날카롭게 서있으면서 개소리와 확연히 차이가 있다. 이런 것을 보면 어느 정도 시각적으로 구분이 되므로 모델링을 통해 접근이 가능함을 알 수 있다.

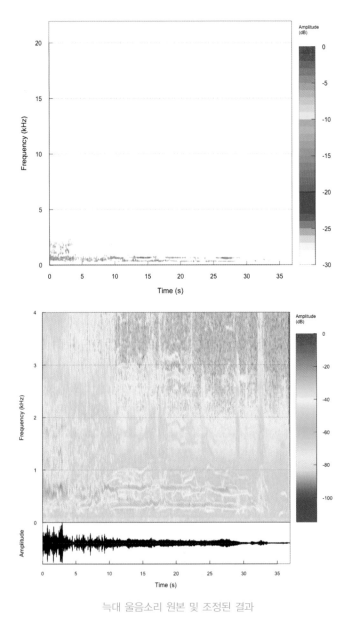

늑대 울음소리 원본 및 조정된 결과

늑대 울음을 원본그대로 조정 없이 본 경우와 진동수, dB구간의 조정을 한 경우로 보다 확실한 모양을 볼 수 있다.

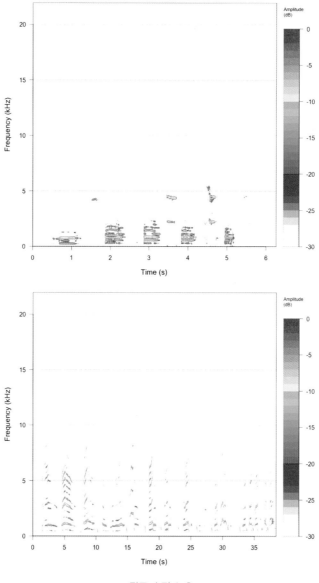

퀴즈 소리 1, 2

그렇다면 위 그림들의 소리는 무엇일까? 개, 고양이? 아니면 다른 것? 여러분의 판단은 무엇인가? 책 어딘가 정답을 숨겨 놨다. 이것을 통해 여러분은 시각적으로 구별이 가능한지 여부를 확인할 수 있다.

이러한 spectrogram을 얻기 위해서는 wave파일을 읽은 다음 seewave 패키지의 spectro()를 이용하면 된다.

```
install.packages("seewave")
library(seewave)

data(tico)
spectro(tico,f=22050,osc=TRUE,scale=TRUE)
```

위 내용을 실행하면 아래와 같은 결과를 얻게 된다.

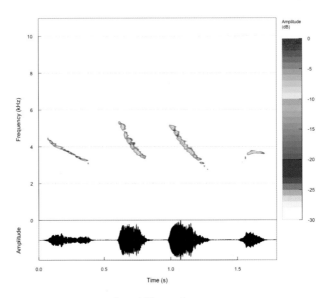

tico 소리 spectrogram

모델링 접근방식 요약

1 사운드 데이터를 다수의 파일로 분리할 시간단위를 결정한다.

2 50ms 단위로 분리한다.

3 사운드를 수치형 데이터로 전환한다.

4 사운드 데이터에 대해 KHz 분포에 대해 변수화하여 빈도수를 산출한다.

5 각 사운드에 학습 타깃이 되는 속성을 부여한다.

6 다양한 classification 기법을 적용하여 학습 및 검증을 한다.

7 신규 데이터를 획득하여 Test를 실시한다.

8 모델의 적용가능성에 대해 평가한다.

6장

다양한 상황 사운드 분석

다양한 상황 사운드 분석

물 소리

같은 물 소리라도 상황에 따라 구별할 수 있는데 이를 응용하면 주변에 어떤 것이 있는지, 무엇을 하고 있는가를 파악할 수 있다.

예 물 나오는 중인 수도를 멀리서 들은 소리, 비오는 소리, 샤워기 소리, 개울 가 소리 등

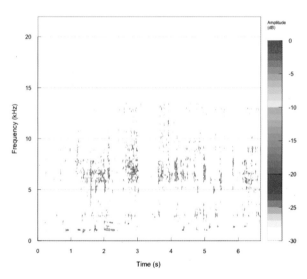

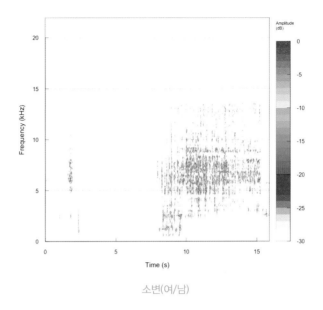

소변(여/남)

Part 6-2

상황 소리

상황에 대한 소리로는 교통이나 길거리에서 흔히 들을 수 있는 소리들을 시도 해볼 수 있으나 실제 데이터는 수집과 처리가 용이하지 않아 시도하지 않았다.

예 자동차 교통사고, 오토바이 교통사고, 사람들 싸우는 소리, 사람들 노는 소 리 등

Part 6-3

장소 소리

장소 소리는 특이한 경우들로 구성해서 시도해 보았다. 영화 속의 장면에서처 럼 공항이나 터미널, 학교 등의 장소를 구분하고자 하였다.

(1) 공 항

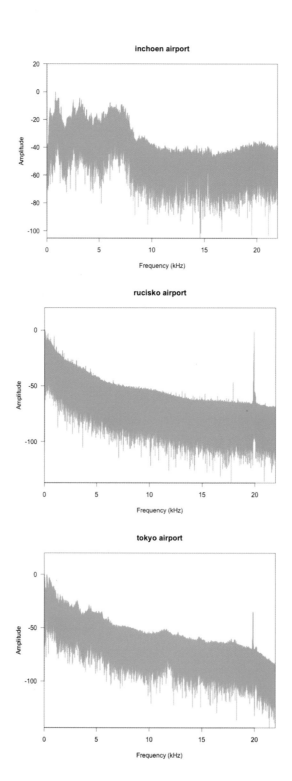

공항의 특징을 보면 낮은 진동수에서, 0~40 수준이었던 진폭이 대각선으로 하락한다. 그리고 우연인지 모르지만 20kHz 진폭이 갑자기 피크로 솟구치는 영역이 있는데 특정소리인 것으로 판단된다. 참고로 인천공항의 소리를 수집하는 데는 연예인 관련 영상들이 많아서 노래가 배경에 있는 것들을 제외하니 찾기가 어려웠다.

(2) 시 장

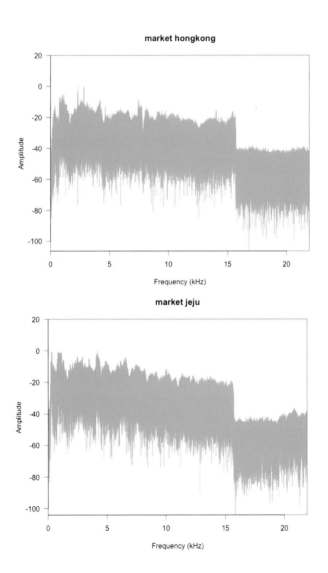

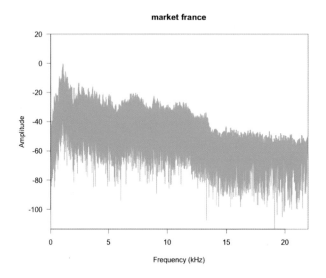

market france

홍콩시장은 수산시장으로 매우 시끄러운 소리가 나타나고 있다. 주파수도 전체적으로 진폭이 일정수준으로 퍼져있으며 15kHz에서 갑자기 떨어진다. 제주시장은 홍콩처럼 번잡스럽지는 않지만 비슷한 패턴을 보인다. 프랑스의 조용한 실내 수산시장 분위기는 패턴이 구분이 될 것이라고 생각했는데 약간의 차이만 보이고 전체적으로 유사했다.

(3) 학 교

학교에서 발생하는 소리는 수업시간[1], 쉬는 시간[2], 장난으로 싸우는 소리[3], 영화 속 싸움장면[4]을 싸움이 나기 전과 싸우는 중으로 나누어 사용했다. 다만 학교와 관련된 영상은 대개 학교폭력 예방을 목적으로 가공·제작된 동영상이며, 실제 상황의 녹음본은 구하기 어려웠던 점이 있다.

1) http://www.youtube.com/watch?v=XdcRYUvHPp4
2) http://www.youtube.com/watch?v=y9LYRH-OqAA
3) http://www.youtube.com/watch?v=qAzZuKiwTZc
4) http://www.youtube.com/watch?v=De4blBXYluQ

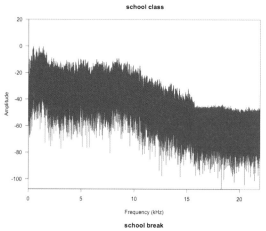

school class

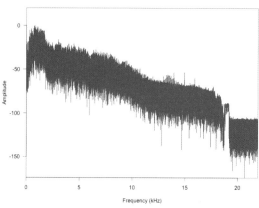

school break

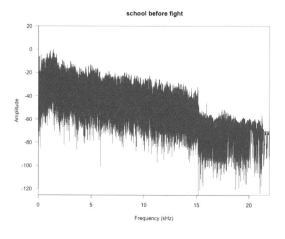

school before fight

진동폭, 진폭을 기준으로 본 수업시간과 휴식시간 그리고 싸움이 발생하기 전의 소란스러운 상태가 분포의 모양이 상이함을 알 수 있다. 따라서 이러한 다양한 사운드들에 대한 데이터가 누적되어 데이터로 활용되면, 학교에서의 사운드가 정상적인 휴식상황에서의 소리인지 싸움이 발생되기 직전의 소란스러운 상황인지 데이터로도 식별이 가능하다.

그 밖에 유튜브에서 소형 철거에서 발생하는 소리[1]와 건설폐재[2]에서 발생하는 소리로 건설현장 음향 분석에 응용할 수 있다.

Part 6-4

자동차 브랜드별 소리

자동차 브랜드별 소리는 유튜브를 통해서 수집하였고 일부 개인적으로 제공받은 데이터를 활용하였다. 그러나 상세 모델별로의 차이는 고려하지 않고, 특정 모델을 이용해서 비교하였다. 대표적인 자동차로는 국내 판매가 가장 많은 소나타, 수입차 브랜드 중에서는 벤츠, BMW를 선정하였다. 소나타는 총 2분가량의 운전 중의 소리를 2개, BMW는 520i의 총 2분 넘는 소리를 3개, 벤츠는 E350에 대해 총 2분 소리를 두 개 녹음하였다. 녹음은 주로 초기 가속하는 엔진소리와 일상 주행 시 실내 소리가 있으며, 부분적으로 대화가 일부 있다. 녹음 상황이 동일하지는 않지만 초기 가속을 시작해서 안정적으로 가속되는 부분이 포함되어 있다.

```
library(seewave)
setwd("~/Dropbox/0. sound car")

# read car brands
sn1<-readWave("sonata/sonata lf test drive.wav")
sn2<-readWave("sonata/sonata normal accellaration.wav")
bz1<-readWave("benz/benz e350 outside.wav")
bz2<-readWave("benz/e350 0 to 257km.wav")
```

---

1) http://www.youtube.com/watch?v=fARRC15q0Yc
2) http://www.youtube.com/watch?v=Rur3EZe6x-U

```
bm1<-readWave("bmw/bmw 520i 01.wav")
bm2<-readWave("bmw/bmw 520i 02.wav")
bm3<-readWave("bmw/bmw 520i test drive.wav")
save(sn1,sn2,bz1,bz2,bm1,bm2,bm3,file="car.rdata")

# car brands spec
sn1spec<- spec(sn1,f=22050,dB="max0",col="green",main='sonata 1')
sn2spec<- spec(sn2,f=22050,dB="max0",col="green",main='sonata 2')
bz1spec<- spec(bz1,f=22050,dB="max0",col="grey",main='benz e350 1')
bz2spec<- spec(bz1,f=22050,dB="max0",col="grey",main='benz e350 2')
bm1spec<- spec(bm1,f=22050,dB="max0",col="blue",main='bmw 520i 1')
bm2spec<- spec(bm2,f=22050,dB="max0",col="blue",main='bmw 520i 2')
bm3spec<- spec(bm3,f=22050,dB="max0",col="blue",main='bmw 520i 3')
```

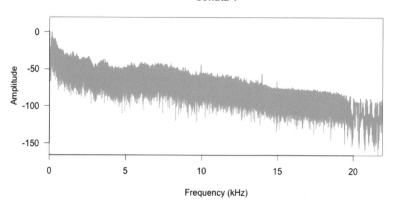

sonata 2

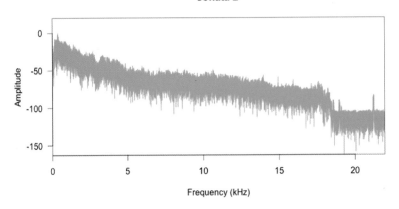

benz e350 1

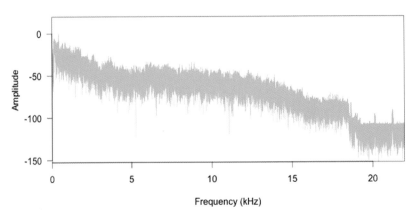

benz e350 2

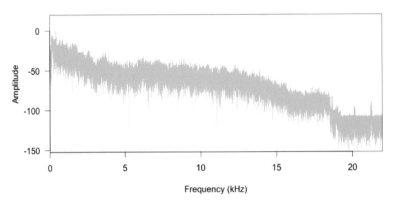

bmw 520i 1

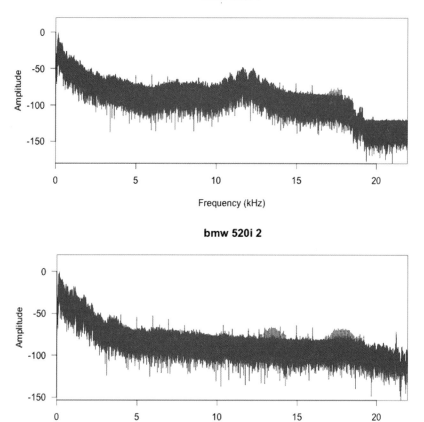

bmw 520i 2

소나타는 직전으로 하락하는 모양, 벤츠는 2개 층으로 급락하는 모양, BMW 는 급하게 하락하다가 자잘한 파형이 있는 모양이다.

위 내용을 itakura.dist()를 이용해서 동일 차종 및 타사 모델에 대해 비교한 결과 거리 해석이 예상했던 수준이 나오지 않았다. 아마 시동 거는 소리와 운행 중 소리, 대화내용, 녹음된 돌발 상황 및 표본 사운드의 길이가 상이해서 발생한 문제라고 생각되나, 이 부분은 추후 별도로 데이터를 분리해서 처리해야 될 것 이다. 이 점이 개소리 등 다른 사운드들과 상황이 틀린 것으로 판단된다.

이러한 소리들은 정상적인 상태일 때 소리들이며, 만약 비정상 상태의 경우의 소리를 입수해서 원인별로 구분할 수 있으면, 자동차 고장에 대한 원인규명에

도움이 될 수 있을 것이다. 더 나아가 공장에서의 설비고장, 가전제품에 대한 고장 전에 예측할 수 있는 정보를 제공하는 분야 등으로 응용을 해서 IoT기반의 Smart ICT 구현에도 도움이 될 것이다.

5장에서 냈던 사운드 퀴즈의 정답은 당나귀와 아기의 울음소리이다. 완전히 패턴이 다름을 알 수 있다. 마치 지문과 같은 것으로 생각하면 될 것 같다.

검찰청 페이지(http://www.spo.go.kr/spo/major/forensics/act/forensics07.jsp)를 보면 음성분석에 대해 간단히 나와 있다. 이런 방식을 우리는 범인 검거뿐만 아니라 실생활 여러 분야에 응용할 수 있다.

7장

음성 거짓말 식별

음성 거짓말 식별

「빅데이터 활용서 I」에서 텍스트 거짓말 식별을 했었다. 이에 연결되는 후속 연구로 "음성 거짓말 식별"을 시도해본 내용을 제시하고자 한다. 여기서는 거짓과 진실 음성을 수집하고 연령대 및 성별 관련 조건을 추가하여 연구를 했으나 최종적으로는 사운드 데이터만 사용했다. 그리고 최종 검증을 위해 진위여부를 알지 못하는 11개의 음성에 정답을 따로 준비하여 실험자와 동시에 공개하여 검증하는 방식으로 실시했다. 결론적으로 약 80%의 정확도를 보였다.

Part 7-1
데이터 수집

음성 거짓말 데이터 수집은 텍스트보다 더 많은 제약이 있었다. 우선 어디에서도 자동으로 수집할 수 없었기 때문에 수강생들과 지인들에게 부탁을 하여 수집을 하였다. 내용은 일상적인 내용위주로, 단문 형식의 내용부터 다양한 단문들을 몇 분 동안 녹음한 내용도 있었다. 대부분의 녹음은 스마트폰으로 이루어졌으며, 저자는 Mac Book Pro의 Quicktime을 사용했다. 녹음을 하기 위해 특별한 가이드를 하지는 않았고, 다양한 시간대에 다양한 사람들이 녹음한 데이터를 수집하였다. 불행히도 개인의 내용과 목소리가 들어가 있고, 개별 동의를 받지 않은 상태라 데이터를 공개하기는 어렵고, 가능하면 저자와 제자들의 내용이라도 동의하에 일부 공개하는 것이므로 분량이 매우 적을 수 있다.

EDA

다수의 진실과 거짓을 연속적으로 녹음한 경우인 Jo의 경우는 소리가 매우 작은 상태로 듣기가 어려운 상태였다. 데이터를 보면 거짓의 경우 낮은 dB의 면적이 더 많음을 알 수 있다.

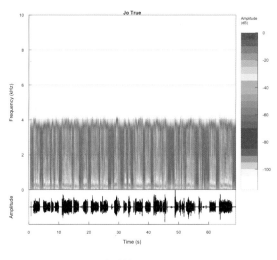

Jo의 진실 spectrogram

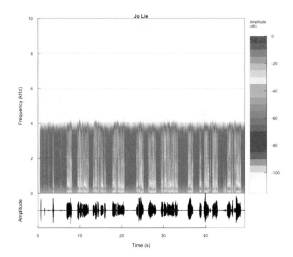

Jo의 거짓 spectrogram

다른 사람들의 형태를 보기 위해 Tim의 경우를 보겠다.

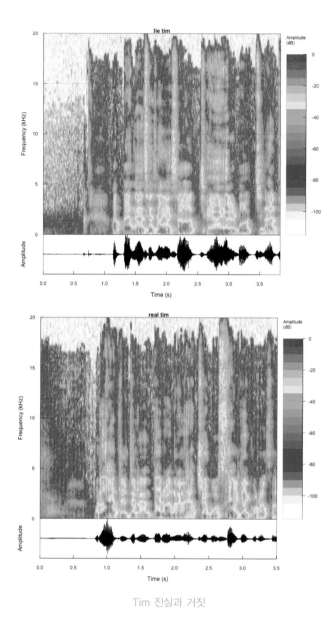

Tim 진실과 거짓

　　Tim은 거짓인 경우 편차가 크다. 이제 성향이 좀 다른 Kim의 경우는 아래와
같다.

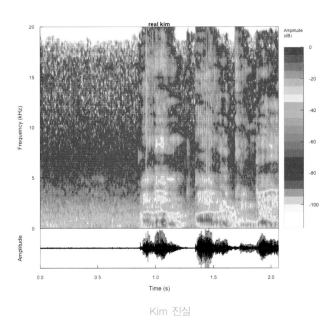

Kim 진실

Kim은 진실인 경우 편차가 큼을 알 수 있다.

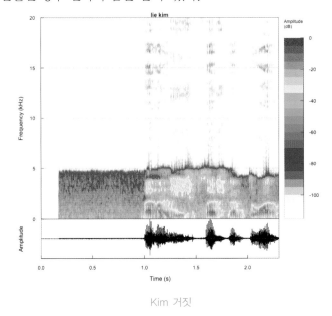

Kim 거짓

Kim의 경우는 거짓에 편차가 적어서, 결론적으로 Tim과 다른 성향임이 확실히 드러난다.

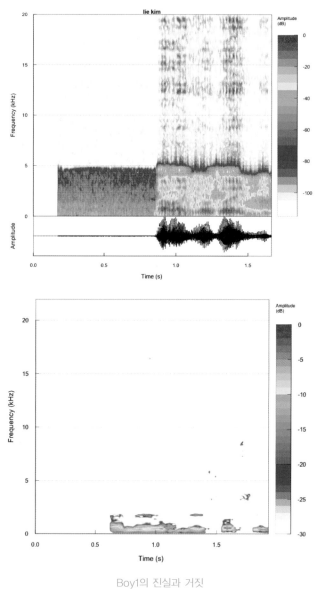

Boy1의 진실과 거짓

Boy1은 진실에 편차가 작고 거짓에 편차가 큰 타입이다.

다음 그림은 방금 설명한 Boy1이 말한 내용이다. 이 말은 진실일까? 거짓일까?

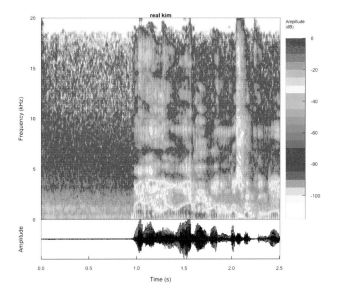

Boy1에 대한 퀴즈

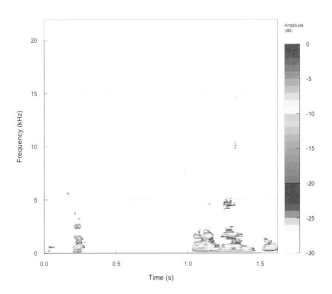

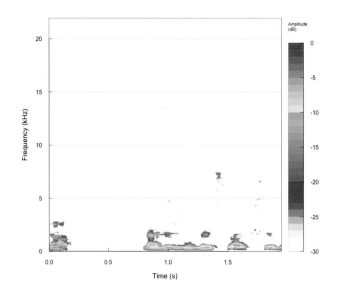

앞에서 한 퀴즈의 정답이다. Boy1은 거짓, 진실 순서로 표시되어 있다.

결 론

지금까지 파악된 바로는 사람에 따라 진실과 거짓에 있어서 편차가 거짓인 경우 높은 경우와 진실인 경우 높은 사람이 있다는 것까지 확인이 되었다. 나이가 많고 경험이 풍부한 사람일수록 거짓인 경우 편차가 적다는 결론이다. 하지만 샘플이 작아 아직 일반화에는 이르다. 그러므로 일반적인 모형보다는 해당 사람의 진실과 거짓에 대한 데이터로 어떤 유형인지를 파악해서 거짓과 진실인지를 편차가 기우는 방향으로 결정하는 것이 적합하다.

8장

동일인 목소리 식별

동일인 목소리 식별

콜센터에 전화가 온 경우 주민번호나 주소 등의 기본적인 신원확인 절차도 있지만 본인인지 여부가 추가적으로 확인되어야 될 필요가 있을 수 있다. 또는 목소리를 듣고 고객의 현 상태를 식별해서 처리절차를 세분화 할 수도 있을 수 있다. 예를 들어 화가 나 있는 고객, 당황한 고객, 일반적인 상태의 고객 등 다양한 상황에 대응을 잘하는 직원 또는 담당직원을 할당할 수 있다. 특히 위급상태에 대한 대응 시에는 더욱 필요할 것이다.

데이터는 거짓말 식별용 사운드 파일을 이용해서 동일인 여부를 식별하고자 한다. 우선 가장 쉬운 방법으로 저자의 목소리를 데이터화해서 탐색을 해보았다.

```
library(tuneR)
library(seewave)
setwd("~/Dropbox/0. sound lie detection")
eric1 <- spec(e1,f=22050,dB="max0",col="blue",main='eric 1')
spec(e2,f=22050,dB="max0",col="blue",main='eric 2')
```

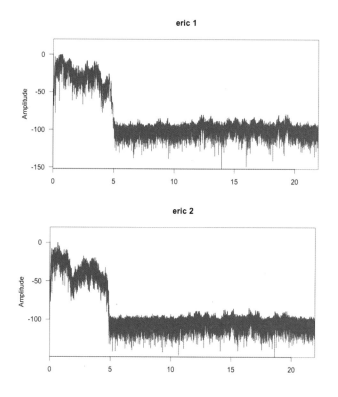

진동수와 진폭을 이용한 그래프로, 두 가지 음성내용이 유사함을 알 수 있다. 추가적인 음성을 실행해도 비슷하다. 그래서 다른 사람인 Tim의 음성을 시도해 보았다. 확연히 틀림을 알 수 있다.

```
spec(t1,f=22050,dB="max0",col="blue",main='tim 1')
```

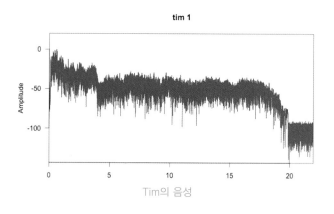

Tim의 음성

이렇게 사람마다 특성이 다른 점에 착안을 해서 또 다른 사람들의 음성으로 시도해 보았다. Tim의 첫째 아들은 얼핏 보면 Tim과 유사해 보이지만 패턴이 다르다.

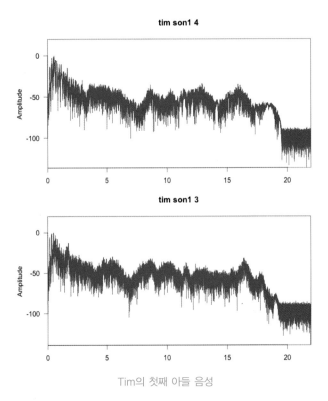

Tim의 첫째 아들 음성

Tim의 두 번째 아들은 다음과 같다. Tim 가족들은 비슷해 보이는데, 이는 우연에 불과한지 연관성이 있는지까지는 현재로써 판단이 어려우나 유사한 패턴이면서도 각각 다름을 알 수 있다.

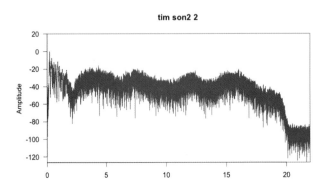

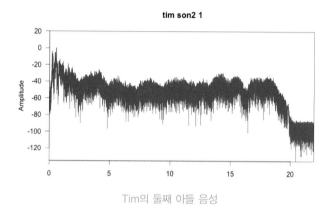

tim son2 1

Tim의 둘째 아들 음성

이번에는 전혀 다른 사람의 경우로 BKS의 경우이다. 패턴이 완전히 다르다. 작은 샘플이지만 사람들의 목소리는 이렇게 지문과 같이 서로 다른 패턴을 보인다는 것에서 어느 정도 인사이트를 가질 수 있다고 판단된다.

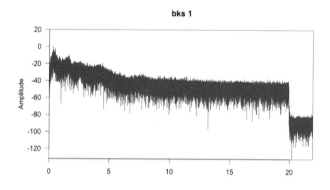

bks 1

이러한 목소리를 두 명 정도를 겹쳐서 비교해 보면 어떨까? 우선 저자 Eric과 Tim의 소리를 비교하고 Tim과 BKS를 비교하는 그래프를 만들어 보았다. Eric과 Tim은 당연히 위에서와 같이 큰 차이를 보였다. 그리고 Tim과 BKS를 살펴보자. 형태는 유사하지만 차이는 있을 것이다.

```
all<-cbind(eric1[1:31000,2],tim1[1:31000,2])
matplot(x=eric1[1:31000,1],y=all,yaxt="n",xlab="Frequency (kHz)",ylab=
"Amplitude",xaxs="i",type="l")
legend(8,0.8,c("eric","tim"),bty="o",lty=c(1:4),col=c(1:4))
```

```
all<-cbind(bks[1:31000,2],tim1[1:31000,2])
matplot(x=bks[1:31000,1],y=all,yaxt="n",xlab="Frequency (kHz)",ylab=
"Amplitude",xaxs="i",type="l")
legend(8,0.8,c("bks","tim"),bty="o",lty=c(1:4),col=c(1:4))
```

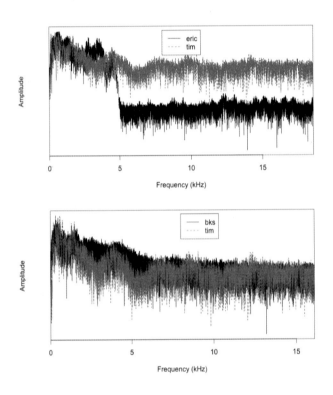

이러한 경우 과연 Tim과 BKS가 차이가 있다고 할 수 있을까? 이를 위해 수
치적으로 차이가 얼마인지 산출할 수 있는 방법을 이용해서 Eric의 여러 소리와
Eric과 Tim, Tim과 BKS 간의 거리를 구해보도록 하겠다. 이는 itakura.dist()
로 두 개의 분포(frequency spectra)를 비교한 값을 이용해서 산출한다.

```
itakura.dist(ericspec1,ericspec2)
$D1
[1] 8260.942
```

```
$D2
[1] 553.5553
$D
[1] 4407.249


itakura.dist(ericspec,timspec)
$D1
[1] 57764.88
$D2
[1] 1654809
$D
[1] 856286.8


ed <- spec(e1,from=0,to=1)
bd <- spec(bks1,from=0,to=1)
td <- spec(t1,from=0, to=1)


itakura.dist(ed,bd)
$D1
[1] 59356.61
$D2
[1] 1818945
$D
[1] 939150.6


itakura.dist(td,bd)
$D1
[1] 41328.99
$D2
[1] 62179.01
$D
[1] 51754
```

위 내용을 보면 ericspec1과 ericspec2는 동일인의 소리로 D값이 4407.249 수준이다. 이에 비해 Eric과 Tim을 비교한 ericspec과 timspec은 856286.8로 크기가 100배 크다. 그리고 스펙트라(spectra)의 길이를 동일하게 한 다음 비교하면 Eric과 BKS는 939150.6으로 Eric과 Tim의 차이만큼 크고, Tim과 BKS의 차이도 51754로 Eric과 Tim의 차이의 10배 수준이다. 이를 바탕으로 사람들 간 소리의 차이를 계산할 수 있다고 판단된다.

9장

범죄자 얼굴식별

범죄자 얼굴식별

2015년 세계 인구는 약 72억 명이라고 한다. 이렇게 수많은 인구의 표본 중에서 테러리스트의 입·출국, 범죄자 검거, 적합한 인증된 사람의 출입 여부 등 여러 이유로 특정 사람들의 얼굴이미지를 관리하고 식별해야 되는 상황이 발생할 수 있다. 가령 이 중 범죄자가 5%라고 가정하자, 백인, 흑인, 황인종으로 구분해 각각 20억 명에서 식별할 수 있는 방법을 찾으면 된다. 따라서 얼굴식별에 대한 모델링을 통해 어떤 변수가 유의미하게 영향을 주는지를 파악해서, 이를 기준으로 자료를 검색하면 매우 간단해질 것이다. 만약 이런 방법이 없다면 사진을 하나하나 대조하거나 비교해야 할 것이다. 이는 다양한 목적으로 활용하는 경우 매우 비효율적인 접근이다.

그러나 이것을 다중분류(multiclass classification)로 해결하려하면 타깃(target)에 대한 종류가 너무 많아 범위성이 보장된다 해도 해결해야 할 수많은 어려움이 존재할 것이다. 하지만 효율적인 해결방법은 생각하기에 따라 다양하게 있을 수 있다. 예를 들면 아래와 같은 절차가 있을 수 있다.

1 인종구분 : 백인, 흑인, 황인종
2 얼굴유형 클러스터링 : 100개 클러스터
3 얼굴유형별 분류 : 32개 얼굴유형 식별모델 / 클러스터

이런 식이면 20억 명의 해당 인종을 각각 100개의 클러스터로 만들어 식별한다면 처리하는데 무리가 없다. 따라서 우선 모델링을 통해 어떤 변수가 효율적인 필터링 조건이 될 수 있는지를 파악하는데 목적을 갖고 모델링을 해보도록 하겠다. 주의할 점은 가능성을 테스트 해본다는 것이 중요하지 이 방법자체로 모든 문제를 해결하려 하는 것은 별개의 문제이다.

데이터 수집 및 변수생성

근본적인 발상은 얼굴 이미지 좌표를 이용해서 상대적인 위치에 대한 정보를 데이터화한다면 특정 사진의 얼굴과 비슷한 사람을 식별하거나 동일 인물인지에 대해 식별할 수 있을 것이라는 데서 출발했다. 흔히 영화에서 보면 눈, 코, 입, 얼굴윤곽에 표시가 되어 있고 이를 비교·검색하다가 일치하는지 여부를 확률값으로 보여주는 장면을 볼 수 있는데, 이번 접근은 과연 그런 것이 현실에서 가능한지를 확인해보는데 있으며 입수한 이미지에 대한 좌표를 자동 처리하는 것은 다루지 않겠다.

페이스북을 이용해서 50명 정도의 얼굴윤곽에 대한 이미지 데이터를 수집했다. 1명당 2장의 사진을 입수해서 200×250으로 변환했고, 변환된 상태에서 얼굴에서의 주요 위치에 대한 정보를 좌표로 입수했다. 좌표는 수작업으로 수집했고, 표본은 성별, 연령을 다양하게 포함했다.

①은 머리의 끝으로, 머리카락의 끝이 아니다. ②는 귀 끝으로 얼굴과 겹치는 코너, ④는 턱 위, ⑤는 턱, ⑩은 눈동자 가운데, ⑫는 코끝, ⑬은 입술아래 포인트의 좌표를 X1, Y1~X13, Y13으로 구성하여 기초 데이터를 만들었다. 또한 추가적으로 각 위치 간 상대적인 위치를 몇 가지 개략적인 변수로 구성하여 활용하였다.

검증은 2명의 별도 이미지를 이용했는데, 하나는 학습에 사용된 사람에 해당되는 사진과 전혀 상관없는 사진을 이용하였다. 왼쪽 사진은 학습용 DB에 포함된 것으로 정확한 얼굴은 모르는 테러리스트로 가정했다. 검증용으로는 오른쪽 사진으로 공항에서 포착된 사진으로 가정했다. 학습용 사진에 턱 선이 명확하지 않은 점이 걱정이 되었으나 모델링을 한 후에 예측해보니 정확하게 분류하였다.

Part 9-2
모델링 및 검증

```
library("EBImage")
library(gdata)
setwd("~/Dropbox/2. Consulting/2A00. EDU/2A60. 빅데이터 활용서 2")

mydata <- read.xls("facedata3.xlsx")
colnames(mydata)
str(mydata)
mydata$name <- factor(mydata$name)
```

```
mydata$class <- factor(mydata$class)
mydata$x5_x1 <- mydata$x5/mydata$x1
mydata$x13_x1 <- mydata$x13/mydata$x1
mydata$x10_x1 <- mydata$x10/mydata$x1
mydata$x11_x10 <- mydata$x11/mydata$x10
mydata$x12_x1 <- mydata$x12/mydata$x1
mydata$y5_y1 <- mydata$y5/mydata$y1
mydata$y13_y1 <- mydata$y13/mydata$y1
mydata$y10_y1 <- mydata$y10/mydata$y1
mydata$y11_y10 <- mydata$y11/mydata$y10
mydata$y12_y1 <- mydata$y12/mydata$y1

summary(mydata)
deploy <- read.xls("face_deploy.xlsx")
deploy$x5_x1 <- deploy$x5/deploy$x1
deploy$x13_x1 <- deploy$x13/deploy$x1
deploy$x10_x1 <- deploy$x10/deploy$x1
deploy$x11_x10 <- deploy$x11/deploy$x10
deploy$x12_x1 <- deploy$x12/deploy$x1
deploy$y5_y1 <- deploy$y5/deploy$y1
deploy$y13_y1 <- deploy$y13/deploy$y1
deploy$y10_y1 <- deploy$y10/deploy$y1
deploy$y11_y10 <- deploy$y11/deploy$y10
deploy$y12_y1 <- deploy$y12/deploy$y1

ind <- sample(2,nrow(mydata),replace=TRUE,prob=c(0.7,0.3))
tr <- mydata[ind==1,]
ts <- mydata[ind==2,]

library(rpart)
mymodel.rpart <- rpart(class~.,data=tr[,-1],parms=list(prior=c(0.3,0.7)),cp
=0.001)
plot(mymodel.rpart)
table(predict(mymodel.rpart,type="class",newdata=ts),ts$class)
predict(mymodel.rpart,type="class",newdata=deploy)
```

변수 중요도를 보면 턱과 눈 위치 관련된 변수가 중요함을 알 수 있으며, 상대적 위치에 대한 변수들인 "X_", "Y_"변수들이 다양하게 중요한 변수들에 포함되었다.

여기서 deploy용 데이터로 사용한 것은 xyxon의 선글라스와 모자를 쓴 사진과 전혀 다른 사람임에도 불구하고 제대로 식별을 했다. multiclass를 보다 용이하게 사용하려면 party 패키지를 사용하는 방법도 좋다.

```
> predict(mymodel.rpart,type="class",newdata=deploy)
1 2
1 0
Levels: 0 1
```

10장

이미지 분석 응용

이미지 분석 응용

휴대전화, 태블릿 PC 및 다양한 전자제품이 우리생활에 확산되는 시점에서 제조업체에서의 PCB(Printed Circuit Board) 불량은 매우 중요한 이슈가 되고 있다. PCB 불량의 다양한 특징과 이를 이용한 이미지 분석은, 불량요인과 불량 위치를 동시에 식별할 수 있다. 특히, 자동화가 덜 도입되어 있는 중소기업에는 100% 시각적 판별로 작업하는 내용을 개선할 수 있어서 외관과 기능적인 불량 개선에 큰 도움이 되며, 공정상의 흐름이 지연되지 않고도 품질관리를 하도록 해 중소기업의 생존 자체에 큰 도움을 줄 수 있다.

중소기업은 생산량이 곧 수익이 되지만 품질검사로 시간이 지체되면 곧장 타격으로 돌아온다. 불량을 놓치는 경우 비용을 발생시키고, 때로는 높은 불량점검 기준이 과도한 불량률을 유도하거나 품질개선에 그다지 기여하지 못하는 경우도 많다. 단순한 기판의 경우는 사람이 90% 정도 불량을 검출할 수 있지만 일반화한 다층기판(예 6 layered)의 경우 50% 수준으로 하락하는 반면, 모델링을 이용한 방식은 최소 3~4배 속도 증가 및 정확도 90% 수준을 유지할 수 있다. 이렇게 자동화 검출을 통해 신속하게 처리하고 근본원인을 파악하여 대응할 수 있다면 많은 도움이 될 것이다. 물론 이런 측면은 대기업의 경우에도 마찬가지로 완벽하고 체계적인 관리 및 분석을 위해 도움이 될 것이다.

■ ■ ■ ■ ■ ■

이미지 데이터 수집 및 분석을 데이터 마이닝을 통해 수행하면, 정확한 위치와 행태에 대한 관리가 보다 용이하게 이루어질 수 있다. 특히 접촉식 방식은 많은 시간이 소요되고 미관에 대한 부분은 확인이 불가능한 면이 있는데 반해, 이미지 데이터를 이용한 방식은 자동화가 가능해서 위치에 대한 정보를 수작업으로 입력할 필요가 없고, 데이터들이 하나의 정보로 취급될 수 있어서 결함 패턴에 대해 세분화나 분류를 적용한다면 효율성 개선에 도움이 된다.

클러스터링을 통해 불량 이미지 유형을 묶는다면 복잡한 경우를 최소 1/3 수준으로 단순화시킬 수 있을 것이다. 그리고 각각의 유형에 대해 분류 모델링을 활용한다면 검출률도 증가하고 정밀성도 향상되게 될 것이다. 그리고 이러한 방법에 추가적으로 이미지에 대한 노이즈 감소나, 대비(contrast) 향상, RGB 값을 이용한 검출, edge count 자동화 등은 정확도를 더 개선할 수 있어서, 기존에 잘 찾지 못하던 내용들도 찾을 수 있는 효과도 얻을 수 있다. 예를 들어 edge가 정상적인 PCB에서의 개수와 검사대상에서의 개수가 일치하지 않는다면 불량이라고 생각할 수 있다.

이미지를 이용한 불량식별의 근본적인 모델링 방법은 「빅데이터 활용서 I」의 위성사진을 이용한 자동차 식별이나, 오일 파이프라인 식별 예제와 같이 찾고자 하는 내용과 제외하고자 하는 내용들에 대한 패턴을 학습시켜 유사성에 근거해 제외하고자 하는 내용을 제외하고 찾고자 하는 특정 이미지 위치를 식별할 수 있다.

또한, 이러한 접근은 X-ray를 이용해서 뼈 골절에 대한 부위를 자동으로 식별하는 모델개발에도 응용이 가능해 다양한 산업에 활용이 가능하다. 특히 영상학적으로 X-Ray로 골절을 파악하는 데는 어려움이 있다는 점에서 비용이나 시간적으로 효율적이고 효과적인 방법이라고 판단된다. 특히 한의사들은 영상학에 익숙하지 않기 때문에 매우 유용할 것이다. 뼈의 골절형태는 크게 3가지 형태로 나타나는 것으로 조사되었고 이런 사항들은 edge detection 등으로 비교적 단순하여 X-ray를 이용한 식별이 용이하다고 판단되었다. 이를 응용하면 MRI에서 디스크 추간판 탈출 등을 쉽게 자동판독이 가능하다고 생각된다.

또 다른 이슈로는 한 장의 사진에 들어 있는 여러 이미지 구성에 대해 텍스트로 표현하는 것과 관련하여 최근 기사에 났던 내용이다.[1] 아래 사진을 보면 건물, 자동차, 나무, 조깅하는 사람, 구글 로고표지가 보인다. 이러한 구성 외에 분석을 통해 자동으로 "구글 로고가 있는 곳의 건물에서 사람이 달리고 있다"정도로 표현을 해줄 수만 있다면 매우 유용하게 정보를 검색하고 응용할 수 있을 것이다. 이미 이러한 이미지를 이용한 검출은 「빅데이터 활용서 I」에서 보여준 이미지 처리 기능을 응용하면 사진 상황에 맞는 텍스트 정보를 표시하는 것까지는 가능하나, 문맥까지 보여주려면 보다 더 진보된 기능이 필요할 것이다.

더 재미있는 내용은 MIT Lab 관련 기사에서 나온 내용으로 사운드와 이미지 데이터 변환을 식별하는 내용이다.[2] 여기서는 이미지에서 사운드 정보를 추출하는 극단적인 사례로, 원격지의 방에서 대화하는 내용을, 방안에 있는 과자봉지의 이미지 변화를 카메라로 촬영하여 사운드로 다시 변환해서 들을 수 있다. 마치 스파이 영화에나 나올법한 이야기지만 응용을 한다면 다양한 분야에 실제로 적용할 수 있을 것이다.

---

1) http://www.businessinsider.com/google-machine-learning-auto-captioning-images-2014-11
2) http://newsoffice.mit.edu/2014/algorithm-recovers-speech-from-vibrations-0804

11장

빅데이터의 CRM분야 적용

빅데이터의
CRM분야 적용

　빅데이터와 관련된 CRM에 대해 많은 사례들이 언급되고 있다. 대부분 CRM을 추진하면서 진행되었던 사례들로, 이미 10년 전에 시도되었던 내용과 중복되는 면이 많아서 빅데이터와 CRM의 개념에 혼란을 주는 것 같다. 최근에 더 다양한 시도들이 이루어지고 있긴 하지만 명칭을 무엇이라 불렀건 따져보면 빅데이터의 활용이 맞다고 본다.

　최근 대량으로 고객정보가 유출되면서 카드사 텔레마케팅을 이용한 영업 금지 등 고객접촉에 대한 많은 문제들이 언급되고 있다. 유출된 고객정보들로 인해 고객들은 SMS나 텔레마케팅, 피싱 등에 시달리고 있으므로 기업은 고객접촉 방법에 대한 개선이 요구된다. 대표적으로 텔레마케팅의 경우 최적 Call Time 같은 지수가 필요해 보인다. 또한 고객성향에 따라 특정 집단(예 대량구매 고객 등)에 대한 리치마켓 접근도 필요한데 이러한 고가치 고객군들의 새로운 발굴이 경기가 좋지 않을 때는 더욱 유익하다. 땅콩회항 사태 등 기업 평판이 미디어를 강타하는 일들이 더욱 빈번해지고 있다. 1주일이 멀다하고 새로운 이슈가 터져서 기업들에 대한 신뢰는 곤두박질치고 있다. 이와 같은 일들이 벌어졌을 때 적합하고 발빠른 대응이 중요하다. 사회 반응에 적합한 대응책을 제시하지 못한 경우 기업은 더욱 곤혹스러운 입장에 처하게 되며, 대한항공 사태처럼 한 번의 사건으로 250억 원 이상의 손실을 보게 될 것이라고 한다.

최적 Call Time

콜센터에서는 대상인원수보다 몇 배 많은 통화를 시도해서 목표량을 달성한다. 3배수, 4배수 이런 용어가 나온 이유는 통화가 그만큼 성공하기가 힘들기 때문이다. 오래전에는 정보가 틀려서 통화가 안 되었고, 요즘은 고객의 사정상 통화가 어려워서 통화를 연기하거나 거부하는 경우가 많다. 특히, 무리한 통화 시도는 고객의 반감을 증대시켜서 추가적인 통화를 더욱 어렵게 하거나 거부하는 일까지 일어난다.

그러면 왜 이런 일이 발생되었는가? 무리하고 적합하지 않은 통화시도 및 통화성공률에 대한 KPI를 연계해서 성과급을 지급하다 보니 콜센터 요원들이나 용역사들은 전화를 많이 거는 것 자체를 목표로 한다. 비록 가능성이 낮더라도 총량을 확보하기 위해 한건이라도 성공시키려 한다. 이러한 현상은 고객의 스트레스로 돌아온다. 그리고 이로 인한 수익이 적어지면 콜센터 요원들이 팀단위로 이직하기 때문에 일정분량의 통화량을 발생시킬 리스트를 기업이 제공해야 하는 악순환이 지속된다.

따라서 기업과 서비스를 제공하는 업체 및 고객 모두가 만족할 만한 KPI를 통해 모든 것이 관리될 때 원-원이 가능하다. 기업은 적은 비용으로 효과가 크면 되고, 업체는 충분한 수익이 있으면 되고, 고객은 선호하는 내용을 접할 수 있으면 된다. 효율성을 높이고, 전체적인 양을 늘리면서 고객들의 만족도가 최대화 되도록 합리적 조정이 필요하다. 그러므로 맨 마지막 고객에서부터 기업에 이르기까지 전체적인 프로세스 측면에서 최적화를 시도해 보겠다.

1. 고객만족 극대화

(1) 원하는 정보

고객은 원하는 정보와 오퍼링을 받으면 관심을 갖는다. 그런데 관심 없는 사항을 기업측면에서 강제적으로 전달하려면 당연히 거부감이 생기고 추가적인 접촉도 꺼리게 된다.

(2) 적합한 채널

전화를 통한 접촉을 선호하는 사람이 있고 e-mail을 선호하는 집단, Direct Mail만을 선호하는 집단 등 본인이 익숙하거나 편하게 느끼는 채널로 접촉이 이루어지면 접촉성공률이 높아질 것이다. 이러한 성향은 개인별로 매우 상이하며, 기존 접촉결과 정보를 분석해보면 정보유형, 채널유형 어떠한 요인 때문에 고객이 만족하고 접촉이 성공했는지를 알 수 있다.

(3) 접촉 피로도

아무리 좋은 정보와 적합한 채널로 접촉이 들어와도 지나치면 피로도가 증가하게 된다. 특히 채널유형에 상관없이 특정기간 내의 많은 접촉시도는 피로도를 증가시키므로 전사적 측면에서 채널을 통합관리하여 고객의 접촉피로도 관리가 필요하고, 접촉원칙 수립이 필요하다. 예를 들어 '어떤 채널이든지 1개월 내에 4번 이상 접촉하지 않는다'든지 'SMS는 월 2회 이내 사용'이라든지 절대적 제약조건이 수립되어 최적할당이 되어야 한다. 이런 경우 Contact Optimization을 수행하게 된다.

2. 업체수익 유지

(1) 적합한 시간대 접촉

업체의 업무성과에 대한 평가가 전체 통화량과 통화성공, 매출전환율로 평가할 때 통화건수보다는 성공, 통화성공보다는 매출전환에 가중치를 주어서 보상한다면 불필요한 접촉시도는 감소될 것이다. 그리고 고객들의 과거 통화패턴에 대한 분석으로 최적시간대, 가망시간대를 스코어로 부여하여 할당한다면 접촉성공률이 높아지고 고객의 만족도 또한 높아질 것이다.

(2) 캠페인 민감도

아무리 적합한 고객에게 접촉을 한다고 해도 캠페인을 선호하지 않는다면 접촉을 하지 말아야 한다. 따라서 캠페인 민감도를 고려해서 접촉대상을 스크리닝 해야 한다.

기업의 수익증대 및 효율성 증대

(1) 지속적인 기회확보

기업이나 업체 모두 지속적인 다양한 기회를 통해 일정수준의 수익이 지속적으로 발생할 수 있도록 다양한 기회를 발굴해야 한다. 이를 위해서는 기업은 다양한 상품과 서비스를 개발해서 제시할 수 있도록 신규상품/서비스를 지속적으로 내놓고 성과가 낮은 항목은 줄여가는 방향으로 진행해야 한다. 이 단계에서 충분한 데이터 확보가 안 된다면, 과거의 관행적인 전화 돌리기 방식으로 악화될 수 있다.

빅데이터가 결정적으로 필요한 부분이 바로 지속적 기회확보방안이다. 시장정보(Market Intelligence)를 인터넷 및 다양한 소스에서 지속적으로 수집하고 탐색하여 기회를 발굴해야 한다. 이를 위해서는 데이터 수집 및 내부에서의 브레인스토밍이 결합되어 이루어져야 한다. 단순한 데이터 수집만으로는 인사이트를 줄 수는 없다. 결국 수집된 데이터를 이용해서 트리거(trigger)를 만들고 사람이 구체화된 방안을 기획해야 한다.

(2) 안정적인 반응 및 수익

기업은 업체에게 일정반응률 이상의 리스트를 전달해야 하고, 기업 스스로가 수익성이 유지되는 사업이 되도록 '(1)'에서 언급한 기회확보가 완급조절이 되어서 추진되어야 한다. 따라서 모든 우선적인 과제는 기업측면에서 지원이 충분해야 한다. 그러기 위해서는 신규고객의 지속적인 확보 또한 필요하다.

대량구매고객

우수고객은 꾸준히 일정금액 이상 구매하거나, 빈도는 낮지만 큰 금액을 구매하여 수익기여도가 높은 고객을 말한다. 그런데 비우수고객이라도 한 번에 천만 원 이상의 규모로 구매하는 경우가 있다. 이는 우수고객이 아닌 비우수 대량구매고객으로 따로 분류한다. 이들은 주로 기업에서 필요한 물품을 구매해서 개인으로 비용처리를 하거나, 중소기업으로 필요물품을 구매하는 곳일 수 있다. 한 사례로는 기업의 매점 같은 곳에서 필요한 물품을 납품이 아닌 소량구매를 하거나, 추석 같은 특정시즌에는 총무팀 직원이 명절선물 세트로 30만원짜리 선물세트를 20개 구매하곤 한다. 이들은 반복적인 구매성향이 있으며 대접받기를 원한다.

이런 성향의 고객은 클러스터링을 통해서도 확인할 수 있으며, 거래 정보에 대한 패턴의 변화가 큰 고객들의 이벤트를 탐색해서 처리가 가능하다. 이를 위해서는 제품구매에 대한 장기간에 걸친 거래정보를 이용해서 연관분석(association analysis)을 통해 이벤트 탐색을 수행하고 텍스트 마이닝을 통해 해당 물품에 대한 정보로 기회를 파악하고 이해할 수 있어야 된다. 그러면 대량구매고객에 대한 적합한 시점에 구매를 지속적으로 할 수 있도록 유도할 수 있다. 평균구매금액과 집단크기로 본다면 우수고객 집단 다음으로 별도 관리가 필요한 집단이다.

Surprise 지수

최근 대한항공의 땅콩 사태는 기업의 이미지와 브랜드 가치에 치명적인 피해를 주었다. 이것은 단순한 평판분석으로 평가되기보다는 단기적으로 치명타를 주는 내용이며, 고객들의 기억 속에 오랫동안 자리 잡게 된다. 따라서 황당한 이슈가 되는 일들이 해당 기업에 대해 얼마나 자주 발생되는지에 대한 지수관리가 평판분석과는 별도로 이루어져야 한다. 땅콩 부사장 이야기는 이슈거리가 되어 1개월 이상 지속됐지만, 결국 P사 라면상무처럼 잊혀갈 것이다. 따라서 평판은 장기간 영향을 미치는 것은 아니라고 볼 수 있다. 그러나 Surprise 지수는 평판 분석결과와 상관관계는 있지만 누적되면 중장기적으로 치명적인 영향을 주게 되어 최고경영층이나 도덕적인 문제, 재무적인 문제에 관련된 Surprise지수를 별도 정의해야 한다.

12장

군 빅데이터

군 빅데이터

군에서의 빅데이터 기술적용은 계속적으로 확대되고 있으며, 현대 전쟁이 정보기술에 의존하는 비중이 높아짐에 따라 데이터를 수집 및 활용할 수 있는 방안을 연구할 필요가 많아지고 있다. 군은 특수 집단으로, 제한된 인원이지만 규모가 크고 조직화 되어 있으며, 정보 식별이 용이하다고 할 수 있다. 물론 군에서도 개인정보나 프라이버시에 대해 이슈를 제기한다면 제한이 있겠지만, 데이터 수집 방식만 보다 개선된다면 병사 및 장비에 확대·적용할 수 있는 효과는 매우 크다고 할 수 있다.

군의 특징 및 빅데이터의 필요성

군은 많은 다양한 형태의 데이터가 발생하고 있으며, 이를 활용한 기회가 매우 많은 것으로 파악된다. 보안상 많은 내용이 알려져 있지는 않으나, 뉴스를 통해 나오는 내용들을 기준으로 판단해 보면 적용성이 높은 분야가 상당히 있다.

대표적으로 아래와 같은 분야가 있을 수 있다고 판단된다.

- 휴전선에서의 모니터링 자동화
- 관심병사 예측
- War Game을 위한 입력데이터 분석
- 첩보에 대한 사실여부 판단
- 보안관련 음성 데이터를 통한 신속한 거짓말 식별
- 훈련 데이터 활용
- 고장 예측 및 유지보수 개선

휴전선에서의 모니터링 자동화

뉴스에 나왔던 "노크 귀순"등과 같이 사람이 긴장상태를 유지한 채 휴전선에서의 감시활동을 지속한다는 것은, 비효율적이고 현실적이지 못하다. 따라서 이를 대체하기보다는 보완할 수 있는 방안이 필요한데, 자동화돼서 집중을 해야할 시점을 정확히 알려주는 것이 필요하다. 시각, 청각(진동포함), 냄새, 온도 등 다양한 센서가 있을 것으로 생각되며 이들 정보에서 위험상황을 식별해서 사전 경고를 해주는 시스템이다.

이 시스템은 평상시 지속적인 데이터를 수집하고 분석을 하여, 정상 상태와 이상 상태를 구분하고, 재학습을 통해 정교화해진다. 특히 미처 대응하지 못했던 사례의 경우와 연계하여 이상 상태를 보완한다면 더욱 효과적일 것이다. 이러한 정보는 중앙 서버에 다양한 지역에서의 정보가 누적되어 학습된다면 한 지역에서의 사례가 전 지역으로 확대·적용될 수 있기 때문에 매우 효율적이다. 그리고 확인된 이상 상태에 대한 데이터가 부족하다면 우리 군의 자체 훈련과정을 통해 스스로 데이터를 생성하여 활용할 수도 있다. 영상정보에 대한 식별은 「빅데이터 활용서 Ⅰ」에서 나온 "자동차 식별사례"와 같이 심야에 움직이는 물체가 동물인지 사람인지 확인이 가능할 것이다. 그리고 사운드 관련되어서는 본서에서 제시하는 사운드 식별을 통해 잡음과 동물 및 자연에서 발생되는 소리를 식별해서 영상정보가 커버하지 못하는 광범위한 정보를 제공할 수 있고 비용효율적일 것이다.

관심병사 예측

관심병사 혹은 영창에 가게 될 군인에 대한 예측은 활용성이 높다고 판단된다. 특히 군에서의 사고가 꽤 많은 점을 고려한다면 적용 시 효과에 대해 3개월에서 6개월이면 충분히 검증이 가능할 것이다.

군에 입대하기 전의 데이터와 군에 입대하는 과정상의 데이터, 훈련과정에서의 데이터 및 병영생활에서의 데이터는 풍부한 정보를 제공하게 된다. 군이 상세한 정보가 기록되지 않더라도 체크포인트들에서 0 또는 1로 구분한 정보만 입력되어 관리된다면 큰 도움이 될 것이다.

따라서 관심병사로 등록된 병사나, 영창에 간 병사, 사건을 발생시킨 병사들에 대해 최근 데이터부터 누적해간다면 모델의 개발은 3개월 내에 충분하게 가능하고, 그 효과에 대해 4개월차부터 검증을 할 수 있을 것이다.

War Game 입력데이터 생성

입는(Wearable) 장비들이 많이 개발되고 가격도 많이 저렴해지는 상황이다. 특히 IoT의 발전으로 군인뿐만 아니라 장비들에도 데이터 수집이 용이해지고 있다. 이런 IT기술의 발전을 군에 적용해서 군인에 대해서는 평상시 건강 및 성과(performance)에 대한 정보를 활용하고 장비에 대해서는 가동률과 기타 성과를 상시 수집해서 가상 전쟁 시뮬레이션(War Game Simulation)의 입력 데이터로 상시 활용할 수 있다면, 다양한 상황에서의 시뮬레이션을 통해 단점을 파악하고 전략을 개발하는데 도움이 될 것이다.

첩보 텍스트 정보에 대한 진실식별

전시에는 수많은 첩보가 들어올 것인데 이것이 진실인지 거짓인지 판단할 수 있다면 얼마나 좋을까? 실제로 정확한지를 떠나, 의도적 거짓인 경우는 사람의 표현방식에 패턴이 있기 때문에 식별이 가능할 것이다. 이는 「빅데이터 활용서 1」에서 제시되었던 내용이다. 좀 더 확대하면 군 내부에서의 다양한 보고에서의 거짓을 식별해서 관리하는데 적용될 수 있다.

보안관련 거짓말 식별

군에서 보안은 매우 중요한 사항이다. 그러나 사소한 일들로 또는 의도적으로 정보가 외부로 유출되게 된다. 거창한 거짓말 탐지기가 아닌 사운드를 통한 거짓분석을 정기적으로 실시해서 보안관련 위배를 했는지에 대한 질문들에 반응을 보인 사람들을 식별해서 주의를 기울인다면 매우 효과적인 방법일 것이다. 일반적인 진실에 관한 질문과 거짓에 대한 질문을 통해 기초 데이터를 획득하고, 보안에 관련된 민감한 질문들을 통해 반응하는 것을 보면 거짓식별이 개인적인 특성을 고려하여 자동으로 수행이 가능하다.

고장예측 및 유지보수 개선

군에서 장비 및 무기체계에 대한 정기적인 점검 및 교체를 통해 고장을 방지하는 것은 매우 중요하다. 일반 기업의 고장은 그 회사 및 관계사 수익 정도에 영향을 미치겠지만, 군 장비 및 무기체계는 드물게 발생하는 분쟁이나 전쟁의 상황일 경우 국가적인 차원에서 치명적인 문제와 신뢰에 대한 우려를 발생시킨다. 따라서 많은 비용과 노력을 하는 것이 필수적이기는 하나, 비용의 제약이 있으므로 효율성 측면에서 최적의 의사결정이 필요하다.

우리는 가끔 신문기사 등을 통해 장비 고장으로 제 역할을 수행하지 못해 여론의 뭇매를 맞거나 무기체계에서의 문제로 발생한 인명의 피해 및 적합하지 못한 대응의 사례를 더러 접한다. 이러한 일이 어쩌다 발생하면 모르겠으나 지나치게 잦은 빈도로 언론에 나올 수준이라면 문제가 심각하다. 그러므로 사고를 미연에 일을 방지하기 위해서는 일반 기업에서의 관리수준 이상으로 데이터를 축적하고, 데이터 마이닝을 이용한 고장예측 및 이에 따른 유지보수 활동 정교화가 필요하다. 예를 들어 교체주기가 된 장비에 대해 전체적인 대량교체보다는 부분적인 부품관리에 대한 고장예측과 관리주기를 적용하여 비용도 줄이면서 정교하게 관리할 수 있어야 한다. 이를 위해서는 데이터 수집이 우선 선행되어야 될 것이다. 그동안 서류로만 되어 있던 자료라면 데이터화해서 중앙에서 분석을 통해 어떤 부품을 어느 주기로 어떻게 관리해야 할지를 제시할 수 있어야 된다. 이를 위한 전담조직도 만들어서 데이터를 요청하고 수집해서 특정부대에 적용해서 그 효과를 검증하고 이를 전체적으로 확산하는 노력이 필요하다.

분명히 이러한 시도는 초기에 큰 성과를 가시적으로 보여주기 어려울 수 있다. 그러나 1년 정도 지속적인 노력을 하면 2년차 정도에는 실질적인 성과가 나타나리라 생각된다. 제일 중요한 일은 일단 시작해서 체계화되고 지속적인 활동을 하는 것이다. 문제가 심각하므로 그 효과 또한 매우 가시적일 것이다.

13장

건설안전 · 빌딩품질 빅데이터

건설안전 · 빌딩품질 빅데이터

Part 13-1

건설안전 빅데이터

건설현장에서의 안전은 사람과 작업자체에 대한 위험으로 다양한 형태의 사고가 발생할 수 있다. 이를 방지하기 위한 방법으로는 안전에 대한 지속적인 자동 데이터 획득을 통해 미리 경고를 통해 사고율을 감소시킬 수 있다. 사람이 수작업으로 수행하는 안전관리는 상시 수행이 아니고 안전관리 수준에도 편차가 클 수 있다.

1. 위험 정보수집 및 모니터링

위험에 대한 정보수집은 사운드를 이용한 방법, 상황별 동적인 영상 모니터링 방법을 이용할 수 있다. 사운드는 포괄적인 정보수집이 가능하고 해석이 영상보다 용이하다. 그리고 무엇보다도 가격이 CCTV에 비해 저렴할 수 있으므로 보다 광범위하게 사각지대에도 적용할 수 있다. 사람이 상시 대기하며 모니터링하지 않아도 사운드 데이터를 통해 정상상태에서 발생되는 사운드와 비정상 상태에서 발생되는 사운드, 잡담 등 사고를 유발할 수 있는 요소들의 증가추이 등을 수집한다. 현황 및 과거 정보를 통해 주의 단계의 위험수위를 넘는 경우 경고하도록 설정할 수 있고, 이후 Drone 등을 통해 해당 위치를 GPS로 설정하여 관찰을 자동으로 수행하게 해서 중앙 센터에서 시각적으로 확인할 수 있다. 이런 방식을 통해 위험관리의 요소를 지속적으로 집적하여 학습이 가능함은 물론 적은 인력으로도 여러 장소를 관리할 수 있다. Drone의 장점은 점점 소형화 되고, 장거리 이동이 가능하며, GPS를 이용해서 비행 위치를 자동적으로 통제가 가능하다는 데 있다. 특히 비행이 아니라 표면을 타고 이동도 가능하므로 운용이 용이하다.

2. 위험 예측 및 활용

초기에는 수집된 사고징후에 관한 사운드가 없겠지만 여러 건설현장에서 데이터가 누적되면 빠르게 확대적용이 가능해진다. 그리고 사운드가 일정수준이어야 되는 근무시간이나 사운드가 발생하지 않아야 할 심야 시간에 발생하는 사운드도 관리가 가능해져서 도난 및 근무상태에 대한 확인이 가능해질 것이다. 여기서 더 나아가면 작업진척도와 관련되어 파악하는데도 도움이 되어 중앙에서 여러 장소 또는 국가에서의 상황을 보다 쉽게 모니터링하고 관리할 수 있게 된다.

Part 13-2

빌딩품질 빅데이터

수많은 건물들이 있고 건물마다 만족도가 상이할 것이다. 그렇기 때문에 건물을 다각적인 기준을 적용해 평가·관리할 수 있다면, 개인은 물론 정부차원에서 유용할 것이다. 특히 에너지 관련 위기상황에 어떻게 통제할 것인가를 평가하는데도 이러한 정보들이 유용하게 사용될 것이며, 건물에 대한 위험관리에도 응용할 수 있으며, 일반 거래 시에도 평가기준으로 참고할 수 있다.

1. 빌딩품질 지표

건물에 대한 평가 및 관리를 크게 에너지 효율성, 소음지수, 환경지수를 만들어 측정하고 평가를 해서 건물별로 자동으로 등급을 부여하여 시스템적으로 등급을 표시한다면 객관적인 정보로 활용될 수 있다. 에너지 효율성은 외부온도와 내부온도의 차이 및 전기/가스 등의 에너지 사용량을 통합하면 산출이 가능하다. 소음지수는 건물에서 발생하는 내·외부의 소음이 유입되는 정도를 평가하여 활용하고, 환경지수는 흡연 등 가스에 대한 센서를 통해 수준을 평가할 수 있다.

2. 데이터 수집방안

수작업인 경우 공무원이나 어떤 기관일지라도 모든 건물에 대한 데이터 수집을 한다는 것은 무리다. 따라서 IoT를 적용하여 지속적으로 데이터를 수집할 수 있도록 하고 관련기관의 데이터를 건물별로 집계하여 적용할 수 있다. 건물의 면적, 전기/가스 사용량은 기관 데이터를 이용하고, 온도나 사운드, 담배연기 등에 대해서는 센서를 통해 상시 수집한다.

이러한 데이터들은 건물의 품질평가에도 활용될 수 있지만 화재 및 범죄 등에 대한 대응에도 활용될 수 있어서 투자대비 효과가 높으며, 이런 정보가 수집되고 공개되는 건물은 투명성 측면에서 비즈니스 거래에서 보다 높은 가치를 평가받을 수 있을 것이므로 건물주 입장에서도 반길 수 있는 내용이다.

3. 분석 및 활용방안

에너지 효율이 낮은 빌딩에 대해서는 개선을 하도록 관리할 수 있고 이를 통한 기대효과를 산출할 수 있다. 그리고 에너지 위기 사태 시 어느 건물을 어느 정도 통제해야 하는지를 파악할 수 있고 이에 대한 비용을 차별적으로 적용할 수 있다. 온도가 급격하게 상승하는 것은 화재를 의미하고 온도가 너무 높거나 낮은 것은 관련 장치가 고장 났다는 뜻이다. 그리고 사운드는 건물의 품질에도 영향을 미치고 사고가 발생된 경우 사고유형에 대한 파악 및 대처를 자동으로 할 수 있다. 사운드 센서가 특정 건물에 고장이 나더라도 주변 센서들이 보조적인 역할을 해줄 수 있다. 가스에 대한 센서는 다양할 수 있다. 예를 들어 담배연기에 대한 센서를 단순한 경보가 아니라 지속적인 데이터 수집이라면 금연빌딩에 대한 관리 및 혜택을 줄수 있고 문제가 발생한 경우를 보조적으로 온도센서와 결합해서 화재에 대한 조기인지 및 소방서 출동에도 적용할 수 있다.

R 책을 마치며

『빅데이터 활용서 II』는 전작에 비해 다양한 내용을 다루었다. 모든 내용에 대해 데이터와 모델을 제시하지는 않았지만, 지금까지 출간한 책들을 보면 쉽게 접근할 수 있을 내용들이다. 독자들 중에서 어떤 이는 코드가 있는 내용을 원하고 어떤 이는 그렇지 않다. 모든 독자를 만족시킬 수는 없으므로 상황에 따라 코드를 추가하였다.

지금까지 다룬 내용을 살펴보면, 정형 데이터에서부터 비정형 데이터로 영역을 지속적으로 확장해 왔고, 일부는 다양한 산업에 대해 구체적인 내용을 제시했다. 앞으로도 이러한 방향으로 지속될 것이며, 보다 다양한 도구들과 분석환경 및 기법을 제시하고자 한다.

빅데이터의 역사는 길다면 길고, 짧다면 그러할 수 있다고 본다. 그러다보니 겪어보지 못한 어느 수준 이상의 레벨에서는 상세하고 체계적으로 다루지 못한 부분도 있다. 그러나 저자는 경험과 지식 없이 추상적으로 내용을 다루는 것을 지양하므로, 지금과 같이 범위와 깊이를 계속 확대해서 제시하고자 한다.

활용서 다음 편에서는 어떤 내용이 나올지 기대해 주기를 바란다. 지금까지 다룬 내용과 접근보다는 좀 차별적인 내용이 나올 것으로 생각한다.

1. A very short introduction to sound analysis for those who like elephant trumpet calls or other wildlife sound, Jerome Sueur, 2014-9-12

2. Bart Smeets (2014). simmer: Just let it simmer. R package version 2.0.

3. G. Grothendieck (2014). sqldf: Perform SQL Selects on R Data Frames. R package version 0.4-7.1. http://CRAN.R-project.org/package=sqldf

4. Gregory R. Warnes, Ben Bolker, Gregor Gorjanc, Gabor Grothendieck, Ales Korosec, Thomas Lumley, Don MacQueen, Arni Magnusson, Jim Rogers and others (2014). gdata: Various R programming tools for data manipulation. R package version 2.13.3. http://CRAN.R-project.org/package=gdata

5. Hadley Wickham and Romain Francois (2014). dplyr: dplyr: a grammar of data manipulation. R package version 0.2. http://CRAN.R-project.org/package=dplyr

6. Heewon Jeon (2013). KoNLP: Korean NLP Package. R package version 0.76.9. http://CRAN.R-project.org/package=KoNLP

7. H. Wickham. ggplot2: elegant graphics for data analysis. Springer New York, 2009.

8. Introduction to R and Exploratory data analysis, Gavin Simpson

9. Ian Fellows (2014). wordcloud: Word Clouds. R package version 2.5. http://CRAN.R-project.org/package=wordcloud

10. Ingo Feinerer and Kurt Hornik (2014). tm: Text Mining Package. R package version 0.6. http://CRAN.R-project.org/package=tm

11. Ingo Feinerer, Kurt Hornik, and David Meyer (2008). Text Mining Infrastructure in R. Journal of Statistical Software 25(5): 1-54. URL: http://www.jstatsoft.org/v25/i05/

12. Jeff Gentry (2013). twitteR: R based Twitter client. R package version 1.1.7. http://CRAN.R-project.org/package=twitteR

13. Jeffrey A. Ryan (2013). quantmod: Quantitative Financial Modelling Framework. R package version 0.4-0. http://CRAN.R-project.org/package=quantmod

14. Joshua Ulrich (2013). TTR: Technical Trading Rules. R package version 0.22-0. http://CRAN.R-project.org/package=TTR

15. Max Kuhn. Contributions from Jed Wing, Steve Weston, Andre Williams, Chris Keefer, Allan Engelhardt, Tony Cooper, Zachary Mayer and the R Core Team (2014). caret: Classification and Regression Training. R package version 6.0-35. http://CRAN.R-project.org/package=caret

16. Michel Berkelaar and others (2014). lpSolve: Interface to Lp_solve v. 5.5 to solve linear/integer programs. R package version 5.6.10. http://CRAN.R-project.org/package=lpSolve

17. Marc Schwartz and various authors for Perl modules listed in each .pm file. (2014). WriteXLS: Cross-platform Perl based R function to create Excel 2003 (XLS) and Excel 2007 (XLSX) files. R package version 3.5.0. http://CRAN.R-project.org/package=WriteXLS

18. Markus Loecher (2014). RgoogleMaps: Overlays on Google map tiles in R. R package version 1.2.0.6. http://CRAN.R-project.org/package=RgoogleMaps

19. NexR (2014). RHive: R and Hive. R package version 2.0-0.2. http://CRAN.R-project.org/package=RHive

20. R Core Team (2014). R: A language and environment for statistical computing. R Foundation for Statistical Computing, Vienna, Austria. URL http://www.R-project.org/

21. Revolution Analytics (2014). doMC: Foreach parallel adaptor for the multicore package. R package version 1.3.3. http://CRAN.R-project.org/package=doMC

22. Revolution Analytics and Steve Weston (2014). doParallel: Foreach parallel adaptor for the parallel package. R package version 1.0.8. http://CRAN.R-project.org/package=doParallel

23. Raymond McTaggart and Gergely Daroczi (2014). Quandl: Quandl Data Connection. R package version 2.3.2. http://CRAN.R-project.org/package=Quandl

24. Roger Bivand, Tim Keitt and Barry Rowlingson (2014). rgdal: Bindings for the Geospatial Data Abstraction Library. R package version 0.8-16. http://CRAN.R-project.org/package=rgdal

25. Sueur J., Aubin T., Simonis C. (2008). Seewave: a free modular tool for sound analysis and synthesis. Bioacoustics, 18: 213-226

26. Torsten Hothorn, Kurt Hornik and Achim Zeileis (2006). Unbiased Recursive Partitioning: A Conditional Inference Framework. Journal of Computational and Graphical Statistics, 15(3), 651--674

27. Torsten Hothorn, Achim Zeileis (2014). partykit: A Modular Toolkit for Recursive Partytioning in R. Working Paper 2014-10. Working Papers in Economics and Statistics, Research Platform Empirical and Experimental Economics, Universitaet Innsbruck. URL http://EconPapers.RePEc.org/RePEc:inn:wpaper:2014-10

28. Torsten Hothorn, Kurt Hornik and Achim Zeileis (2006). Unbiased Recursive Partitioning: A Conditional Inference Framework. Journal of Computational and Graphical Statistics, 15(3), 651--674.

29. Terry Therneau, Beth Atkinson and Brian Ripley (2014). rpart: Recursive Partitioning and Regression Trees. R package version 4.1-8. http://CRAN.R-project.org/package=rpart

30. Uwe Ligges, Sebastian Krey, Olaf Mersmann, and Sarah Schnackenberg (2013). tuneR: Analysis of music. URL: http://r-forge.r-project.org/projects/tuner/

31. http://www.fmlabs.com./

32. 데이터분석 전문가/준전문가 가이드, 김경태, 한국데이터베이스 진흥원

33. 데이터분석 전문가/준전문가 단기완성, 김경태, 시대고시기획

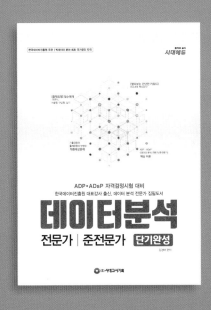

빅데이터 분석 분야 전문가 양성!

경영빅데이터
분석사 2급

데이터를 다스리는 자가 시대를 이끈다 !

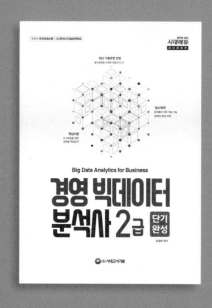

빅데이터 경영 업무에 필요한 이론과 실무능력을 검증한다. (한국경제 주관)

빅데이터 분석 전문가란 빅데이터 이해 및 처리 기술에 대한 기본지식을 바탕으로 빅데이터 분석기획, 빅데이터 분석, 빅데이터 시각화 업무를 수행하고 이를 통해 프로세스 혁신 및 마케팅 전략 결정 등의 과학적 의사결정을 지원하는 업무를 수행한다. 시험은 1~2급으로 나뉜다.

1과목 빅데이터 이해

2과목 경영과 빅데이터 활용

3과목 빅데이터 기획

4과목 빅데이터 분석

5과목 빅데이터 기술

* 도서이미지는 변경될 수 있습니다.